Samuel Arnet
Wortschatz der Hebräischen Bibel

TVZ

Samuel Arnet

Wortschatz der Hebräischen Bibel

2500 Vokabeln alphabetisch und thematisch geordnet
mit Register deutsch–hebräisch

TVZ
Theologischer Verlag Zürich

Wir danken den reformierten Kirchen der Nordwestschweiz, Aargau, Baselland, Basel-Stadt und Solothurn, sowie den Reformierten Kirchen Bern-Jura-Solothurn für ihre finanzielle Unterstützung.

Bibliographische Informationen der Deutschen Nationalbibliothek
Die Deutsche Nationalbibliothek verzeichnet diese Publikation in der Deutschen Nationalbibliographie; detaillierte bibliographische Daten sind im Internet über http://www.dnb.de abrufbar.

Umschlaggestaltung
Simone Ackermann, Zürich

Druck
Westermann Druck Zwickau GmbH

ISBN 978-3-290-18320-2
© 2006 Theologischer Verlag Zürich
http://www.tvz-verlag.ch/

7. Auflage 2020 (1. Auflage 2006, seit der 4. Auflage 2012 mit Register deutsch–hebräisch)

Alle Rechte – auch die des auszugsweisen Nachdrucks, der photographischen und audio-visuellen Wiedergabe, der elektronischen Erfassung sowie der Übersetzung – bleiben vorbehalten.

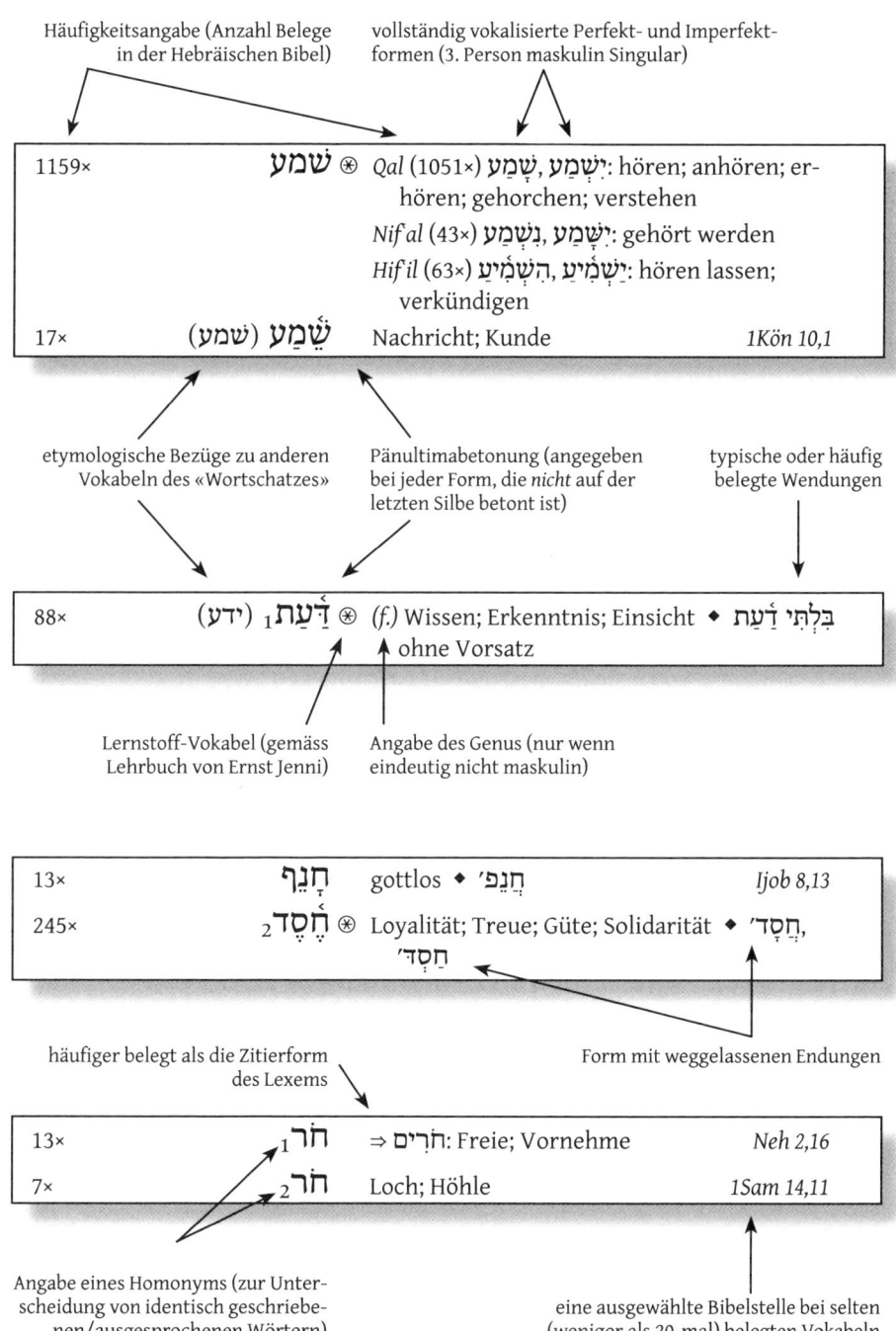

Inhaltsverzeichnis

Gliederung des thematisch geordneten Wortschatzes   8

Einleitung   15

1. Teil: Alphabetisch geordneter Wortschatz   19

2. Teil: Thematisch geordneter Wortschatz   153

Anhang:

   Die Konsonanten   291

   Die Vokalzeichen   293

   Personalpronomen und Pronominalsuffixe   295

   Numerale (Zahlwörter)   299

   Die Bücher der Hebräischen Bibel   302

   Die Ordnungen und Traktate der Mischna   305

   Lehnwörter im Biblischen Hebräisch   309

   Verwandte Wörter im Deutschen   310

   Register   311

Gliederung des thematisch geordneten Wortschatzes

Die Zahlen in Klammern beziehen sich auf die Seiten.

A. Eigennamen

Personen

1. **aus der Tora** (155)
2. **aus den Nevi'im** (156): Vordere Propheten ♦ Könige Israels/Judas (alphabetisch) ♦ andere Könige (aus Tanach) ♦ Hintere Propheten
3. **aus den Ketuvim** (160): Ijob ♦ Rut, Ester ♦ Daniel – 2 Chronik (alphabetisch)
4. **Berühmte Kinder und Eltern** (161)
5. **Stämme Israels** (161)
6. **Völker** (162)
7. **Gottheiten** (163)
8. **Orte und Städte** (163)
9. **Territorien und Nationen** (165)
10. **Berge** (166)
11. **Gewässer** (166)

B. Verben

12. **Verben des Sagens und Mitteilens** (167): sagen, reden, mitteilen, antworten ♦ fragen, bitten, befehlen ♦ züchtigen ♦ warnen, schwören, geloben ♦ singen, preisen, bekennen, segnen ♦ rufen, schreien ♦ lügen, schlecht reden, verfluchen ♦ brummeln, schweigen ♦ verzeihen ♦ küssen ♦ schreiben, einritzen

13. Verben der Gemütsbewegung (170): gern haben, wollen, begehren, sich weigern ♦ sich freuen, lachen ♦ vertrauen, hoffen ♦ gnädig sein, erbarmen, bereuen ♦ sich fürchten ♦ betrübt sein, betrauern ♦ entsetzt sein, sich schämen ♦ kränken, zürnen

14. Verben des negativen menschlichen Umgangs (172): Schlechtes tun, sich verschulden, verfehlen, sich rächen ♦ beneiden, verachten, hassen ♦ widerspenstig sein, streiten ♦ treulos handeln, Ehebruch treiben ♦ bedrücken, bedrängen ♦ verwerfen, aufgeben

15. Verben des Wahrnehmens und Wissens (174): sehen, hören ♦ planen, prüfen, forschen ♦ verstehen, können, weise sein, sich erinnern, lehren, vergessen

16. Verben des Gebens und Nehmens (177): geben, austeilen ♦ gießen, zerstreuen, sprengen ♦ ausstrecken, werfen, schießen ♦ zurückhalten ♦ nehmen, empfangen, ergreifen ♦ herausreißen, stehlen ♦ helfen, retten ♦ hinzufügen, sammeln, sich versammeln ♦ wählen, kaufen, loskaufen, ernten, verkaufen ♦ essen, trinken, fasten ♦ bekleiden ♦ tragen ♦ besitzen

17. Verben des Machens (181): machen, arbeiten, dienen ♦ bezeugen, richten, herrschen ♦ aufdecken, öffnen ♦ verbergen, verstecken, schließen ♦ binden, aufhängen ♦ stützen, ordnen ♦ pflügen, graben ♦ stark sein, festhalten, behüten ♦ vollständig machen, heiligen, entweihen, entsühnen ♦ verunreinigen, reinigen, waschen ♦ Gutes erweisen ♦ geschehen, leben, gleichen

18. Verben des Entstehens und Vergehens (186): erzeugen, gebären, sprossen, Frucht tragen ♦ erschaffen, gründen, bauen, heilen ♦ formen, aushauen ♦ müde, krank, alt werden, verbraucht sein

19. Verben der Gewalt und Zerstörung (187): berühren, schlagen ♦ brechen, spalten, zertreten, trennen, teilen ♦ kämpfen, fesseln, fangen, plündern ♦ niederreißen, zerstören, vernichten, verwüsten, ausrotten ♦ schneiden, scheren ♦ sterben, töten, steinigen, schlachten

20. **Verben des Bewegens und Bleibens** (191): kommen, gehen, zurückkehren ♦ hinaufgehen, fliegen ♦ hinunterkommen, fallen ♦ begegnen, treffen, herzutreten ♦ treiben, leiten ♦ hinausgehen, verlassen, sich wenden, weichen, vertreiben ♦ eilen, fliehen, einholen ♦ wanken, umherirren, suchen ♦ sich ducken ♦ hintreten, sich legen, weilen, wohnen ♦ schlafen, träumen ♦ aufwachen, aufstehen, heranwachsen

21. **Verben der natürlichen Phänomene** (197): leuchten ♦ vertrocknen ♦ warm sein, brennen, kochen, verhärten ♦ anfeuchten, schmelzen, zerfließen, sich ausbreiten ♦ tropfen, fließen, fluten ♦ zittern, beben, lärmen

22. **Verben der Menge und Dimension** (199): Menge ♦ Maßeinheiten und Dimensionen ♦ Zeit

C. Natur

23. **Art** (203)

24. **Tierwelt** (203): Getier ♦ Säugetiere (Raubtiere, Huftiere, Nagetiere) ♦ Vögel ♦ Reptilien, Amphibien ♦ Fische ♦ Insekten und Ähnliches ♦ «Ungeheuer» ♦ Anatomie ♦ Exkremente ♦ Verschiedenes

25. **Pflanzenwelt** (207): Grünes, Pflanzen ♦ Baum, Frucht ♦ Blume ♦ Kraut, Gewürz ♦ Gras ♦ Strauch ♦ Getreide, Getreidefrucht ♦ Weinstock ♦ Pflanzenteile

26. **Land und Landschaft** (210): Boden, Feld, Land, Küste ♦ Acker, Weide, Garten ♦ Gebiet ♦ Hügel, Berg, Gebirge ♦ Ebene, Tal, Tiefe, Grube ♦ Straße, Weg ♦ Höhle ♦ trockenes Land, Wüste

27. **Wasser und Gewässer** (213): Wasser, Meer, Wellen ♦ Quelle, Fluss ♦ Brunnen, Teich, Kanal ♦ Verschiedenes

28. **Himmelskunde und Meteorologie** (214): Licht ♦ Dunkelheit ♦ Himmel, Himmelskörper ♦ (Himmels-)Richtungen ♦ Wind, Wetter ♦ Geräusch, Tosen, Beben

29. **Materialien** (217): Erde, Ton, Lehm ♦ Holz ♦ Metalle, Stoffe ♦ Gestein, Schmuckstein ♦ Wolle, Leinen ♦ Öl, Harz, Duft ♦ Verwesung, Staub, Schlamm ♦ Eigenschaft, Form, Wert

30. Farben (220)

31. Feuer, Flamme (221)

D. Mensch

32. Erscheinung (222)

33. Menschen, Leute (222)

34. **Anatomie** (222): der gesamte Körper ◆ Kopf ◆ Extremitäten ◆ Rumpf ◆ Körperflüssigkeit, Kot ◆ Blöße ◆ Haare ◆ Verschiedenes

35. **Krankheit und Heilung** (226): Krankheit ◆ Körperbehinderung ◆ Gift ◆ Heilung ◆ Verschiedenes

36. **Müdigkeit und Schlaf** (227)

37. **Emotionen** (228): Liebe ◆ Freude, Jubel ◆ Sorglosigkeit, Ruhe ◆ Vertrauen, Hoffnung ◆ Wohlgefallen, Verlangen, Begehren ◆ Verachtung, Schande, Abscheu ◆ Eifer, Eifersucht ◆ Kränkung, Frechheit ◆ Wut, Zorn ◆ Furcht, Angst ◆ Schrecken ◆ Bedrängnis ◆ Schmerz, Sorge ◆ Klage, Trauer, Weinen, Trost

38. **Sitte und Moral** (231): Gutes ◆ Treue ◆ Gnade, Erbarmen ◆ Langmut, Demut ◆ Gerechtigkeit ◆ Versöhnung, Vollkommenheit ◆ Schlechtes, Böses ◆ Schuld, Frevel, Sünde ◆ Streit, Widerspenstigkeit ◆ Drohung, Vergeltung ◆ Trug ◆ Verkehrtheit ◆ Hochmut

E. Bekleidung und Schmuck

39. **Kleid, Kleidungsstück, Sandale** (234)

40. **Schmuck, Schmuckstück** (235)

F. Leben und Gesellschaft

41. **Familie und Leben** (236): Familienmitglieder ◆ Sippe, Nachkommenschaft ◆ menschliche Beziehungen ◆ Prostitution ◆ Geburt (Zeugung, Schwangerschaft, Geburt, Stillzeit) ◆ Leben, Lebenszeit

42. **Ernährung** (239): Speise, Nahrung ◆ Nahrungsmittel ◆ Getränke ◆ fett, bitter, süß ◆ hungrig, durstig, satt, fasten

43. **Haben und Nichthaben** (241): Reichtum, Armut ◆ Besitz, Handel (Erwerb, Besitz, Vorrat, Geschäft, Handel, Gewinn) ◆ Geschenk ◆ Raub, Dieb

44. **Ergehen** (243)

45. **Heimat und Fremde** (244)

G. Bewegung

46. **Bewegung** (245): Aufstieg, Abfall ◆ Gehen, Schritt ◆ Aufbrechen, Rückkehr ◆ Hindernis

H. Bauten und Mobiliar

47. **Bauten** (246): Gebilde, Gebäude ◆ Gebäudeteil ◆ Zelt, Zeltlager, Hütte ◆ Tür, Tor, Riegel, Schwelle ◆ Ofen ◆ Boden, Platz ◆ Mauer, Wall, Festung ◆ Turm, Säule ◆ Riss, Leck ◆ Stelle, Stadt, Bewohner ◆ Zuflucht, Versteck ◆ Schicht

48. **Mobiliar** (250): Bett ◆ Gestell, Tisch ◆ Sessel, Schemel ◆ Vorhang ◆ Lampe

I. Arbeit und Werkzeuge

49. **Arbeit und Arbeiter** (251): Arbeit ◆ Ertrag, Ernte ◆ Arbeiter

50. **Geräte und Werkzeuge** (252): Gabel, Schere ◆ Waage ◆ Brett ◆ Peitsche ◆ Strick, Zaum, Schlauch ◆ Stab, Stock ◆ Siegel ◆ Handwerksgeräte ◆ Landwirtschaftsgeräte, Vorrichtungen ◆ Jagd ◆ Fortbewegungsmittel

51. **Behältnisse** (254): Beutel ◆ Gefäß ◆ Korb ◆ Kasten

J. Gewalt und Herrschaft

52. Gewalt und Zerstörung (256): Stärke, Kraft, Gewalt, Grausamkeit ✦ Vernichtung, Tötung ✦ Schlag, Bruch

53. Krieg und Militär (257): Waffe, Rüstung ✦ Kampf, Trümmerstätte ✦ Krieger ✦ Feind, Feindschaft ✦ Gefangene, Gefängnis ✦ Plünderung, Beute ✦ Wache ✦ Hilfe, Rettung ✦ Freilassung

54. Herrschaft und Dienst (260): Machthaber, Beamter, Personal ✦ Herrschaft ✦ Diener, Dienst

55. Rechtssache, Zeugnis (262)

K. Kult

56. Feste und Opfer (263): Heiligkeit ✦ Reinheit, Unreinheit ✦ Opfer ✦ Gabe ✦ Altar ✦ Einweihung ✦ Salbung ✦ Festtag ✦ Verschiedenes

57. Gottheiten (264): Gott ✦ Götzen, «Mischwesen»

58. Priester- und Tempelpersonal (265)

59. Totenwesen (265): Tod, Sterben ✦ Leichnam ✦ Trauernde, Klagende ✦ Grab ✦ Totenreich, Totengeister

60. Geheimnis (266): Wahrsagerei ✦ Zauberei ✦ Wunder

61. Offenbarung und Vision (266)

L. Kultur

62. Sprache und Schrift (268): Ausspruch, Wort, Botschaft ✦ Bitte, Flehen ✦ Antwort ✦ Seufzen, Murren ✦ Geschrei ✦ Gelübde, Eid ✦ Segen ✦ Verfluchung, Bann ✦ schlechtes Reden, Verspottung ✦ Name, Ruhm ✦ Schriftstück ✦ Verschiedenes

63. Wissen (270): Einsicht, Klugheit, Weisheit ✦ Forschen, Lehre ✦ Rätsel, Rat, Plan, Auswahl ✦ Vorschrift, Vereinbarung, Züchtigung ✦ Torheit, Dummheit

64. Musik und Dichtung (272): Gesang, Lied, Psalm ✦ Instrument ✦ Tanz

65. **Bildende Kunst** (273): Bild, Abbild ♦ Gewebe, Gewirktes ♦ Fassung, Verzierung

M. Menge und Dimension

66. **Menge** (274): Gesamtheit, viel, voll ♦ Anteil, Stück ♦ Rest, wenig, leer

67. **Maßeinheiten und Dimensionen** (275): Abmessung ♦ Längenmaß ♦ Hohlmaß (für Trockenes, für Flüssigkeiten) ♦ Gewichtseinheit ♦ Dimension (schwer, leicht, breit, weit, entfernt, eng, nah, lang, kurz, groß, hoch, klein, tief, vorne, hinten, Ende, Rand, Seite, Hälfte, Mitte)

68. **Zeit** (278): Anfang, erster ♦ letzter ♦ Tag, Nacht, Monat, Jahr ♦ neu, alt ♦ Zeitpunkt, Termin, Augenblick ♦ Dauer

69. **Zahlen** (280): Zahl, Anzahl ♦ Kardinalzahl ♦ Ordinalzahl
(siehe auch «Numerale», Seite 299)

N. Pronomen und Partikeln

70. **Artikel und Pronomen** (282): Artikel ♦ Personalpronomen ♦ Demonstrativpronomen ♦ Interrogativpronomen ♦ Relativpronomen
(siehe auch «Personalpronomen und Pronominalsuffixe», Seite 295)

71. **Partikeln** (283): Adverbien (Ortsadverb, Zeitadverb, Umstandsadverb, Fragewort, Negation, Bekräftigung) ♦ Präpositionen ♦ Konjunktionen (beiordnende, unterordnende [einfache, zusammengesetzte]) ♦ Interjektionen

Einleitung

Ungefähr 8500 Vokabeln kommen in den hebräischen Teilen des sogenannten Alten Testaments vor.[1] Nur 47 Vokabeln kommen jeweils über tausendmal vor; die meisten dagegen erscheinen viel seltener.[2] Um den Umfang des vorliegenden Wortschatzes daher einigermaßen überschaubar zu halten, wurden alle Wörter aufgenommen, die mindestens fünfmal in den biblischen Texten belegt sind – mit Ausnahme der Eigennamen *(EN)* und der Verben; Vokabeln dieser beiden Wortarten müssen mindestens zwanzigmal belegt sein, um hier aufgenommen zu sein.[3] In begründeten Ausnahmefällen war es sinnvoll, darüber hinaus auch weniger häufig belegte Wörter zu berücksichtigen. Somit ergibt sich für den «Wortschatz der Hebräischen Bibel» ein Umfang von 2567 Vokabeln. Von ihnen sind diejenigen, die in Ernst Jennis Lehrbuch zu «den zum Lernstoff gerechneten Vokabeln» gezählt sind,[4] mit ⊛ markiert.[5] Die Häufigkeitsangaben (×) beziehen sich auf die Anzahl Vorkommen einer Vokabel (eines Lexems) im als Textdatei erfassten Codex Leningradensis,[6] der auch der Biblia Hebraica Stuttgartensia (BHS)[7] zugrunde liegt.

Die Verben sind allesamt vokalisiert (in der 3. Person maskulin Singular),[8] und zwar als Perfekt (links vom Komma) und als Imperfekt (rechts vom

---

[1] Zum Vergleich: 1,6% (etwa 700 Vokabeln) des gesamten Tanach (siehe Seite 302) sind auf Aramäisch verfasst. Es sind dies die drei Textblöcke Dan 2,4b–7,28; Esra 4,8–6,18; 7,12–26 sowie der Vers Jer 10,11 und ein Eigenname in Gen 31,47.

[2] Der Anteil von Wörtern, die nur an einer einzigen Stelle vorkommen (sogenannte «Hapaxlegomena»), ist beträchtlich: fast ein Drittel aller Vokabeln gehört in diese Gruppe, und darunter sind mehr als 1000 Eigennamen.

[3] Die Verben sind in ihrer jeweils häufigsten Stammform angegeben; wenn mehrere Stammformen mindestens zwanzigmal belegt sind, werden diese alle aufgeführt.

[4] Ernst Jenni, *Lehrbuch der hebräischen Sprache des Alten Testaments*, 2. Auflage Basel etc. 1981, Seiten 323–348.

[5] Ebenfalls so bezeichnet sind alle Eigennamen, die mindestens hundertmal vorkommen, sowie die Zahlwörter und Personalpronomen – insgesamt 824 Vokabeln.

[6] Die Häufigkeitsangaben sowie die Formen der Lexeme wurden generiert aus einer eigens modifizierten Version der *Groves-Wheeler Westminster Hebrew Morphology Database*, hg. von J. Alan Groves u. Dale M. Wheeler, Philadelphia PA 1991ff. (benutzt mit freundlicher Genehmigung von Prof. Kirk Lowery).

[7] *Biblia Hebraica Stuttgartensia*, hg. von Karl Elliger u. Wilhelm Rudolph, 5. Auflage Stuttgart 1997.

[8] Wenn diese Form im biblischen Textkorpus nicht belegt ist, wird sie (ohne spezielle Kennzeichnung) rekonstruiert.

Komma); manchmal steht zusätzlich noch das Waw-Imperfekt.[9] Einige wenige Verben sind im Perfekt nicht belegt; aus lerntechnischen Gründen wurde hier die Perfektform rekonstruiert und mit einem Asterisk (*) versehen.[10]

Für bibelkundlich Interessierte ist eine ausgesuchte Bibelstelle[11] bei all jenen Vokabeln aufgeführt, die seltener als zwanzigmal vorkommen.

Der Benutzerfreundlichkeit halber ist das Genus der maskulinen Nomen nicht speziell gekennzeichnet, bei femininen Nomen hingegen steht *(f.)*.[12] Nomen, die sowohl maskulin als auch feminin sein können, werden mit *(f./m.)* oder *(m./f.)* gekennzeichnet.

koll. steht für Kollektivbegriff (Sammelbegriff), *n. unit.* für Nomen unitatis (Einzelwort).[13] *prokl.* (proklitisch) bedeutet, dass die betreffende Vokabel immer mit dem folgenden Wort verbunden wird. *sg.* steht für Singular (Einzahl), *pl.* für Plural (Mehrzahl). «/» bezeichnet eine Nebenform (Variante); bei einem Lexem, das im Bibeltext selten (oder nie) wie angegeben vorkommt, steht nach «⇒» die häufiger belegte Form. Eine tiefgestellte Zahl links vom Lexem (₁○) zeigt an, dass es noch mindestens ein Homonym gibt – also ein identisch geschriebenes Wort mit einer gänzlich anderen Bedeutung. Das Zeichen «'○» steht anstelle von Pluralendungen oder Pronominalsuffixen; auf diese Weise wird sichtbar, wie sich die Vokalisation eines Wortes ändern kann.

Hebräische Wörter werden in der Regel auf der letzten Silbe betont. Wo das nicht der Fall ist, wird mit einem «○́» derjenige Konsonant markiert, der am Anfang der betonten Silbe steht; da dies dann die zweitletzte Silbe ist, spricht man von Pänultimabetonung. Ein «○̇» wird nur selten verwendet und zeigt an, dass die betreffende Silbe offen ist (also mit einem Vokal schließt) und einen Nebenton trägt. Ebenfalls sehr selten zeigt «○̂» eine Pausalform (im Unterschied zur Kontextform) an.

---

[9] Das Perfekt wird auch «Afformativkonjugation» genannt, das Imperfekt «Präformativkonjugation».

[10] Sind Formen im Imperfekt nicht oder kaum belegt, werden sie weggelassen.

[11] Die Abkürzungen der biblischen Bücher sind im Anhang (Seiten 302–304) aufgelöst.

[12] Das Genus der Nomen ist ziemlich konsequent angegeben in Francis Brown u.a., *Hebrew and English Lexicon of the Old Testament*, Oxford 1906 (bekannt als «Brown-Driver-Briggs» oder auch als «BDB»).

[13] Siehe dazu speziell Diethelm Michel, Grundlegung einer hebräischen Syntax. Teil 1: Sprachwissenschaftliche Methodik. Genus und Numerus des Nomens, 2. Auflage Neukirchen-Vluyn 2004.

Die Schreibweise und die Übersetzung der Vokabeln richten sich in der Regel nach HALAT bzw. KAHAL;[14] manchmal sind auch andere Wörterbücher[15] oder Konkordanzen[16] und Grammatiken[17] beigezogen worden.[18] Die Transkription der Eigennamen entspricht den Loccumer Richtlinien.[19]

Im «Wortschatz der Hebräischen Bibel» sind die hebräischen Wörter nicht nur in alphabetischer Reihenfolge, sondern auch nach thematischen Kriterien geordnet (wobei Eigennamen und Verben gesondert behandelt werden). Eine solche thematische Darstellung des Wortschatzes haben während der letzten Jahrzehnte unter anderen bereits Ernst Jenni,[20] Hans-Peter Stähli[21]

---

[14] Ludwig Koehler, Walter Baumgartner (Hg.), *Hebräisches und Aramäisches Lexikon zum Alten Testament*, 3. Auflage Leiden 1967–1995 (HALAT, auf Englisch übersetzt von Mervyn Richardson: *The Hebrew and Aramaic Lexicon of the Old Testament*, erschienen 2001 [HALOT]).

Walter Dietrich, Samuel Arnet (Hg.), *Konzise und aktualisierte Ausgabe des Hebräischen und Aramäischen Lexikons zum Alten Testament*, Leiden 2013 (KAHAL).

[15] Besonders Wilhelm Gesenius, *Hebräisches und Aramäisches Handwörterbuch über das Alte Testament*, bearbeitet von Frants Buhl, Berlin etc. 1962 (Nachdruck der 17. Auflage von 1915). Die 18. Auflage (hg. v. Rudolf Meyer, Herbert Donner) ist 1987–2012 erschienen.

Theologisches Handwörterbuch zum Alten Testament, hg. von Ernst Jenni u. Claus Westermann, 2 Bände, Gütersloh 1971/1975, 6. Auflage 2004 («THAT»).

Ernest Klein, A Comprehensive Etymological Dictionary of the Hebrew Language for Readers of English, New York etc. 1987.

[16] Gerhard Lisowsky u. Leonhard Rost, *Konkordanz zum Hebräischen Alten Testament*, 3. Auflage Stuttgart 1993.

Abraham Even-Shoshan, *A New Concordance of the Bible*, Jerusalem 1997.

John R. Kohlenberger III u.a., *The Hebrew-English Concordance to the Old Testament*, Grand Rapids MI 1998.

[17] Wilhelm Gesenius, *Hebräische Grammatik*, bearbeitet von Emil Kautzsch, 28. Auflage Leipzig 1909, Nachdruck Darmstadt 1995.

Hans Bauer u. Pontus Leander, *Historische Grammatik der hebräischen Sprache*, Halle 1922, Nachdruck Hildesheim 1991.

Rudolf Meyer, *Hebräische Grammatik*, 3. Auflage Berlin etc. 1969–1982, Nachdruck 1992.

Paul Joüon, *A Grammar of Biblical Hebrew*, übersetzt und bearbeitet von Takamitsu Muraoka (Subsidia Biblica 27), 3. Auflage 2006.

Bruce K. Waltke, Michael O'Connor, *An Introduction to Biblical Hebrew Syntax*, Winona Lake IN 1990.

[18] In Abweichung der erwähnten Lexika sind Eigennamen, die mit -יְהוֹ oder mit -יוֹ beginnen (z.B. «Jonatan») beziehungsweise auf -יָהוּ oder -יָה enden (z.B. «Elija»), zu jeweils einer einzigen Vokabel zusammengefasst worden.

[19] *Ökumenisches Verzeichnis der biblischen Eigennamen nach den Loccumer Richtlinien*, hg. von den katholischen Bischöfen Deutschlands ..., 2. Auflage Stuttgart 1981. – Auch die Namen der biblischen Bücher (Seiten 302–304) folgen diesen Richtlinien; einzig bei der Setzung des Tremas ist davon abgewichen worden (also beispielsweise «Daniel» statt «Daniël»).

[20] Siehe oben, Anmerkung 4.

und Paul Auvray²² gewählt. Sie haben bei diesem Buch Pate gestanden, wobei sich letztlich die hier verwendete Einteilung vor allem an den «Wortschatz der Pharaonen in Sachgruppen» von Rainer Hannig und Petra Vomberg anlehnt.²³ Einige Wörter könnten aufgrund ihrer Bedeutungsbreite verschieden kategorisiert werden; um den Umfang des Buches jedoch in Grenzen zu halten, wird jedes Wort genau einmal aufgeführt²⁴ – und zwar dort, wo es aufgrund derjenigen Bedeutung hingehört, die bei der Übersetzung als erste angegeben ist. – Die Einteilung der Maßeinheiten ist dem Anhang der Einheitsübersetzung der Bibel entnommen, diejenige der Pronomen und Partikeln den oben²⁵ erwähnten Grammatiken.

Übersichtliche Informationen zu «Die Konsonanten» und «Die Vokale» enthalten die Lehrbücher von Wolfgang Schneider²⁶ und Heinz-Dieter Neef.²⁷ Die phonetische Umschrift ist diejenige, die das International Phonetic Alphabet verwendet.²⁸ Die Informationen zu «Die Bücher der Hebräischen Bibel» sind beispielsweise bei Erich Zenger²⁹ angegeben. Die Schreibweise der «Ordnungen und Traktate der Mischna» orientiert sich an zwei verschiedenen Mischna-Ausgaben,³⁰ die deutschen Übersetzungen der einzelnen Titel entsprechen in der Regel denjenigen von Günter Stemberger³¹ oder Dietrich Correns.³²

---

[21] Hans-Peter Stähli, Hebräisch-Vokabular. Grundwortschatz, Formen, Formenanalyse, Göttingen etc. 1984.

[22] Paul Auvray, *Bibelhebräisch zum Selbststudium*, übersetzt von Peter Knauer, 2. Auflage Paderborn 1999.

[23] Rainer Hannig u. Petra Vomberg, *Wortschatz der Pharaonen in Sachgruppen* (Kulturgeschichte der antiken Welt; Band 72), 1998. Vergleiche auch Thomas R. Kämmerer u. Dirk Schwiderski, *Deutsch-Akkadisches Wörterbuch* (Alter Orient und Altes Testament; Band 255), 1998.

[24] Hingegen findet sich eine Form wie לִפְנֵי, die im alphabetischen Teil unter פָּנִים vorkommt, im thematisch geordneten Teil zusätzlich als eigene Vokabel und ist dort mit einer Tilde (~) markiert. Eine solche Doppelnennung trifft auf insgesamt 8 Formen zu.

[25] Siehe oben, Anmerkung 17.

[26] Wolfgang Schneider, Grammatik des Biblischen Hebräisch. Ein Lehrbuch, München 2001.

[27] Heinz-Dieter Neef, *Arbeitsbuch Hebräisch*, 3. Auflage Tübingen 2008.

[28] Asher Laufer, Art. Hebrew, in: Handbook of the International Phonetic Association. A Guide to the Use of the International Phonetic Alphabet. Cambridge 1999, Seiten 96–99.

[29] Erich Zenger u.a., *Einleitung in das Alte Testament*, 7. Auflage Stuttgart etc. 2008.

[30] *Die Mischna*, hg. von Georg Beer u.a., Gießen u. Berlin 1912ff.; *Mischnajot. Die sechs Ordnungen der Mischna*, hg. von David Hoffmann, 6 Bände, 3. Auflage Wiesbaden u. Basel 1968.

[31] Günter Stemberger, *Einleitung in Talmud und Midrasch*, 8. Auflage München 1992.

[32] Dietrich Correns, *Die Mischna*, Wiesbaden 2005.

1. Teil: Alphabetisch geordneter Wortschatz

א

1211×	אָב ⊛	Vater; Stammvater ♦ אָב׳, אָבוֹת
184×	אבד ⊛	Qal (117×) אָבַד, יֹאבַד: verloren gehen; umkommen; zugrunde gehen
		Pi'el (41×) אִבֵּד, יְאַבֵּד: vernichten
		Hif'il (26×) הֶאֱבִיד, יַאֲבִיד: ausrotten
5×	אֲבַדּוֹן (אבד)	Totenreich Ijob 26,6
54×	אבה ⊛	Qal (54×) אָבָה, יֹאבֶה: wollen; willig sein
8×	אָבִיב	Ähren ♦ חֹדֶשׁ הָאָבִיב Ährenmonat (März/April) Ex 13,4
17×	אֲבִיגַיִל	(f.) Abigajil (EN) 1Sam 25
25×	אֲבִיָּהוּ	/ אֲבִיָּה: Abija (EN)
61×	אֶבְיוֹן ⊛	bedürftig; arm
67×	אֲבִימֶלֶךְ	Abimelech (EN)
17×	אַבִּיר	stark; gewaltig Ps 22,13
6×	אֲבִיר	stark; gewaltig ♦ אֲבִיר יַעֲקֹב Ps 132,2
25×	אֲבִישַׁי	/ אַבְשַׁי: Abischai (EN)
30×	אֶבְיָתָר	Abjatar (EN)
31×	אבל ₁	Qal (10×) אָבַל, יֶאֱבַל: betrauern
		Hitpa'el (19×) הִתְאַבֵּל, יִתְאַבֵּל: die Trauerbräuche beobachten
8×	אָבֵל (אבל ₁)	in Trauer Gen 37,35
24×	אֵבֶל (אבל ₁)	Trauerbräuche; Trauerfeier; Trauer
11×	אֲבָל (בַּל)	wahrlich; aber; jedoch; nein Gen 17,19
270×	אֶבֶן ⊛	(f.) Stein; Gestein; Edelstein; Gewicht ♦ אַבְנֵ, אַבְנֵ׳
9×	אַבְנֵט	Schärpe Ex 28,4

63×	אַבְנֵר	Abner (EN)	
6×	אָבָק	Staub; Ruß	Ex 9,9
175×	אַבְרָהָם ⊛	Abraham (EN)	
61×	אַבְרָם	Abram (EN)	
109×	אַבְשָׁלוֹם ⊛	Abschalom (EN)	
9×	אֲגַם	Schilftümpel	Ex 7,19
5×	אַגְמוֹן (אֲגַם)	Schilfrohr	Jes 19,15
7×	אֲגַף	Schar	Ez 38,6
10×	אִגֶּרֶת	(f.) Brief	Neh 2,7
100×	אֱדוֹם ⊛	Edom (EN)	
773×	אָדוֹן ⊛	Herr; Gebieter; Gott ♦ אֲדֹנָי ♦ אֲדֹנָי Gott (Anredeform); der Herr	
11×	אֹדוֹת	⇒ עַל־אֹדוֹת: wegen	Gen 21,11
27×	אַדִּיר	gewaltig; prächtig	
545×	אָדָם $_1$ ⊛	Menschen; Leute (koll.)	
9×	אָדָם $_3$	Adam (EN)	Gen 3
5×	אָדָם $_4$ (אֲדָמָה $_1$)	Erdboden	Spr 30,14
9×	אָדֹם	rot; rotbraun ♦ אֲדַמ'	Gen 25,30
6×	אֲדַמְדָּם (אָדֹם)	hellrot; rötlich	Lev 13,19
222×	אֲדָמָה $_1$ (אָדֹם) ⊛	(f.) Erdboden; Ackerboden; Grundbesitz ♦ אָדָמ', אֲדָמ'	
57×	אֶדֶן	Fußgestell; Sockel ♦ אֲדֹנָי	
26×	אֲדֹנִיָּהוּ	אֲדֹנִיָּה /: Adonija (EN)	
12×	אַדֶּרֶת (אַדִּיר)	(f.) Pracht; Mantel	2Kön 2,8
215×	אהב ⊛	Qal (198×) יֶאֱהַב, אָהַב: gern haben; lieben ♦ אֹהֵב Freund Pi'el (16×) מְאַהֲבִים (Partizip): Liebhaber	
32×	אַהֲבָה $_1$ (אהב) ⊛	(f.) Lieben; Liebe	

15×	אֲהָהּ ⊛	ach!	Jer 1,6
9×	אֵהוּד	Ehud (EN)	Ri 3
345×	אֹהֶל₁ ⊛	Zelt ♦ אָהֳלֵ׳, אָהֳלִ׳	
347×	אַהֲרֹן ⊛	Aaron (EN)	
320×	אוֹ ⊛	oder	
16×	אוֹב₂	Grube; Totengeist (?)	1Sam 28,3
27×	אוה	Pi'el (11×) אִוָּה, יְאַוֶּה: wünschen; begehren Hitpa'el (16×) הִתְאַוָּה, יִתְאַוֶּה: gelüsten nach; herbeiwünschen	
7×	אַוָּה (אוה)	(f.) Begehren; Verlangen	Dtn 12,15
24×	אוֹי	o!; wehe!	
26×	אֱוִיל₁	töricht; Tor; Dummkopf	
45×	אוּלַי₂ ⊛	vielleicht	
19×	אוּלָם₁	hingegen; jedoch	Ijob 1,11
49×	אֵילָם	אוּלָם: Vorhalle ♦ אֵלַמ׳ /	
25×	אִוֶּלֶת (אֱוִיל₁)	(f.) Torheit	
78×	אָוֶן ⊛	Unheil; Frevel; Unrecht; Trug; Nichts ♦ אוֹן ♦ פֹּעֲלֵי אָוֶן Übeltäter	
12×	אוֹן₁	Zeugungskraft; Körperkraft; Reichtum	Dtn 21,17
35×	אוֹפָן	Rad ♦ אוֹפַנֵּ׳	
79×	אוֹצָר ⊛	Vorrat; Schatz	
43×	אור ⊛	Hif'il (34×) וַיָּאֶר, יָאִיר, הֵאִיר: leuchten; erhellen; hell sein lassen	
121×	אוֹר (אור) ⊛	Tageslicht; Licht	
6×	אוּר₁ (אור)	Feuer; Osten	Jes 44,16
39×	אוּרִיָּהוּ	אוּרִיָּה: Urija (EN) /	
7×	אוּרִים	⇒ אוּרִים וְתֻמִּים: Urim und Tummim (?) Ex 28,30	

79×	אוֹת ֍	(m./f.) Zeichen
141×	אָז ֍	damals; dann ♦ מֵאָז früher; seit; seitdem
10×	אֵזוֹב	Ysop　　　　　　　　　　　　Ps 51,9
14×	אֵזוֹר	Hüftschurz　　　　　　　　　Jer 13,1
7×	אַזְכָּרָה (זכר)	(f.) Askara (Gottesanteil des Speiseopfers)　　　　　　　　　　　　　　Lev 2,2
41×	$אזן_1$ (אֹזֶן) ֍	Hifʿil (41×) יַאֲזִין, הֶאֱזִין: hinhören; hören auf
187×	אֹזֶן ֍	(f.) Ohr ♦ אָזְנַ׳, אָזְנַיִם ♦ אָזְנֵי הָעָם ♦ וַיְדַבֵּר בְּאָזְנֵי er sprach, so dass es das Volk hören konnte
17×	אֶזְרָח	Einheimischer; Vollbürger　　Ex 12,49
629×	$אָח_2$ ֍	Bruder; Blutsverwandter; Gefährte; Volksgenosse ♦ אַחִים ♦ אִישׁ אֶל־אָחִיו einer zum anderen
93×	אַחְאָב	Ahab (EN)
970×	אֶחָד ֍	einer; eine; eines; ein; erster ♦ אֲחָדִים einige; einzelne • הָאֶחָד ... הָאֶחָד der eine ... der andere
41×	אָחוֹר (אחר)	hinten; Westen; pl. Rückseite ♦ אֹחֹר׳
114×	אָחוֹת ($אח_2$)	(f.) Schwester; Verwandte; Geliebte
63×	$אחז_1$ ֍	Qal (55×) וַיֹּאחֶז, יֹאחֵז/יֶאֱחֹז, אָחַז: packen; fassen; festhalten
41×	אָחָז	Ahas (EN)
66×	אֲחֻזָּה ($אחז_1$)	(f.) Grundeigentum; Eigentum
37×	אֲחַזְיָהוּ	אֲחַזְיָה /: Ahasja (EN)
24×	אֲחִיָּהוּ	אֲחִיָּה /: Ahija (EN)
17×	אֲחִימֶלֶךְ	Ahimelech (EN)　　　　　　1Sam 21
20×	אֲחִיקָם	Ahikam (EN) ♦ גְּדַלְיָהוּ בֶּן־אֲחִיקָם
20×	אֲחִיתֹפֶל	Ahitofel (EN)
17×	אחר	Piʿel (15×) יְאַחֵר, אִחַר: säumen; zögern Ps 127,2

			אֵין
709×	אַחַר ⊛ (אחר)	/ אַחֲרֵי: hinter; nach; nachdem ◆ 'אַחַר	
166×	אַחֵר$_1$ ⊛ (אחר)	anderer; nachkommend; folgend ◆ אַחֵר, אַחֶרֶת (f.)	
51×	אַחֲרוֹן ⊛ (אחר)	hinten befindlich; später; künftig; letzter	
5×	אַחֲרֵיכֵן (אחר)	danach	2Chr 20,1
61×	אַחֲרִית ⊛ (אחר)	(f.) Ende; Ausgang; Nachkommenschaft	
7×	אֲחֹרַנִּית (אָחוֹר)	rückwärts	2Kön 20,10
31×	אֲחַשְׁוֵרוֹשׁ	Xerxes (EN)	
5×	אַט	gedrückte Stimmung; Sanftheit	2Sam 18,5
39×	אֵי	wo?; was?; welcher ◆ אֵי־זֶה wo? • אֵי מִזֶּה woher?	
36×	אִי$_1$	Küste; Insel ◆ 'אִי	
282×	אֹיֵב ⊛	Feind ◆ 'אֹיֵב	
5×	אֵיבָה (אֹיֵב)	(f.) Feindschaft	Gen 3,15
24×	אֵיד	Unglück	
45×	אַיֵּה ⊛ (אֵי)	wo? ◆ 'אֵי	
58×	אִיּוֹב	Ijob (Hiob) (EN)	
22×	אִיזֶבֶל	(f.) Isebel (EN)	
61×	אֵיךְ ⊛ (אֵיכָה)	wie?	
17×	אֵיכָה (אֵי+כֹּה)	wie?; was?; wo?	Klgl 1,1
161×	אַיִל$_1$ ⊛	Widder; Gewalthaber ◆ 'אַיִל, אֵיל	
21×	אַיִל$_3$	Torpfeiler ◆ 'אֵיל	
11×	אַיָּל (אַיִל$_1$)	Damhirsch	Ps 42,2
11×	אַיָּלָה (אַיִל)	(f.) Damhirschkuh; Hinde	Hld 2,7
17×	אֵימָה	(f.) Schrecken	Gen 15,12
788×	אַיִן$_1$ ⊛	Nichtvorhandensein; ⇒ אֵין: nicht; ohne; nichts ◆ אֵין לוֹ ◆ אֵינֶנּוּ er hat nicht • מֵאֵין יוֹשֵׁב ohne Bewohner	

17×	אַיִן 2	⇒ מֵאַיִן: woher?		Jona 1,8
40×	אֵיפָה	(f.) Efa (Hohlmaß: 1 בַּת, ca. 40 l)		
10×	אֵיפֹה (אֵי+פֹּה)	wo?		Ijob 38,4
2186×	אִישׁ ✻	Mann; Ehemann; Mensch; jemand; man; ein jeder ♦ אֱנָשׁ׳, אֱנוֹשׁ		
21×	אִיתָמָר	Itamar (EN)		
14×	אֵיתָן 1	immer wasserführend; beständig		Am 5,24
161×	אַךְ ✻	ja; fürwahr; nur; jedoch		
8×	אַכְזָרִי	grausam		Spr 11,17
21×	אָכִישׁ	Achisch (EN)		
814×	אכל ✻	Qal (744×) וַיֹּאכַל ,יֹאכַל ,אָכַל: essen; fressen; verzehren Nifʻal (45×) נֶאֱכַל ,יֵאָכֵל: gegessen werden Hifʻil (20×) הֶאֱכִיל ,אֲכִיל: zu essen geben		
39×	אֹכֶל (אכל) ✻	Speise (koll.)		
18×	אָכְלָה (אֹכֶל) ✻	(f.) Essen (n. unit.)		Gen 9,3
17×	אָכֵן 1	fürwahr; jedoch		1Kön 11,2
7×	אִכָּר	Landarbeiter		Jer 14,4
729×	אַל ✻	nicht doch!; nicht		
5×	אֵל 4	Kraft; Macht		Gen 31,29
236×	אֵל 5 ✻	El (EN); Gott		
9×	אֵל 6 (אֵלֶּה)	diese (pl.)		Gen 19,8
5516×	אֶל ✻	/ אֱלֵי: nach ... hin; auf ... zu		
34×	אָלָה	(f.) Fluch; Verfluchung; «Fluchformel»		
13×	אֵלָה 1 (אֵלוֹן 1)	(f.) großer Baum; Terebinthe		2Sam 18,9
746×	אֵלֶּה ✻	diese (pl.) ♦ הַמְּלָכִים הָאֵלֶּה diese Könige		
2601×	אֱלֹהִים (אֱלוֹהַּ) ✻	Götter; Gott; Gottheit		

57×	אֱלוֹהַּ ⊛	Gott	
10×	אֵלוֹן₁	(f.) großer Baum; Terebinthe	Gen 18,1
9×	אַלּוֹן₁ (אֵלוֹן₁)	Eiche	Hos 4,13
9×	אַלּוּף₁	zutraulich; Vertrauter; Rind	Jer 3,4
60×	אַלּוּף₂	Stammeshäuptling	
21×	אֱלִיאָב	Eliab (EN)	
5×	אַלְיָה	(f.) Fettschwanz	Lev 3,9
71×	אֵלִיָּהוּ	אֵלִיָּה / : Elija (EN)	
11×	אֱלִיהוּא	אֱלִיהוּ / : Elihu (EN)	Ijob 32
20×	אֱלִיל	nichtig; Heidengötter	
15×	אֱלִיפַז	Elifas (EN)	Ijob 4
58×	אֱלִישָׁע	Elischa (EN)	
6×	אִלֵּם	stumm	Spr 31,8
5×	אֲלֻמָּה	(f.) Garbe	Gen 37,7
55×	אַלְמָנָה ⊛	(f.) Witwe ◆ אַלְמָנ'	
72×	אֶלְעָזָר	Eleasar (EN)	
8×	אֶלֶף₁	⇒ אֲלָפִים: Rinder	Dtn 28,4
492×	אֶלֶף₂ ⊛	tausend ◆ אַלְפֵּי ◆ אַלְפַּיִם zweitausend ◆ שְׁלֹשֶׁת אֲלָפִים dreitausend	
13×	אֶלֶף₃ (אֶלֶף₂)	Sippe; Gau; Stamm ◆ אַלְפֵי	Ri 6,15
21×	אֶלְקָנָה	Elkana (EN)	
1068×	אִם ⊛	wenn (mit verneinendem Schwursatz); ob	
220×	אֵם ⊛	(f.) Mutter ◆ אִמּוֹת, אִמּ'	
56×	אָמָה ⊛	(f.) Sklavin; Magd ◆ אֲמָהוֹת	
248×	אַמָּה₁ ⊛	(f.) Elle (Längenmaß: ca. 50 cm) ◆ אַמּ', אַמָּתַיִם	
5×	אֵמוּן₂ (אמן₁)	Zuverlässigkeit; Treue	Spr 14,5

49×	אֱמוּנָה (אמן₂) ⊛	(f.) Zuverlässigkeit; Treue	
6×	אַמִּיץ (אמץ)	stark	Jes 40,26
96×	אמן₁ ⊛	Nif'al (45×) נֶאֱמַן, יֵאָמֵן: sich als zuverlässig erweisen; Bestand haben	
		Hif'il (51×) הֶאֱמִין, יַאֲמִין: glauben; vertrauen	
30×	אָמֵן (אמן₁) ⊛	gewiss; wahrlich	
28×	אַמְנוֹן	Amnon (EN)	
9×	אָמְנָם (אמן₁) ⊛	gewiss; wahrlich	Rut 3,12
5×	אֻמְנָם (אָמְנָם)	⇒ הַאֻמְנָם: wirklich?	Gen 18,13
41×	אמץ	Qal (16×) אָמֵץ, יֶאֱמַץ: stark sein	
		Pi'el (19×) אִמֵּץ, יְאַמֵּץ: stärken	
40×	אֲמַצְיָהוּ	/ אֲמַצְיָה: Amazja (EN)	
5307×	אמר₁ ⊛	Qal (5284×) אָמַר, יֹאמַר, וַיֹּאמֶר: sagen; erwähnen; denken; beabsichtigen; befehlen	
		♦ לֵאמֹר mit den Worten; indem ... sagte	
		• כֹּה אָמַר יְהוָה so spricht Jhwh («Botenformel»)	
		Nif'al (21×) נֶאֱמַר, יֵאָמֵר: gesagt werden; man sagt; genannt werden	
6×	אֹמֶר (אמר₁)	Ausspruch; Kunde	Ps 19,3
48×	אֵמֶר₁ (אמר₁) ⊛	⇒ אֲמָרִים: Worte	
37×	אִמְרָה (אמר₁) ⊛	(f.) Wort; Ausspruch ♦ ‎אָמַר׳	
87×	אֱמֹרִי	Amoriter (EN)	
5×	אֶמֶשׁ	gestern Abend	Gen 31,29
127×	אֱמֶת (אמן₁) ⊛	(f.) Zuverlässigkeit; Beständigkeit; Treue; Wahrheit	
		♦ בֶּאֱמֶת ♦ אֱמֶת׳ wirklich; aufrichtig	
15×	אַמְתַּחַת	(f.) Sack	Gen 42,27
13×	אָנָּא	/ אָנָּה: ach ... doch	Ps 118,25

39×	אָנָה ⊛	wohin?; wann? ◆ עַד אָנָה wie lange? bis wann?	
8×	אָנוּשׁ	unheilbar; unheilvoll	Jer 15,18
42×	אֱנוֹשׁ ₁ (אִישׁ) ⊛	Menschen (koll.)	
11×	אֲנָחָה	(f.) Seufzen; Stöhnen	Ijob 3,24
120×	אֲנַחְנוּ (נַחְנוּ) ⊛	wir	
874×	אֲנִי ⊛	ich	
7×	אֳנִי	Schiffe; Flotte (koll.)	1Kön 9,26
31×	אֳנִיָּה (אֳנִי)	(f.) Schiff (n. unit.) ◆ אֳנִי	
359×	אָנֹכִי ⊛	ich	
58×	אָסָא	Asa (EN)	
5×	אָסוֹן	tödlicher Unfall	Gen 42,4
12×	אָסִיר (אסר)	Gefangener	Gen 39,20
200×	אסף ⊛	Qal (105×) אָסַף, יֶאֱסֹף: sammeln; aufnehmen; wegnehmen Nif al (81×) נֶאֱסַף, יֵאָסֵף: versammelt werden; sich versammeln	
46×	אָסָף	Asaf (EN)	
72×	אסר ⊛	Qal (65×) אָסַר, יֶאֱסֹר: fesseln; gefangen halten; anbinden	
11×	אִסָּר	/ אֱסָר: Enthaltungsgelübde	Num 30,3
55×	אֶסְתֵּר	(f.) Ester (EN)	
133×	אַף₁ ⊛	auch; sogar	
277×	אַף₂ ⊛	Nase; Zorn ◆ אַפַּיִם Nasenlöcher; Gesicht; Zorn	
49×	אֵפֹד₁	Ephod (Priestergewand; Kultgegenstand)	
13×	אפה	Qal (10×) אָפָה, יֹאפֶה: backen	
12×	אֹפֶה (אפה)	Bäcker	Gen 40,1
15×	אֵפוֹא	denn; also	Gen 27,33

18×	אָפִיק₁	Bachrinne; Röhre; Rille	Ps 126,4
9×	אֹפֶל	Dunkel	Ijob 3,6
10×	אֲפֵלָה (אֹפֶל)	(f.) Dunkel	Ex 10,22
43×	אֶפֶס	Extremität; Ende; Nichts ♦ אֶפֶס׳ ♦ אַפְסֵי־אָרֶץ die Enden der Erde	
22×	אֵפֶר	Staub; Erde; Asche ♦ שַׂק וָאֵפֶר	
180×	אֶפְרַיִם ⊛	Efraïm (EN)	
31×	אֶצְבַּע	(f.) Finger; Zehe ♦ אֶצְבַּע׳	
61×	אֵצֶל	⊛ zur Seite von; neben ♦ אֵצֶל׳ neben mir	
23×	ארב	Qal (20×) אָרַב ,יֶאֱרֹב: im Hinterhalt liegen; auflauern	
18×	אֹרֵב (ארב)	(Schar im) Hinterhalt	Jos 8,2
24×	אַרְבֶּה (רבה₁)	Heuschrecke; Wanderheuschrecke	
9×	אֲרֻבָּה	(f.) Luke	Gen 7,11
454×	אַרְבַּע ⊛	vier ♦ אַרְבָּעִים vierzig	
38×	אַרְגָּמָן	rote Purpurwolle	
6×	אֲרוּכָה	(f.) Heilung; Ausbesserung	Jer 30,17
202×	אָרוֹן ⊛	Kasten; Sarg; Geldlade; Bundeslade ♦ אֲרוֹן בְּרִית יְהוָה die Bundeslade JHWHs Exkurs Seite 50	
73×	אֶרֶז ⊛	Zeder; hochstämmiges Nadelholz ♦ אֶרֶז׳	
58×	אֹרַח	Weg; Verhalten ♦ אֹרַח׳	
6×	אֲרֻחָה	(f.) Wegzehrung; Verpflegung	2Kön 25,30
35×	אֲרִי ⊛	Löwe ♦ אֲרִי׳	
45×	אַרְיֵה₁ (אֲרִי) ⊛	Löwe	
34×	ארך	Hifil (31×) הֶאֱרִיךְ ,יַאֲרִיךְ: lang machen; lang sein	
15×	אָרֵךְ (ארך)	langmütig	Ex 34,6

95×	אֹ֫רֶךְ (ארך) ⊛	Länge ◆ אָרְכ׳	
128×	אֲרָם ⊛	Aram (EN)	
32×	אַרְמוֹן	Palast	
12×	אֲרַמִּי	Aramäer (EN) ◆ אֲרַמִּים	Gen 25,20
25×	אַרְנוֹן	Arnon (EN)	
2504×	אֶ֫רֶץ ⊛	(f.) Erdboden; Gebiet; Land; Erde ◆ אֶרֶץ׳, אָרֶץ׳ Exkurs Seite 50	
63×	ארר ⊛	Qal (54×) אָרַר, יָאֹר: mit einem Fluch belegen ◆ אָרוּר	
11×	ארשׂ	Pi'el (6×) אֵרַשׂ, יְאָרֵשׂ: sich (eine Frau) anverloben	2Sam 3,14
376×	₁אֵשׁ ⊛	(f.) Feuer	
7×	אָ֫שֶׁד	(Berg-)Hang	Jos 12,3
17×	אַשְׁדּוֹד	Aschdod (EN)	1Sam 5
781×	אִשָּׁה ⊛	(f.) Frau; Ehefrau; eine jede ◆ נָשִׁים	
65×	אִשֶּׁה (₁אֵשׁ)	Feueropfer ◆ אִשׁ׳	
151×	אַשּׁוּר ⊛	Assur (EN)	
9×	₁אֶשְׁכּוֹל	Traube	Num 13,23
35×	אשׁם	Qal (33×) אָשֵׁם, יֶאְשַׁם: sich verschulden; Schuld büßen	
46×	אָשָׁם (אשׁם)	Verschuldung; Schuldopfer ◆ אֲשַׁמ׳	
19×	אַשְׁמָה (אשׁם)	(f.) Verschuldung; Schuld ◆ אַשְׁמ׳	Esra 9,6
7×	אַשְׁמוּרָה (שׁמר)	/ אַשְׁמֹ֫רֶת: (f.) Nachtwache	Ps 63,7
6×	אַשְׁפָּה	(f.) Köcher	Ps 127,5
7×	אַשְׁפֹּת	Aschengrube; Mist- und Abfallhaufen	1Sam 2,8
12×	אַשְׁקְלוֹן	Aschkelon (EN)	Ri 1,18

5500×	אֲשֶׁר (אֲשֶׁר) ⊛	Relativpronomen: «von welchem gilt»; damit	
		♦ ⇒ כַּאֲשֶׁר: wie; wie wenn; weil	
		• כַּאֲשֶׁר ... כֵּן wie ..., so ...	
9×	אָשֻׁר	(f.) Schritt; Fußspur	Ps 17,5
43×	אָשֵׁר	Ascher (EN)	
40×	אֲשֵׁרָה	(f.) Aschera (EN); Aschere (Kultpfahl)	
44×	אַשְׁרֵי ⊛	glücklich, wer ...! Heil dem, der ...!	
60×	אַתְּ ⊛	du (2. Person f. sg.)	
ca. 10965×	אֵת ₁ ⊛	/ אֶת־: Zeichen des Akkusativs	
ca. 900×	אֵת ₂ ⊛	/ אֶת־: mit; bei ♦ מֵאֵת von ... weg	
5×	אֵת ₃	Pflugschar	Jes 2,4
21×	אתה	Qal (19×): יֶאֱתָה, אָתָה: kommen	
744×	אַתָּה ⊛	du (2. Person m. sg.)	
34×	אָתוֹן ⊛	(f.) Eselin ♦ אֲתֹנ׳	
5×	אַתִּיק	Durchgang; Straße	Ez 42,3
283×	אַתֶּם ⊛	ihr (2. Person m. pl.)	
8×	אֶתְמוֹל (תְּמוֹל)	gestern	Ps 90,4
5×	אַתֵּן ⊛	/ אַתֵּנָה: ihr (2. Person f. pl.)	Ez 34,17
11×	אֶתְנַן ₁ (נתן)	Geschenk	Ez 16,31

ב

15536×	בְּ' ⊛	(prokl.) in; an ♦ בְּדַבְּרוֹ während er redete
37×	בְּאֵר₁ ⊛	(f.) Wasserstelle; Grundwasserbrunnen; Brunnen
34×	בְּאֵר שֶׁבַע	Beerscheba (EN)
262×	בָּבֶל ⊛	Babel; Babylon; Babylonien (EN)
49×	בגד	Qal (49×) בָּגַד, יִבְגֹּד: treulos handeln
215×	בֶּגֶד₂ ⊛	Kleid; Gewand ♦ בִּגְדֵ',בִּגְדוֹ
160×	בַּד₁ ⊛	Teil; Stück ♦ בַּד' ♦ לְבַד allein • לְבַד מִן außer; abgesehen von • מִלְּבַד außer
40×	בַּד₂	Tragstange ♦ בַּדֵּ'
23×	בַּד₃	Leinen ♦ בַּדֵּ'
11×	בָּדָד (בַּד₁)	Alleinsein; allein	Klgl 1,1
5×	בְּדִיל	Zinn	Ez 22,18
42×	בדל ⊛	Hifil (32×) הִבְדִּיל, יַבְדִּיל: trennen; unterscheiden von; aussondern
10×	בֶּדֶק	Riss; Leck	2Kön 12,6
39×	בהל	Nifal (24×) נִבְהַל, יִבָּהֵל: entsetzt sein; von Sinnen sein
190×	בְּהֵמָה ⊛	(f.) Getier; Wild; Vieh (koll.)
14×	בֹּהֶן	(f.) Daumen; große Zehe	Lev 14,14
12×	בַּהֶרֶת	(f.) weißer Hautfleck	Lev 13,2
2571×	בוא ⊛	Qal (1999×) בָּא, יָבוֹא: hineingehen; kommen; sich erfüllen ♦ עַד בֹּאֲךָ bis hin nach
Hifil (548×) הֵבִיא, יָבִיא, וַיָּבֵא: hineinbringen; hinbringen
Hofal (24×) הוּבָא, יוּבָא: gebracht werden

11×	בּוּז₁	Geringschätzung; Verachtung	Ps 123,3
8×	בּוּץ	Byssus; Leinen	2Chr 3,14
69×	בּוֹר (בְּאֵר₁) ⊛	Zisterne; Totenwelt	
125×	בוש₁ ⊛	Qal (94×) בּוֹשׁ, יֵבוֹשׁ: sich schämen	
		Hifʿil₁ (12×) הֵבִישׁ, יָבִישׁ: zuschanden machen	
		Hifʿil₂ (18×) הֹבִישׁ: beschämt dastehen; zuschanden werden	
25×	בַּז (בזז)	Plünderung; Plünderungsgut	
42×	בזה	Qal (32×) בָּזָה, יִבְזֶה: gering schätzen; verachten	
10×	בִּזָּה (בזז)	(f.) Plünderung; Plünderungsgut	Est 9,10
43×	בזז	Qal (39×) בָּזַז, יָבֹז: plündern	
44×	בָּחוּר	Jüngling; junger Mann ◆ בַּחוּר′	
13×	בָּחִיר (בחר)	Erwählter	Jes 42,1
28×	בחן ⊛	Qal (25×) בָּחַן, יִבְחַן: prüfen; auf die Probe stellen	
170×	בחר₂ ⊛	Qal (163×) בָּחַר, יִבְחַר: auswählen; erwählen	
118×	בטח₁ ⊛	Qal (113×) בָּטַח, יִבְטַח: vertrauen; voll Vertrauen sein; arglos sein	
42×	בֶּטַח₁ (בטח₁) ⊛	Vertrauen; Sicherheit ◆ לָבֶטַח in Sicherheit; sorglos	
72×	בֶּטֶן₁ ⊛	(f.) Bauch; Leib; Inneres ◆ בִּטְנ′	
12×	בִּי	⇒ בִּי אֲדֹנִי / בִּי אֲדֹנָי: mit Verlaub	Ri 6,13
170×	בין ⊛	Qal (63×) בִּין, יָבִין, וַיָּבֶן: verstehen; einsehen; achten auf	
		Nifʿal (22×) נָבוֹן (Partizip): einsichtig	
		Hitpolel (22×) הִתְבּוֹנֵן, יִתְבּוֹנָן: sich einsichtig verhalten	
		Hifʿil (62×) הֵבִין, יָבִין, וַיָּבֶן: Einsicht haben; verstehen; zur Einsicht bringen	

407×	בַּ֫יִן ⊛	Zwischenraum; ⇒ בֵּין: zwischen ◆ בֵּינ׳	
		◆ בֵּינִי וּבֵינֶ֫יךָ zwischen mir und dir	
38×	בִּינָה (בין) ⊛	(f.) Einsicht ◆ בֵּינ׳	
6×	בֵּיצָה	(f.) Ei	Dtn 22,6
18×	בִּירָה	(f.) Zitadelle; Akropolis	Est 1,2
2042×	בַּ֫יִת₁ ⊛	Haus; Wohnhaus; Aufenthaltsort; das Innere; Familie ◆ בֵּת׳	
5×	בַּ֫יִת₂ (בֵּין)	zwischen	Spr 8,2
72×	בֵּית־אֵל	Bet-El (EN)	
41×	בֵּית לֶ֫חֶם	Betlehem (EN)	
21×	בֵּית שֶׁ֫מֶשׁ	Bet-Schemesch (EN)	
5×	בָּכָא	Baka-Sträucher (?)	2Sam 5,23
114×	בכה ⊛	Qal (112×) בָּכָה, יִבְכֶּה, וַיֵּבְךְּ: weinen; beweinen	
17×	בִּכּוּרִים (בכר)	(f.) Frühfrüchte; Erstlinge	Ex 23,16
30×	בְּכִי (בכה)	Weinen	
6×	בָּכִיר (בכר)	⇒ בְּכִירָה: (f.) die Erstgeborene; die Ältere	Gen 19,31
122×	בְּכֹר ⊛	erstgeboren; Erstgeburt	
10×	בְּכֹרָה (בכר)	(f.) Stellung als Erstgeborener	Gen 25,31
69×	בַּל (בְּלִי) ⊛	nicht	
5×	בִּלְדָּד	Bildad (EN)	Ijob 8
15×	בלה	Qal (11×) יִבְלֶה, בָּלָה: verbraucht sein	Dtn 8,4
5×	בָּלֶה (בלה)	abgebraucht; alt	Jos 9,4
10×	בַּלָּהָה	(f.) jäher Schrecken	Ijob 18,11
58×	בְּלִי (בלה) ⊛	ohne	
27×	בְּלִיַּ֫עַל	Nichtsnutzigkeit; Heillosigkeit	
43×	בלל	Qal (42×) בָּלַל: anfeuchten; vermengen; verwirren	

40×	בָּלַע₁	Qal (20×) יְבַלַּע, בָּלַע: verschlingen; hinunterschlucken	
		Pi'el (19×) יְבַלַּע, בִּלַּע: verschlingen; vertilgen	
17×	בִּלְעֲדֵי (בַּל+עַד₃)	/ בִּלְעֲדֵי: abgesehen von; außer	Gen 14,24
60×	בִּלְעָם₁	Bileam (EN)	
43×	בָּלָק	Balak (EN)	
112×	⊛ בִּלְתִּי (בַּל)	außer ♦ ⇒ לְבִלְתִּי: nicht zu; damit ... nicht	
103×	⊛ בָּמָה	(f.) Bergrücken; Anhöhe; Kulthöhe ♦ בָּמוֹת ♦ כֹּהֲנֵי בָמוֹת Höhenpriester	
9×	בְּמוֹ	בְּ' =	Ijob 16,4
4932×	⊛ בֵּן₁ (בנה)	Sohn ♦ בְּנֵ', בְּנֵי ♦ בְּנֵי יִשְׂרָאֵל die Israeliten ♦ בֶּן־שָׁנָה einjährig *wird auch verwendet zur Bildung von Nomina unitatis aus Kollektivbegriffen:* בֶּן־אָדָם (einzelner) Mensch	
25×	בֶּן־הֲדַד	Ben-Hadad (EN)	
376×	⊛ בנה	Qal (346×) וַיִּבֶן, יִבְנֶה, בָּנָה: bauen; erbauen; aufbauen	
		Nif'al (30×) יִבָּנֶה, נִבְנָה: gebaut werden	
42×	בְּנָיָהוּ	/ בְּנָיָה: Benaja (EN)	
166×	⊛ בִּנְיָמִין	/ בִּנְיָמִן: Benjamin (EN)	
7×	בִּנְיָן (בנה)	Gebäude	Ez 41,12
5×	בֹּסֶר	unreife Früchte	Ez 18,2
105×	⊛ בַּעַד	⇒ בְּעַד: Abstand; hinter; durch ... hindurch; um ... herum; zugunsten von; für	
22×	בֹּעַז₁	Boas (EN)	
6×	בְּעִיר	Vieh	Num 20,4
16×	בעל	Qal (14×) יִבְעַל, בָּעַל: besitzen; beherrschen; heiraten	Jer 31,32
161×	⊛ בַּעַל₁	Besitzer; Herr; Baal (EN) ♦ בְּעָלִים ♦ בַּעַל הַחֲלֹמוֹת Träumer	

60×	בער₁ ⊛	Qal (38×) יִבְעַר, בָּעַר, יִבְעַר: brennen; entbrennen
		Piʻel (15×) בִּעֵר, יְבַעֵר: anzünden
27×	בער₂	Piʻel (25×) בִּעֵר, יְבַעֵר: wegschaffen; ausrotten
5×	בַּעַר (בְּעִיר)	viehisch; dumm — Spr 12,1
28×	בַּעְשָׁא	Bascha (EN)
25×	בָּצוּר	unzugänglich; uneinnehmbar
7×	בָּצִיר₁	Weinlese — Lev 26,5
23×	בֶּצַע	(unrechtmäßiger) Gewinn
5×	בָּצֵק	Mehlteig — Ex 12,34
51×	בקע ⊛	Qal (16×) יִבְקַע, בָּקַע: spalten
		Nifʻal (15×) יִבָּקַע, נִבְקַע: sich spalten
20×	בִּקְעָה (בקע)	(f.) Talebene ◆ בְּקַע׳
183×	בָּקָר ⊛	(m./f.) Rinderherde; Rinder (koll.) ◆ בְּקַר׳
213×	בֹּקֶר₂ ⊛	Morgen ◆ בְּקַר׳
225×	בקש ⊛	Piʻel (222×) בִּקֵּשׁ, יְבַקֵּשׁ: suchen; fordern; bitten; befragen
8×	בַּקָּשָׁה (בקש)	(f.) Verlangen; Begehren — Est 5,3
6×	בַּר₂	lauter ◆ בַּר׳ — Ps 24,4
14×	בַּר₃ (בַּר₂)	Getreide — Gen 41,35
5×	בֹּר₁ (בַּר₂)	Reinheit — 2Sam 22,21
48×	ברא₁ ⊛	Qal (38×) יִבְרָא, בָּרָא: (er)schaffen
29×	בָּרָד	Hagel
26×	בָּרוּךְ	Baruch (EN)
20×	בְּרוֹשׁ	Wacholder; Zypresse
76×	בַּרְזֶל ⊛	Eisen
63×	ברח₁ ⊛	Qal (59×) יִבְרַח, בָּרַח: entlaufen; fliehen
14×	בָּרִיא	fett — Gen 41,2

40×	בְּרִיחַ		Riegel ♦ בְּרִיחַ׳
284×	בְּרִית	⊛	(f.) Vereinbarung; Bund
327×	ברך₂	⊛	Qal (71×) בָּרוּךְ (Partizip passiv): gesegnet; gepriesen; gelobt
			Pi'el (233×) וַיְבָרֶךְ, יְבָרֵךְ, בֵּרַךְ: segnen; preisen
25×	בֶּרֶךְ		(f.) Knie ♦ בִּרְכַּיִם
69×	בְּרָכָה₁ (ברך₂)	⊛	(f.) Segen; Segenswunsch; «Segensformel» ♦ בָּרְכ׳, בִּרְכַּת
17×	בְּרֵכָה	⊛	(f.) Teich ♦ בָּרֵכ׳, בְּרֵכַת 2Sam 2,13
21×	בָּרָק₁		Blitz ♦ בְּרָק׳
30×	בֹּשֶׂם		בָּשָׂם, בֶּשֶׂם / בְשָׂ: Balsamstrauch; Balsamöl ♦ בִּשְׂמ׳
24×	בשׂר		Pi'el (23×) בִּשֵּׂר, יְבַשֵּׂר: Botschaft bringen; bekannt machen
270×	בָּשָׂר	⊛	Fleisch; Körper ♦ בְּשָׂר׳ ♦ בְּשָׂרֵנוּ ♦ אָחִינוּ בְשָׂרֵנוּ unser leiblicher Bruder
6×	בְּשׂרָה (בשׂר)		(f.) Botschaft; Botenlohn 2Sam 18,20
28×	בשׁל		Pi'el (21×) בִּשֵּׁל, יְבַשֵּׁל: kochen; sieden; braten
60×	בָּשָׁן₁		Baschan (EN)
30×	בֹּשֶׁת (בושׁ₁)		(f.) Schande; Scham
587×	בַּת₁ (בֵּן₁)	⊛	(f.) Tochter ♦ בָּנוֹת
13×	בַּת₂		Bat (Hohlmaß: ca. 40 l) Ez 45,10
50×	בְּתוּלָה	⊛	(f.) Jungfrau ♦ בְּתוּל׳
10×	בְּתוּלִים (בְּתוּלָה)		(f.) Jungfrauschaft; Jungfräulichkeit Dtn 22,14
11×	בַּת־שֶׁבַע		(f.) Batseba (EN) 2Sam 11-12

ג

8×	גֵּאֶה (גָּאוֹן)	hochmütig	Spr 15,25
19×	גַּאֲוָה (גָּאוֹן)	(f.) Hoheit; Hochmut	Ps 10,2
49×	גָּאוֹן	Höhe; Hoheit; Stolz; Anmaßung	
8×	גֵּאוּת (גָּאוֹן)	(f.) Aufsteigen; Erhabenheit	Ps 93,1
103×	גאל$_1$ ⊛	Qal (95×) יִגְאַל ,גָּאַל: auslösen; erlösen; lösen ♦ גֹּאֵל Löser; Erlöser	
14×	גְּאֻלָּה (גאל$_1$)	(f.) Rückkauf	Lev 25,24
11×	גַּב$_1$	(m./f.) Rücken	Ez 10,12
34×	גבה ⊛	Qal (24×) גָּבַהּ ,יִגְבַּהּ: hoch sein; hochfahrend sein	
37×	גָּבֹהַּ (גבה) ⊛	hoch ♦ גֹּבַהּ׳	
17×	גֹּבַהּ (גבה)	Höhe	1Sam 17,4
240×	גְּבוּל ⊛	Grenze; Gebiet	
10×	גְּבוּלָה (גְּבוּל)	(f.) Grenze; Gebiet	Num 34,2
159×	גִּבּוֹר (גבר) ⊛	mannhaft; kraftvoll; Held	
61×	גְּבוּרָה (גבר) ⊛	(f.) Kraft ♦ גְּבוּרוֹת (Gottes) kraftvolle Taten	
14×	גָּבִיעַ	Schale; Kelch	Gen 44,2
15×	גְּבִירָה (גבר)	(f.) Herrin; Königinmutter	Gen 16,4
71×	גִּבְעָה$_1$ ⊛	(f.) Hügel ♦ גֶּבַע׳	
43×	גִּבְעָה$_2$	Gibea (EN)	
37×	גִּבְעוֹן	Gibeon (EN)	
25×	גבר	Qal (17×) יִגְבַּר ,גָּבַר: überlegen sein; zunehmen	
66×	גֶּבֶר$_1$ (גבר) ⊛	Mann ♦ גְּבַר׳	
30×	גָּג	Flachdach ♦ גָּג׳	

72×	גָּד	Gad *(EN)*	
31×	גְּדוּד₂	Streifschar; Raubzug; Kriegsschar	
525×	גָּדוֹל (גדל) ⊛	groß ◆ גָּדוֹל׳ ◆ הַכֹּהֵן הַגָּדוֹל der Hohepriester ◆ בְּקוֹל גָּדוֹל mit lauter Stimme ◆ רוּחַ גְּדוֹלָה ein starker Wind	
12×	גְּדוּלָה (גדל)	*(f.)* Größe; Großes	2Sam 7,21
16×	גְּדִי	Zicklein ◆ גְּדִי׳	Ex 23,19
117×	גדל ⊛	*Qal* (54×) גָּדַל, יִגְדַּל: heranwachsen; groß werden; groß sein *Pi'el* (25×) גִּדֵּל, יְגַדֵּל: groß ziehen; wachsen lassen *Hif'il* (33×) הִגְדִּיל, יַגְדִּיל: groß machen; sich groß machen	
13×	גֹּדֶל (גדל)	Größe	Ez 31,2
32×	גְּדַלְיָהוּ / גְּדַלְיָה: Gedalja *(EN)*		
22×	גדע	*Pi'el* (9×) גִּדַּע, יְגַדַּע: abschlagen; in Stücke schlagen	
39×	גִּדְעוֹן	Gideon *(EN)*	
14×	גָּדֵר	Steinwall *(koll.)* ◆ גָּדֵר׳, גֶּדֶר	Num 22,24
8×	גְּדֵרָה₁ (גָּדֵר)	*(f.)* Steinpferch; Mauer *(n. unit.)*	Num 32,16
6×	גֵּו₁	Rücken	Spr 26,3
554×	גּוֹי ⊛	Volk; Nation; «Heiden»; Leute ◆ גּוֹי׳	
13×	גְּוִיָּה	*(f.)* Leib; Leichnam	1Sam 31,10
42×	גּוֹלָה (גלה) ⊛	*(f.)* Exulanten; Wegführung; Verbannung *(koll.)*	
24×	גוע	*Qal* (24×) גָּוַע, יִגְוַע: verscheiden; umkommen	
83×	גּוּר₁ ⊛	*Qal* (80×) גָּר, יָגוּר, וַיָּגָר: (als Fremder und Schutzbürger) weilen	
7×	גּוּר₁	Jungtier	Ez 19,2
77×	גּוֹרָל ⊛	Los; das durch das Los Zugefallene; Losteil; Geschick	

7×	גִּזָּה (גזז)	(f.) abgeschorene Wolle; Vlies	Ri 6,37
15×	גזז	Qal (14×) גָּזַז ,יָגֹז: scheren	1Sam 25,2
11×	גָּזִית	(f.) Quader	Ex 20,25
30×	גזל	Qal (29×) גָּזַל ,יִגְזֹל: wegnehmen; berauben	
6×	גְּזֵלָה (גזל)	(f.) Raub; Raubgut	Ez 18,7
8×	גִּזְרָה	(f.) Vorplatz	Ez 41,12
16×	גֶּחָל	⇒ גֶּחָלִים: (f.) Kohlen	Spr 6,28
34×	גֵּיא ⊛	(m./f.) Tal ♦ גַּיְא׳	
7×	גִּיד	Sehne	Gen 32,33
45×	גיל ⊛	Qal (45×) גָּל ,יָגִיל ,וַיָּגֶל: ekstatisch schreien; jauchzen	
8×	גִּיל $_2$ (גיל)	Jauchzen	Ps 43,4
18×	גַּל $_1$ (גלל)	Haufen; Steinhaufen ♦ גַּל׳	Gen 31,46
16×	גַּל $_2$ (גלל)	Woge	Ps 107,25
9×	גַּלְגַּל $_1$ (גלל)	Rad	Ez 10,2
40×	גִּלְגָּל $_2$	Gilgal (EN)	
12×	גֻּלְגֹּלֶת (גלל)	(f.) Schädel	Ri 9,53
187×	גלה ⊛	Qal (50×) גָּלָה ,יִגְלֶה ,וַיִּגֶל: aufdecken; fortgehen; in die Verbannung gehen	
		Nif'al (32×) נִגְלָה ,יִגָּלֶה: entblößt werden; sich offenbaren	
		Pi'el (56×) גִּלָּה ,יְגַלֶּה: aufdecken; enthüllen; beschlafen ♦ לְגַלּוֹת עֶרְוָה	
		Hif'il (38×) הִגְלָה ,יַגְלֶה ,וַיֶּגֶל: in die Verbannung führen	
15×	גֻּלָּה (גלל)	(f.) Becken; Schale	Jos 15,19
48×	גִּלּוּל (גלל)	⇒ גִּלּוּלִים: Götzen; Götzenbilder	
15×	גָּלוּת (גלה) ⊛	(f.) Wegführung; Weggeführte	Jer 52,31
23×	גלח	Pi'el (18×) גִּלַּח ,יְגַלַּח: scheren	

5×	גְּלִילָה (גלל)	(f.) Bezirk	Ez 47,8
6×	גָּלְיָת	Goliat (EN)	1Sam 17
18×	גלל	Qal (11×) גָּלַל: rollen; wälzen	Gen 29,3
10×	גָּלָל $_2$	⇒ בִּגְלַל: wegen	Gen 12,13
134×	גִּלְעָד ⊛	Gilead (EN)	
769×	גַּם ⊛	auch; sogar	
19×	גְּמוּל (גמל)	Tun; Vergeltung; Wohltat	Ps 103,2
37×	גמל	Qal (34×) יִגְמֹל, גָּמַל: entwöhnen; antun; erweisen	
54×	גָּמָל ⊛	Kamel; Dromedar ♦ גְּמַלֵּ׳	
41×	גַּן	(m./f.) Garten ♦ גַּנֵּ׳	
40×	גנב	Qal (31×) יִגְנֹב, גָּנַב: entwenden; stehlen	
17×	גַּנָּב	Dieb	Ex 22,1
16×	גַּנָּה (גַּן)	(f.) Garten	Jer 29,5
15×	גְּעָרָה	(f.) Drohung	Spr 13,1
55×	גֶּפֶן ⊛	(f.) Rebe; Weinstock ♦ גַּפְנֵ׳	
7×	גָּפְרִית	(f.) Schwefel	Gen 19,24
92×	גֵּר (גור$_1$) ⊛	Schutzbürger; Fremdling	
11×	גֵּרָה $_1$ (גָּרוֹן)	(f.) Gekautes	Lev 11,3
5×	גֵּרָה $_2$	(f.) Gera (Gewichtseinheit: $^1/_{20}$ שֶׁקֶל, ca. 0,6 g)	Ex 30,13
8×	גָּרוֹן	Kehle; Hals	Jes 3,16
4×	גְּרִזִים	(im Codex Leningradensis: גְּרִזִים) Garizim (EN)	Dtn 11,29
5×	גֶּרֶם	Knochen	Spr 17,22
32×	גֹּרֶן	(f.) Dreschplatz; Tenne ♦ גָּרְנֵ׳	
21×	גרע $_1$	Qal (14×)* גָּרַע, יִגְרַע: verkürzen; wegnehmen	
45×	גרש $_1$ ⊛	Pi'el (35×) וַיְגָרֶשׁ, יְגָרֵשׁ, גֵּרֵשׁ: vertreiben	

35×	גֶּ֫שֶׁם₁	Regenguss; Regen ♦ גְּשָׁמ׳	
5×	גַּת₁	(f.) Kelter	Ri 6,11
33×	גַּת₂	Gat (EN)	

ד

6×	דְּאָגָה	(f.) Besorgtheit	Spr 12,25
12×	דֹּב	Bär; Bärin	1Sam 17,34
9×	דִּבָּה	(f.) Gerede; Nachrede	Num 13,32
10×	דְּבוֹרָה $_2$	(f.) Debora (EN)	Ri 4-5
16×	דְּבִיר $_1$	Hinterraum; das Allerheiligste	1Kön 6,5
5×	דְּבֵלָה	(f.) Feigenkuchen	2Kön 20,7
54×	דבק ⊛	Qal (39×) דָּבַק, יִדְבַּק: haften; kleben; hangen; festhalten	
1133×	דבר $_2$ ⊛	Qal (41×) דֹּבֵר (Partizip): redend Pi'el (1083×) דִּבֶּר, יְדַבֵּר: sprechen; reden	
1441×	דָּבָר (דבר $_2$) ⊛	Wort; Angelegenheit; Sache; etwas ♦ דְּבַר־׳ ♦ וַיְהִי דְבַר־יהוה das Wort JHWHs erging («Wortereignisformel») • עֲשֶׂרֶת הַדְּבָרִים die Zehn Gebote	
46×	דֶּבֶר $_1$	Beulenpest	
5×	דִּבְרָה (דָּבָר)	(f.) (Rechts-)Sache; Weise ♦ עַל־דִּבְרַת wegen	Ps 110,4
54×	דְּבַשׁ ⊛	Honig ♦ דְּבַשׁ׳	
19×	דָּג	Fisch	Jona 2,1
15×	דָּגָה (דָּג)	(f.) Fische; Fisch	Gen 1,26
14×	דֶּגֶל	Feldzeichen; Stammesabteilung ♦ דְּגַל׳	Num 1,52
40×	דָּגָן ⊛	Korn; Getreide	
61×	דּוֹד (יָדִיד)	Geliebter; Vatersbruder; Liebe	
1075×	דָּוִד ⊛	/ דָּוִיד: David (EN)	
8×	דּוּד	Kochtopf; Korb	Jer 24,1

6×	דּוּדָאִים	Alraunwurzel	Gen 30,14
5×	דָּוֶה	krank; menstruierend	Klgl 5,17
166×	דּוֹר₂ ⊛	Generation; Geschlecht	
39×	דַּי	das Ausreichende; der Bedarf; genug ◆ כְּדֵי entsprechend ◆ מִדֵּי so oft	
23×	דין	Qal (22×) דָּן, יָדִין: Recht schaffen; Gericht halten	
19×	דִּין (דין)	Rechtsanspruch; Rechtsfall; Rechtsspruch; Streit	Spr 20,8
6×	דָּיֵק	Belagerungswall	2Kön 25,1
18×	דכא	Pi'el (11×) דִּכָּא, דִּכֵּא, יְדַכֵּא: zerschlagen	Ps 89,11
48×	דַּל₂	gering; hilflos; arm ◆ דַּלּ'	
5×	דַּלָּה₂ (דַּל₂)	(f.) die Geringen; die Armen (koll.)	Jer 52,15
8×	דָּלִית	⇒ דָּלִיּוֹת: (f.) Laubwerk	Ez 17,6
87×	דֶּלֶת ⊛	(f.) Tür; Türflügel ◆ דְּלָת', דְּלָתַיִם	
360×	דָּם ⊛	Blut ◆ דְּמ'	
30×	דמה₁	Qal (14×) דָּמָה, יִדְמֶה: gleichen Pi'el (14×) דִּמָּה, יְדַמֶּה: vergleichen; gleichstellen	
25×	דְּמוּת (דמה₁) ⊛	(f.) Gestalt; Abbild	
19×	דמם₁	Qal (18×) דַּם, יִדֹּם: still stehen; sich still halten	Ps 62,6
6×	דֹּמֶן	Dünger	2Kön 9,37
23×	דִּמְעָה	(f.) Tränen ◆ דְּמַע'	
35×	דַּמֶּשֶׂק	Damaskus (EN)	
69×	דָּן	Dan (EN)	
29×	דָּנִיֵּאל	Daniel (EN)	
5×	דֵּעַ (ידע)	Wissen	Ijob 32,6
6×	דֵּעָה (ידע)	(f.) Weisheit	Ps 73,11

88×	⊛ דַּ֫עַת1 (ידע)	(f.) Wissen; Erkenntnis; Einsicht ♦ בִּלְתִּי דַעַת ohne Vorsatz	
14×	דַּק	dünn; fein ♦ דַּק׳	Gen 41,3
17×	דָּרוֹם	Süden; Südwind	Ez 40,24
7×	דְּרוֹר3	Freilassung	Jer 34,8
62×	⊛ דרך	Qal (49×) דָּרַךְ, יִדְרֹךְ: treten; (einen Bogen) spannen; keltern	
706×	⊛ דֶּ֫רֶךְ (דרך)	(f./m.) Weg; Reise; Unternehmung; Verhalten ♦ דַּרְכּ׳, דִּרְכ׳ ♦ בַּדֶּ֫רֶךְ unterwegs	
164×	⊛ דרש	Qal (155×) דָּרַשׁ, יִדְרֹשׁ: sich kümmern um; fragen nach; suchen; fordern; sich wenden an	
14×	דֶּ֫שֶׁא	junges, frisches Gras (koll.)	Gen 1,11
15×	דֶּ֫שֶׁן	Fett; Fettasche	Lev 1,16
22×	דָּת	(f.) Anordnung; Gesetz	

ה

23888×	○ 'הַ ⊛	Artikel (prokl.): der; die; das	
		Die Häufigkeitsangabe bezieht sich auf die Formen mit ה; zusätzlich verschmilzt der Artikel etwa 6400-mal mit den Präpositionen בְּ, כְּ und לְ.	
747×	'הֲ ⊛	He interrogativum (prokl.; zur Einleitung von Fragesätzen verwendet; es kann auch fehlen)	
12×	הֶאָח	ha! ei! (Ausdruck der Freude oder Schadenfreude)	Ps 35,21
33×	הַב	/ הָבָה: gib!; auf!; wohlan!	
73×	הֶבֶל₁	Hauch; Nichtigkeit; Vergänglichkeit ♦ הֲבֵל'	
8×	הֶבֶל₂	Abel (EN)	Gen 4
25×	הגה₁	Qal (23×) יֶהְגֶּה, הָגָה: brummeln	
21×	הֲדַדְעֶזֶר	Hadad-Eser (EN)	
6×	הֲדֹם	⇒ הֲדֹם רַגְלַיִם: Fußschemel	Ps 110,1
6×	הֲדַס	Myrte	Sach 1,8
31×	הָדָר	Schmuck; Pracht; Erhabenheit	
5×	הֲדָרָה (הָדָר)	(f.) Schmuck; Erhabenheit	Ps 96,9
1394×	הוּא ⊛	er	
24×	הוֹד₁	Hoheit; Majestät	
13×	הַוָּה₂	(f.) Verderben	Ps 52,4
51×	הוֹי ⊛	ach! wehe!	
26×	הוֹן	Vermögen; Besitz	
16×	הוֹשֵׁעַ	Hosea; Hoschea (EN)	Hos 1
485×	הִיא ⊛	sie (3. Person f. sg.)	
7×	הֵידָד	Jauchzer; Kriegsgeschrei	Jer 48,33

3561×	היה ✡	Qal (3540×) הָיָה, יִהְיֶה, וַיְהִי: werden; eintreten; geschehen; sein	
		Nif'al (21×) נִהְיָה: geschehen; sich begeben	
80×	הֵיכָל ✡	Palast; Tempel	
22×	הִין	Hin (Hohlmaß: $^1/_6$ בַּת, ca. 6,5 l)	
16×	הָלְאָה	dorthin; weiter; fernerhin	1Sam 10,3
7×	הַלָּז	der da; die da	Dan 8,16
6×	הֲלִיכָה (הלך)	(f.) Gehen; Weg; Karawane	Spr 31,27
1547×	הלך ✡	Qal (1412×) הָלַךְ, יֵלֵךְ, וַיֵּלֶךְ: gehen; wandeln; sich verhalten; dahingehen ◆ לְכָה / לְכוּ auf!	
		Pi'el (25×) הִלֵּךְ, יְהַלֵּךְ: gehen; vergehen	
		Hitpa'el (64×) הִתְהַלֵּךְ, יִתְהַלֵּךְ: umherziehen; wandeln	
		Hif'il (45×) הוֹלִיךְ, יוֹלִיךְ, וַיּוֹלֶךְ: bringen; gehen lassen; geleiten	
146×	הלל 2 ✡	Pi'el (113×) הִלֵּל, יְהַלֵּל: rühmen; preisen ◆ הַלְלוּ־יָהּ	
		Hitpa'el (23×) הִתְהַלֵּל, יִתְהַלֵּל: sich rühmen	
12×	הֲלֹם	hierher; hier	Ex 3,5
553×	הֵם ✡	הֵמָּה / : sie (3. Person m. pl.)	
34×	המה	Qal (34×) הָמָה, יֶהֱמֶה: lärmen; brausen; unruhig sein	
83×	הָמוֹן (המה) ✡	Lärm; Getöse; Menge ◆ הֲמוֹנ׳	
54×	הָמָן	Haman (EN)	
99×	הֵן ✡	siehe; wenn	
1060×	הִנֵּה (הֵן) ✡	siehe; wenn ◆ הִנְנִי hier bin ich	
47×	הֵנָּה 1	hier; hierher	
32×	הֵנָּה 2 ✡	sie (3. Person f. pl.)	
7×	הַס	still! Ruhe!	Am 6,10

94×	הפך ⊛	Qal (55×) הָפַךְ, יַהֲפֹךְ: wenden; umstürzen; verändern	
		Nif'al (34×) נֶהְפַּךְ, יֵהָפֵךְ: sich wandeln; verwandelt werden	
556×	הַר ⊛	Gebirge; Berg ◆ הָר '/ Exkurs Seite 50	
50×	הַרְבֵּה (רבה₁)	viel; in Menge	
167×	הרג ⊛	Qal (162×) הָרַג, יַהֲרֹג: töten; erschlagen	
5×	הֶרֶג (הרג)	Töten; Morden	Est 9,5
5×	הֲרֵגָה (הרג)	(f.) Töten; Schlachtung	Sach 11,4
43×	הרה ⊛	Qal (41×) הָרָה, יֶהֱרֶה: empfangen; schwanger sein	
16×	הָרָה (הרה)	⇒ הָרָה: schwanger	2Sam 11,5
43×	הרס	Qal (30×) הָרַס, יַהֲרֹס: niederreißen; vernichten	

ו

50273×	וְ׳ ⊛	*(prokl.)* und; auch; sogar; oder	
13×	וָו	Nagel	Ex 26,32

Exkurs

Sechs Nomina zeigen eine Besonderheit, wenn ihnen der Artikel vorangeht: ihr erster Vokal ändert sich um in ein Qames. Es sind dies:

ohne Artikel	mit Artikel	
אֲרוֹן	הָאָרוֹן	die Lade
אֶרֶץ	הָאָרֶץ	die Erde
הַר	הָהָר	der Berg
חַג	הֶחָג	das Fest
עַם	הָעָם	das Volk
פַּר	הַפָּר	der Stier

ז

7×	זְאֵב₁	Wolf	Jes 11,6
45×	זְבוּלֻן	Sebulon *(EN)*	
134×	זבח ⊛	*Qal* (112×) יִזְבַּח, זָבַח: schlachten	
		Pi'el (22×) יְזַבֵּחַ, זִבַּח: darbringen	
162×	זֶ֫בַח₁ (זבח) ⊛	Schlachtopfer; Gemeinschaftsopfer ♦ 'זִבְחֵ, 'זִבְחוֹ	
5×	זְבֻל₂	erhabene Wohnung	1Kön 8,13
13×	זֵד	frech; vermessen	Ps 119,21
11×	זָדוֹן (זֵד)	Vermessenheit; Übermut	Spr 11,2
1781×	זֶה ⊛	*(m.)* / זֹאת *(f.)*: dieser; diese; dieses ♦ הַבַּ֫יִת הַזֶּה dieses Haus • הָאִשָּׁה הַזֹּאת diese Frau	
11×	זֹה	= זֹאת *(f.)*	Koh 2,2
389×	זָהָב ⊛	Gold	
21×	זהר₂	*Hif'il* (13×) הִזְהִיר: verwarnen; warnen vor	
15×	זוּ	*(m./f.)* = אֵ֫לֶּה / זֹאת / זֶה	Ps 62,12
42×	זוב	*Qal* (42×) *זָב, יָזוּב: fließen; triefen ♦ אֶ֫רֶץ זָבַת חָלָב וּדְבַשׁ ein Land, das von Milch und Honig fließt	
13×	זוֹב	Schleimfluss; Blutfluss	Lev 15,2
16×	זוּלָה	⇒ זוּלָתִי: ausgenommen; außer	Jes 45,5
38×	זַ֫יִת ⊛	Ölbaum; Olive ♦ 'זֵית	
11×	זַךְ	klar; lauter	Ijob 8,6
222×	זכר ⊛	*Qal* (171×) זָכַר, יִזְכֹּר: sich erinnern; denken an	
		Nif'al (20×) *נִזְכַּר, יִזָּכֵר: genannt werden; gedenken	
		Hif'il (31×) הִזְכִּיר, יַזְכִּיר: bekannt machen; bekennen; preisen	

82×	זָכָר ⊛	männlich; Mann; Widder ◆ זְכָר׳		
23×	זֵכֶר (זכר)	Erwähnung; Nennung		
24×	זִכָּרוֹן (זכר) ⊛	Erwähnung; Erinnerung; Andenken ◆ זִכְרֹנ׳		
41×	זְכַרְיָהוּ	/ זְכַרְיָה: Sacharja (EN)		
29×	זִמָּה₁	(f.) Plan; Schandtat ◆ זִמּ׳		
5×	זְמוֹרָה	(f.) Ranke	Num 13,23	
6×	זָמִיר₁	Gesang	Ps 95,2	
45×	זמר₁ ⊛	Pi'el (45×)* זִמַּר, יְזַמֵּר: singen; preisen; spielen		
11×	זָנָב	Schwanz	Ri 15,4	
59×	זנה₁ ⊛	Qal (49×) זָנָה, יִזְנֶה: huren; treulos sein		
34×	זֹנָה (זנה₁) ⊛	(f.) Dirne; Hure		
12×	זְנוּנִים (זנה₁)	Prostitution; Hurerei	Hos 1,2	
9×	זְנוּת (זנה₁)	Prostitution; Untreue	Jer 3,2	
7×	זְוָעָה	(f.) Zittern; Schrecken	Dtn 28,25	
5×	זְעֵיר	ein wenig	Jes 28,10	
22×	זַעַם	Verwünschung		
5×	זַעַף	Wut	Spr 19,12	
73×	זעק ⊛	Qal (60×) זָעַק, יִזְעַק: schreien; um Hilfe rufen; aufbieten		
18×	זְעָקָה (זעק)	(f.) Klagegeschrei; Hilferuf	Gen 18,20	
27×	זקן (זָקֵן)	Qal (25×) זָקֵן, יִזְקַן: alt sein; alt werden		
19×	זָקָן	Bart	2Sam 10,4	
178×	זָקֵן (זָקֵן) ⊛	alt; Ältester ◆ זִקְנֵ׳		
6×	זִקְנָה (זקן)	(f.) das Altern	Ps 71,9	
70×	זָר ⊛	fremd; Fremder		
10×	זֵר	Randleiste	Ex 25,11	
21×	זְרֻבָּבֶל	Serubbabel (EN)		

38×	זרה₁	Pi'el (25×) זֵרָה, יְזָרֶה: zerstreuen
91×	זְרוֹעַ ⊛	(f.) Arm; Unterarm; Gewalt ♦ זְרֹעִים Streitkräfte
18×	זרח	Qal (18×) זָרַח, יִזְרַח: aufgehen; strahlen Jona 4,8
21×	זֶרַח₂	Serach (EN)
9×	זֶרֶם	starker Regen; Wolkenbruch Jes 25,4
56×	זרע ⊛	Qal (46×) זָרַע, יִזְרַע: säen
229×	זֶרַע (זרע) ⊛	Same; Saat; Nachkommenschaft ♦ זְרֹעַ
34×	זרק₁	Qal (32×) זָרַק, יִזְרֹק: streuen; sprengen
7×	זֶרֶת	(f.) Spanne (der Hand) (Längenmaß: $^1/_2$ אַמָּה, ca. 25 cm) 1Sam 17,4

ח

34×	חבא	Nifʿal (16×) יֵחָבֵא, נֶחְבָּא: sich verstecken
		Hitpaʿel (10×) יִתְחַבֵּא, הִתְחַבָּא: sich versteckt halten
7×	חַבּוּרָה	(f.) Wunde; Striemen — Ex 21,25
48×	חֶ֫בֶל ₂	Strick; Seillänge; Stück Feld; Landstrich ◆ חֲבָל׳
8×	חֵ֫בֶל	Geburtsschmerzen; Wehen — Jes 66,7
5×	חֹבֵל (₂חֶ֫בֶל)	Matrose — Jona 1,6
28×	חבר ₂	Qal (11×) חָבַר: sich verbünden; verbündet sein
		Piʿel (9×) יְחַבֵּר, חִבַּר: zusammenfügen
12×	חָבֵר (חבר₂)	Gefährte — Koh 4,10
7×	חֶ֫בֶר ₁ (חבר₂)	Gemeinschaft; Bannspruch; Beschwörung — Spr 21,9
62×	חֶבְרוֹן₁	Hebron (EN)
33×	חבש	Qal (29×) יַחֲבֹשׁ, חָבַשׁ: binden; satteln; verbinden
62×	חַג ⊛	Reigen; Fest ◆ חַג׳ Exkurs Seite 50
5×	חָגָב₁	Heuschrecke — Num 13,33
5×	חֲגוֹרָה (חגר)	(f.) Gürtel; Schurz — Gen 3,7
44×	חגר	Qal (44×) יַחְגֹּר, חָגַר: gürten
54×	חדל₁ ⊛	Qal (54×) יֶחְדַּל, חָדַל: aufhören; unterlassen
2×	חִדֶּ֫קֶל	Tigris (EN) — Gen 2,14
38×	חֶ֫דֶר	dunkle Kammer; Innenraum ◆ חֲדַר׳
53×	חָדָשׁ ⊛	neu; frisch ◆ חֲדָשׁ׳
283×	חֹ֫דֶשׁ₁ (חדשׁ) ⊛	Neumond; Monat ◆ חָדְשׁ׳, חֳדָשׁ׳

170×	חוה₂ ⊛	וַיִּשְׁתַּחוּ, יִשְׁתַּחֲוֶה, הִשְׁתַּחֲוָה, *Hištaf el* (170×): sich tief beugen; sich verneigen *(in der Septuaginta: προσκυνέω)*	
7×	חַוָּה₁	*(f.)* Zeltlager; Zeltdorf ♦ חַוֺּת יָאִיר die Zeltdörfer Jaïrs	Num 32,41
2×	חַוָּה₂	*(f.)* Eva *(EN)*	Gen 3,20
11×	חוֹחַ₁	Dornstrauch; Dorn	2Kön 14,9
7×	חוּט	Faden	Jos 2,18
25×	חִוִּי	Hiwiter *(EN)*	
22×	חוֹל₁	Schlamm; Sand	
133×	חוֹמָה ⊛	*(f.)* Stadtmauer; Mauer ♦ חוֹמֺתַיִם, חמ׳ ♦ עִיר חוֹמָה ummauerte Stadt	
24×	חוּס	Qal (24×) יָחוּס, חָס: betrübt sein; mitleidig blicken	
7×	חוֹף	Ufer	Dtn 1,7
164×	חוּץ ⊛	Gasse; draußen ♦ מִחוּץ von außen her; außerhalb	
13×	חוּרָם	Hiram *(EN)*	2Chr 2
17×	חוּשׁ₁	Qal (12×) חָשׁ: eilen	Ps 22,20
14×	חוֹתָם₁	Siegel	Gen 38,18
23×	חֲזָאֵל	Hasaël *(EN)*	
55×	חזה ⊛	Qal (55×) יֶחֱזֶה, חָזָה: sehen; erblicken	
13×	חָזֶה	Brust (des Opfertieres)	Lev 7,30
16×	חֹזֶה₁ (חזה) ⊛	Seher	Am 7,12
35×	חָזוֹן (חזה) ⊛	Schauung; Gesicht; Offenbarungswort	
5×	חָזוּת (חזה)	*(f.)* Offenbarung; Ansehen	Dan 8,5
9×	חִזָּיוֹן (חזה)	Vision; Offenbarung	Joel 3,1
7×	חֲזִיר	Wildschwein	Lev 11,7

290×		חזק ⊛	Qal (82×) חָזַק, יֶחֱזַק: stark sein; stark werden; überwältigen; Mut haben
			Piʻel (64×) חִזַּק, יְחַזֵּק: stärken; ausbessern
			Hitpaʻel (27×) הִתְחַזֵּק, יִתְחַזֵּק: sich mutig erweisen; sich stark erweisen
			Hifʻil (117×) הֶחֱזִיק, יַחֲזִיק: ergreifen; packen; festhalten
57×		חָזָק (חזק) ⊛	fest; stark; heftig ◆ חָזָק׳
5×		חֹזֶק (חזק)	Stärke; Gewalt — Ex 13,14
5×		חָזְקָה (חֹזֶק)	(f.) Stärke; Gewalt — Jona 3,8
87×		חִזְקִיָּהוּ ⊛ / חִזְקִיָּה: Hiskija (EN)
7×		חָח (חוֹחַ$_1$)	Dorn; Haken; Gewandnadel — Ez 19,4
237×		חטא ⊛	Qal (181×) חָטָא, יֶחֱטָא: verfehlen; sich verfehlen; sich versündigen; sündigen
			Hifʻil (32×) הֶחֱטִיא, יַחֲטִיא: zur Sünde verführen
33×		חֵטְא (חטא)	Verfehlung; Sünde; Schuld (koll.) ◆ חֵטְא׳
19×		חַטָּא (חטא)	sündig; Sünder ◆ חַטָּא׳ — Ps 1,1
8×		חֲטָאָה (חטא)	(f.) Sünde; Sündopfer (n. unit.) — Ps 32,1
293×		חַטָּאת (חטא) ⊛	(f.) Sünde; Entsündigung; Sündopfer (n. unit.) ◆ חַטָּאת, חֲטָא׳, חַטָּאָה
30×		חִטָּה ⊛	(f.) Weizen ◆ חִט׳
236×		חַי$_1$ (חיה) ⊛	Leben; lebendig; lebend ◆ חַי־אָנִי so wahr ich lebe! («Beteuerungsformel»)
17×		חִידָה	(f.) Rätsel(frage) ◆ חִיד׳ — Ri 14,12
284×		חיה ⊛	Qal (205×) חָיָה, יִחְיֶה: וַיְחִי: leben; am Leben bleiben
			Piʻel (56×) חִיָּה, יְחַיֶּה: am Leben erhalten
			Hifʻil (23×) הֶחֱיָה, יַחֲיֶה: am Leben erhalten
96×		חַיָּה$_1$ (חיה) ⊛	(f.) Getier; Raubtier; Tier (koll.) ◆ חַיּוֹת
12×		חַיָּה$_2$ (חַי$_1$)	(f.) Leben; Gier — Ijob 33,18

148×	חַיִּים (חיה) ⊛	Leben; Lebenszeit
45×	חִיל₁	Qal (27×) חָל, יָחִיל: kreißen; beben
		Polel (7×) *חוֹלֵל, יְחוֹלֵל: (kreißend) hervorbringen
245×	חַיִל ⊛	Fähigkeit; Kraft; Vermögen; Heer ♦ חֵיל, חֵילָ׳
8×	חֵיל	Vormauer; Vorwerk Ps 122,7
6×	חִיל (חיל₁)	Angst und Schmerz Jer 6,24
25×	חִיצוֹן (חוץ)	außen gelegen; äußerer
38×	חֵיק	Schoß; Bausch
22×	חִירָם	/ חִירוֹם: Hiram (EN)
18×	חֵךְ	Gaumen Ps 137,6
27×	חכם	Qal (19×) חָכַם, יֶחְכַּם: weise sein; weise werden
138×	חָכָם (חכם) ⊛	geschickt; lebenserfahren; Weiser ♦ חֲכַמ׳
149×	חָכְמָה (חכם) ⊛	(f.) Geschick; Erfahrung; Klugheit; Weisheit
7×	חֹל (חלל₁)	profan (ohne Ritus zugänglich und brauchbar) Lev 10,10
5×	חֶלְאָה₁	(f.) Rost Ez 24,6
44×	חָלָב ⊛	Milch
92×	חֵלֶב₁ ⊛	Fett ♦ חֶלְבּ׳
5×	חֶלֶד	Lebensdauer; Welt Ps 39,6
74×	חלה ⊛	Qal (37×) חָלָה, יֶחֱלֶה: schwach werden; krank sein
		Pi‘el (17×) חִלָּה, יְחַלֶּה: besänftigen; umschmeicheln
14×	חַלָּה (חלל)	(f.) Ringbrot Lev 7,12
65×	חֲלוֹם (חלם) ⊛	Traum ♦ חֲלֹמ׳
31×	חַלּוֹן (חלל)	(m./f.) Fenster(öffnung)

24×	חֳלִי (חלה) ⊛	Krankheit; Leiden	◆ חָלְיִ, חֳלִי׳	
6×	חָלִיל₁ (חָלָל)	Flöte		1Sam 10,5
21×	חָלִיל₂ (חלל₁)	⇒ חָלִילָה: fern sei es! ◆ חָלִילָה לִי fern sei es von mir!		
12×	חֲלִיפָה (חלף₁)	(f.) Ersatz; Wechsel		Ri 14,12
134×	חלל₁	Pi'el (66×), חִלֵּל, יְחַלֵּל: entweihen; in Gebrauch nehmen		
		Hif'il (56×), הֵחֵל, יָחֵל: entweihen lassen; anfangen		
94×	חָלָל ⊛	durchbohrt; erschlagen ◆ חָלָל׳		
29×	חלם	Qal (27×), חָלַם, יַחֲלֹם: träumen		
5×	חַלָּמִישׁ	Kiesel; hartes Gestein		Dtn 8,15
27×	חלף₁	Qal (15×), חָלַף, יַחֲלֹף: vorüberfahren		
		Hif'il (10×), הֶחֱלִיף, יַחֲלִיף: ändern; nachfolgen lassen		
44×	חלץ	Qal (22×), חָלוּץ (Partizip passiv): gegürtet; kampfbereit		
		Pi'el (14×), חִלֵּץ, יְחַלֵּץ: herausreißen; retten		
10×	חֲלָצַיִם (חלץ)	(f.) Lenden		Gen 35,11
55×	חלק₂ ⊛	Qal (19×), חָלַק, יַחֲלֹק: teilen; verteilen		
		Pi'el (25×), חִלֵּק, יְחַלֵּק: verteilen; zuteilen		
10×	חָלָק	glatt; einschmeichelnd ◆ חָלָק׳		Spr 5,3
66×	חֵלֶק₂ (חלק₂) ⊛	Besitzanteil (koll.) ◆ חֵלֶק׳		
23×	חֶלְקָה₂ (חלק₂)	(f.) Feldstück (n. unit.)		
34×	חִלְקִיָּהוּ	/ חִלְקִיָּה: Hilkija (EN)		
4×	חָם₁	Schwiegervater		Gen 38,13
16×	חָם₃	Ham (EN)		Gen 5-10
10×	חֹם (חמם)	Wärme; Hitze		Gen 8,22
10×	חֶמְאָה	(f.) Dickmilch; Butter; Rahm		Jes 7,15
21×	חמד	Qal (16×), חָמַד, יַחְמֹד: begehren		

6×	חֶמֶד (חמד)	Anmut; Schönheit	Ez 23,6
16×	חֶמְדָּה (חמד)	(f.) Begehrenswertes; Kostbares	Jer 3,19
9×	חֲמֻדוֹת (חמד)	(f.) Kostbarkeiten; Schatz	Dan 9,23
125×	חֵמָה ⊛	(f.) Gift; Erregung; Zorn	
6×	חַמָּה (חמם)	(f.) Glut; Sonne	Ps 19,7
96×	חֲמוֹר 1 ⊛	Esel ◆ חֲמוֹר׳	
11×	חָמוֹת (חָם 1)	(f.) Schwiegermutter	Rut 1,14
45×	חֲמִישִׁי (חָמֵשׁ) ⊛	fünfter ◆ חֲמִישִׁית Fünftel	
40×	חמל	Qal (40×) חָמַל, יַחְמֹל: Mitleid empfinden; schonen	
22×	חמם	Qal (19×) חַם, יֵחַם: warm sein; warm werden	
8×	חַמָּן (חמם)	Räucheraltar	Ez 6,4
60×	חָמָס ⊛	Gewalttat; Unrecht ◆ חָמָס׳	
11×	חָמֵץ	Gesäuertes	Ex 12,15
6×	חֹמֶץ (חָמֵץ)	Essig	Rut 2,14
17×	חֹמֶר 2	Lehm; Ton	Jes 64,7
13×	חֹמֶר 3 (חֲמוֹר 1)	Homer (Hohlmaß: 10 אֵיפָה, ca. 400 l); Haufen	Ez 45,11
506×	חָמֵשׁ ⊛	fünf ◆ חָמֵשׁ ◆ חֲמִשִׁים fünfzig	
35×	חֲמָת	Hamat (EN)	
70×	חֵן (חנן 1) ⊛	Gunst; Gnade; Beliebtheit; Anmut	
143×	חנה 1 ⊛	Qal (143×) וַיִּחַן, יַחֲנֶה, חָנָה: Lager beziehen; Kriegslager aufschlagen	
13×	חַנָּה	(f.) Hanna (EN)	1Sam 1-2
15×	חֲנוֹךְ 1	Henoch (EN)	Gen 4-5
13×	חַנּוּן (חנן 1)	gnädig; freundlich	Ex 34,6
47×	חֲנִית	(f.) Speer	
8×	חֲנֻכָּה	(f.) Einweihung	Neh 12,27

32×	חִנָּם (חֵן) ⊛	ohne Entschädigung; vergeblich; ohne Grund; unverdient	
76×	חנן₁	Qal (54×) וַיָּחָן, יָחֹן, חָנַן: gnädig sein Hitpaʻel (17×) הִתְחַנֵּן, יִתְחַנֶּן: um Gnade flehen	
28×	חֲנַנְיָהוּ	חֲנַנְיָה / : Hananja (EN)	
13×	חָנֵף	gottlos ◆ ׳חנפ	Ijob 8,13
245×	חֶסֶד ₂ ⊛	Loyalität; Treue; Güte; Solidarität ◆ ׳חָסַד, ׳חסד	
37×	חסה	Qal (37×) יֶחֱסֶה, חָסָה: Zuflucht suchen	
32×	חָסִיד (חֶסֶד₂)	der Treue; der Fromme ◆ ׳חָסִיד	
6×	חֲסִידָה (חָסִיד)	(f.) Storch; Reiher	Ps 104,17
6×	חָסִיל	Heuschrecke	Joel 1,4
5×	חֹסֶן	Schatz; Vorräte	Spr 15,6
22×	חסר ⊛	Qal (18×) יֶחְסַר, חָסֵר: abnehmen; entbehren	
17×	חָסֵר (חסר) ⊛	einer, der zu wenig hat an ◆ חֲסַר־לֵב dem es an Verstand fehlt	Spr 6,32
6×	חֹפֶן	⇒ חָפְנַיִם: beide hohlen Hände	Koh 4,6
73×	חפץ₁ ⊛	Qal (73×) יַחְפֹּץ, חָפֵץ: gern haben; wollen; Gefallen haben an; es beliebt	
13×	חָפֵץ (חפץ₁)	Gefallen; Verlangen; willig	1Kön 21,6
38×	חֵפֶץ (חפץ₁) ⊛	Freude; Gefallen; Wunsch; Angelegenheit ◆ ׳חפצ	
22×	חפר₁	Qal (22×) יַחְפֹּר, חָפַר: graben	
23×	חפש	Piʻel (8×) יְחַפֵּשׂ, חִפֵּשׂ: suchen Hitpaʻel (8×) הִתְחַפֵּשׂ, יִתְחַפֵּשׂ: sich unkenntlich machen	
17×	חָפְשִׁי	freigelassen	Ex 21,2
53×	חֵץ ⊛	Pfeil ◆ ׳חצ	
16×	חצב₁	Qal (13×) יַחְצֹב, חָצַב: aushauen; behauen	Jes 5,2

8×	חֹצֵב (חצב$_1$)	Steinhauer	1Kön 5,29
125×	חֲצִי ⊛	Hälfte; halbe Höhe; Mitte ♦ חֲצִי' ♦ חֲצִי הַלַּיְלָה Mitternacht	
18×	חָצִיר$_1$ ⊛	Gras	Jes 40,8
29×	חֲצֹצְרָה	(f.) Trompete ♦ חֲצֹצֵר'	
191×	חָצֵר ⊛	(f./m.) Siedlung; Gehöft; Hof ♦ חֲצֵר'	
129×	חֹק (חקק) ⊛	Bestimmung; Regel; Vorschrift (koll.) ♦ חָק, חֵק'	
104×	חֻקָּה (חֹק) ⊛	(f.) Ordnung; Satzung; Vorschrift (n. unit.) ♦ חֵק'	
19×	חקק	Qal (9×) חָקַק: einritzen; festsetzen Poʻel (8×) מְחֹקֵק (Partizip): Führer; Führerstab	Jes 49,16
27×	חקר	Qal (22×) חָקַר, יַחְקֹר: erforschen; auskundschaften	
12×	חֵקֶר (חקר)	Forschen	Ijob 36,26
13×	חֹר$_1$	⇒ חֹרִים: Freie; Vornehme	Neh 2,16
7×	חֹר$_2$	Loch; Höhle	1Sam 14,11
36×	חרב$_1$	Qal (17×) חָרַב, יֶחֱרַב: austrocknen; in Trümmern liegen Hifʻil (13×) הֶחֱרִיב, יַחֲרִיב: vertrocknen lassen; in Trümmer legen	
10×	חָרֵב (חרב$_1$)	trocken; wüst; verödet	Hag 1,4
413×	חֶרֶב ⊛	(f.) Dolch; Schwert ♦ חַרְבֵּ', חַרְבִּ', חֲרָבֹ'	
16×	חֹרֶב (חרב$_1$)	Trockenheit; Hitze; Verwüstung (koll.)	Ri 6,37
17×	חֹרֵב	Horeb (EN)	1Kön 19,8
42×	חָרְבָּה (חרב$_1$) ⊛	(f.) Trümmerstätte (n. unit.) ♦ חֳרָב'	
8×	חָרָבָה (חרב$_1$)	(f.) das trockene Land	Ex 14,21
39×	חרד	Qal (23×) חָרַד, יֶחֱרַד: erbeben	
6×	חָרֵד (חרד)	ängstlich; bange	Jes 66,2

9×	חֲרָדָה (חרד)$_1$	(f.) Beben; Angst	Spr 29,25
91×	חרה$_1$ ⊛	Qal (82×) וַיִּחַר, חָרָה, יֶחֱרֶה: heiß werden; zornig werden ◆ חָרָה אַפּוֹ sein Zorn entbrannte	
41×	חָרוֹן (חרה$_1$) ⊛	Glut; Zorn	
6×	חָרוּץ$_1$	Gold	Spr 8,10
5×	חָרוּץ$_6$	fleißig	Spr 10,4
11×	חַרְטֹם	Wahrsagepriester ◆ חַרְטֻמֵּי	Ex 7,11
6×	חֲרִי (חרה$_1$)	Glut	1Sam 20,34
50×	חרם$_1$ ⊛	Hif'il (47×) יַחֲרִים, הֶחֱרִים: mit dem Bann belegen; weihen	
29×	חֵרֶם$_1$ (חרם$_1$) ⊛	Bann; Gebanntes; Banngut	
9×	חֵרֶם$_2$	Schleppnetz	Hab 1,15
14×	חֶרְמוֹן	Hermon (EN)	Ps 133,3
38×	חרף$_2$ ⊛	Pi'el (34×) יְחָרֵף, חֵרֵף: schmähen	
7×	חֹרֶף	Jugend; Winter	Gen 8,22
73×	חֶרְפָּה (חרף$_2$)	(f.) Schmähung; Schmach; Schande ◆ חֶרְפּ'	
17×	חֶרֶשׂ	gebrannte Tonerde; Tongeschirr; Tonscherbe	Ijob 2,8
27×	חרשׁ$_1$	Qal (24×) יַחֲרֹשׁ, חָרַשׁ: pflügen; verarbeiten; vorbereiten	
47×	חרשׁ$_2$ ⊛	Hif'il (39×) יַחֲרִישׁ, הֶחֱרִישׁ: sich still verhalten; schweigen	
36×	חָרָשׁ (חרשׁ$_1$)	Handwerker	
9×	חֵרֵשׁ (חרשׁ$_2$)	taub	Jes 35,5
28×	חשׂך	Qal (26×) יַחְשֹׂךְ, חָשַׂךְ: zurückhalten; schonen; sparen	
112×	חשׁב	Qal (65×) יַחְשֹׁב, חָשַׁב: halten für; anrechnen; planen; im Sinn haben Nif'al (30×) יֵחָשֵׁב, נֶחְשַׁב: gerechnet werden; Wert haben; gelten als	

12×	חֹשֵׁב (חשב)	Stoffwirker	Ex 26,1
8×	חֵשֶׁב	Bund; Gurt	Ex 28,8
38×	₂חֶשְׁבּוֹן	Heschbon *(EN)*	
8×	חָשׁוּק	⇒ חֲשֻׁקִים: Verbindungen (von Säulen) Ex 27,10	
80×	חֹשֶׁךְ ⊛	Finsternis; Verfinsterung	
6×	חֲשֵׁכָה (חֹשֶׁךְ)	(f.) Finsternis	Jes 50,10
25×	חֹשֶׁן	Brustschild; Brusttasche	
48×	חִתִּי	Hetiter *(EN)*	
8×	חִתִּית (חתת)	Schrecken	Ez 32,23
26×	חתם (₁חוֹתָם)	*Qal* (22×) *חָתַם, יַחְתֹּם: (ver)siegeln	
21×	חֹתֵן	Schwiegervater	
20×	חָתָן (חתן)	Schwiegersohn; Bräutigam ♦ חֲתֻנָּ׳	
53×	חתת ⊛	*Qal* (17×) חַת: zerbrechen; schreckerfüllt sein *Nifal* (29×) יֵחַת, נְחַת: niedergeschlagen sein	

ט

12×	טֶבַח₁	Schlachtung; Abschlachtung	Ez 21,15
32×	טַבָּח (טֶבַח₁)	Koch; Leibwächter	
49×	טַבַּעַת	(f.) Ring; Siegelring ◆ טָבַע׳	
95×	טָהוֹר (טהר) ⊛	rein; lauter ◆ טְהוֹר׳	
94×	טהר ⊛	Qal (34×) יִטְהַר, טָהֵר: rein sein	
		Pi'el (39×) יְטַהֵר, טִהַר: für rein erklären	
		Hitpa'el (20×) יִטַּהֵר, הִטַּהֵר: sich reinigen	
13×	טָהֳרָה (טהר)	(f.) Reinheit; Reinigung	Lev 12,4
22×	טוב	Qal (18×) טוֹב: gut sein	
490×	טוֹב₁ (טוב) ⊛	gut	
5×	טוֹב₂ (טוב)	Wohlgeruch	Ps 133,2
32×	טוּב (טוב)	das Beste; Besitz; Glück	
67×	טוֹבָה (טוֹב₁) ⊛	(f.) Gutes; Glück; Heil	
18×	טוֹבִיָּהוּ / טוֹבִיָּה: Tobija (EN)		Neh 2-4
26×	טוּר	Lage; Schicht; Reihe	
8×	טְחוֹרִים	Geschwüre; Hämorrhoiden	1Sam 5,6
13×	טִיט	nasse Lehmerde; Schlamm	Jer 38,6
7×	טִירָה (טוּר)	(f.) Zeltlager; Zinne	Ez 25,4
31×	טַל	Tau; sanfter Regen	
8×	טלא	Qal (7×) טָלוּא (Partizip passiv): gefleckt Gen 30,32	

162×	טמא ⊛	Qal (77×) טָמֵא, יִטְמָא‎: (kultisch) unrein werden
		Pi'el (50×) טִמֵּא, יְטַמֵּא‎: entehren; entweihen; (kultisch) verunreinigen
		Hitpa'el (15×) *יִטַּמֵּא, הִטַּמָּא‎: sich Verunreinigung zuziehen
88×	טָמֵא (טמא) ⊛	unrein ♦ ‎'טמא
36×	טֻמְאָה (טמא)	(f.) Unreinheit
31×	טמן	Qal (28×) טָמַן, יִטְמֹן‎: verbergen; versteckt anbringen
13×	טַעַם	Geschmack; Empfindung; Verstand Spr 11,22
41×	טַף₁	Angehörige; Abhängige; Kinder (koll.)
5×	טֹפַח	Handbreite (Längenmaß: $1/6$ אַמָּה, ca. 8 cm) Ez 40,5
56×	טֶרֶם ⊛	noch nicht; ehe ♦ בְּטֶרֶם vor; bevor
25×	טרף	Qal (20×) טָרַף, יִטְרֹף‎: zerreißen
22×	טֶרֶף (טרף)	Raub (des Raubwildes); Nahrung
9×	טְרֵפָה (טרף)	(f.) (von Raubwild) zerrissenes Tier Ez 4,14

י

65×	יְאֹר ⊛	Nil *(EN)*; Strom
53×	יֹאשִׁיָּהוּ	יֹאשִׁיָּה / :Joschija *(EN)*
13×	יְבוּל	(Boden-)Ertrag — Lev 26,4
41×	יְבוּסִי	Jebusiter *(EN)*
5×	יְבָמָה	*(f.)* Witwe des Bruders; Witwe des Schwagers — Dtn 25,7
7×	יַבֹּק	Jabbok *(EN)* — Gen 32,23
59×	יבש ⊛	*Qal* (41×) יָבֵשׁ, יִּיבַשׁ: vertrocknen; verdorren *Hif'il* (15×) הוֹבִישׁ, יוֹבִישׁ: vertrocknen lassen; verdorren lassen
9×	יָבֵשׁ₁ (יבש)	vertrocknet; dürr — Ez 37,2
21×	יָבֵשׁ₃	Jabesch *(EN)*
14×	יַבָּשָׁה (יבש)	*(f.)* trockenes Land; Festland — Ex 14,16
14×	יָגוֹן	Qual; Kummer — Gen 42,38
16×	יְגִיעַ (יגע)	Mühe; Arbeit; Erwerb — Ps 128,2
26×	יגע	*Qal* (20×) יָגֵעַ, יִּיגַע: müde werden; sich abmühen
1618×	יָד ⊛	*(f.)* Vorderarm; Hand; Seite; Gewalt; Denkmal ♦ יָדַיִם · יְדֵ׳ Hände ♦ בְּיַד מֹשֶׁה durch Mose
111×	ידה₂ ⊛	*Hif'il* (100×) הוֹדָה, יוֹדֶה: preisen; bekennen
8×	יָדִיד	Liebling; lieblich — Jes 5,1

943×	יָדַע ❋	Qal (818×) יָדַע, יֵדַע, וַיֵּדַע: merken; erkennen; sich kümmern um; kennen; verstehen; wissen	
		Nifal (41×) יִוָּדַע, נוֹדַע: sich kundtun; bekannt werden; bekannt sein	
		Hifil (71×) יוֹדִיעַ, הוֹדִיעַ: wissen lassen; kundtun; mitteilen	
11×	יִדְּעֹנִי (ידע)	Wahrsagegeist; Wahrsager	Lev 20,6
49×	יָהּ	Jah (EN)	
58×	יֵהוּא	Jehu (EN)	
24×	יְהוֹאָחָז	יוֹאָחָז /: Joahas (EN)	
64×	יְהוֹאָשׁ	יוֹאָשׁ /: Joasch (EN)	
819×	יְהוּדָה ❋	Juda (EN)	
76×	יְהוּדִי₁	Judäer; Jude; judäisch; jüdisch (EN)	
6828×	יְהוָה ❋	JHWH (Tetragramm; Jahwe) (EN)	
56×	יְהוֹיָדָע	יוֹיָדָע /: Jojada (EN)	
41×	יְהוֹיָקִים	יוֹיָקִים /: Jojakim (EN)	
124×	יְהוֹנָתָן ❋	יוֹנָתָן /: Jonatan (EN)	
49×	יְהוֹרָם	יוֹרָם /: Joram (EN)	
218×	יְהוֹשׁוּעַ ❋	יְהוֹשֻׁעַ /: Josua; Joschua; Jeschua (in der Septuaginta: Ἰησοῦς) (EN)	
84×	יְהוֹשָׁפָט₁	יוֹשָׁפָט /: Joschafat (EN)	
145×	יוֹאָב ❋	Joab (EN)	
19×	יוֹאֵל	Joel (EN)	1Sam 8,2
27×	יוֹבֵל	Widder ♦ הַיּוֹבֵל das Erlassjahr	
33×	יְהוֹחָנָן	יוֹחָנָן /: Johanan (EN)	
2302×	יוֹם₁ ❋	Tag ♦ יָמִים • יוֹמַיִם • הַיּוֹם heute • יוֹם יוֹם Tag für Tag • אֹרֶךְ יָמִים langes Leben	
51×	יוֹמָם (יוֹם₁) ❋	tagsüber; bei Tag	

32×	יוֹנָה₁	(f.) Taube	
19×	יוֹנָה₂	Jona (EN)	Jona 1-4
12×	יוֹנֵק (ינק)	Säugling; Kind	Ps 8,3
6×	יוֹנֶקֶת (יוֹנֵק)	(f.) Schössling	Ez 17,22
213×	✻ יוֹסֵף	Josef (EN)	
23×	יוֹעֵץ (יעץ)	Ratgeber	
18×	✻ יוֹצֵר (יצר)	Töpfer	Jer 18,2
24×	יוֹתָם	Jotam (EN)	
9×	יוֹתֵר (יתר)	was übrig bleibt; übermäßig; Vorzug; Vorteil Koh 2,15	
33×	יִזְרְעֶאל₂	Jesreel (EN)	
45×	✻ יַ֫חַד	miteinander; insgesamt	
96×	✻ יַחְדָּו (יַ֫חַד)	zusammen; miteinander; insgesamt	
44×	יְחִזְקִיָּ֫הוּ / יְחִזְקִיָּה: Hiskija (EN)		
12×	יָחִיד (יַ֫חַד)	einzig; einsam ◆ יָחִיד׳	Gen 22,2
42×	יחל	Pi'el (25×) יַחֵל, יְיַחֵל: warten Hif'il (15×) הוֹחִיל, יוֹחִיל: warten	
5×	יָחֵף	barfuß	Jes 20,2
20×	יחש	Hitpa'el (20×) הִתְיַחֵשׂ: sich in das Geschlechtsregister eintragen lassen ◆ הִתְיַחֵשׂ Registrierung; Stammbaum	
116×	✻ יטב	Qal (43×)* יָטַב, יִיטַב: gut gehen; gefallen Hif'il (73×) הֵיטִיב, יֵיטִיב: Gutes erweisen; gut machen; gut handeln	
141×	✻ יַ֫יִן	Wein ◆ יֵין׳	
59×	✻ יכח	Hif'il (54×) הוֹכִיחַ, יוֹכִיחַ: zurechtweisen; züchtigen; strafen; entscheiden	
193×	✻ יכל	Qal (193×) יָכֹל, יוּכַל: können; vermögen; überlegen sein	

492×	ילד ❋	Qal (237×) יָלַד, יֵלֵד: erzeugen; gebären	
		Qal passiv (27×) יֻלַּד: geboren werden	
		Nifal (38×) נוֹלַד, יִוָּלֵד: geboren werden	
		Pi'el (10×) מְיַלֶּדֶת (Partizip): Hebamme ♦ מְיַלְּדֹת	
		Hifil (176×) הוֹלִיד, יוֹלִיד: erzeugen; gebären lassen	
89×	יֶ֫לֶד (ילד) ❋	Knabe; Kind ♦ יַלְדָּ' · יְלָד'	
5×	יִלּוֹד (ילד)	geboren	Ex 1,22
13×	יָלִיד (ילד)	Sohn; Sklave	Gen 17,12
30×	ילל	Hifil (30×) הֵילִיל, יֵילִיל: heulen; wehklagen	
5×	יְלָלָה (ילל)	(f.) Geheul; Wehgeschrei	Jes 15,8
9×	יֶ֫לֶק	(Kriech-)Heuschrecke	Joel 1,4
396×	יָם ❋	See; Meer ♦ יַמִּים Ozean ♦ יָ֫מָּה nach Westen	
140×	יָמִין₁ ❋	(f.) rechte Seite; rechts; Süden	
33×	יְמָנִי (יָמִין₁)	rechts; südlich	
16×	ינק	Hifil (9×) הֵינִיק, יֵינִיק: säugen; stillen	Ex 2,7
41×	יסד₁	Qal (20×) יָסַד: gründen	
19×	יְסוֹד (יסד₁)	Grundmauer; Sockel	Lev 4,7
214×	יסף ❋	Qal (35×) יָסַף: hinzufügen; weiterhin tun	
		Hifil (173×) וַיֹּ֫סֶף, יוֹסִיף, הוֹסִיף: hinzufügen; steigern; nochmals tun; weiter tun	
41×	יסר₁	Pi'el (30×) יִסַּר, יְיַסֵּר: züchtigen; zurechtweisen; unterweisen	
9×	יָע	⇒ יָעִים: (Feuer-)Schaufeln	1Kön 7,40
29×	יעד	Nifal (19×) נוֹעַד, יִוָּעֵד: sich einfinden; sich versammeln	
23×	יעל	Hifil (23×) הוֹעִיל, יוֹעִיל: helfen; nützen; Nutzen haben	
99×	יַ֫עַן ❋	wegen; weil	

8×	יַעֲנָה	(f.) Strauß	Lev 11,16
57×	יעץ ⊛	Qal (34×) יָעַץ, יִיעַץ: raten; beraten; planen; beschließen	
		Nifʿal (22×) נוֹעַץ, יִוָּעֵץ: sich beraten; beschließen	
349×	יַעֲקֹב ⊛	Jakob (EN)	
57×	₁יַעַר ⊛	Dickicht; Gehölz; Wald ♦ יַעֲרֿ	
42×	יָפֶה ⊛	schön ♦ יפ׳	
19×	יֳפִי (יָפֶה)	Schönheit	Est 1,11
11×	יֶפֶת	Jafet (EN)	Gen 5–10
29×	₂יִפְתָּח	Jiftach (EN)	
1066×	יצא ⊛	Qal (784×) יָצָא, יֵצֵא: herauskommen; hinausgehen; ausziehen	
		Hifʿil (277×) הוֹצִיא, יוֹצִיא: herausgehen lassen; herausführen; hervorbringen	
48×	יצב ⊛	Hitpaʿel (48×) הִתְיַצֵּב, יִתְיַצֵּב: sich hinstellen; sich einfinden	
23×	₁יִצְהָר	Öl; Olivensaft	
5×	₁יָצוּעַ	Lager; Bett	Ps 63,7
108×	יִצְחָק ⊛	Isaak (EN)	
52×	יצק ⊛	Qal (41×) יָצַק, יִצֹּק: ausgießen; gießen	
44×	יצר ⊛	Qal (41×) יָצַר: formen; bilden; schaffen	
9×	₁יֵצֶר (יצר)	Gebilde; Sinn; Streben	Gen 6,5
26×	יצת	Hifʿil (17×) הִצִּית, יַצִּית: in Brand stecken; Feuer legen	
15×	יֶקֶב	Kelteranlage (für Wein und Öl)	Jes 5,2
36×	יָקָר	kostbar; wertvoll ♦ יָקָר ♦ יְקָרָה אֶבֶן Edelstein	
17×	יְקָר (יָקַר)	Kostbarkeit; Ehrung	Est 6,3

317×	ירא ⊛	Qal (267×) יָרֵא, יִירָא: fürchten; sich fürchten	
		Nifʿal (45×) נוֹרָא (Partizip): fürchtenswert; furchtbar	
63×	יָרֵא (ירא) ⊛	in Furcht vor; furchtsam ♦ יְרֵא'	
44×	יִרְאָה (ירא) ⊛	(f.) Furcht	
104×	יָרָבְעָם ⊛	Jerobeam (EN)	
380×	ירד ⊛	Qal (307×) יָרַד, יֵרֵד, וַיֵּרֶד: hinabgehen; herabkommen	
		Hifʿil (67×) יוֹרִיד, הוֹרִיד: hinabbringen; hinabstürzen	
182×	יַרְדֵּן ⊛	Jordan (EN)	
27×	ירה₁	Qal (13×) יָרָה: werfen; schießen	
		Hifʿil (13×) יוֹרֶה, הוֹרָה: schießen	
46×	ירה₃ ⊛	Hifʿil (46×) יוֹרֶה, הוֹרָה: unterweisen; lehren	
643×	יְרוּשָׁלַםִ ⊛	Jerusalem (EN)	
12×	יֶרַח₁	Monat ♦ יְרַח'	Ex 2,2
27×	יָרֵחַ (יֶרַח₁) ⊛	Mond	
56×	יְרִחוֹ	יְרֵחוֹ, יְרִיחוֹ / : Jericho (EN)	
54×	יְרִיעָה	(f.) Zeltdecke; Zelt	
34×	יָרֵךְ	(f.) Oberschenkel; Seite ♦ יְרֵכַיִם	
28×	יַרְכָה (יָרֵךְ)	(f.) Hinterseite; Hinterteil ♦ יַרְכְּתַיִם	
147×	יִרְמְיָהוּ ⊛	/ יִרְמְיָה: Jeremia (EN)	
8×	יֶרֶק	Grünes; Pflanzen (koll.)	Gen 9,3
6×	יֵרָקוֹן (יֶרֶק)	Getreidekrankheit (?); (Gesichts-)Blässe	1Kön 8,37
231×	ירש ⊛	Qal (160×) יָרַשׁ, יִירַשׁ: in Besitz nehmen; beerben	
		Hifʿil (66×) הוֹרִישׁ, יוֹרִישׁ: in Besitz nehmen; enteignen; vertreiben	
14×	יְרֻשָּׁה (ירש)	(f.) Besitz	Dtn 2,5

2506×	יִשְׂרָאֵל ⊛	Israel *(EN)*
43×	יִשָּׂשכָר	Issachar *(EN)*
138×	יֵשׁ ⊛	es ist vorhanden; es gibt ♦ יֵשׁ־ ♦ כָּל־אֲשֶׁר יֶשׁ־לוֹ alles, was er hat
1076×	ישׁב ⊛	Qal (1030×) יָשַׁב, יֵשֶׁב, וַיֵּשֶׁב: sich hinsetzen; sitzen; sitzen bleiben; wohnen ♦ יוֹשֵׁב Einwohner; Bewohner Hif'il (35×) הוֹשִׁיב, יוֹשִׁיב: sitzen lassen; setzen; wohnen lassen
28×	יֵשׁוּעַ₁	Josua; Joschua; Jeschua *(in der Septuaginta: Ἰησοῦς) (EN)*
78×	יְשׁוּעָה (ישׁע) ⊛	*(f.)* Hilfe; Heil
41×	יִשַׁי	Isai *(EN)*
13×	יְשִׁימוֹן	Wüste Jes 43,19
48×	יִשְׁמָעֵאל	Ismael *(EN)*
16×	ישׁן₁	Qal (15×) יָשֵׁן, וַיִּישַׁן: einschlafen; schlafen Ps 121,4
6×	יָשֵׁן	alt; vorjährig Lev 25,22
9×	יָשֵׁן₁ (ישׁן₁)	schlafend; die Entschlafenen Dan 12,2
180×	ישׁע ⊛	Nif'al (21×) נוֹשַׁע, יִוָּשֵׁעַ: Hilfe empfangen; siegreich sein Hif'il (159×) הוֹשִׁיעַ, יוֹשִׁיעַ: helfen; retten; zu Hilfe kommen
36×	יֵשַׁע (ישׁע)	Hilfe; Befreiung; Heil
39×	יְשַׁעְיָהוּ	/ יְשַׁעְיָה: Jesaja; Jeschaja *(EN)*
25×	ישׁר	Qal (13×) יָשַׁר, יִישַׁר: gerade sein; recht sein; gefallen
119×	יָשָׁר (ישׁר) ⊛	eben; richtig; recht; gerecht ♦ יְשָׁר־ ♦ יִשְׁרֵי־לֵב die Aufrichtigen
14×	יֹשֶׁר (ישׁר)	Geradheit; Redlichkeit; Rechtschaffenheit 1Kön 9,4
24×	יָתֵד	*(f.)* Pflock ♦ יְתַד־

42×	יָתוֹם	Waise ◆ יָתוֹמ׳	
106×	יתר ֍	Nifʿal (81×) נוֹתַר, יִוָּתֵר: übrig gelassen werden; übrig bleiben	
		Hifʿil (25×) הוֹתִיר, יוֹתִיר: übrig lassen; übrig haben	
96×	יֶ֫תֶר 1 (יתר) ֍	Rest; übermäßig ◆ יֶ֫תֶר דִּבְרֵי was sonst noch zu sagen ist von	
5×	יֶ֫תֶר 2	Sehne; Bogensehne; Zeltstrick	Ri 16,7
10×	יִתְרוֹן (יתר)	Ergebnis; Gewinn	Koh 1,3
11×	יֹתֶ֫רֶת (יותר)	(f.) Leberlappen	Lev 3,4

בּ

2901×	כְּ׳ ⊛	(prokl.) wie; ungefähr; entsprechend; gemäß
		◆ כַּצַּדִּיק כָּרָשָׁע der Gottlose wie der Gerechte ◆ כָּעֵת מָחָר morgen um diese Zeit
6×	כְּאֵב	Schmerz *Ijob 2,13*
113×	כבד ⊛	Qal (22×) כָּבֵד, יִכְבַּד: schwer lasten; schwer sein
		Nifʿal (30×) נִכְבַּד, יִכָּבֵד: geehrt werden; sich in Herrlichkeit zeigen
		Piʿel (38×) כִּבֵּד, יְכַבֵּד: ehren
		Hifʿil (17×) הִכְבִּיד, יַכְבִּיד: schwer machen; verstocken
41×	כָּבֵד $_1$ (כבד) ⊛	schwer; lastend; drückend ◆ כְּבַד־׳
14×	כָּבֵד $_2$ (כבד)	Leber *Lev 3,4*
24×	כבה	Qal (14×) כָּבָה, יִכְבֶּה: erlöschen
200×	כָּבוֹד (כבד) ⊛	Schwere; Herrlichkeit; Ehre
10×	כַּבִּיר	stark; gewaltig *Ijob 36,5*
51×	כבס	Piʿel (44×) כִּבֵּס, יְכַבֵּס: walken; reinigen
9×	כְּבָר $_1$	schon; längst *Koh 3,15*
107×	כֶּבֶשׂ ⊛	junger Widder ◆ כִּבְשׂ׳
8×	כִּבְשָׂה (כֶּבֶשׂ) ⊛	(f.) junges Schaflamm *2Sam 12,3*
14×	כבשׁ	Qal (7×) כָּבַשׁ, יִכְבֹּשׁ: unterwerfen; dienstbar machen *Gen 1,28*
18×	כַּד	(f./m.) großer Krug ◆ כַּד־׳ *Gen 24,14*
577×	כֹּה ⊛	so
7×	כֵּהֶה	farblos; lichtlos *Jes 42,3*
23×	כהן (כֹּהֵן)	Piʿel (23×) כִּהֵן, יְכַהֵן: als Priester amten

750×	כֹּהֵן ⊛	Priester ◆ כֹּהֲנִ'	
14×	כְּהֻנָּה (כֹּהֵן)	(f.) Priesterstand; Priesteramt	Num 18,1
6×	כּוֹבַע	Helm	1Sam 17,5
37×	כּוֹכָב ⊛	Stern	
38×	כּוֹל	Pilpel (24×) כִּלְכֵּל, יְכַלְכֵּל: umfassen; in sich aufnehmen; versorgen	
		Hif'il (12×) *הֵכִיל, יָכִיל: fassen; aufnehmen; halten	
216×	כּוּן ⊛	Nif'al (67×) נָכוֹן, יִכּוֹן: fest stehen; Bestand haben; sich hinstellen	
		Polel (29×) כּוֹנֵן, יְכוֹנֵן: hinstellen; gründen; zielen	
		Hif'il (108×) וַיָּכֶן, יָכִין, הֵכִין: bereitstellen; errichten; bestimmen; festmachen	
31×	כּוֹס$_1$	(f.) (Trink-)Becher	
9×	כּוּר	Schmelzofen	Dtn 4,20
15×	כּוֹרֶשׁ	Kyrus (EN)	Esra 1
29×	כּוּשׁ$_1$	Kusch (EN)	
25×	כּוּשִׁי$_1$	Kuschiter (EN)	
16×	כזב ⊛	Pi'el (12×) כִּזֵּב, יְכַזֵּב: lügen	Num 23,19
31×	כָּזָב ⊛ (כזב)	Lüge ◆ כְּזָב'	
125×	כֹּחַ$_1$ ⊛	Kraft; Fähigkeit; Stärke	
32×	כחד	Pi'el (15×) כִּחֵד, יְכַחֵד: verborgen halten; verhüllen	
22×	כחשׁ	Pi'el (19×) כִּחֵשׁ, יְכַחֵשׁ: leugnen; lügen; verleugnen	
6×	כַּחַשׁ (כחשׁ)	Lüge; Trug	Hos 12,1
4483×	כִּי$_2$ ⊛	dass; denn; weil; wenn ◆ ⇒ כִּי־אִם: sondern; außer	
9×	כִּידוֹן	Sichel	1Sam 17,6

23×	כִּיּוֹר	Waschbecken	
5×	כִּיס	Beutel	Dtn 25,13
37×	כָּכָה (כֹּה)	so	
68×	כִּכָּר ⊛	(f.) Rundbrot; Scheibe; Talent (Gewichtseinheit: 60 מָנֶה, ca. 40 kg); Umkreis ♦ כִּכָּרִים	
5413×	כֹּל ⊛	Gesamtheit; alle; alles; ganz; insgesamt; jeder ♦ כָּל־ • כֹּל	
10×	כֶּלֶא	Haft; Gefängnis	2Kön 25,27
32×	כֶּלֶב ⊛	Hund ♦ כְּלָב־	
35×	כָּלֵב	Kaleb (EN)	
208×	כלה ⊛	Qal (65×) כָּלָה, יִכְלֶה: aufhören; fertig werden; vergehen; zugrunde gehen Pi'el (141×) כִּלָּה, יְכַלֶּה: vollenden; aufhören; austilgen	
21×	כָּלָה (כלה)	(f.) Vernichtung	
34×	כַּלָּה	(f.) Braut; Schwiegertochter	
325×	כְּלִי ⊛	Gefäß; Gerät; Werkzeug; Waffe ♦ כָּל־ • כֶּל	
31×	כִּלְיָה ⊛	⇒ כְּלָיוֹת: (f.) Nieren; das Innerste und Geheimste des Menschen	
15×	כָּלִיל (כֹּל)	ganz; vollkommen; Ganzopfer	Klgl 2,15
38×	כלם	Nif'al (26×) נִכְלַם, יִכָּלֵם: sich schämen; zuschanden werden	
30×	כְּלִמָּה (כלם)	(f.) Schimpf	
141×	כְּמוֹ	= כְּ־	
22×	כֵּן 1 (כון)	richtig; rechtschaffen; recht ♦ כֵּנ־	
543×	כֵּן 2 ⊛	so ♦ ⇒ עַל־כֵּן: darum; daher kommt es, dass	
11×	כֵּן 3	Gestell	Ex 30,18
6×	כֵּן 4 (כון)	Stelle; Stellung; Amt	Gen 40,13
6×	כֵּן 5	Stechmücke	Ex 8,12

42×	כִּנּוֹר	(Kasten-)Leier
36×	כנע	Nif al (25×) נִכְנַע ,נִכְנַע: sich ducken müssen; gedemütigt werden; sich demütigen
93×	כְּנַעַן	Kanaan *(EN)*
73×	כְּנַעֲנִי	Kanaaniter *(EN)*; Händler
109×	כָּנָף ⊛	*(f.)* Flügel; Zipfel; Rand ♦ 'כְּנַפ • כְּנָפַיִם
135×	כִּסֵּא ⊛	Sessel; Stuhl; Thron ♦ 'כִּסְא
152×	כסה ⊛	Pi'el (131×) כִּסָּה, יְכַסֶּה, וַיְכַס: bedecken; zudecken; verbergen
8×	כְּסוּת (כסה)	*(f.)* Bedeckung; Kleidung Ex 22,26
70×	כְּסִיל₁ ⊛	töricht; frech
7×	כֶּסֶל₁	Lende Lev 3,4
6×	כֶּסֶל₂ (כְּסִיל₁)	Zuversicht; Dummheit Ijob 31,24
403×	כֶּסֶף ⊛	Silber; Geld ♦ 'כַּסְפ
54×	כעס ⊛	Hif il (46×) הִכְעִיס, יַכְעִיס: kränken; zum Zorn reizen
21×	כַּעַס (כעס)	Unmut; Kränkung ♦ 'כְּעַס
193×	כַּף ⊛	*(f.)* Hand ♦ 'כַּפ • כַּפַּיִם ♦ כַּף רֶגֶל Fußsohle
9×	כְּפוֹר₁ (כפר)	(metallene) Schale 1Chr 28,17
31×	כְּפִיר	Junglöwe
102×	כפר ⊛	Pi'el (92×) כִּפֶּר, יְכַפֵּר: Sühne schaffen; entsühnen
13×	כֹּפֶר₄ (כפר)	Bestechungsgeld; Lösegeld Spr 6,35
8×	כִּפֻּרִים (כפר)	Sühnehandlung; Versöhnung Ex 29,36
27×	כַּפֹּרֶת (כפר)	*(f.)* Deckplatte
18×	כַּפְתּוֹר₂	Knauf (des Leuchters); Säulenkapitell Ex 25,31
12×	כַּר₁	Widder 1Sam 15,9
8×	כֹּר	Kor (Hohlmaß: 10 בַּת, ca. 400 l) 1Kön 5,2
91×	כְּרוּב₁	Kerub ♦ כְּרוּבִים

92×	כֶּרֶם ⊛	Weinberg ◆ כַּרְמ׳ ◆ כְּרָמ׳	
5×	כֹּרֵם (כֶּרֶם)	Weinbauer	Jer 52,16
14×	כַּרְמֶל₁	Baumgarten; Baumpflanzung	Jes 32,15
15×	כַּרְמֶל₃	Karmel (EN)	1Kön 18
36×	כרע	Qal (30×) כָּרַע, יִכְרַע: niederknien; zusammenbrechen	
9×	כָּרָע (כרע)	⇒ כִּרְעַיִם: (f.) Unterschenkel; Wadenbein	Lev 1,9
288×	כרת ⊛	Qal (134×) כָּרַת, יִכְרֹת: abschneiden; abhauen; fällen ◆ כָּרַת בְּרִית eine Vereinbarung treffen	
		Nifʻal (73×) נִכְרַת, יִכָּרֵת: ausgerottet werden; beseitigt werden; ausgeschlossen werden	
		Hifʻil (78×) הִכְרִית, יַכְרִית: ausrotten	
13×	כֶּשֶׂב (כֶּבֶשׂ)	junger Widder	Gen 30,32
80×	כַּשְׂדִּים	Chaldäer; Chaldäa (EN)	
62×	כשל ⊛	Qal (29×) כָּשַׁל, יִכְשֹׁל: straucheln; stolpern	
		Nifʻal (23×) נִכְשַׁל, יִכָּשֵׁל: straucheln; stolpern	
6×	כֶּשֶׁף	Zauberei; Zauberkünste	Jes 47,9
223×	כתב ⊛	Qal (204×) כָּתַב, יִכְתֹּב: schreiben	
		Nifʻal (17×) נִכְתַּב, יִכָּתֵב: geschrieben werden; schriftlich angeordnet werden	
17×	כְּתָב (כתב)	Schriftstück; Verzeichnis; Schrift	Est 1,22
5×	כָּתִית (כתת)	zerstoßen (im Mörser); lauter (Öl)	Ex 27,20
9×	כֶּתֶם	Gold	Ijob 31,24
29×	כֻּתֹּנֶת	(f.) hemdartiger Leibrock ◆ כְּתֹנֶת׳, כְּתָנ׳	
67×	כָּתֵף ⊛	(f.) Schulter; Oberarm; Berghang ◆ כֶּתֶף ◆ כִּתְפ׳	
24×	כֹּתֶרֶת	(f.) Säulenkapitell ◆ כֹּתָר׳	
17×	כתת	Qal (5×) כָּתַת: klein schlagen; zerstoßen	
		Piʻel (5×) כִּתֵּת: in Stücke schlagen	Jes 2,4

ל

20447×	לְ׳ ⊛	(prokl.) für; hinsichtlich; zu
5168×	לֹא ⊛	nicht; un-; ohne; -los ◆ בְּלֹא ohne
19×	לאה	Nifal (10×) נִלְאָה: sich abmühen; müde sein Jes 1,14
34×	לֵאָה	(f.) Lea (EN)
35×	לְאֹם	Volk ◆ לְאֻמ׳
600×	לֵב (לֵבָב) ⊛	Herz; Sinn; Mut; Wille; Verstand ◆ לִבּ׳ · לֵב׳ ◆ וַיֹּאמֶר בְּלִבּוֹ und er dachte
252×	לֵבָב ⊛	Herz; Sinn; Mut; Wille; Verstand
15×	לָבוּשׁ (לבשׁ)	bekleidet mit	Ez 9,2
32×	לְבוּשׁ (לבשׁ)	Kleid
11×	לָבִיא	(m./f.) Löwin	Gen 49,9
29×	לָבָן₁ ⊛	weiß ◆ לְבָנ׳
54×	לָבָן₂	Laban (EN)
21×	לְבֹנָה	(f.) Weihrauch
12×	לְבֵנָה	(f.) Ziegel; Steinplatte	Ex 5,7
71×	לְבָנוֹן	Libanon (EN)
96×	לבשׁ ⊛	Qal (60×) לָבַשׁ, יִלְבַּשׁ: anziehen; sich bekleiden mit Hifil (32×) הִלְבִּישׁ, יַלְבִּישׁ: bekleiden
5×	לֹג	Log (Hohlmaß: $1/_{72}$ בַּת, ca. 0,5 l)	Lev 14,10
12×	לַהַב	Flamme; Klinge	Ri 3,22
19×	לֶהָבָה (לַהַב)	(f.) Flamme ◆ לֶהָב׳	Ps 29,7
22×	לוּ ⊛	wenn doch; o dass doch
43×	לוּחַ	Tafel; Brett ◆ לֻחַ׳

33×	לוֹט₂	Lot *(EN)*
350×	לֵוִי ⊛	Levi; Levit *(EN)*
6×	לִוְיָתָן	Leviatan (Meeresungeheuer) Ps 104,26
14×	לוּלֵא ⊛	/ לוּלֵי: wenn nicht; es sei denn, dass Ps 124,1
13×	לוּלָאָה	⇒ לְלָאוֹת: *(f.)* Schlingen; Schleifen Ex 26,4
14×	לוּן	Hif'il (9×) הֵלִין, יָלִין: murren Ex 16,7
6×	לַח	noch feucht; noch frisch Ri 16,7
20×	לְחִי₁	Kinnlade; Backe ♦ לְחָיַ֫יִם • לְחִי׳
171×	לחם₁ ⊛	Nif'al (167×) נִלְחַם, יִלָּחֵם: handgemein werden; kämpfen
298×	לֶ֫חֶם ⊛	Brot; Speise; Nahrung ♦ לַחְמ׳
12×	לַ֫חַץ	Bedrängnis; verkürzte Ration Ps 42,10
5×	לַ֫חַשׁ	Beschwörung; Amulett Jes 3,3
7×	לָט	Heimlichkeit; *pl.* geheime Künste; Zauberei Ex 7,2
6×	לַ֫יִל	Nacht Ex 12,42
227×	לַ֫יְלָה ⊛ (לֵיל)	Nacht ♦ לֵילוֹת • יוֹמָם וָלַ֫יְלָה bei Tag und bei Nacht
70×	לין ⊛	Qal (68×) לָן, יָלִין, וַיָּ֫לֶן: die Nacht verbringen; übernachten; bleiben
121×	לכד ⊛	Qal (83×) לָכַד, יִלְכֹּד: fangen; (ein)nehmen Nif'al (36×) נִלְכַּד, יִלָּכֵד: gefangen werden; eingenommen werden; (vom Los) getroffen werden
24×	לָכִישׁ	Lachisch *(EN)*
200×	לָכֵן ⊛ (לְ+כֵּן₂)	darum
86×	למד ⊛	Qal (24×) לָמַד, יִלְמַד: lernen Pi'el (57×) לִמַּד, יְלַמֵּד: lehren
53×	לָ֫מוֹ	sie *(3. Person m. pl.)*
4×	לָ֫מוֹ	= לְ׳ Ijob 40,4

6×	לִמּוּד (למד)	gelehrt; geübt; Schüler	Jes 8,16
18×	לעג	Qal (12×) לָעַג, יִלְעַג: verspotten	Spr 17,5
7×	לַעַג (לעג)	Gestammel; Verspottung	Jes 28,11
8×	לַעֲנָה	(f.) Wermut; bitter; Bitterkeit	Klgl 3,15
13×	לַפִּיד	Fackel; Blitz	Ri 15,4
16×	לֵץ	Schwätzer; Spötter	Spr 1,22
966×	לקח ⊛	Qal (938×) לָקַח, יִקַּח: nehmen; fassen; ergreifen; holen	
		Qal passiv (15×) לֻקַּח, יֻקַּח: genommen werden; geholt werden	
9×	לֶקַח (לקח)	Lehre; Lehrgabe; Einsicht	Spr 1,5
37×	לקט	Qal (14×) לָקַט, יִלְקֹט: sammeln; auflesen	
		Pi'el (21×) לִקֵּט, יְלַקֵּט: sammeln; auflesen	
117×	לָשׁוֹן ⊛	(f./m.) Zunge; Sprache ♦ לְשֹׁנ'	
47×	לִשְׁכָּה	(f.) Halle ♦ לִשְׁכ'	

מ

300×	מְאֹד ⊛	(Kraft; Vermögen;) sehr	
579×	מֵאָה₁ ⊛	(f.) hundert ♦ מֵאוֹת ♦ מָאתַיִם zweihundert ♦ שְׁלֹשׁ מֵאוֹת dreihundert	
32×	מְאוּמָה (מום)	etwas; irgendetwas	
19×	מָאוֹר (אור)	Leuchte; Leuchter	Gen 1,14
15×	מֹאזְנַיִם	Waage	Spr 11,1
30×	מַאֲכָל (אכל)	Speise; Nahrung	
46×	מאן ⊛	Pi'el (46×) מֵאֵן, יְמָאֵן: sich weigern	
74×	מאס₁ ⊛	Qal (71×) מָאַס, יִמְאַס: ablehnen; verwerfen	
5×	מַאֲרָב (ארב)	Hinterhalt	Jos 8,9
5×	מְאֵרָה (ארר)	(f.) Verfluchung	Dtn 28,20
23×	מָבוֹא (בוא) ⊛	Eingang; (Sonnen-)Untergang; Westen ♦ מְבוֹא'	
13×	מַבּוּל	Himmelsozean; Sintflut	Gen 6,17
12×	מִבְחָר₁ (בחר)	Auslese; Bestes	Ex 15,4
15×	מִבְטָח (בטח₁)	Vertrauen; Verlass	Ps 40,5
37×	מִבְצָר₁ (בָּצוּר)	fester Platz; befestigte Stadt	
12×	מֶגֶד	Ertrag an Früchten; pl. מְגָדָנוֹת kostbare Geschenke	Dtn 33,13
12×	מְגִדּוֹ	Megiddo (EN)	2Kön 23,29
45×	מִגְדָּל (גדל) ⊛	Turm	
8×	מָגוֹר₁	Schreck; Grauen; Schrecknis	Jer 20,10
11×	מָגוֹר₂ (גור₁)	⇒ מְגוּרִים: Aufenthaltsort; Schutzbürgerschaft	Gen 17,8
21×	מְגִלָּה (גלל)	(f.) Schriftrolle	

60×	מָגֵן ₁(גנן)	Schild; Schutz ♦ מָגִנ׳	
26×	מַגֵּפָה (נגף)	(f.) Plage	
114×	מִגְרָשׁ (גרשׁ₁)	Weideland; Stadtrand	
11×	מַד (מדד)	Gewand	1Sam 17,38
270×	מִדְבָּר₁ ⊛	Trift; Steppe; Wüste	
52×	מדד ⊛	Qal (43×) וַיָּמָד, יָמֹד, מָדַד: abmessen	
54×	מִדָּה₁ (מדד) ⊛	(f.) Messstrecke; Maß; Abmessung ♦ אִישׁ מִדָּה ein hoch gewachsener Mann	
11×	מָדוֹן₁ (דין)	Streit; Zank	Spr 15,18
72×	מַדּוּעַ (מָה+ידע) ⊛	weswegen?; warum?	
16×	מָדַי	Medien; Meder (EN)	Est 1,18
10×	מִדְיָן₁ (דין)	⇒ מִדְיָנִים: Streitigkeiten	Spr 27,15
59×	מִדְיָן₂	Midian (EN)	
53×	מְדִינָה (דין)	(f.) Provinz; Gau	
6×	מַדָּע (ידע)	Verständnis	Dan 1,17
751×	מָה ⊛	מַה, מֶה / מָה: was?; wie? ⇒ לָמָּה / לָמָה: warum?	
12×	מְהוּמָה	(f.) Bestürzung; Panik	1Sam 5,9
5×	מַהֲלָךְ (הלך)	Gangweg; Wegstrecke; Reise	Jona 3,3
6×	מַהְפֵּכָה (הפך)	(f.) Umstürzung	Jer 49,18
81×	מהר₁ ⊛	Piʿel (77×) יְמַהֵר, מִהַר: eilen; eilends tun; sich beeilen	
20×	מְהֵרָה (מהר₁)	(Eile;) eilends	
180×	מוֹאָב ⊛	Moab (EN)	
40×	מוט	Qal (15×) יָמוּט, מָט: wanken Nifʿal (23×) יִמּוֹט, נָמוֹט: ins Wanken gebracht werden	
12×	מוֹטָה (מוט)	(f.) Joch; Tragstange (n. unit.)	Jer 28,10

מ

31×	מוּל₁	Nifal (19×) נָמוֹל, יִמּוֹל: sich beschneiden lassen
36×	מוּל	Vorderseite; gegenüber
22×	מוֹלֶדֶת (ילד)	(f.) Nachkommenschaft; Verwandtschaft
21×	מוּם	Flecken; Makel
8×	מוֹסָד (יסד₁)	Grundmauer; Fundament — Jes 24,18
5×	מוֹסָדָה (מוֹסָד)	(f.) Grundmauer; Fundament — Jes 40,21
50×	מוּסָר (יסר₁) ✻	Züchtigung; Zucht; Mahnung
8×	מוֹסֵרָה₁ (אסר)	⇒ מוֹסֵרוֹת: (f.) Fesseln — Ps 2,3
223×	מוֹעֵד (יעד) ✻	Treffpunkt; Versammlung; Termin; Fest; Festzeit ◆ מוֹעֵד/ ◆ מוֹעֵד ◆ אֹהֶל מוֹעֵד Zelt der Begegnung
7×	מוֹעֵצָה (יעץ)	(f.) Ratschlag; Plan — Ps 5,11
36×	מוֹפֵת ✻	Wunder; Warnzeichen ◆ מוֹפֵת/
27×	מוֹצָא₁ (יצא)	Ausgangsort; Äußerung
27×	מוֹקֵשׁ ✻	Falle ◆ מוֹקֵשׁ/
14×	מוּר	Hifil (13×) הֵמִיר, יָמִיר: vertauschen — Ps 106,20
11×	מוֹרָא (ירא)	Furcht; Schrecken; Ehrfurcht — Dtn 11,25
5×	מוֹרָד (ירד)	Berghang; Abhang — Jos 7,5
9×	מוֹרָשָׁה (ירש)	(f.) Erwerb; Besitz — Ez 11,15
20×	מוּשׁ₂	Qal (12×) מָשׁ: von der Stelle weichen
44×	מוֹשָׁב (ישב)	Sitz; Sitzplatz; Wohnsitz
25×	מוֹשִׁיעַ (ישע)	Helfer; Retter
843×	מוּת ✻	Qal (628×) מֵת, יָמוּת, וַיָּמָת: sterben ◆ מֵת tot; Toter Hifil (138×) הֵמִית, יָמִית, וַיָּמֶת: töten; sterben lassen Hofal (68×) הוּמַת, יוּמַת: getötet werden ◆ מוֹת יוּמָת den Tod erleiden

153×	מָ֫וֶת (מות) ⊛	Tod; Sterben ♦ מוֹת׳	
401×	מִזְבֵּ֫חַ (זבח) ⊛	Altar ♦ מִזְבְּחֹ׳	
19×	מְזוּזָה	(f.) Türpfosten	Dtn 6,9
9×	מַזְכִּיר	Sekretär	2Kön 18,18
7×	מַזְלֵג	Fleischgabel	Ex 27,3
19×	מְזִמָּה (זמה₁)	(f.) Überlegung; Plan; böser Plan; Besonnenheit	Spr 1,4
57×	מִזְמוֹר (זמר₁) ⊛	Psalm	
5×	מְזַמֶּ֫רֶת	(f.) Dochtschere	1Kön 7,50
74×	מִזְרָח (זרח) ⊛	Sonnenaufgang; Osten	
32×	מִזְרָק (זרק₁)	Sprengschale	
8×	מַחְבֶּ֫רֶת (חבר₂)	(f.) Verbindungsstelle; Verbindungsstück	Ex 26,4
5×	מַחֲבַת	(f.) Platte; Blech; Plattengebäck	Lev 2,5
34×	מחה₁	Qal (22×) מָחָה, יִמְחֶה: abwischen; vertilgen	
6×	מָחוֹל₁	Reigentanz	Ps 30,12
8×	מִחְיָה (חיה)	(f.) Erhaltung des Lebens	Gen 45,5
15×	מְחִיר₁	Kaufpreis; Geld; Lohn	1Kön 21,2
8×	מְחֹלָה (מָחוֹל₁)	(f.) Reigentanz	Ri 11,34
42×	מַחֲלֹ֫קֶת (חלק₂)	(f.) Abteilung ♦ מַחְלְקֹ׳	
13×	מַחְמָד (חמד)	Begehrenswertes; Kostbarkeit	Ez 24,16
215×	מַחֲנֶה (חנה₁) ⊛	(m./f.) Lagerplatz; Heer	
20×	מַחְסֶה (חסה)	Zufluchtsort; Zuflucht	
13×	מַחְסוֹר (חסר)	Mangel	Spr 14,23
16×	מַחֲצִית (חֲצִי)	(f.) Hälfte; Mitte	Ex 30,13
52×	מָחָר ⊛	morgen	
32×	מָחֳרָת (מָחָר) ⊛	(f.) folgender Tag ♦ מִמָּחֳרָת am folgenden Tag	

56×	מַחֲשָׁבָה (חשב) ⊛	(f.) Gedanke; Plan; Erfindung	
7×	מַחְשָׁךְ (חֹשֶׁךְ)	finstere Stelle	Klgl 3,6
22×	מַחְתָּה	(f.) Eimer; Kohlenpfanne	
11×	מְחִתָּה (חתת)	(f.) Schrecken; Verderben	Spr 10,14
252×	מַטֶּה ⊛	Stab; Stock; Stamm (eines Volkes)	
19×	מַטָּה (נטה)	unten	Dtn 28,13
29×	מִטָּה (נטה)	(f.) Lager; Bett	
5×	מַטְמוֹן (טמן)	(verborgener) Schatz	Gen 43,23
6×	מַטָּע (נטע)	Pflanzung; Plantage	Jes 61,3
8×	מַטְעָם (טַעַם)	Leckerbissen	Gen 27,4
38×	מָטָר ⊛	Regen ◆ מְטַר׳	
16×	מַטָּרָה	(f.) Zielscheibe; Wache	Jer 32,2
423×	מִי ⊛	wer? ◆ מִי יִתֵּן wenn doch nur ...!	
6×	מֵיטָב (יטב)	das Beste; der beste Teil	Gen 47,6
13×	מִיכָאֵל	Michael (EN)	Dan 10,13
33×	מִיכָה	Micha (EN)	
21×	מִיכָיְהוּ	Micha (EN)	
581×	מַיִם ⊛	Wasser ◆ מֵימֵי / מֵי ◆ בְּאֵר מַיִם ein wasserführender Brunnen	
31×	מִין	Art; Spezies	
6×	מֵינֶקֶת (ינק)	(f.) Stillende; Amme	Gen 24,59
23×	מִישׁוֹר (ישר)	Ebene; Geradheit	
19×	מֵישָׁרִים (ישר)	ebene Bahn; Recht; Aufrichtigkeit; Geradheit	Spr 1,3
9×	מֵיתָר	Bogensehne; Zeltstrick	Ex 35,18
16×	מַכְאוֹב (כְּאֵב)	Schmerz; Leiden	Koh 1,18
6×	מִכְבָּר	Gitterwerk	Ex 27,4

48×	מַכָּה (נכה) ⊛	(f.) Schlag; Wunde; Plage; Niederlage
5×	מִכְוָה	(f.) Brandwunde — Lev 13,24
17×	מָכוֹן (כון)	Standort; Stätte ♦ מְכוֹנ׳ — 1Kön 8,13
25×	מְכוֹנָה (מָכוֹן)	(f.) Stelle; Stätte; Fahrgestell ♦ מְכוֹנ׳
22×	מָכִיר	Machir (EN)
5×	מִכְנָסַיִם	Hüfthüllen (Beinkleid) — Ex 28,42
6×	מֶכֶס	(kultische) Abgabe — Num 31,28
16×	מִכְסֶה (כסה)	Decke; Hülle — Ex 26,14
80×	מכר ⊛	Qal (57×) מָכַר, יִמְכֹּר: verkaufen; ausliefern; preisgeben Nifʿal (19×) נִמְכַּר, יִמָּכֵר: verkauft werden; sich verkaufen
14×	מִכְשׁוֹל (כשל)	Anstoß; Hindernis — Lev 19,14
9×	מִכְתָּב (כתב)	Schrift; Schriftstück — Ex 32,16
6×	מִכְתָּם	Epigramm (?) — Ps 16,1
250×	מלא ⊛	Qal (101×) מָלֵא, יִמְלָא: voll sein; anfüllen Nifʿal (36×) נִמְלָא*, יִמָּלֵא: angefüllt werden Piʿel (111×) מִלֵּא, יְמַלֵּא: füllen; erfüllen; ausführen ♦ מִלֵּא יָד als Priester einsetzen; weihen
63×	מָלֵא (מלא) ⊛	voll; voll von ♦ מְלֹא׳
38×	מְלֹא (מלא)	das, was füllt; Fülle; Menge
15×	מִלֻּאִים (מלא)	Einweihung; Besatz — Ex 29,22
213×	מַלְאָךְ ⊛	Bote; Engel
167×	מְלָאכָה (מַלְאָךְ) ⊛	(f.) Geschäft; Werk; Arbeit; Sache; Dienst ♦ מְלַאכְתּ׳ · מְלֶאכֶת
8×	מַלְבּוּשׁ (לבש)	Gewand — 1Kön 10,5
38×	מִלָּה ⊛	(f.) Wort
24×	מְלוּכָה (מלךְ₁)	(f.) Königtum

8×	מָלוֹן (לין)	Nachtlager	Gen 42,27
24×	מֶלַח ₂	Salz ♦ יָם הַמֶּלַח das Tote Meer	
319×	מִלְחָמָה (לחם₁) ⊛	(f.) Handgemenge; Kampf; Krieg	
94×	מלט ₁ ⊛	Nif'al (63×) נִמְלַט, יִמָּלֵט: sich in Sicherheit bringen	
		Pi'el (28×) מִלֵּט, יְמַלֵּט: retten	
347×	מלך ₁ ⊛	Qal (297×) מָלַךְ, יִמְלֹךְ: König sein; herrschen	
		Hif'il (49×) הִמְלִיךְ, יַמְלִיךְ: als König einsetzen	
2526×	מֶלֶךְ ₁ (מלך₁) ⊛	König ♦ מַלְכִּ׳ • מְלָכִ׳	
35×	מַלְכָּה (מֶלֶךְ₁) ⊛	(f.) Königin ♦ מְלָכ׳	
91×	מַלְכוּת (מֶלֶךְ₁) ⊛	(f.) Königsherrschaft; Regierungszeit; Königreich; königlich ♦ מַלְכֻיּוֹת	
5×	מְלֶכֶת (מַלְכָּה)	(f.) Königin (?)	Jer 44,17
7×	מַלְקוֹחַ (לקח)	Kriegsbeute	Num 31,11
8×	מַלְקוֹשׁ	Spätregen (März–April)	Dtn 11,14
6×	מֶלְקָחַיִם (לקח)	Zange; Dochtschere	Ex 25,38
10×	מִמְכָּר (מכר)	Verkauftes; Verkauf	Lev 25,14
117×	מַמְלָכָה (מלך₁) ⊛	(f.) Königtum; Königsherrschaft ♦ מַמְלֶכֶת • מַמְלַכְתִּ׳ • מַמְלְכ׳	
9×	מַמְלָכוּת (מלך₁)	(f.) Königsherrschaft; Königreich	Jos 13,12
17×	מֶמְשָׁלָה (משל₂)	(f.) Herrschaft; Herrschaftsgebiet	Gen 1,16
7562×	מִן ⊛	/ מִ׳, מֵ׳ (prokl.) / מִנִּי: von ... aus; von ... weg; von; seit; wegen ♦ טוֹב מִן besser als ♦ מִקָּטֹן וְעַד־גָּדוֹל vom Kleinsten bis zum Größten	
13×	מָן ₁	Manna	Ex 16,31
28×	מנה	Qal (12×) מָנָה, יִמְנֶה: zählen	
5×	מָנֶה	Mine (Gewichtseinheit: $1/60$ כִּכָּר, ca. 685 g)	Neh 7,70
12×	מָנָה (מנה)	(f.) Anteil; Portion	Est 9,19

7×	מָנוֹחַ (נוח₁)	Rastplatz	Rut 3,1
21×	מְנוּחָה (מָנוֹחַ₁)	(f.) Ruhe; Ruheplatz ♦ 'מְנֻח	
8×	מָנוֹס (נוס)	Zufluchtsort	2Sam 22,3
42×	מְנוֹרָה (נֵר₁)	(f.) Lampenständer; Leuchter	
211×	מִנְחָה ⊛	(f.) Gabe; Geschenk; Huldigung; Tribut; Huldigungsopfer; Speiseopfer ♦ 'מָנָח	
29×	מנע	Qal (25×) יִמְנַע, מָנַע: zurückhalten; vorenthalten; verweigern	
6×	מַנְעוּל (נַעַל)	Verschluss; Riegel	Neh 3,3
150×	מְנַשֶּׁה ⊛	Manasse (EN)	
9×	מְנָת (מנה)	(f.) Anteil	Neh 12,44
23×	מַס	Zwangsleistung; Frondienst ♦ 'מַס	
17×	מִסְגֶּרֶת (סגר)	(f.) Gefängnis; Leiste	1Kön 7,28
25×	מָסָךְ	Decke; Vorhang ♦ 'מָסַכ	
26×	מַסֵּכָה₁ (נסך₁)	(f.) Gussbild	
7×	מִסְכְּנוֹת	(f.) Depot; Vorräte	Ex 1,11
27×	מְסִלָּה (סֹלְלָה)	(f.) Straße	
22×	מסס	Nifʿal (19×) נָמֵס, יִמַּס: zerfließen; schwach werden	
12×	מַסַּע (נסע)	Aufbrechen; pl. Tagesmärsche	Num 10,12
16×	מִסְפֵּד (ספד)	Trauerfeier; Trauerbräuche	Ps 30,12
5×	מִסְפּוֹא	Futter	Gen 24,25
134×	מִסְפָּר₁ (ספר) ⊛	Zahl; Anzahl ♦ אֵין מִסְפָּר unzählbar	
10×	מִסְתָּר (סתר)	Versteck	Ps 10,8
8×	מַעְבָּרָה (עבר₁)	(f.) Furt; Schlucht	Ri 12,5
13×	מַעְגָּל₂ (עֲגָלָה)	Wagenspur; Pfad	Ps 23,3
36×	מָעוֹז (עז)	Bergfeste; Zufluchtsstätte ♦ 'מָעֹז	
17×	מָעוֹן₂	verstecktes Lager; Wohnung	Ps 90,1

22×	מעט	*Hifil* (13×) הִמְעִיט, יַמְעִיט: verringern
101×	מְעַט ⊛	ein Weniges; wenig ◆ עוֹד מְעַט ◆ 'מְעַט ◆ noch ein wenig; beinahe • כִּמְעַט fast
28×	מְעִיל	Obergewand
32×	מֵעִים	Eingeweide; Leib; Inneres
23×	מַעְיָן (עַיִן)	Quelle
35×	מעל	*Qal* (35×) מָעַל, יִמְעַל: pflichtwidrig handeln; untreu sein
29×	מַעַל₁ (מעל)	Pflichtwidrigkeit; Untreue
140×	מַעַל₂ (עלה) ⊛	oben ◆ מַעְלָה nach oben; darüber hinaus • מִמַּעַל droben; oben
19×	מַעֲלֶה (עלה)	Aufstieg; Aufgang (koll.) Jos 10,10
47×	מַעֲלָה (עלה)	(f.) Hinaufzug; Stufe (n. unit.)
41×	מַעֲלָל (עֲלִילָה)	⇒ מַעֲלָלִים: Taten
5×	מַעֲמָד (עמד)	Aufwartung; Posten; Stellung 1Kön 10,5
5×	מַעֲמַקִּים (עֹמֶק)	Tiefen Ps 130,1
272×	מַעַן ⊛	⇒ לְמַעַן: um ... willen; wegen; um zu; damit
6×	מַעֲנֶה₁ (ענה₁)	Antwort Spr 15,1
9×	מְעֹנָה (מָעוֹן₂)	(f.) Versteck; Lagerstatt Ijob 38,40
9×	מַעֲרָב₁ (ערב₁)	Tauschhandel Ez 27,9
14×	מַעֲרָב₂ (ערב₁)	Sonnenuntergang; Westen Ps 103,12
39×	מְעָרָה₁	(f.) Höhle
19×	מַעֲרָכָה (ערך)	(f.) Reihe; Schicht; Schlachtreihe 1Sam 17,8
10×	מַעֲרֶכֶת (ערך)	(f.) Aufschichtung; Schicht ◆ לֶחֶם הַמַּעֲרָכוֹת Schichtbrote; Schaubrote Lev 24,6
235×	מַעֲשֶׂה₁ (עשׂה) ⊛	Tun; Arbeit; Werk
23×	מַעֲשֵׂיָהוּ	/ מַעֲשֵׂיָה: Maaseja (EN)
32×	מַעֲשֵׂר (עֶשֶׂר)	zehnter Teil; Zehnt

8×	מַפֶּ֫לֶת (נפל)	(f.) Aas; Fall; Sturz	Ez 26,15
5×	מִפְקָד (פקד)	Anordnung; Zählung; Musterung	2Sam 24,9
8×	מִפְתָּן	untere Schwelle	1Sam 5,4
8×	מֹץ	Spreu	Ps 1,4
455×	מצא ✶	Qal (307×) מָצָא, יִמְצָא: zufällig treffen; finden; erlangen Nifʻal (141×) נִמְצָא, יִמָּצֵא: gefunden werden; sich finden lassen	
10×	מַצָּב (נצב₁)	Standort; Posten	1Sam 14,1
34×	מַצֵּבָה (נצב₁) ✶	(f.) Mazzebe; Malstein	
11×	מְצָד (צָיִד₁)	(f.) Festung	1Sam 23,14
53×	מַצָּה₁	(f.) ungesäuertes Brot ◆ מַצּוֹת	
18×	מְצוּדָה (מְצָד₂)	(f.) Bergfeste	2Sam 5,7
181×	מִצְוָה (צוה) ✶	(f.) Auftrag; Gebot; Anrecht ◆ מִצְוֹת׳	
12×	מְצוֹלָה / מְצוּלָה:	(f.) (Meeres-)Tiefe; Tiefen	Mi 7,19
6×	מָצוֹק (צוק₁)	Drangsal	Dtn 28,53
7×	מְצוּקָה (מָצוֹק)	(f.) Bedrängnis	Ps 107,6
20×	מָצוֹר₁ (צור₁)	Bedrängnis; Belagerung	
5×	מָצוֹר₂	Befestigung; befestigte Stadt	2Chr 8,5
8×	מְצוּרָה (מָצוֹר₂)	(f.) Befestigung; befestigte Stadt	2Chr 11,10
13×	מֵ֫צַח	Stirn	1Sam 17,49
13×	מְצִלְתַּ֫יִם	Zimbeln	1Chr 15,16
12×	מִצְנֶ֫פֶת (צָנִיף)	(f.) turbanähnlicher Kopfbund	Ex 28,4
6×	מִצְעָר (צָעִיר₁)	gering; wenig	Gen 19,20
40×	מִצְפָּה	Mizpa (EN)	
30×	מִצְרִי	Ägypter (EN)	
681×	מִצְרַ֫יִם ✶	Ägypten; ägyptisch (EN)	

5×	מַקֶּבֶת (נקב)	Höhlung; Hammer	Ri 4,21
75×	מִקְדָּשׁ (קדשׁ) ⊛	Heiligtum	
5×	מִקְוֶה (קוה₁)₁	Hoffnung	Jer 14,8
401×	מָקוֹם (קום) ⊛	Ort; Stelle; Stätte ♦ מְקוֹמ׳ ♦ בְּכָל־מָקוֹם überall	
18×	מָקוֹר	Quellort; Quelle	Spr 10,11
18×	מַקֵּל	(f.) Zweig; Stab ♦ מַקְל׳	Gen 30,37
20×	מִקְלָט	Zuflucht; Asyl	
76×	מִקְנֶה (קנה) ⊛	Erwerb; Besitz; Viehbesitz (koll.)	
15×	מִקְנָה (קנה)	(f.) Erwerb (n. unit.)	Gen 17,12
12×	מִקְצוֹעַ	Ecke	Neh 3,19
23×	מִקְרָא (קרא₁)	Einberufung; Versammlung; Lesung	
10×	מִקְרֶה (קרה₁)	Zufall; Geschick; Ergehen	Koh 2,14
9×	מִקְשָׁה₁	(f.) gedrehte, getriebene Arbeit	Ex 25,18
39×	מַר₁	bitter; Bitterkeit ♦ מָר׳	
12×	מֹר (מר₁)	Myrrhe	Hld 1,13
103×	מַרְאֶה (ראה) ⊛	Sehen; Aussehen; Erscheinung	
12×	מַרְאָה (ראה)	(f.) Erscheinung; Gesicht	Dan 10,7
10×	מְרַאֲשׁוֹת (ראשׁ₁)	(f.) Kopfstütze; zu Häupten von	1Sam 26,7
5×	מַרְבִּית (רבה₁)	Großteil; Zuwachs	1Sam 2,33
5×	מַרְגְּלוֹת (רֶגֶל)	Platz zu Füßen; Fußende	Rut 3,4
25×	מרד	Qal (25×) מָרַד, יִמְרֹד: sich auflehnen; empören	
60×	מָרְדֳּכַי	Mordechai (EN)	
44×	מרה	Qal (22×) מָרָה: widerspenstig sein Hifil (22×) הִמְרָה, יַמְרֶה: sich widerspenstig benehmen	
54×	מָרוֹם (רום) ⊛	Höhe; hochgelegene Stelle; Himmel ♦ מְרוֹמ׳	

6×	מֶרְחָב (רחב)	Weite; freier Raum	Ps 31,9
18×	מֶרְחָק (רחק)	Ferne; Weite ♦ מֶרְחַקִּ׳	Spr 25,25
23×	מְרִי (מרה)	Widerspenstigkeit	
8×	מְרִיא	Mastvieh; Rinder	1Kön 1,25
15×	מִרְיָם	(f.) Mirjam (EN)	Num 12
44×	מֶרְכָּבָה (רכב) ⊛	(f.) Streitwagen; Prunkwagen; Reisewagen ♦ מַרְכֻּב׳	
39×	מִרְמָה ₁(רְמִיָּה)	(f.) Hinterlist; Trug	
7×	מִרְמָס (רמס)	Zertretung; zertretenes Land	Ez 34,19
8×	מֵרֵעַ	Busenfreund	Ri 14,20
13×	מִרְעֶה (₁רעה)	Weide	Ez 34,14
10×	מַרְעִית (₁רעה)	(f.) Weideplatz	Ps 100,3
13×	מַרְפֵּא ₁(רפא)	Heilung; Heilmittel	Mal 3,20
40×	מְרָרִי	Merari (EN)	
44×	מַשָּׂא ₁(נשׂא)	Traglast; Last	
20×	מַשָּׂא ₂(נשׂא)	Ausspruch	
15×	מַשְׂאֵת (נשׂא)	(f.) Erhebung; Abgabe; Spende	Gen 43,34
17×	מִשְׂגָּב (שׂגב)	Anhöhe; Zuflucht	Ps 46,8
15×	מָשׂוֹשׂ ₁(שׂושׂ)	Freude	Jes 65,18
14×	מַשְׂכִּיל (₁שׂכל)	Maskil (?)	Ps 32,1
6×	מַשְׂכִּית	(f.) Bild; Bildwerk; Gebilde; Einbildung	Ez 8,12
9×	מִשְׁבְּצוֹת	(f.) (gewirkte) Fassungen	Ex 28,11
5×	מִשְׁבָּר (₁שׁבר)	Brandung; sich überschlagende Wellen	Jona 2,4
766×	מֹשֶׁה ⊛	Mose (EN)	
12×	מְשׁוּבָה (שׁוב)	(f.) Abfall; Abtrünnigkeit	Jer 3,22
70×	משׁח ⊛	Qal (65×) יִמְשַׁח, מָשַׁח: bestreichen; salben	

מִשְׁחָה

21×	מִשְׁחָה $_1$ (משח)	(f.) Salbung	
20×	מַשְׁחִית (שחת)	Verderber; Verderben	
38×	מָשִׁיחַ (משח) ⊛	Gesalbter ♦ מָשִׁיחַ׳	
36×	משׁךְ	Qal (30×) מָשַׁךְ, יִמְשֹׁךְ: ziehen; schleppen; hinziehen	
46×	מִשְׁכָּב (שכב)	Lager; Bett	
139×	מִשְׁכָּן (שכן) ⊛	Wohnstatt	
80×	משׁל $_2$ ⊛	Qal (77×) מָשַׁל, יִמְשֹׁל: herrschen ♦ מֹשֵׁל Herrscher	
39×	מָשָׁל $_1$	Spruch; Sprichwort; Weisheitsspruch ♦ מָשָׁל׳	
7×	מִשְׁלָח (שלח)	Unternehmung	Dtn 12,7
25×	מְשֻׁלָּם	Meschullam (EN)	
7×	מְשַׁמָּה (שמם)	(f.) Entsetzen; Grausen; Wüstenei	Ez 33,28
22×	מִשְׁמָר (שמר)	Bewachung; Wachtposten	
78×	מִשְׁמֶרֶת (מִשְׁמָר) ⊛	(f.) Bewachung; Verpflichtung; Dienst ♦ מִשְׁמַרְת׳	
35×	מִשְׁנֶה ⊛	Zweiter; Doppeltes; Abschrift	
6×	מְשִׁסָּה	(f.) Plünderung	Jes 42,22
11×	מִשְׁעֶנֶת (שען)	(f.) Stütze; Stab	2Kön 4,29
303×	מִשְׁפָּחָה ⊛	(f.) Großfamilie; Sippe ♦ מִשְׁפְּחוֹת Arten	
422×	מִשְׁפָּט (שפט) ⊛	Schiedsspruch; Rechtssache; Recht	
6×	מְשֻׁקָּד	mandelblütenförmig gestaltet	Ex 25,33
19×	מַשְׁקֶה (שקה) ⊛	Mundschenk; Getränk	Gen 40,1
49×	מִשְׁקָל (שקל)	Gewicht	
46×	מִשְׁתֶּה (שתה) ⊛	Getränk; Gastmahl ♦ מִשְׁתֵּה יַיִן Weingelage	
5×	מֶתֶג	Zaum	2Kön 19,28
12×	מָתוֹק	süß ♦ מָתוֹק׳	Ri 14,14

43×	מָתַי ⊛	wann? ♦ עַד־מָתַי bis wann?	
22×	מְתִים	Männer; Leute	
5×	מַתְכֹּנֶת (תכן)	(f.) Abmessung; Verhältnis	Ex 5,8
5×	מַתָּן (נתן)₁	Gabe; Geschenk	Spr 18,16
17×	מַתָּנָה ₁(מַתָּן)	(f.) Geschenk; Gabe	Num 18,6
47×	מָתְנַיִם	Lenden; Hüften	
6×	מַתַּת (נתן)	(f.) Gabe	Koh 3,13

מ

נ

404×	נָא₁ ⊛	doch; bitte	
6×	נֹאד	Schlauch	Jos 9,4
10×	נָאוֶה	schön; lieblich; passend	Hld 1,5
376×	נְאֻם ⊛	Ausspruch	
31×	נאף	Qal (16×) *נָאַף, יִנְאַף: Ehebruch treiben Pi'el (15×) נִאֵף, יְנָאֵף: Ehebruch treiben	
24×	נאץ ⊛	Pi'el (15×) נִאֵץ, יְנָאֵץ: unehrerbietig behandeln; verwerfen	
115×	נבא ⊛ (נָבִיא)	Nif'al (87×) נִבָּא, יִנָּבֵא: in prophetischer Verzückung sein; als Prophet reden Hitpa'el (28×) הִתְנַבֵּא, יִתְנַבֵּא: sich als Prophet gebärden	
60×	נְבוּכַדְרֶאצַּר	/ נְבוּכַדְנֶאצַּר: Nebukadnezzar (EN)	
22×	נָבוֹת	Nabot (EN)	
69×	נבט ⊛	Hif'il (68×) הִבִּיט, יַבִּיט, וַיַּבֵּט: blicken; schauen	
25×	נְבָט	Nebat (EN) ♦ יָרָבְעָם בֶּן־נְבָט	
315×	נָבִיא ⊛	Prophet ♦ נְבִיא'	
6×	נְבִיאָה (נָבִיא)	(f.) Prophetin	Ri 4,4
19×	נבל₁	Qal (19×) נָבֵל, יִבֹּל: welken; abfallen	Jes 40,8
18×	נָבָל₁	Taugenichts; Geizhals; Tor; Gottesleugner ♦ נָבָל'	Ps 14,1
22×	נָבָל₂	Nabal (EN)	
11×	נֵבֶל₁	Krug	Jer 13,12
27×	נֵבֶל₂	Leier ♦ נֵבֶל'	
13×	נְבָלָה (נָבָל₁)	(f.) Dummheit; arge Sünde	Ri 19,23
48×	נְבֵלָה (נבל₁)	(f.) Leichnam; Aas	

110×	נֶ֫גֶב ⊛	Negeb *(EN)*; Trockenland; Süden ♦ נֶ֫גְבָּה nach Süden
370×	נגד ⊛	*Hif'il* (335×) הִגִּיד, יַגִּיד, וַיַּגֵּד: berichten; mitteilen *Hof'al* (35×) הֻגַּד, יֻגַּד: mitgeteilt werden
152×	נֶ֫גֶד (נגד) ⊛	Gegenüber; Entsprechung; vor; gegenüber von ♦ נֶגְדִּי vor mir
19×	נֹ֫גַהּ₁	*(f.)* Glanz; heller Schein Ez 1,4
43×	נָגִיד (נגד)	Fürst; Offizier; Beamter; Führer ♦ נָגִיד'
14×	נְגִינָה	*(f.)* Saitenspiel; Spottlied Ps 4,1
150×	נגע ⊛	*Qal* (107×) נָגַע, יִגַּע: berühren; schlagen; reichen (bis) *Hif'il* (38×) הִגִּיעַ, יַגִּיעַ: berühren; berühren lassen; erreichen
78×	נֶ֫גַע (נגע)	Berührung; Plage; Schlag; Gewalttat
49×	נגף	*Qal* (25×) נָגַף, יִגֹּף: schlagen *Nif'al* (23×) וַיִּנָּגֶף, יִנָּגֵף, נִגַּף: geschlagen werden
7×	נֶ֫גֶף (נגף)	Anstoß; Stoß; Heimsuchung Ex 12,13
23×	נגשׂ	*Qal* (19×) נָגַשׂ, יִגֹּשׂ: treiben; drängen ♦ נֹגֵשׂ Vogt; Gewalthaber
125×	נגשׁ ⊛	*Qal* (68×) נִגַּשׁ*, יִגַּשׁ: herzutreten; sich nähern *Hif'il* (37×) הִגִּישׁ, יַגִּישׁ: herbeibringen; darbringen
6×	נֵד	Damm Ex 15,8
20×	נָדָב	Nadab *(EN)*
26×	נְדָבָה (נָדִיב)	*(f.)* freiwillige Gabe ♦ נָדִב'
28×	נדד	*Qal* (23×) נָדַד, יִדֹּד: fliehen; flüchten
29×	נִדָּה (נד)	*(f.)* Menstruation; Befleckung
51×	נדח₁ ⊛	*Nif'al* (23×) נִדַּח: versprengt werden *Hif'il* (26×) הִדִּיחַ, יַדִּיחַ: versprengen; auseinanderjagen; verführen

26×	נָדִיב	willig; Edler ♦ נְדִיב׳	
31×	נדר	Qal (31×) נָדַר, יִדֹּר: geloben	
60×	נֶדֶר (נדר) ⊛ / נֵדֶר: Gelübde ♦ נֶדֶר׳		
30×	נהג₁	Qal (20×) נָהַג, יִנְהַג: treiben; leiten	
7×	נְהִי	Wehklage	Jer 31,15
119×	נָהָר ⊛	Fluss; Strom ♦ נְהַר׳ • נְהָרַיִם	
24×	נוד	Qal (18×) נָד, יָנוּד: heimatlos sein; Teilnahme bekunden (durch Kopfschütteln)	
32×	נָוֶה ⊛	Weideplatz; Aufenthaltsort; Wohnstätte	
15×	נָוָה (נָוֶה)	(f.) Weideplatz; Wohnstätte	Ps 23,2
134×	נוח₁ ⊛	Qal (28×) נָח, יָנוּחַ, וַיָּנַח: sich niederlassen; ruhen; ausruhen	
		Hif'il₁ (32×) הֵנִיחַ, יָנִיחַ, וַיָּנַח: sich lagern lassen; Ruhe verschaffen	
		Hif'il₂ (72×) הִנִּיחַ, יַנִּיחַ, וַיַּנַּח: stellen; setzen; legen; belassen	
30×	נוּן	Nun (EN) ♦ יְהוֹשֻׁעַ בִּן־נוּן	
159×	נוס ⊛	Qal (154×) נָס, יָנוּס, וַיָּנָס: fliehen	
40×	נוע	Qal (24×) נָע, יָנוּעַ: schwanken; ohne Obdach und Heimat umherschweifen	
		Hif'il (14×) הֵנִיעַ, יָנִיעַ: unstet machen; schütteln	
34×	נוף₁	Hif'il (32×) הֵנִיף, יָנִיף: hin und her bewegen; schwingen	
24×	נזה	Hif'il (20×) הִזָּה, יַזֶּה: sprengen; besprengen	
6×	נָזִיד (זד)	gekochtes Gericht	Gen 25,29
16×	נָזִיר (נֵזֶר)	geweiht; Geweihter; Nasiräer; Fürst ♦ נְזִר׳	Num 6,2
5×	נַחַל	⇒ נְחָלִים: Bäche; Rinnsale	Ps 78,16
17×	נֶזֶם	Ring	Ex 32,2

25×	נֵ֫זֶר	Weihe; Kranz; Diadem	
46×	נֹחַ	Noach (EN)	
39×	נחה ₁	Hifil (28×) הִנְחָה ,יַנְחֶה: führen; leiten	
10×	נְחוּשָׁה	(f.) Kupfer; Bronze	Jes 45,2
59×	נחל ⊛	Qal (30×) נָחַל ,יִנְחַל: als Besitz erhalten; in Besitz nehmen	
		Hifil (17×) הִנְחִיל ,יַנְחִיל: als Erbbesitz geben	
137×	נַ֫חַל ₁ ⊛	Bachtal; Wadi; Bach ♦ נְחָל' • נְחָלִים	
222×	נַחֲלָה ₁ (נחל) ⊛	(f.) (unveräußerlicher) Erbbesitz	
108×	נחם ⊛	Nifal (48×) נִחַם ,יִנָּחֵם ,וַיִּנָּחֶם: bereuen; sich trösten	
		Piʻel (51×) נִחַם ,יְנַחֵם: trösten	
6×	נַ֫חְנוּ	wir	Ex 16,7
31×	נָחָשׁ ₁ ⊛	Schlange ♦ נְחָשׁ'	
139×	נְחֹ֫שֶׁת ₁ ⊛ (נְחוּשָׁה)	Kupfer; Bronze; Messing ♦ נְחֻשְׁתַּ֫יִם • נְחֹ֫שֶׁת'	
6×	נַ֫חַת ₂ (נוח ₁)	(f.) Ruhe; Gelassenheit	Koh 4,6
214×	נטה ⊛	Qal (135×) נָטָה ,יִטֶּה ,וַיֵּט: ausstrecken; ausspannen; neigen; abbiegen	
		Hifil (76×) הִטָּה ,יַטֶּה ,וַיֵּט: ausstrecken; herabneigen; beugen; seitwärts lenken	
58×	נטע ⊛	Qal (57×) נָטַע ,יִטַּע: pflanzen	
18×	נטף	Qal (9×) נָטַף: tropfen; triefen	
		Hifil (9×) הִטִּיף ,יַטִּיף: fließen lassen; geifern	Hld 4,11
40×	נטשׁ	Qal (33×) נָטַשׁ ,יִטּשׁ: sich selber überlassen; aufgeben	
43×	נִיחֹחַ (נוח ₁)	Beschwichtigung; Beschwichtigungsgeruch	
17×	נִינְוֵה	Ninive (EN)	Jona 3
5×	נִיר ₁ (נֵר ₁)	Leuchte; Lampe	1Kön 11,36

500×	נכה ⊛	Hif'il (480×) הִכָּה, יַכֶּה, וַיַּךְ: schlagen; erschlagen
		Hof'al (16×) הֻכָּה, יֻכֶּה: geschlagen werden; erschlagen werden
25×	נֹכַח	gegenüber
8×	נָכֹחַ (נכח)	geradeaus liegend; gerade; recht; das Gerade; das Rechte Spr 24,26
5×	נְכָסִים	Vermögen 2Chr 1,11
49×	נכר ⊛	Hif'il (38×) הִכִּיר, יַכִּיר, וַיַּכֵּר: erkennen; kennen
36×	נֵכָר (נכר)	Fremde; Ausland ♦ בֶּן־נֵכָר Ausländer
45×	נָכְרִי (נֵכָר) ⊛	ausländisch; Ausländer; fremd
6×	נָמֵר	Leopard; Panther Jes 11,6
21×	נֵס	Signalstange; Feldzeichen
36×	נסה ⊛	Pi'el (36×) נִסָּה, יְנַסֶּה: auf die Probe stellen; versuchen
25×	נסך₁	Hif'il (14×) הִסִּיךְ, יַסִּיךְ: spenden (Trankopfer)
60×	נֶסֶךְ₁ (נסך₁)	Trankopfer; Libation ♦ נְסָכ'
146×	נסע ⊛	Qal (136×) נָסַע, יִסַּע: herausreißen; aufbrechen; weiterziehen
46×	נְעוּרִים (נַעַר) ⊛	Jugendzeit
13×	נָעִים (נֹעַם)	angenehm lieblich ♦ נְעִימ' Ps 133,1
22×	נַעַל	(f.) Sandale ♦ נַעֲל'
7×	נֹעַם	Freundlichkeit Ps 90,17
21×	נָעֳמִי	(f.) Noomi (EN)
240×	נַעַר ⊛	Knabe; junger Mann; Knecht ♦ נְעָר' ♦ מִנַּעַר וְעַד־זָקֵן jung und alt
63×	נַעֲרָה₁ (נַעַר) ⊛	/ נַעֲרָ: (f.) (lediges) Mädchen; Dienerin ♦ נְעָר'

434×	נפל ⊛	Qal (367×) נָפַל, יִפֹּל: fallen; sich fallen lassen; sich hinwerfen
		Hif'il (61×) הִפִּיל, יַפִּיל: fallen lassen; zu Fall bringen ♦ הִפִּיל גּוֹרָל das Los werfen
18×	נפץ$_1$	Pi'el (15×) נִפֵּץ, יְנַפֵּץ: zerschlagen Jer 51,20
754×	נֶפֶשׁ ⊛	(f.) Kehle; Atem; Wesen; Mensch; selber; jemand; Leben; Verlangen; Gier (in der Septuaginta oft: ψυχή) ♦ נַפְשׁ׳ • נְפָשׁ׳ ♦ אֶת־נַפְשׁוֹ sich selbst
5×	נֹפֶת	Honigseim Ps 19,11
51×	נַפְתָּלִי	Naftali (EN)
74×	נצב$_1$ ⊛	Nif'al (50×) נִצַּב: sich hinstellen; stehen; stehen bleiben
		Hif'il (21×) וַיַּצֵּב, יַצִּיב, הִצִּיב: hinstellen; aufrichten
65×	נצח	Pi'el (64×) מְנַצֵּחַ (Partizip): Chorleiter; Musikmeister (?)
43×	נֵצַח$_1$ (נצח)	נֶצַח / נֵצַח: Glanz; Ruhm; Dauer
11×	נְצִיב$_1$ (נצב$_1$)	Säule; Statthalter; Garnison Gen 19,26
213×	נצל ⊛	Nif'al (15×) נִצַּל, יִנָּצֵל: gerettet werden; sich retten
		Hif'il (191×) הִצִּיל, יַצִּיל: entreißen; herausreißen; retten
62×	נצר	Qal (62×) נָצַר, יִצֹּר: bewachen; behüten; bewahren; befolgen
19×	נקב	Qal (13×) נָקַב, יִקֹּב: durchbohren; bezeichnen Jes 62,2
22×	נְקֵבָה (נקב)	(f.) Weib; weiblich
9×	נָקֹד	gesprenkelt Gen 30,32
44×	נקה	Nif'al (25×) נִקָּה, יִנָּקֶה: frei sein; straflos bleiben
		Pi'el (18×) נִקָּה, יְנַקֶּה: ungestraft lassen; für straffrei erklären

43×	נָקִי (נקה)	frei; schuldlos ◆ נְקִי׳	
5×	נִקָּיוֹן (נקה)	Blankheit; Schuldlosigkeit; Reinheit	Ps 26,6
35×	נקם	Qal (13×) נָקַם, יִקֹּם: sich rächen Nif'al (12×) נִקַּם, יִנָּקֵם: gerächt werden; sich rächen	
17×	נָקָם (נקם)	Rache; Vergeltung	Jes 34,8
27×	נְקָמָה (נָקָם)	(f.) Rache; Vergeltung ◆ נְקָמ׳	
44×	נֵר₁	Leuchte	
655×	נשׂא ⊛	Qal (598×) נָשָׂא, יִשָּׂא: tragen; hochheben; erheben; wegnehmen Nif'al (33×) נִשָּׂא, יִנָּשֵׂא: getragen werden; sich erheben	
50×	נשׂג ⊛	Hif'il (50×) הִשִּׂיג, יַשִּׂיג: einholen; erreichen; ausreichen	
130×	נָשִׂיא₁ (נשׂא) ⊛	Fürst; Vorsteher ◆ נָשִׂיא׳	
12×	נֶשֶׁךְ	Abzug; Zins	Dtn 23,20
24×	נְשָׁמָה ⊛	(f.) Atem; Odem ◆ נִשְׁמַת חַיִּים Lebensodem	
12×	נֶשֶׁף	Dämmerung; Dunkel	Ps 119,147
31×	נשׁק₁	Qal (26×) נָשַׁק, יִשַּׁק: küssen	
8×	נֶשֶׁק₁	Rüstzeug; Waffen; Schlacht	Ez 39,9
26×	נֶשֶׁר	Adler; Geier ◆ נֶשֶׁר׳	
13×	נֵתַח	(Fleisch-)Stück	Lev 1,6
5×	נָתִיב	Pfad	Ijob 28,7
21×	נְתִיבָה (נָתִיב)	(f.) Pfad	
17×	נְתִין (נתן)	נְתִינִים /: Tempelsklaven	Neh 3,26
21×	נתך	Nif'al (8×) נִתַּךְ: sich ergießen; zum Schmelzen gebracht werden	
2009×	נתן ⊛	Qal (1919×) נָתַן, יִתֵּן: geben Nif'al (82×) נִתַּן, יִנָּתֵן: gegeben werden	

42×	נָתַן	Natan *(EN)*
20×	נְתַנְיָהוּ	נְתַנְיָה / נְתַנְיָהוּ: Netanja *(EN)* ♦ יִשְׁמָעֵאל בֶּן־נְתַנְיָה
42×	נתץ	*Qal* (31×) נָתַץ, יִתֹּץ: niederreißen; abbrechen
27×	נתק	*Nif'al* (10×) נִתַּק, יִנָּתֵק: entzweigerissen werden
		Pi'el (11×) נִתֵּק, יְנַתֵּק: zerreißen
14×	נֶ֫תֶק (נתק)	Hautkrankheit *(in der Septuaginta: θραῦσμα)* Lev 13,30
21×	נתש	*Qal* (16×) נָתַשׁ, יִתֹּשׁ: ausreißen; austreiben

ס

9×	סְאָה	(f.) Sea (Hohlmaß: $^1/_3$ אֵיפָה, ca. 13 l) 2Kön 7,1
162×	סבב ⊛	Qal (90×) וַיִּסֹב, יָסֹב, סָבַב: sich drehen; sich wenden; herumgehen; umgeben Nif'al (20×) נָסַב, יִסַּב: die Richtung ändern Hif'il (33×) הֵסֵב, יָסֵב: herumgehen lassen; abwenden; ändern
336×	סָבִיב (סבב) ⊛	Umkreis; Umgebung; ringsum ◆ סָבִיב׳ ◆ מִסָּבִיב ringsum; von allen Seiten
9×	סבל	Qal (7×) סָבַל, יִסְבֹּל: tragen Jes 46,4
5×	סַבָּל (סבל)	Lastträger 1Kön 5,29
6×	סִבְלוֹת (סבל)	das Lasttragen; das Fronarbeiten Ex 1,11
8×	סָגוּר (סגר)	⇒ זָהָב סָגוּר: lauteres, feines Gold 1Kön 7,49
8×	סְגֻלָּה	(f.) Eigentum Ex 19,5
17×	סֶגֶן	⇒ סְגָנִים: Statthalter; Beamter; Vorsteher Neh 2,16
82×	סגר ⊛	Qal (35×) סָגַר, יִסְגֹּר: schließen Hif'il (30×) הִסְגִּיר, יַסְגִּיר: ausliefern; absondern
39×	סְדֹם	Sodom (EN)
8×	סֹהַר	⇒ בֵּית הַסֹּהַר: Gefängnis Gen 39,20
24×	סוג₁	Nif'al (14×) נָסוֹג, יִסּוֹג: zurückweichen; sich davonmachen
21×	סוֹד	vertrauliche Besprechung; Plan; Geheimnis; Kreis (von Vertrauten)
137×	סוּס₁ ⊛	Pferd
5×	סוֹף	Ende; Nachhut Koh 7,2
28×	סוּף₁	Schilf ◆ יַם־סוּף Schilfmeer
15×	סוּפָה₁	(f.) Sturmwind Jes 66,15

298×	סוּר ⊛	Qal (160×) סָר, יָסוּר, יָסֹר,‎ וַיָּסַר: abbiegen; weggehen; weichen; sich fernhalten
		Hif'il (132×) הֵסִיר, יָסִיר,‎ וַיָּסַר: wegschaffen; entfernen
21×	סחר	Qal (20×) סָחַר, יִסְחַר: (als Hirten) durchziehen ◆ סֹחֵר Händler
7×	סַחַר (סחר)	Handelsgewinn — Spr 31,18
8×	סִיג (סוג₁)	Bleioxid; Bleiglätte — Jes 1,22
37×	סִיחוֹן	Sihon (EN)
35×	סִינַי	Sinai (EN)
21×	סִיסְרָא	Sisera (EN)
29×	סִיר	(m./f.) Kochtopf; Wanne
5×	סִירָה (סִיר)	⇒ סִירִים (f./m.): Becherblume; Haken; Angel — Nah 1,10
31×	סְבָכָה	(f.) Dickicht; Hütte
7×	סָכָל	töricht; Tor ◆ סֶכֶל' — Koh 2,19
7×	סִכְלוּת (סָכָל)	(f.) Torheit — Koh 2,13
15×	סַל	Korb — Gen 40,16
74×	סֶלָה	Sela (?)
46×	סלח ⊛	Qal (33×) סָלַח, יִסְלַח: Nachsicht üben; verzeihen
		Nif'al (13×) נִסְלַח: verziehen werden
11×	סֹלְלָה	(f.) Sturmrampe — Jes 37,33
62×	סֶלַע ⊛	Fels; Felsen ◆ סֶלַע' · סֶלַע'
53×	סֹלֶת	(f.) Weizengrieß; Mehl
16×	סַם	⇒ סַמִּים: Spezereien ◆ קְטֹרֶת הַסַּמִּים wohlriechendes Räucherwerk — Ex 25,6
48×	סמך	Qal (41×) סָמַךְ, יִסְמֹךְ: stützen; unterstützen; legen
5×	סֶמֶל	Götterbild; Bild; Skulptur — Ez 8,3

6×	סְנֶה	Dornstrauch	Ex 3,2
5×	סְנַפִּיר	Flosse; Flossfeder	Lev 11,9
8×	סַעַר (סְעָרָה)	Sturmwind	Jona 1,4
16×	סְעָרָה	(f.) Sturmwind	2Kön 2,11
7×	סַף₁	(kultische) Schale	1Kön 7,50
25×	סַף₂	Schwelle ♦ סִפּ׳ ♦ שֹׁמֵר הַסַּף Schwellenhüter	
30×	ספד	Qal (28×) סָפַד, יִסְפֹּד: die Totenklage anstimmen; einen Verstorbenen betrauern; klagen	
11×	סַפִּיר	Lapislazuli; Lasurstein (in der Septuaginta: σάπφειρος)	Ex 24,10
107×	ספר ⊛	Qal (27×) סָפַר, יִסְפֹּר: (auf)zählen Pi'el (67×) סִפֵּר, יְסַפֵּר: aufzählen; bekannt machen; verkünden; berichten; erzählen	
185×	סֵפֶר ⊛	Schriftstück; Brief; Buchrolle ♦ סֹפֵר׳ ♦ סִפְר׳	
53×	סֹפֵר (ספר) ⊛	Schreiber; Sekretär ♦ סֵפֶר׳	
22×	סקל	Qal (12×) סָקַל, יִסְקֹל: steinigen	
7×	סָרָה₂ (סרר)	(f.) Widerspenstigkeit; Falschheit	Dtn 13,6
45×	סָרִיס	hoher Beamter; Eunuch	
21×	סֶרֶן₂	⇒ סְרָנִים: Stadtfürsten	
17×	סרר	Qal (17×) סָרַר: störrisch sein	Dtn 21,18
81×	סתר ⊛	Nif'al (30×) נִסְתַּר, יִסָּתֵר: sich verbergen; verborgen sein Hif'il (44×) הִסְתִּיר, יַסְתִּיר: verbergen	
35×	סֵתֶר (סתר)	Versteck; Schutz; Heimlichkeit	

ע

31×	עָב₂	Gewölk; Wolke
288×	עבד ⊛	Qal (270×) עָבַד, יַעֲבֹד: arbeiten; dienen
800×	עֶ֫בֶד₁ (עבד) ⊛	Sklave; Knecht; Diener ♦ עֶבֶד׳ • עַבְד׳
20×	עֹבֵד אֱדוֹם	Obed-Edom (EN)
145×	עֲבֹדָה (עבד) ⊛	(f.) Arbeit; Dienst; Gottesdienst
20×	עֹבַדְיָ֫הוּ	עֹבַדְיָה /: Obadja (EN)
51×	עָבוּר ⊛	Ertrag; ⇒ בַּעֲבוּר: wegen; um ... willen; damit
5×	עָבוֹת₁	Ast — Ez 19,11
5×	עֳבִי	Dicke — 1Kön 7,26
548×	עבר₁ ⊛	Qal (465×) עָבַר, יַעֲבֹר: einherziehen; vorübergehen; vergehen; hinübergehen Hif'il (80×) הֶעֱבִיר, יַעֲבִיר: überschreiten lassen; vorbeigehen lassen; Opfer darbringen; wegnehmen
90×	עֵ֫בֶר₁ (עבר₁) ⊛	die eine von zwei gegenüberliegenden Seiten; Seite; Rand; Ufer; jenseits
34×	עֶבְרָה	(f.) Aufwallung; Zorn; Wut
34×	עִבְרִי₁	Hebräer (EN)
19×	עֲבֹת	(m./f.) Strick; Schnur — Ri 15,13
7×	עֻגָה	(f.) Brotfladen — 1Kön 19,6
6×	עָגֹל	rund — 1Kön 7,23
35×	עֵ֫גֶל ⊛	Jungrind; Jungstier ♦ עֶגְל׳
25×	עֲגָלָה	(f.) Wagen; Lastkarren ♦ עֶגְל׳
12×	עֶגְלָה₁ (עֵגֶל) ⊛	(f.) Färse; Jungkuh — Dtn 21,3
48×	עַד₁ ⊛	dauerhafte Zukunft; immer ♦ עוֹלָם וָעֶד immer und ewig

1262×	עַד₃ ⊛ / עֲדֵי:	bis; bis zu
69×	עֵד ⊛	Zeuge
149×	עֵדָה₁ ⊛ (יעד)	(f.) Versammlung; Gemeinde
83×	עֵדוּת ⊛ (עוד₂)	(f.) Zeugnis; Bezeugung ◆ עֵדוֹת' Gesetze; Gesetzesbestimmungen ◆ אֲרוֹן הָעֵדוּת Gesetzeslade
14×	עֲדִי	Schmuck — Ex 33,4
14×	עֵדֶן₂	Eden (EN) ◆ גַּן־עֵדֶן — Gen 2-3
38×	עֵדֶר₁	Herde ◆ עֵדֶר'
22×	עוֹג	Og (EN)
40×	עוד₂ (עֵד)	Hifil (39×) הֵעִיד, יָעִיד: als Zeugen anrufen; Zeuge sein; ermahnen; warnen
490×	עוֹד ⊛	Dauer; noch; nochmals; wiederum ◆ לֹא עוֹד nicht mehr
21×	עָוֶל ⊛	Verkehrtheit; Unrecht; Unredlichkeit
5×	עַוָּל (עָוֶל)	Übeltäter; Frevler — Ijob 31,3
33×	עַוְלָה (עָוֶל) ⊛	(f.) Schlechtigkeit; Bosheit; Unrecht
11×	עוֹלֵל	Kind ◆ עוֹלֵל' — Ps 8,3
9×	עוֹלָל (עוֹלֵל)	Kind — Klgl 2,19
439×	עוֹלָם ⊛	lange Zeit; Dauer; Ewigkeit; zukünftige Zeit ◆ לְעוֹלָם auf immer
231×	עָוֹן ⊛	Vergehen; Sünde; Schuld; Strafe ◆ עָוֹנ'
25×	עוּף₁	Qal (18×) עָף, יָעוּף: fliegen
71×	עוֹף ⊛ (עוּף₁)	alles, was fliegt; Flugtiere; Vögel (koll.)
80×	עוּר₂	Qal (20×) *עָר, יָעוּר: wach sein; sich regen Hifil (33×) הֵעִיר, יָעִיר: aufwecken; erregen; in Bewegung bringen
99×	עוֹר ⊛	Haut; Tierhaut; Leder
26×	עִוֵּר ⊛	blind ◆ עִוֵּר'

23×	עַז	stark ♦ עַז'
74×	עֵז ⊛	Ziege; Ziegenhaar ♦ עֵז'
76×	עֹז₁ (עז) ⊛	Stärke; Kraft; befestigt; stark
17×	עֹז₂	Zuflucht; Schutz Ps 21,2
214×	עזב₁ ⊛	Qal (203×) עָזַב, יַעֲזֹב: verlassen; zurücklassen
7×	עִזָּבוֹן (עזב₁)	Handelsware Ez 27,12
20×	עַזָּה	Gaza (EN)
27×	עֻזִּיָּהוּ	/ עֻזִּיָּה: Usija (EN)
81×	עזר ⊛	Qal (76×) עָזַר, יַעֲזֹר: helfen; beistehen; zu Hilfe kommen
16×	עֵזֶר₁ (עזר) ⊛	Hilfe; Beistand Gen 2,18
5×	עֵזֶר₃	Stärke; Kraft Ps 115,9
22×	עֶזְרָא	Esra (EN)
26×	עֶזְרָה₁ (עֵזֶר₁) ⊛	(f.) Hilfe; Beistand
9×	עֲזָרָה	(f.) Sims; Vorhof Ez 43,14
48×	עֲזַרְיָהוּ	/ עֲזַרְיָה: Asarja (EN)
23×	עֲטָרָה₁	(f.) Kranz; Krone; Diadem
38×	עַי	Ai (EN)
5×	עִי (עָוֹן)	Trümmerhaufen Ps 79,1
5×	עֵיבָל₁	Ebal (EN) Dtn 11,29
8×	עַיִט	ein Raub- und Stoßvogel (?) Gen 15,11
28×	עֵילָם	Elam (EN)
891×	עַיִן ⊛	(f./m.) Auge (עֵינַיִם); Quelle (עֵינוֹת, עֲיָנוֹת)
17×	עָיֵף	müde; erschöpft Gen 25,29
1092×	עִיר₁ ⊛	(f.) Stadt; Stadtbevölkerung ♦ עָרִים
7×	עַיִר	Hengst (männlicher Esel) Ri 10,4
10×	עֵירֹם (עָרוֹם)	nackt; unbekleidet; Blöße Gen 3,7

6×	עַכְבָּר	Maus	1Sam 6,4
6×	עַל ₁ (עלה)	Höhe	Gen 49,25
5769×	עַל ₂ (עלה) ⊛ / עֲלֵי: auf; über; wegen; gegen		
40×	עֹל	Joch	
889×	עלה ⊛ Qal (609×) עָלָה, יַעֲלֶה, וַיַּעַל: hinaufsteigen; hinaufgehen		
	Nif'al (18×) נַעֲלָה, יֵעָלֶה: sich erheben; sich entfernen		
	Hif'il (258×) הֶעֱלָה, יַעֲלֶה, וַיַּעַל: hinaufsteigen lassen; hinaufführen		
18×	עָלֶה (עלה)	Laub; Blatt	Gen 3,7
287×	עֹלָה (עלה) ⊛	(f.) Ganzopfer; Brandopfer	
33×	עֵלִי	Eli (EN)	
20×	עֲלִיָּה (עלה)	(f.) Obergemach; Raum im Oberstock	
53×	עֶלְיוֹן (עלה) ⊛	oberer; höchster; der Höchste	
7×	עָלִיז	frohlockend	Zef 2,15
24×	עֲלִילָה	(f.) Handlung; Tat	
6×	עֹלֵלוֹת (עֲלִילָה)	(f.) Nachlese	Jes 17,6
27×	עלם ₁	Nif'al (11×) נֶעְלַם: verborgen sein	
	Hif'il (9×) הֶעְלִים, יַעְלִים: verbergen; verschließen		
9×	עַלְמָה	(f.) junge Frau ♦ עֲלָמוֹת	Jes 7,14
1866×	עַם ⊛	Onkel (väterlicherseits); Verwandtschaft; Sippe; Volk (koll.) ♦ עַמִּ׳ Exkurs Seite 50	
1048×	עִם ⊛	zusammen; mit	
522×	עמד ⊛	Qal (435×) עָמַד, יַעֲמֹד: hintreten; dastehen; stehen bleiben	
	Hif'il (85×) הֶעֱמִיד, יַעֲמִיד: hinstellen; aufstellen		

9×	עֹמֶד (עמד)	Standort; Platz	Neh 8,7
45×	עִמָּד	⇒ עִמָּדִי: bei mir; neben mir	
32×	עֻמָּה	⇒ לְעֻמַּת: dicht an; neben; entsprechend	
111×	עַמּוּד (עמד) ⊛	Ständer; Säule ◆ עַמּוּד אֵשׁ · עַמּוּד הֶעָנָן	
106×	עַמּוֹן ⊛	Ammon (EN)	
21×	עַמּוֹנִי	Ammoniter (EN)	
12×	עֲמִית	Gemeinschaft; Mitbürger	Lev 19,11
55×	$_1$עָמָל ⊛	Mühsal; Bemühung; Not; Unheil	
9×	עָמֵל ($_1$עָמָל)	mühebeladen; sich mühend; Arbeiter	Koh 3,9
39×	עֲמָלֵק	Amalek; Amalekiter (EN)	
63×	עֵמֶק (עָמֹק) ⊛	Talgrund; Tiefebene ◆ עֵמֶק׳	
17×	עָמֹק	tief; tiefliegend; unergründlich ◆ עָמֹק׳	Lev 13,3
8×	$_1$עֹמֶר	Häufchen abgeschnittener Ähren	Lev 23,10
6×	$_2$עֹמֶר ($_1$עֹמֶר)	Omer (Hohlmaß: $^1/_{10}$ אֵיפָה, ca. 4 l)	Ex 16,16
19×	עֲמֹרָה	Gomorra (EN)	Gen 19
19×	עֵנָב ⊛	Weinbeere ◆ עֲנָבִים	Gen 40,10
316×	$_1$ענה ⊛	Qal (310×) וַיַּעַן, יַעֲנֶה, עָנָה: erwidern; antworten; aussagen; erhören	
79×	$_2$ענה ⊛	Pi'el (56×) יְעַנֶּה, עִנָּה: bedrücken; demütigen; Gewalt antun	
21×	עָנָו ($_2$ענה) ⊛	gebeugt; niedergedrückt; demütig; fromm ◆ עֲנָו׳	
5×	עֲנָוָה ($_2$ענה)	(f.) Demut	Spr 15,33
75×	עָנִי ($_2$ענה) ⊛	ohne Grundbesitz; arm; elend; in Not befindlich ◆ עָנִי׳	
36×	עֳנִי ($_2$ענה) ⊛	Elend; gedrückte Lage	
8×	עִנְיָן	Geschäft; Sache	Koh 1,13
87×	$_1$עָנָן ⊛	Wolken; Gewölk	

7×	עָנָף	Zweige; Gezweig	Lev 23,40
5×	עָסִיס	Traubensaft	Joel 1,5
8×	עֹפֶל $_2$	Hügel; Ofel (?)	Neh 3,26
10×	עַפְעַפַּיִם	Wimpern; Augen	Ijob 3,9
110×	עָפָר ֍	Staub; lose Erde ♦ עֲפַר׳	
5×	עֹפֶר	Jungtier ♦ עֹפֶר הָאַיָּלִים Hirschjunges	Hld 4,5
9×	עֹפֶרֶת	Blei	Sach 5,7
330×	עֵץ ֍	Holz; Gehölz; Baum	
15×	עצב $_2$	Nifʽal (7×) נֶעֱצַב, יֵעָצֵב: bekümmert sein	Gen 45,5
17×	עָצָב	Götzenbild; Götzen	Ps 115,4
6×	עֶ֫צֶב $_2$ (עצב $_2$)	Kränkung; anstrengende Arbeit; Schmerz	Spr 14,23
5×	עַצֶּ֫בֶת (עצב $_2$)	(f.) Schmerz; Plage; Kummer	Ps 16,4
88×	עֵצָה $_1$ (יעץ) ֍	(f.) Rat; Plan; Ratschluss ♦ עֲצַת׳ • עֲצַת	
31×	עָצוּם	mächtig ♦ עֲצוּמ׳	
14×	עָצֵל	träg; faul	Spr 6,6
123×	עֶ֫צֶם $_1$ ֍	(f.) Knochen; Gebein; Wesen ♦ עַצְמ׳ • עַצְמ׳ ♦ בְּעֶ֫צֶם הַיּוֹם הַזֶּה an ebendiesem Tag	
46×	עצר	Qal (36×) יַעֲצֹר, עָצַר: zurückhalten; festhalten; verhaften; verschließen	
11×	עֲצָרָה (עצר)	(f.) Feiertag; Festversammlung	2Kön 10,20
14×	עָקֵב	Ferse; Fußspur ♦ עֲקֵב׳	Gen 25,26
15×	עֵ֫קֶב (עָקֵב)	Ergebnis; Lohn; weil	Num 14,24
7×	עָקֹד	gebändert; gestreift	Gen 30,35
12×	עָקָר	unfruchtbar; ohne Nachkommen	Gen 11,30
9×	עַקְרָב	Skorpion	1Kön 12,11
22×	עֶקְרוֹן	Ekron (EN)	

11×	עִקֵּשׁ₁	verdreht; falsch	Spr 2,15
17×	ערב₁	Qal (15×) עָרַב, יַעֲרֹב: Bürgschaft leisten für	Gen 43,9
134×	עֶרֶב₁ ⊛	Sonnenuntergang; Abend ♦ עַרְבַּיִם Abend-dämmerung	
9×	עֶרֶב₁	Gewebe; Gewirktes (?)	Lev 13,48
5×	עֵרֶב₂ (עֶרֶב₁)	Nichtisraeliten; Völkergemisch	Ex 12,38
10×	עֹרֵב₁	Rabe ♦ עֹרֵב'	Gen 8,7
9×	עָרֹב (עֶרֶב₁)	Ungeziefer; Stechfliege (?)	Ex 8,17
5×	עֲרָבָה₁	(f.) Weide (Baum)	Ps 137,2
60×	עֲרָבָה₃ ⊛	(f.) Wüste; Steppe ♦ יָם הָעֲרָבָה das Tote Meer	
54×	עֶרְוָה ⊛	(f.) Blöße; Schamgegend	
16×	עָרוֹם ⊛	nackt; leicht angezogen ♦ עֵרֹמ'	Jes 20,2
11×	עָרוּם	listig; klug ♦ עָרוּמ'	Spr 12,16
6×	עֶרְיָה (עֶרְוָה)	(f.) Blöße; Nacktheit	Ez 16,7
20×	עָרִיץ	gewaltig; gewalttätig; Gewalthaber; Tyrann	
75×	ערך ⊛	Qal (69×) עָרַךְ, יַעֲרֹךְ: in Reihen stellen; in Ordnung bringen	
33×	עֵרֶךְ (ערך)	Schätzungswert ♦ עֵרֶךְ לֶחֶם Schicht von Schaubroten	
35×	עָרֵל (עָרְלָה)	unbeschnitten ♦ עָרֵל'	
16×	עָרְלָה	(f.) Vorhaut ♦ עָרֵל'	Gen 17,11
5×	עָרְמָה (עָרוּם)	(f.) Klugheit; Hinterlist; Tücke	Jos 9,4
11×	עֲרֵמָה	(f.) Getreidehaufen; Haufen	2Chr 31,6
33×	עֹרֶף ⊛	Nacken; Rücken ♦ קְשֵׁה עֹרֶף hartnäckig; halsstarrig	
15×	עֲרָפֶל	Wolkendunkel	Ex 20,21
10×	עֶרֶשׂ	(f.) Bettgestell; Ruhelager	Ps 6,7
33×	עֵשֶׂב ⊛	Kraut; Kräuter	

2622×	עָשָׂה₁ ⊛	Qal (2522×) עָשָׂה, יַעֲשֶׂה, וַיַּעַשׂ: machen; erschaffen; tun	
		Nif'al (99×) יֵעָשֶׂה, נַעֲשָׂה: getan werden; gemacht werden	
97×	עֵשָׂו	Esau (EN)	
16×	עָשׂוֹר (עֶשֶׂר)	Zehnzahl	Ps 33,2
29×	עֲשִׂירִי (עֶשֶׂר) ⊛	zehnter ◆ עֲשִׂירִית Zehntel	
491×	עֶשֶׂר ⊛	zehn ◆ עֶשְׂרִים zwanzig	
337×	עָשָׂר (עֶשֶׂר) ⊛	-zehn	
33×	עִשָּׂרוֹן (עֶשֶׂר)	Zehntel ◆ עִשְׂרֹנִים	
6×	עָשׁ₁	Motte	Jes 50,9
23×	עָשִׁיר (עֹשֶׁר)	begütert; reich ◆ עָשִׁיר'	
25×	עָשָׁן₁	Rauch	
37×	עשק₁	Qal (36×) יַעֲשֹׁק, עָשַׁק: bedrücken; ausbeuten; erpressen	
15×	עֹשֶׁק (עשק₁)	Bedrückung; Gewalttätigkeit; Erpressung	Ps 62,11
37×	עֹשֶׁר	Reichtum	
19×	עַשְׁתֵּי	⇒ עַשְׁתֵּי עָשָׂר: elf; elfter	Ex 26,7
9×	עַשְׁתֹּרֶת	(f.) Astarte (EN)	1Kön 11,5
296×	עֵת ⊛	(f.) Zeitpunkt; Zeit ◆ עַתּ'	
433×	עַתָּה (עֵת) ⊛	jetzt; nun ◆ מֵעַתָּה וְעַד־עוֹלָם von nun an bis in Ewigkeit	
29×	עַתּוּד	⇒ עַתֻּדִים: Ziegenbock; Schafbock	
5×	עָתִיד (עַתּוּד)	bereit; Vorräte; Künftiges	Est 3,14
17×	עֲתַלְיָהוּ	(f.) / עֲתַלְיָה (f./m.): Atalja (EN)	2Chr 22–23
7×	עָתְנִיאֵל	Otniël (EN)	Ri 3
22×	עתר	Nif'al (9×) נֶעְתַּר, יֵעָתֵר: sich erbitten lassen	
		Hif'il (8×) הֶעְתִּיר, יַעְתִּיר: beten; bitten	

פ

85×	פֵּאָה₁ ✡	(f.) Seite; Rand	
7×	פְּאֵר	Kopfbinde; Turban	Ez 24,17
6×	פֹּארָה	(f.) Schössling; Zweig	Ez 31,5
46×	פגע	Qal (40×) פָּגַע, יִפְגַּע: treffen auf; herfallen über; bittend angehen	
22×	פֶּגֶר	Leichnam ♦ פְּגָרִים • פִּגְרֵ'	
60×	פדה ✡	Qal (55×) פָּדָה, יִפְדֶּה: loskaufen; auslösen; befreien	
498×	פֶּה ✡	Mund; Öffnung; Befehl ♦ ⇒ לְפִי: gemäß; nach • עַל־פִּי gemäß; nach • כְּפִי gemäß; entsprechend	
82×	פֹּה ✡	hier; hierher	
65×	פוץ ✡	Nif'al (16×) נָפוֹץ: zerstreut werden Hif'il (36×) הֵפִיץ, יָפִיץ, וַיָּפֶץ: zerstreuen	
8×	פוּר	Los ♦ פּוּרִים Purimfest	Est 9,24
9×	פָּז	gediegenes Gold; Feingold	Ps 19,11
25×	פַּח₁	Klappnetz	
25×	פחד	Qal (22×) פָּחַד, יִפְחַד: zittern; beben; erschrecken	
49×	פַּחַד₁ (פחד)	Beben; Schrecken	
28×	פֶּחָה	Statthalter ♦ פַּחוֹת	
10×	פַּחַת	Grube; Schlucht	Jer 48,43
11×	פֶּטֶר	Erstgeburt	Ex 13,2
25×	פִּינְחָס	Pinhas (EN)	

73×	⊛ פלא	Nif'al (57×) נִפְלָא ,יִפָּלֵא: zu schwer sein; ungewöhnlich sein; wunderbar sein	
		◆ נִפְלָאוֹת Wunder	
		Hif'il (12×) הִפְלִיא: wunderbar tun	
13×	פֶּלֶא (פלא)	Ungewöhnliches; Wunder	Ps 88,11
10×	פֶּלֶג₁	künstlicher Wassergraben; Kanal	Ps 1,3
37×	פִּלֶגֶשׁ	(f.) Nebenfrau ◆ פְּלַגְשׁ'	
6×	פֶּלַח	(f.) Scheibe; Mühlstein	Ri 9,53
27×	⊛ פלט	Pi'el (24×) פִּלֵּט ,יְפַלֵּט: davonbringen; retten	
19×	פָּלִיט (פלט)	Entronnener ◆ פָּלִיט'	Ez 33,21
5×	פָּלִיט (פלט)	⇒ פְּלֵיטִים: Entronnene; Verschonte	Jer 44,14
28×	פְּלֵיטָה (פלט)	(f.) Entronnener; Entronnenes; Entrinnen; Rettung	
8×	פֶּלֶךְ₂	Bezirk	Neh 3,9
84×	⊛ פלל	Hitpa'el (80×) הִתְפַּלֵּל ,יִתְפַּלֵּל: fürbittend eintreten; beten	
288×	⊛ פְּלִשְׁתִּי	Philister (EN)	
133×	⊛ פֶּן	damit ... nicht; dass ... nicht; sonst	
134×	⊛ פנה	Qal (116×) פָּנָה ,יִפְנֶה ,וַיִּפֶן: sich wenden; sich umdrehen; weitergehen	
30×	פִּנָּה	(f.) Ecke; Zinne	
2125×	⊛ פָּנִים (פנה)	(m./f.) Vorderseite; Angesicht; Oberfläche	
		◆ לְפָנִים früher; ehemals ◆ ⇒ לִפְנֵי: vor (örtlich und zeitlich) ◆ מִלִּפְנֵי fort von ◆ מִפְּנֵי wegen	
14×	פְּנִימָה (פָּנִים)	hinein; drinnen	1Kön 6,18
32×	פְּנִימִי (פָּנִים)	innerer	
6×	פְּנִינִים	Korallen(perlen)	Spr 31,10
5×	פַּס	⇒ כְּתֹנֶת פַּסִּים: ein wertvolles Gewand mit aufgenähten Verzierungen (?)	Gen 37,3

49×	פֶּ֫סַח ✡	Pessach *(in der Septuaginta: πάσχα >)* Passa
14×	פִּסֵּ֫חַ	lahm (an den Beinen) 2Sam 9,13
23×	פָּסִיל (פֶּ֫סֶל)	⇒ פְּסִילִים: Gottesbild
31×	פֶּ֫סֶל	Gottesbild
57×	פעל ✡	Qal (57×) יִפְעַל, פָּעַל: machen; tun
37×	פֹּ֫עַל (פעל)	Tat; Tun; Wirken; Walten
14×	פְּעֻלָּה (פעל)	*(f.)* Arbeit; Tat; Lohn Jes 61,8
118×	פַּ֫עַם ✡	*(f.)* Fuß; Tritt; Mal (beim Zählen) ♦ פַּ֫עֲמֵ֫י ♦ פַּעֲמַיִם zweimal ♦ הַפַּ֫עַם diesmal; endlich
7×	פַּעֲמוֹן	Glöckchen Ex 28,33
8×	פֶּ֫צַע	Wunde Ex 21,25
303×	פקד ✡	Qal (234×) פָּקַד, יִפְקֹד: prüfend sehen nach; mustern; anweisen; zur Verantwortung ziehen ♦ פְּקֻדִים Gemusterte Nif'al (21×) נִפְקַד, יִפָּקֵד: vermisst werden; fehlen; heimgesucht werden Hif'il (29×) הִפְקִיד, יַפְקִיד: einsetzen über; übergeben
32×	פְּקֻדָּה (פקד)	*(f.)* Dienst; Ahndung; Heimsuchung
24×	פִּקּוּד (פקד)	⇒ פִּקּוּדִים: Ordnungen; Anweisungen
20×	פקח	Qal (17×) פָּקַח, יִפְקַח: auftun; öffnen ♦ פָּקַח עֵינַ֫יִם die Augen auftun
13×	פָּקִיד (פקד)	Aufseher; Verwalter ♦ פְּקִידִים Neh 11,9
133×	פַּר ✡	Stier ♦ פָּרִים *Exkurs Seite 50*
10×	פֶּ֫רֶא	*(m./f.)* Wildesel Gen 16,12
26×	פרד	Nif'al (12×) נִפְרַד, יִפָּרֵד: sich trennen
14×	פֶּ֫רֶד	Maultier 2Sam 18,9

29×	פרה	Qal (22×) פָּרָה, יִפְרֶה: Frucht tragen; fruchtbar sein
26×	❊ פָּרָה₁ (פַּר)	(f.) Kuh ♦ פָּרוֹת
23×	פְּרִזִּי	Perisiter (EN)
34×	פרח₁	Qal (29×) פָּרַח, יִפְרַח: sprossen; treiben; ausbrechen (Krankheit)
17×	פֶּרַח	Knospe; Blüte — Ex 25,31
119×	❊ פְּרִי (פרה)	Frucht; Nachkommenschaft; Ertrag (koll.) ♦ פְּרִי׳
6×	פָּרִיץ (פרץ₁)	räuberisch; gewalttätig; Räuber — Jer 7,11
6×	פֶּרֶךְ	Gewalttätigkeit; Schinderei — Ex 1,13
25×	פָּרֹכֶת (פֶּרֶךְ)	(f.) Vorhang
28×	פָּרַס	Persien (EN)
21×	פַּרְסָה	(f.) Klaue; Huf
274×	❊ פַּרְעֹה	Pharao
45×	פרץ₁	Qal (42×) פָּרַץ, יִפְרֹץ: einen Riss machen; einreißen; ausbrechen
19×	פֶּרֶץ₁ (פרץ₁)	Riss; Lücke — Neh 6,1
47×	❊ פרר₁	Hif'il (44×) הֵפֵר, יָפֵר: brechen; zerstören; aufheben; vereiteln; ungültig machen
67×	❊ פרש	Qal (57×) פָּרַשׂ, יִפְרֹשׂ: ausbreiten; spannen
7×	פֶּרֶשׁ₁	Inhalt der Gedärme; Kot — Num 19,5
57×	פָּרָשׁ	Pferd (pl. פָּרָשִׁים); Reiter (pl. פָּרָשִׁים); Streitwagenfahrer
19×	פְּרָת	Eufrat (EN) — Gen 2,14
22×	פשה	Qal (22×) פָּשָׂה, יִפְשֶׂה: sich ausbreiten (Krankheit)
43×	פשט	Qal (24×) פָּשַׁט, יִפְשַׁט: ausbreiten; ausziehen; einen Überfall machen
		Hif'il (15×) הִפְשִׁיט, יַפְשִׁיט: ausziehen; abziehen

41×	פָּשַׁע ⊛	Qal (40×) פָּשַׁע, יִפְשַׁע: brechen mit; verbrecherisch handeln
93×	פֶּ֫שַׁע (פשׁע) ⊛	Verbrechen; Verfehlung; Frevel; Unrechtstat ◆ פְּשַׁע׳ • פִּשְׁעֵ׳
16×	פֵּ֫שֶׁת	⇒ פִּשְׁתִּים: Flachs; Leinen Jos 2,6
14×	פַּת	(f.) Brocken; Bissen Gen 18,5
25×	פִּתְאֹם (פֶּ֫תַע)	plötzlich; überraschend
6×	פַּת־בַּג	Speise; Verpflegung Dan 1,5
27×	פתה₁	Pi'el (17×) פִּתָּה, יְפַתֶּה: überreden; zu überreden versuchen
11×	פִּתּ֫וּחַ	eingeritzte Verzierung; Gravierung Ex 28,11
135×	פתח₁ ⊛	Qal (97×) פָּתַח, יִפְתַּח: auftun; öffnen Nif'al (18×) נִפְתַּח, יִפָּתַח: geöffnet werden; befreit werden Pi'el (19×) פִּתַּח, יְפַתַּח: losbinden; befreien
164×	פֶּ֫תַח ⊛ (פתח₁)	Öffnung; Eingang; Tür ◆ פִּתְחֵ׳ • פֶּתַח׳
18×	פֶּ֫תִי₁ (פתה₁)	junger, einfältiger Mensch ◆ פְּתִי׳ Spr 1,4
11×	פָּתִיל	Faden Gen 38,18
6×	פֶּ֫תֶן	Hornviper Ps 91,13
7×	פֶּ֫תַע	Augenblick; Nu; augenblicklich; im Nu Num 6,9
5×	פִּתָּרוֹן	Deutung Gen 40,5

צ

5×	צֹאָה	(f.) Kot; (ekles) Erbrochenes	Jes 4,4
274×	צֹאן ⊛	(f.) Kleinvieh = Schafe und Ziegen (koll.)	
11×	צֶאֱצָא (יצא)	⇒ צֶאֱצָאִים: Sprosse	Jes 44,3
485×	צָבָא ⊛	Heeresdienst; Kriegsleute; Heer ♦ צְבָאוֹת Heerscharen ♦ יהוה צְבָאוֹת	
19×	צְבִי ₁	Zierde; Herrlichkeit	Dan 11,16
12×	צְבִי ₂	Gazelle	Hld 2,9
33×	צַד	Seite ♦ צַד' ♦ מִצַּד zur Seite von; neben	
53×	צָדוֹק	Zadok (EN)	
206×	צַדִּיק (צדק) ⊛	recht; schuldlos; im Recht befindlich; gerecht	
41×	צדק	Qal (22×) צָדַק, יִצְדַּק: im Recht sein; Recht haben Hif'il (12×) יַצְדִּיק, הִצְדִּיק: Recht schaffen für; für schuldlos erklären	
119×	צֶדֶק (צדק) ⊛	das Rechte; das Richtige; Gemeinschaftstreue; Heil (koll.) ♦ צֶדֶק'	
157×	צְדָקָה (צדק) ⊛	(f.) Gerechtigkeit; Gemeinschaftstreue (n. unit.) ♦ צְדָקוֹת Gerechtigkeitstaten	
63×	צִדְקִיָּהוּ	צִדְקִיָּה /: Zidkija (EN)	
23×	צָהֳרַיִם	Mittagszeit	
9×	צַו	כִּי צַו לָצָו צַו לָצָו קַו לָקָו קַו לָקָו?	Jes 28,10
41×	צַוָּאר	Hals; Nacken	
494×	צוה ⊛	Pi'el (485×) צִוָּה, יְצַוֶּה, וַיְצַו: befehlen	
21×	צום	Qal (21×) צָם: fasten	
26×	צוֹם (צום)	Fasten; Fastenzeit	
4×	צוֹפַר	Zofar (EN)	Ijob 11,1

12×	צוּק₁	*Hif'il* (11×) יָצִיק, הֵצִיק: bedrängen; zusetzen	Dtn 28,53
32×	צוּר₁	*Qal* (32×) צָר, יָצוּר: verschnüren; einschließen; belagern	
73×	צוּר₁ ⊛	Fels; felsige Anhöhe; Berg	
5×	צָחִיחַ	nackt (Fels); offen (Stelle in Mauer)	Ez 24,7
13×	צחק ⊛	*Qal* (6×) צָחַק, יִצְחַק: lachen *Pi'el* (7×) *צָחֵק, יְצַחֵק: scherzen; kosen	Gen 18,12
6×	צִי₂ (צִיָּה)	Wesen in der צִיָּה (?)	Jes 13,21
14×	צַיִד₁	Jagd; Jagdbeute	Gen 27,7
5×	צַיִד₂	Reisekost; Speise; Futter *(koll.)*	Jos 9,5
9×	צֵידָה (צַיִד₂)	*(f.)* Reisekost *(n. unit.)*	Ex 12,39
22×	צִידוֹן	Sidon *(EN)*	
16×	צִיָּה	trocken; trockene Gegend	Ps 63,2
154×	צִיּוֹן ⊛	Zion *(EN)*	
14×	צִיץ₁ ⊛	Blume; Blüte ♦ צִצִים	Jes 40,8
6×	צִיר₂	Bote	Obd 1
5×	צִיר₃	Wehen; Krämpfe	Dan 10,16
53×	צֵל ⊛	Schatten; Schutz ♦ צְלָל' ♦ צָלַל	
65×	צלח ⊛	*Qal* (25×) צָלַח, יִצְלַח: eindringen; gelingen *Hif'il* (40×) הִצְלִיחַ, יַצְלִיחַ: Gelingen haben; gelingen lassen	
15×	צֶלֶם₁ ⊛	Bild; Abbild ♦ צַלְמ'	Gen 1,27
18×	צַלְמָוֶת	Finsternis; Stockfinsternis	Ijob 3,5
40×	צֵלָע	*(f.)* Rippe; Seite; Anbau ♦ צְלָעוֹת • צֵלָע'	
17×	צָמָא (צָמֵא)	Durst	Ex 17,3
9×	צָמֵא	durstig; wasserarm	Jes 55,1
15×	צֶמֶד	Gespann	Ijob 1,3

33×	צָמַח	Qal (15×) צָמַח, יִצְמַח: sprossen; wachsen Hif'il (14×) הִצְמִיחַ, יַצְמִיחַ: sprossen lassen; zum Sprießen bringen	
12×	צֶמַח (צמח)	Spross	Ez 16,7
6×	צָמִיד₁ (צֶמֶד)	Armspange	Gen 24,22
16×	צֶמֶר	Wolle	Jes 1,18
5×	צַמֶּרֶת	(f.) Wipfel	Ez 17,3
20×	צִנָּה₂	(f.) Schild	
5×	צָנִיף	Kopfbund	Jes 3,23
14×	צַעַד	Schritt ◆ צָעַד'	Spr 16,9
23×	צָעִיר₁	klein; jung; gering ◆ צָעִיר'	
56×	צעק ⊛	Qal (48×) צָעַק, יִצְעַק: schreien; aufschreien	
20×	צְעָקָה (צעק) ⊛	(f.) Schreien; Hilfsgeschrei	
36×	צפה₁	Qal (27×) צָפָה,* יִצְפֶּה: spähen; Ausschau halten ◆ צֹפֶה Wächter	
47×	צפה₂	Pi'el (44×) צִפָּה, יְצַפֶּה: überziehen	
5×	צִפּוּי (צפה₂)	(Metall-)Überzug	Ex 38,17
153×	צָפוֹן₁ ⊛ (צפה₁)	(f.) Norden	
40×	צִפּוֹר₁	(f./m.) Vögel; Vogel ◆ צִפֳּרִים	
7×	צַפַּחַת	(f.) Krug	1Kön 17,12
6×	צָפִיר	Ziegenbock	Dan 8,5
32×	צפן	Qal (27×) צָפַן, יִצְפֹּן: verbergen; aufbewahren	
13×	צְפַרְדֵּעַ	(f.) Frösche ◆ צְפַרְדְּעִים	Ex 8,2
3×	צִפֹּרָה	(f.) Zippora (EN)	Ex 2,21
18×	צַר₁ (צרר₁)	eng; Not	Ijob 7,11
70×	צַר₂ (צרר₂) ⊛	Feind ◆ צָר'	
42×	צֹר₂	Tyrus (EN)	

70×	צָרָה ₁ (צַר₁) ⊛	(f.) Not; Bedrängung; Angst ♦ צָרוֹת
26×	צְרוּיָה	(f.) Zeruja (EN)
7×	צְרוֹר₁ (צרר₁)	Säckchen; Beutel — Gen 42,35
6×	צֳרִי₁	Balsam; Mastix (?) — Gen 43,11
20×	צרע (צָרַעַת)	Pu'al (15×) מְצֹרָע (Partizip): von einer Hautkrankheit betroffen
35×	צָרַעַת	(f.) Hautkrankheit (in der Septuaginta: λέπρα)
33×	צרף	Qal (30×) צָרַף, יִצְרֹף: schmelzen; läutern
57×	צרר₁ ⊛	Qal₁ (9×) צָרַר: einwickeln; einsperren Qal₂ (35×) צַר, יֵצַר, וַיֵּצֶר: eng sein; beklemmt sein; bekümmert sein Hif'il (12×) הֵצַר, יָצֵר: bedrängen
26×	צרר₂	Qal (26×) צַר, יָצֹר: anfeinden ♦ צֹרֵר Feind

ק

5×	קָאַת	(f.) Eule; Dohle (?)	Ps 102,7
14×	קְבוּרָה (קבר)	(f.) Begräbnis; Grab	Gen 35,20
13×	קבל	Pi'el (11×) קִבֵּל, יְקַבֵּל: entgegennehmen; annehmen	Ijob 2,10
127×	קבץ ⊛	Qal (38×) קָבַץ, יִקְבֹּץ: sammeln Nif'al (31×) נִקְבַּץ, יִקָּבֵץ: sich versammeln; gesammelt werden Pi'el (49×) קִבֵּץ, יְקַבֵּץ: sammeln	
133×	קבר ⊛	Qal (87×) קָבַר, יִקְבֹּר: begraben Nif'al (39×) נִקְבַּר*, יִקָּבֵר: begraben werden	
67×	קֶבֶר (קבר) ⊛	Grab ♦ קֶבֶר ׳/קָבָר	
116×	קָדוֹשׁ (קדשׁ) ⊛	heilig; furchterregend; ausgesondert; geweiht ♦ קָדוֹשׁ׳	
69×	קָדִים (קדם) ⊛	Ostseite; Osten	
26×	קדם	Pi'el (24×) קִדֵּם, יְקַדֵּם: vorn sein; hintreten vor; begegnen	
61×	קֶדֶם (קדם) ⊛	vorn; Osten; früher; Vorzeit; Urzeit ♦ מִקֶּדֶם von je her	
26×	קֵדְמָה (קדם) ⊛	⇒ קֵדְמָה: nach Osten	
6×	קַדְמָה (קדם)	(f.) Ursprung; früherer Zustand	Ez 16,55
10×	קַדְמֹנִי₁ (קדם)	östlich; vormalig; früher	Jes 43,18
11×	קָדְקֹד	Scheitel	2Sam 14,25
171×	קדשׁ ⊛	Pi'el (75×) קִדֵּשׁ, יְקַדֵּשׁ: heiligen; weihen Hitpa'el (24×) הִתְקַדֵּשׁ, יִתְקַדֵּשׁ: sich in den Stand der Weihe versetzen Hif'il (45×) הִקְדִּישׁ, יַקְדִּישׁ: als geheiligt bezeichnen	

469×	קֹדֶשׁ (קדשׁ) ⊛	Heiliges; Heiligkeit; Heiligtum ♦ קָדֹשׁ'
		♦ קָדָשִׁים Weihegaben • קֹדֶשׁ הַקֳּדָשִׁים das Allerheiligste
6×	קָדֵשׁ₁	Geweihter; Kultprostituierter ♦ קָדֵשׁ' 1Kön 14,24
5×	קְדֵשָׁה (קָדֵשׁ₁)	(f.) Geweihte; Kultprostituierte Gen 38,21
39×	קהל (קָהַל)	Nif al (19×) יִקָּהֵל ,נִקְהַל: sich versammeln
		Hif'il (20×) וַיַּקְהֵל, יַקְהִיל, הִקְהִיל: versammeln; einberufen
123×	קָהָל ⊛	Aufgebot; Versammlung; Gemeinde
7×	קֹהֶלֶת (קהל)	Versammlungsleiter; Versammlungsredner; Kohelet (in der Septuaginta: Ἐκκλησιαστής) Koh 1,1
32×	קְהָת	Kehat (EN)
13×	קָו₁	Schnur Ez 47,3
8×	קָו₃	כִּי צַו לָצָו צַו לָצָו קַו לָקָו קַו לָקָו? Jes 28,10
47×	קוה₁ ⊛	Pi'el (41×) וַיְקַו ,יְקַוֶּה ,קִוָּה: hoffen; harren
505×	קוֹל ⊛	Geräusch; Donner; Lärm; Stimme
627×	קום ⊛	Qal (459×) וַיָּקָם ,יָקוּם ,קָם: aufstehen; zustande kommen; Bestand haben
		Hif'il (146×) וַיָּקֶם ,יָקִים ,הֵקִים: aufrichten; hinstellen; ausführen; aufstellen
45×	קוֹמָה (קום)	(f.) Höhe; hoher Wuchs
12×	קוֹץ₁	Dorngestrüpp; Dornen Jer 12,13
5×	קוֹרָה	(f.) Gebälk; Balken 2Kön 6,2
47×	קָטֹן₁	klein; jung ♦ קָטָן'
54×	קָטָן (קָטֹן₁) ⊛	klein; jung
114×	קטר ⊛	Pi'el (42×) קִטֵּר ,יְקַטֵּר: in Rauch aufsteigen lassen
		Hif'il (70×) הִקְטִיר ,יַקְטִיר: in Rauch aufgehen lassen

60×	קְטֹרֶת (קטר) ⊛	(f.) Räucherwerk	
16×	קַ֫יִן₂	Kain (EN)	Gen 4
18×	קִינָה₁	(f.) Leichenlied; Totenklage	Ez 19,1
20×	קַ֫יִץ	Sommer; Sommerobst	
22×	קיץ₂	Hif'il (22×) יָקִיץ, הֵקִיץ: aufwachen	
5×	קִיקָיוֹן	Rizinus (?)	Jona 4,6
73×	קִיר₁ ⊛	Wand; Mauer	
21×	קִישׁ	Kisch (EN)	
6×	קִישׁוֹן	Kischon (EN)	Ri 4,7
13×	קַל (קלל)	leicht; behende; schnell	2Sam 2,18
17×	קָלוֹן	Schande; Schmach	Spr 11,2
6×	קָלִי	geröstetes Getreide	1Sam 17,17
82×	קלל ⊛	Qal (12×) קָלַל, יֵקַל: gering sein; schnell sein Nif'al (11×) נָקַל: sich als schnell erweisen; sich gering wissen Pi'el (40×) קִלֵּל, יְקַלֵּל: als verflucht bezeichnen Hif'il (13×) הֵקַל, יָקֵל: leichter machen; als gering behandeln	
33×	קְלָלָה (קלל)	(f.) Fluch; Verfluchung; «Fluchformel»	
6×	קֶ֫לַע₁	Schleuder	1Sam 17,40
16×	קֶ֫לַע₂	Vorhang	Ex 27,9
10×	קָמָה (קום)	(f.) (auf dem Halm stehendes) Getreide	Ri 15,5
14×	קֶ֫מַח	Mehl	1Kön 17,12
13×	קֵן	(Vogel-)Nest	Dtn 22,6
34×	קנא ⊛	Pi'el (30×) קִנֵּא, יְקַנֵּא: beneiden; eifersüchtig sein; eifern	
6×	קַנָּא (קנא)	eifersüchtig; eifernd	Ex 20,5
43×	קִנְאָה (קנא) ⊛	(f.) Eifer; Eifersucht ◆ קְנָא׳	

84×	קנה ⊛	Qal (81×) קָנָה, יִקְנֶה, וַיִּקֶן: kaufen; erwerben; schaffen
62×	קָנֶה ⊛	(Schilf-)Rohr
10×	קִנְיָן (קנה)	Besitz; Habe Ez 38,12
20×	קסם	Qal (20×) *קָסַם, יִקְסֹם: wahrsagen ◆ קוֹסֵם Wahrsager; Orakelpriester
11×	קֶסֶם (קסם)	Wahrsagung; Erkundung der Zukunft Dtn 18,10
17×	קְעָרָה	(f.) Schüssel; Schale Num 7,13
67×	קֵץ ⊛	Ende ◆ קֵץ' ◆ מִקֵּץ am Ende von; nach
92×	קָצֶה ⊛	Rand; Ende; Äußerstes ◆ מִקְצֵה nach Verlauf von
35×	קָצָה (קָצֶה)	(f.) Ende; Rand; Ecke; Äußerstes
5×	קֵצֶה (קָצֶה)	Ende Jes 2,7
12×	קָצִין	Machthaber; Oberhaupt; Vorgesetzter Ri 11,6
49×	קָצִיר ₁ (קצר₁) ⊛	Getreideernte; Ernteertrag
5×	קָצִיר ₂	Zweig; Gezweige; Trieb; Schössling Ijob 14,9
34×	קצף	Qal (28×) קָצַף, יִקְצֹף: zürnen; zornig sein
28×	קֶצֶף ₁ (קצף)	Unmut; Zorn; Zornesgericht
34×	קצר ₁	Qal (34×) קָצַר, יִקְצֹר: einbringen; ernten
5×	קָצֵר	kurz; verkürzt Ijob 14,1
7×	קְצָת (קָצֶה)	(f.) Ende; Äußerstes Dan 1,15
732×	קרא ₁ ⊛	Qal (662×) קָרָא, יִקְרָא: rufen; nennen; verkündigen; lesen Nifʻal (63×) נִקְרָא, יִקָּרֵא: gerufen werden; erwähnt werden
139×	קרא ₂ ⊛	Qal (133×) קָרָא, יִקְרָא: begegnen; treffen; widerfahren ◆ לִקְרַאת entgegen; gegenüber ◆ לִקְרָאתוֹ ihm entgegen

280×	קרב ⊛	Qal (94×) קָרַב, יִקְרַב: sich nähern; herantreten Hif'il (177×) הִקְרִיב, יַקְרִיב, וַיַּקְרֵב: heranbringen; bringen; darbringen; nahebringen	
12×	קָרֵב (קרב) ⊛	der sich nähert	Num 1,51
9×	קְרָב (קרב)	feindliche Annäherung; Kampf	Ps 55,22
227×	קֶרֶב ⊛	Eingeweide; Inneres; Mitte ◆ קִרְבִּ׳ ◆ בְּקֶרֶב inmitten	
80×	קָרְבָּן (קרב) ⊛	Darbringung; Gabe	
5×	קַרְדֹּם	Axt; Dechsel	1Sam 13,20
22×	קרה₁	Qal (13×) קָרָה, יִקְרֶה: begegnen; treffen; widerfahren	
5×	קָרָה	(f.) Kälte	Spr 25,20
75×	קָרוֹב₁ (קרב) ⊛	nahe befindlich; nächster; nahestehend ◆ קִרְבִ׳	
7×	קֶרַח	Eis; Frost; Kristall	Ijob 38,29
37×	קֹרַח	Korach (EN)	
11×	קָרְחָה	(f.) Glatze	Jes 3,24
7×	קְרִי (קרה₁)	(feindliche) Begegnung	Lev 26,21
29×	קִרְיָה	(f.) Ortschaft; Stadt	
75×	קֶרֶן ⊛	(f.) Horn ◆ קְרָנַיִם	
10×	קֶרֶס	Haken	Ex 26,6
63×	קרע ⊛	Qal (58×) קָרַע, יִקְרַע: in Stücke reißen; wegreißen	
8×	קַרְקַע₁	Grund; Boden; Fußboden	1Kön 6,15
51×	קֶרֶשׁ	Brett; Bretter ◆ קְרָשׁ׳	
5×	קֶרֶת (קִרְיָה)	(f.) Stadt	Spr 11,11
8×	קַשְׂקֶשֶׂת	(f.) Schuppe	Lev 11,9
16×	קַשׁ	Strohstoppeln	Ex 5,12

46×	קָשַׁב ❋	*Hif'il* (45×) הִקְשִׁיב, יַקְשִׁיב: aufmerksam hinhören
28×	קשה	*Hif'il* (21×) הִקְשָׁה, יַקְשֶׁה: verhärten
36×	קָשֶׁה ❋ (קשה)	hart; schwer; streng
44×	קשר	*Qal* (36×) קָשַׁר, יִקְשֹׁר: anbinden; verschworen sein
16×	קֶשֶׁר (קשר)	Verschwörung 2Kön 11,14
76×	קֶשֶׁת ❋	*(f.)* Bogen; Waffe ◆ קַשָּׁת׳

ר

1300×	ראה ⊛	Qal (1127×) וַיַּרְא, יִרְאֶה, רָאָה: sehen	
		Nifal (101×) וַיֵּרָא, יֵרָאֶה, נִרְאָה: sich sehen lassen; sichtbar werden; erscheinen	
		Hifil (62×) וַיַּרְא, יַרְאֶה, הֶרְאָה: sehen lassen; zeigen	
11×	רֹאֶה $_1$ (ראה)	Seher	1Sam 9,9
70×	רְאוּבֵן	Ruben (EN)	
9×	רְאֵם	Wildstier (?)	Num 23,22
25×	רָאמוֹת $_2$	Ramot (EN)	
599×	רֹאשׁ $_1$ ⊛	Kopf; Haupt; Gipfel; Anfang ♦ רָאשׁ	
12×	רֹאשׁ $_2$	Giftpflanze; Gift	Dtn 29,18
182×	רִאשׁוֹן ⊛ (רֹאשׁ$_1$)	erster; früherer ♦ בָּרִאשֹׁנָה früher; vormals	
51×	רֵאשִׁית ⊛ (רֹאשׁ$_1$)	(f.) Anfang; das Erste und Beste; Erstabgabe; Bestabgabe	
423×	רַב $_1$ ⊛ (רבב$_1$)	zahlreich; viel; groß; reich an ♦ רַב׳	
32×	רַב $_2$ (רבב$_1$)	hoher Beamter ♦ רַב׳	
152×	רֹב ⊛ (רבב$_1$)	Menge; Fülle ♦ מֵרֹב wegen der Menge	
22×	רבב $_1$	Qal (21×) יִרֹב, רַב: zahlreich sein; zahlreich werden	
16×	רְבָבָה ⊛ (רבב$_1$)	(f.) zehntausend; sehr große Menge; Unzahl	1Sam 18,7
175×	רבה $_1$ ⊛	Qal (59×) וַיִּרֶב, יִרְבֶּה, רָבָה: zahlreich werden; sich mehren	
		Hifil (112×) וַיֶּרֶב, יַרְבֶּה, הִרְבָּה: zahlreich machen; groß machen	
10×	רִבּוֹא (רבב$_1$)	(f.) Unzahl; zehntausend	Jona 4,11
6×	רְבִיבִים	Regen; Schauer	Ps 65,11

56×	רְבִיעִי (אַרְבַּע) ⊛	vierter ◆ רְבִיעִית Viertel	
12×	רבע₂ (אַרְבַּע)	Qal (9×) רָבוּעַ (Partizip passiv): viereckig	Ex 27,1
7×	רֶבַע₁ (אַרְבַּע)	Viertel; Seite	Ez 1,8
30×	רבץ	Qal (24×) רָבַץ, יִרְבַּץ: sich niederlegen; lagern; daliegen	
30×	רִבְקָה	(f.) Rebekka (EN)	
16×	רַב־שָׁקֵה (רַב₂+שקה)	Obermundschenk	2Kön 18,17
41×	רגז	Qal (30×) רָגַז, יִרְגַּז: erbeben; in unruhige Bewegung geraten	
7×	רֹגֶז (רגז)	Toben; Erregung; Aufregung	Ijob 3,26
25×	רגל (רֶגֶל)	Pi'el (24×) רִגֵּל*, יְרַגֵּל: abwandern; auskundschaften ◆ מְרַגְּלִים Kundschafter	
247×	רֶגֶל ⊛	(f.) Fuß; Bein ◆ רַגְלַיִם ◆ רַגְלַיִ֫ Schamgegend • בְּרַגְלָיו hinter ihm her	
12×	רַגְלִי (רֶגֶל)	Fußgänger	Ex 12,37
22×	רֶגַע	Weile; Augenblick ◆ רְגָעִים	
22×	רדה₁	Qal (22×) רָדָה, יִרְדֶּה: herrschen	
143×	רדף ⊛	Qal (131×) רָדַף, יִרְדֹּף: verfolgen; nachjagen ◆ רָדַף אַחֲרֵי herhetzen hinter jemandem Pi'el (8×) רִדֵּף, יְרַדֵּף: nachjagen; verfolgen	
7×	רַ֫הַב	Ungestüm; der Drängende; Rahab (mythisches Ungeheuer)	Ijob 26,12
14×	רוה	Pi'el (6×) רִוָּה, יְרַוֶּה: satt tränken Hif il (5×) הִרְוָה: satt tränken	Ps 65,11
378×	ר֫וּחַ ⊛	(f./m.) Hauch; Atem; Wind; Geist ◆ רוּח׳	
191×	רום ⊛	Qal (70×) רָם, יָרוּם, וַיָּ֫רֶם: hoch sein; erhaben sein; sich erheben Polel (25×) רוֹמֵם, יְרוֹמֵם: in die Höhe bringen; erhöhen; preisen Hif il (89×) הֵרִים, יָרִים, וַיָּ֫רֶם: in die Höhe bringen; erhöhen; erheben	

6×	רוֹם (רום)	Höhe; hohes Wesen	Spr 25,3
44×	רוע	Hif'il (40×) יָרִיעַ, הֵרִיעַ: schreien; Kriegsgeschrei erheben; jauchzen	
103×	רוץ ⊛	Qal (96×) רָץ, יָרוּץ, וַיָּרָץ: laufen ♦ רָץ Läufer; Bote	
24×	רוש	Qal (23×) רָשׁ (Partizip): arm	
12×	רוּת	(f.) Rut (EN)	Rut 1-4
6×	רזן	Qal (6×) רֹזְנִים (Partizip): Würdenträger	Ri 5,3
25×	רחב	Hif'il (21×) הִרְחִיב, יַרְחִיב: weit machen; geräumig machen	
21×	רָחָב 1 (רחב)	breit; weit; ausgedehnt	
5×	רָחָב 2	(f.) Rahab (EN)	Jos 2,1
101×	רֹחַב (רחב) ⊛	Breite; Weite ♦ רֹחַב'	
43×	רְחֹב 1 (רחב)	(f.) freier Platz (einer Stadt)	
50×	רְחַבְעָם	Rehabeam (EN)	
13×	רַחוּם (רחם)	barmherzig	Ex 34,6
85×	רָחוֹק (רחק) ⊛	entfernt; entlegen; weit fort von; fern ♦ רָחוֹק' ♦ מֵרָחֹק von fern her	
5×	רֵחַיִם	Handmühle	Num 11,8
47×	רָחֵל 2	(f.) Rahel (EN)	
47×	רחם (רֶחֶם)	Pi'el (42×) יְרַחֵם, רִחַם: mit Liebe begegnen; sich erbarmen	
31×	רֶחֶם	Mutterleib; Mutterschoß	
39×	רַחֲמִים (רֶחֶם) ⊛	liebevolles Empfinden; Erbarmen	
72×	רחץ ⊛	Qal (69×) רָחַץ, יִרְחַץ: waschen; sich waschen; baden	
57×	רחק	Qal (29×) רָחַק, יִרְחַק: fern sein; sich entfernen Hif'il (24×) הִרְחִיק, יַרְחִיק: entfernen; sich entfernen	

67×	רִיב ⊛ Qal (65×) רָב, יָרִיב, וַיָּרֶב: streiten; hadern; einen Rechtsstreit führen	
61×	רִיב (ריב) Streit; Rechtsstreit	
58×	רֵיחַ Geruch; Duft	
12×	רִיק ⊛ Leere; leer; nichtig	Lev 26,16
14×	רֵיק (ריק) ⊛ leer; nichtig	Gen 37,24
16×	רֵיקָם (ריק) ⊛ mit leeren Händen; ohne Erfolg	Rut 1,21
7×	רֵישׁ (רוש) Armut	Spr 30,8
16×	רַךְ zart; schwach; sanft ◆ רֹ'	Gen 33,13
78×	רכב ⊛ Qal (58×) רָכַב, יִרְכַּב: reiten; besteigen; fahren ◆ רֹכֵב סוּס Reiter Hifil (20×) הִרְכִּיב, יַרְכִּיב: reiten lassen; besteigen lassen	
119×	רֶכֶב (רכב) ⊛ Fahrgerät; Wagen ◆ רִכְבּ'	
28×	רְכוּשׁ Besitz; Habe	
6×	רָכִיל Verleumdung; Geschwätz	Spr 11,13
17×	רכל Qal (17×) רֹכֵל (Partizip): Händler; Verkäufer; Kleinhändler ◆ רֹכְל'	Ez 27,3
5×	רָמָה ₁ (רום) (f.) Anhöhe; Hochstätte	Ez 16,24
37×	רָמָה ₂ Rama (EN)	
7×	רִמָּה (f.) Made	Ijob 7,5
32×	רִמּוֹן ₁ Granatapfelbaum; Granatapfel	
15×	רֹמַח Lanze	Num 25,7
15×	רְמִיָּה schlaff; lässig; Trug	Ps 32,2
19×	רמס Qal (18×) רָמַס, יִרְמֹס: zertreten; zerstampfen	2Kön 7,17
17×	רֶמֶשׂ Kriechtiere (koll.)	Gen 1,24
33×	רִנָּה ₁ (רנן) (f.) Jubelruf; Klageruf	

53×	רנן ⊛	*Qal* (19×) *רָנַן: laut rufen; jubeln	
		Pi'el (28×) רִנֵּן, יְרַנֵּן: jauchzen; jubilieren	
357×	רַע (רעע₁) ⊛	רֵע / : schlecht; böse; Böses ◆ רֵע'	
187×	רֵעַ₂ ⊛	Freund; Nächster; anderer ◆ רֵע' ◆ אִישׁ	
		אֶל־רֵעֵהוּ einer zum anderen	
19×	רֹעַ (רעע₁)	schlechte Beschaffenheit; Verderbtheit;	
		Bosheit	Gen 41,19
101×	רָעָב ⊛	Hunger; Hungersnot	
20×	רָעֵב (רעב)	hungrig	
167×	רעה₁ ⊛	*Qal* (167×) רָעָה, יִרְעֶה: auf die Weide treiben;	
		weiden lassen; hüten ◆ רֹעֶה Hirte ◆ רֹעֵה	
		צֹאן Schafhirte	
309×	רָעָה (רַע) ⊛	(f.) Böses; Bosheit; Unheil ◆ רָעוֹת	
6×	רֵעוּת₁ (רֵעַ₂)	(f.) Gefährtin; Nachbarin	Ex 11,2
7×	רְעוּת₂	(f.) Streben; Trachten	Koh 1,14
9×	רַעְיָה (רֵעַ₂)	(f.) Gefährtin; Freundin; Geliebte	Hld 1,15
6×	רַעַם	Getöse; Donner	Ps 104,7
19×	רַעֲנָן	laubreich; üppig; saftig; frisch	Jer 2,20
96×	רעע₁ ⊛	*Qal* (26×) וַיֵּרַע, יֵרַע, רַע: schlecht sein ◆ רַע	
		בְּעֵינֵי missfallen	
		Hif'il (68×) הֵרַע, יָרַע: Schlechtes tun; ver-	
		werflich handeln ◆ מֵרַע Übeltäter	
29×	רעשׁ₁	*Qal* (21×) רָעַשׁ, יִרְעַשׁ: erbeben	
17×	רַעַשׁ (רעשׁ₁)	Dröhnen; Erdbeben	1Kön 19,11
67×	רפא ⊛	*Qal* (38×) רָפָא, יִרְפָּא: heilen ◆ רֹפֵא	
		Heilkundiger; Wundarzt	
		Nif'al (17×) נִרְפָּא, יֵרָפֵא: geheilt werden; heil	
		werden	
8×	רְפָאִים₁	Totengeister	Jes 26,14

46×	רפה	Qal (14×) יִרְפֶּה, רָפָה, יָרְפָה: schlaff werden
		Hif'il (21×) * הִרְפָּה, יַרְפֶּה, יָרְפָה: verlassen; im Stich lassen; ablassen
47×	רצה₁ ⊛	Qal (40×) יִרְצֶה, רָצָה, יָרְצָה: Gefallen haben an; freundlich gesinnt sein
56×	רָצוֹן (רצה₁) ⊛	Wohlgefallen; Belieben; Wille
47×	רצח ⊛	Qal (40×) יִרְצַח, רָצַח, יָרְצָה: töten; morden
7×	רִצְפָה	(f.) Steinpflaster; Steinplattenbelag — Ez 40,17
109×	רַק₂ ⊛	nur; aber; jedoch
5×	רָקָב	Morschheit; Fäulnis — Spr 12,4
5×	רַקָּה (רק₂)	(f.) Schläfe — Ri 4,21
17×	רָקִיעַ	Firmament; festes Himmelsgewölbe — Gen 1,6
8×	רָקִיק (רק₂)	Fladen; dünnes Brot — Ex 29,2
12×	רִקְמָה	(f.) Buntwirkerei; bunt Gewirktes — Ez 16,10
34×	רשע	Hif'il (25×) יַרְשִׁיעַ, הִרְשִׁיעַ, יִרְשִׁיעַ: sich schuldig machen; für schuldig erklären
263×	רָשָׁע (רשע) ⊛	schuldig; Frevler; Gottloser ♦ רְשָׁעִים
30×	רֶשַׁע (רשע)	Unrecht; Schuld (koll.)
15×	רִשְׁעָה (רֶשַׁע)	(f.) Schuld (n. unit.) — Ez 18,20
7×	רֶשֶׁף₁	Flamme; Glut; Seuche — Hab 3,5
22×	רֶשֶׁת	(f.) Fangnetz

שׁ

5×	שְׂאֹר	Sauerteig	Ex 12,15
6×	שְׂאֵת₁ (נשׂא)	(f.) Erhebung; Hoheit	Ps 62,5
7×	שְׂאֵת₂ (נשׂא)	(f.) Hautmal; Hautfleck	Lev 13,2
16×	שְׂבָכָה	(f.) Netz; Gitter	1Kön 7,17
97×	שׂבע ⊛	Qal (78×) שָׂבַע, יִשְׂבַּע: sich satt essen; sich sättigen Hif'il (16×) הִשְׂבִּיעַ, יַשְׂבִּיעַ: satt machen; sättigen	
10×	שָׂבֵעַ (שׂבע) ⊛	satt; gesättigt ♦ שָׂבֵעַ	Gen 25,8
8×	שָׂבָע (שׂבע)	Sättigung; Genüge	Gen 41,29
8×	שֹׂבַע (שׂבע)	Sättigung	Lev 26,5
6×	שִׂבְעָה (שׂבע)	(f.) Sättigung	Jes 55,2
20×	שׂגב	Nif'al (10×) נִשְׂגַּב: hoch sein; erhaben sein	
320×	שָׂדֶה (שָׂדַי) ⊛	Flur; freies Feld; Gebiet	
13×	שָׂדַי	Flur; freies Feld; Acker	Ps 8,8
47×	שֶׂה	(m./f.) Kleinvieh = Schaf oder Ziege (n. unit.) ♦ שֶׂה	
27×	שׂושׂ	Qal (27×) שָׂשׂ, יָשִׂישׂ: sich freuen; frohlocken	
15×	שְׂחוֹק (שׂחק)	Lachen; Vergnügen; Gespött	Koh 2,2
36×	שׂחק ⊛	Qal (18×) שָׂחַק, יִשְׂחַק: lachen Pi'el (17×) שִׂחֵק, יְשַׂחֵק: scherzen; spielen; tanzen	
27×	שָׂטָן	Widersacher; Gegner	
19×	שֵׂיבָה	(f.) graues Haar; hohes Alter	Spr 16,31
20×	שׂיח	Qal (18×) שָׂח*, יָשִׂיחַ: loben; klagen; nachsinnen	

14×	שִׂיחַ 2 (שׂיח)	Lob; Klage; Kummer Ijob 7,13
586×	שׂים ⊛	Qal (581×) שָׂם, יָשִׂים, וַיָּשֶׂם: hinlegen; hinstellen; bestimmen
17×	שָׂכִיר (שׂכר)	Lohnarbeiter; Tagelöhner Lev 19,13
60×	שׂכל 1 ⊛	Hif'il (59×) הִשְׂכִּיל, יַשְׂכִּיל: verstehen; einsehen; Einsicht haben; Erfolg haben
16×	שֵׂכֶל (שׂכל 1)	שֶׂכֶל /: Einsicht; Verstand Neh 8,8
20×	שׂכר	Qal (17×) שָׂכַר: um Lohn in Dienst nehmen; dingen; mieten
28×	שָׂכָר 1 (שׂכר)	(Arbeits-)Lohn
16×	שַׂלְמָה 1 (שׂמלה)	(f.) Mantel; Gewänder; Kleider 1Kön 11,29
54×	שְׂמֹאל ⊛	(m./f.) linke Seite; links
9×	שְׂמָאלִי (שׂמאל)	auf der linken Seite befindlich; links Ez 4,4
154×	שׂמח ⊛	Qal (126×) שָׂמַח, יִשְׂמַח: sich freuen; fröhlich sein
		Pi'el (27×) שִׂמַּח, יְשַׂמַּח: erfreuen; fröhlich machen
21×	שָׂמֵחַ (שׂמח)	von Freude erfüllt; fröhlich ◆ שָׂמֵחַ׳
94×	שִׂמְחָה ⊛ (שׂמח)	(f.) Freude; Jubel
29×	שִׂמְלָה	(f.) Obergewand; Mantel; Kleidung ◆ שְׂמָלוֹת
146×	שׂנא ⊛	Qal (129×) שָׂנֵא, יִשְׂנָא: hassen; zurücksetzen
		◆ שֹׂנֵא Hasser; Feind
		Pi'el (15×) מְשַׂנֵּא (Partizip): Feind
17×	שִׂנְאָה (שׂנא)	(f.) Hass; Feindschaft Spr 10,12
52×	שָׂעִיר 2 ⊛ (שׂער)	Ziegenbock ◆ שָׂעִיר׳
38×	שֵׂעִיר 1	Seïr (EN)
28×	שֵׂעָר	Behaarung (koll.)
7×	שַׂעֲרָה (שׂער)	(f.) Haar (n. unit.) 1Sam 14,45
34×	שְׂעֹרָה ⊛ (שׂער)	(f.) Körnerfrucht; Gerste ◆ שְׂעֹרִים

176×	שָׂפָה ⊛	(f.) Lippe; Sprache; Ufer; Rand ♦ שְׂפָתַיִם • שְׂפַת׳	
5×	שָׂפָם (שָׂפָה)	Lippenbart; Schnurrbart	Ez 24,17
48×	שַׂק	Sack; Trauerschurz; Decke ♦ שַׂקִּים	
421×	שַׂר ⊛	Vertreter des Königs; Beamter; Vorsteher ♦ שַׂר׳ ♦ שַׂר הַצָּבָא der Feldhauptmann • שַׂר הַחַיִל der Heerführer • שָׂרֵי הַמְּדִינוֹת die Provinzstatthalter	
5×	שָׂרָה₁ (שַׂר)	(f.) vornehme Frau; Fürstin	1Kön 11,3
38×	שָׂרָה₂	(f.) Sara (EN)	
17×	שָׂרַי	(f.) Sarai (EN)	Gen 17,15
28×	שָׂרִיד₁	Entronnener ♦ שְׂרִיד׳	
20×	שְׂרָיָהוּ	שְׂרָיָה /: Seraja (EN)	
116×	שׂרף₁ ⊛	Qal (101×) שָׂרַף, יִשְׂרֹף: verbrennen Nifal (14×)* נִשְׂרַף, יִשָּׂרֵף: verbrannt werden	
7×	שָׂרָף₁ (שׂרף₁)	Saraph-Schlange ♦ שְׂרָפִים	Jes 6,2
13×	שְׂרֵפָה (שׂרף₁)	(f.) Brand; Verbrennung	Gen 11,3
22×	שָׂשׂוֹן (שׂושׂ)	Freude; Jubel	

שׁ

139×	ׁשֶׁ' ⊛	(prokl.) Relativpronomen: dass
20×	שׁאג	Qal (20×) שָׁאַג, יִשְׁאַג: brüllen
7×	שְׁאָגָה (שאג)	(f.) Brüllen; Schreien Ps 22,2
65×	שְׁאוֹל ⊛	(f.) Öde; Unland; Unterwelt
406×	שָׁאוּל ⊛	Saul (EN)
17×	שָׁאוֹן₂	Lärm; Tosen Jes 17,12
171×	שׁאל ⊛	Qal (162×) שָׁאַל, יִשְׁאַל: fragen; fordern; verlangen; erbitten; wünschen
13×	שְׁאֵלָה (שאל)	(f.) Bitte Est 5,6
10×	שַׁאֲנָן	sorglos; sicher; ungestört Jes 32,9
133×	שׁאר ⊛	Nif al (94×) נִשְׁאַר, יִשָּׁאֵר: übrig bleiben; zurückbleiben
		Hif il (38×) הִשְׁאִיר, יַשְׁאִיר: übrig lassen
26×	שְׁאָר (שאר) ⊛	Rest; das Übrige
16×	שְׁאֵר	Leib; Fleisch; Verwandter Lev 18,6
66×	שְׁאֵרִית (שאר) ⊛	(f.) Rest; das Übrige; die Letzten
23×	שְׁבָא	Saba (EN)
47×	שבה	Qal (39×) שָׁבָה, יִשְׁבֶּה: (kriegs-)gefangen fortführen
20×	שָׁבוּעַ (שֶׁבַע₁)	Woche ♦ שֶׁבַע'
30×	שְׁבוּעָה (שבע)	(f.) Eid; Schwur
31×	שְׁבוּת (שוב)	/ שְׁבִית: (f.) Geschick; Wendung; Wiederherstellung
190×	שֵׁבֶט ⊛	Stock; Stab; Stamm (eines Volkes) ♦ שֵׁבֶט' • שֵׁבֶט'
49×	שְׁבִי (שבה)	Kriegsgefangene; Gefangenschaft

9×	שְׁבִיָּה (שבה)	(f.) Gefangenschaft; Gefangene	2Chr 28,5
98×	שְׁבִיעִי (שֶׁבַע₁) ⊛	siebter ♦ שְׁבִיעִית Siebtel	
15×	שִׁבֹּלֶת₁	⇒ שִׁבֳּלִים: (f.) Ähren	Gen 41,5
186×	שבע ⊛	Nif al (154×) יִשָּׁבַע ,נִשְׁבַּע: schwören Hif il (31×) יַשְׁבִּיעַ ,הִשְׁבִּיעַ: schwören lassen	
490×	שֶׁבַע₁ ⊛	sieben ♦ שֶׁבַע · שִׁבְעָ' ♦ שִׁבְעִים siebzig	
147×	שבר₁ ⊛	Qal (52×) יִשְׁבֹּר ,שָׁבַר: zerbrechen; brechen Nif al (57×) יִשָּׁבֵר ,נִשְׁבַּר: zerbrochen werden; zerschlagen sein Pi'el (36×) יְשַׁבֵּר ,שִׁבֵּר: in Stücke zerschlagen	
21×	שבר₂ (שֶׁבֶר₂)	Qal (16×) יִשְׁבֹּר ,שָׁבַר*: Getreide einkaufen	
44×	שֶׁבֶר₁ (שבר₁)	Brechen; Bruch; Zusammenbruch	
9×	שֶׁבֶר₂ (שבר₁)	Getreide	Gen 42,1
71×	שבת (שַׁבָּת) ⊛	Qal (27×) יִשְׁבֹּת ,שָׁבַת: aufhören; ruhen Hif il (40×) יַשְׁבִּית ,הִשְׁבִּית: zum Aufhören bringen; beseitigen	
9×	שֶׁבֶת	Aufhören; Thronen	Am 6,3
111×	שַׁבָּת ⊛	Schabbat (Sabbat)	
11×	שַׁבָּתוֹן (שַׁבָּת)	(spezieller) Schabbat	Lev 23,3
19×	שְׁגָגָה	(f.) unwissentliche, unbeabsichtigte Sünde	Num 15,24
21×	שגה	Qal (17×) יִשְׁגֶּה ,שָׁגָה: taumeln; sich vergehen	
5×	שֶׁגֶר	(f.) Wurf (der Muttertiere)	Dtn 28,4
21×	שַׁד	Brust; Mutterbrust ♦ שָׁדַיִם	
25×	שֹׁד₂ (שדד)	Gewalttätigkeit; Bedrückung; Verheerung	
58×	שדד ⊛	Qal (32×) שָׁדַד: verheeren; verwüsten; vergewaltigen ♦ שֹׁדֵד Verwüster Pu'al (20×) שֻׁדַּד: verheert werden	
48×	שַׁדַּי	Schaddai (EN) ♦ אֵל שַׁדַּי	

6×	שְׁדֵמָה	(f.) Terrasse; Feld; Gefilde	2Kön 23,4
5×	שִׁדָּפוֹן	Versengen; Brand	1Kön 8,37
11×	שֹׁהַם₁	Karneol	Ex 25,7
53×	שָׁוְא ⊛	wertlos; haltlos; Trug; Unheil ♦ לַשָּׁוְא vergeblich; unnütz; missbräuchlich	
12×	שׁוֹאָה	(f.) Unwetter; Unheil	Jes 47,11
1060×	שׁוּב ⊛	Qal (683×) שׁוּב, שָׁב, יָשׁוּב, וַיָּשָׁב: zurückkehren; sich abwenden von; wieder tun Hifʿil (360×) הֵשִׁיב, יָשִׁיב, וַיָּשֶׁב: zurückbringen; zurückgeben ♦ הֵשִׁיב דָּבָר antworten	
5×	שׁוּחָה₁ (שַׁחַת)	(f.) Fanggrube; Schlucht; Abgrund	Spr 22,14
8×	שׁוֹט₁	Peitsche	1Kön 12,11
25×	שׁוֹטֵר	Amtsträger ♦ שׁטרʹ	
11×	שׁוּל	Saum	Ex 28,33
21×	שׁוע	Piʿel (21×) שִׁוַּע, יְשַׁוֵּעַ: um Hilfe rufen	
11×	שַׁוְעָה (שׁוע)	(f.) Hilferuf; Geschrei um Hilfe	Ex 2,23
7×	שׁוּעָל₁	Fuchs; Schakal	Ri 15,4
37×	שׁוֹעֵר (שַׁעַר₁)	Torhüter ♦ שְׁעָרִים	
72×	שׁוֹפָר ⊛	Horn (als Blasinstrument)	
19×	שׁוֹק	(f.) Schenkel; Wadenbein; Keule ♦ שֹׁקַיִם	Lev 7,32
79×	שׁוֹר ⊛	Rindvieh; Stier (n. unit.)	
5×	שׁוֹרֵר	Feind	Ps 5,9
13×	שׁוֹשָׁן	Lilie; Seerose; Lotos ♦ שׁוֹשַׁנִּים	Hld 2,16
21×	שׁוּשָׁן	Susa (EN)	
21×	שׁזר	Hofʿal (21×) מָשְׁזָר (Partizip): gezwirnt	
23×	שֹׁחַד	Geschenk; Bestechung	
79×	שׁחט₁ ⊛	Qal (76×) שָׁחַט, יִשְׁחַט: schlachten	

6×	שָׁחֹט₂	Qal (6×) שָׁחוּט (Partizip passiv): getrieben; gehämmert	1Kön 10,16
13×	שְׁחִין	Geschwür; entzündete Stelle	Ex 9,9
7×	שַׁחַל	Löwe	Ps 91,13
21×	שַׁחַק	Wolken ♦ שְׁחָקִים	
6×	שָׁחֹר	schwarz; kohlenschwarz	Sach 6,2
22×	שַׁחַר₁	Morgendämmerung	
142×	שחת ⊛	Pi'el (39×) שִׁחֵת: verderben; vernichten Hif'il (95×) הִשְׁחִית, יַשְׁחִית: verderben; zerstören; vernichten	
23×	שַׁחַת	(f.) Fanggrube; Grube; Grab	
28×	שִׁטָּה	(f.) Akazie ♦ שִׁטִּים	
31×	שטף	Qal (28×) שָׁטַף, יִשְׁטֹף: fortschwemmen; fluten	
6×	שֶׁטֶף (שטף)	/ שֶׁטֶף: Flut	Dan 9,26
32×	שִׁילוֹ	/ שִׁלֹה: Schilo (EN)	
6×	שין	Qal-t (6×) מַשְׁתִּין (Partizip): urinierend ♦ מַשְׁתִּין בְּקִיר der an die Wand pisst	1Sam 25,22
87×	שיר ⊛	Qal (49×) שָׁר, יָשִׁיר: singen Polel (37×) מְשׁוֹרֵר (Partizip): (Tempel-)Sänger ♦ מְשֹׁרְרִים	
77×	שִׁיר (שיר) ⊛	Lied; Gesang (koll.)	
13×	שִׁירָה (שיר) ⊛	(f.) Lied (n. unit.)	Ex 15,1
83×	שית ⊛	Qal (81×) שָׁת, יָשִׁית, וַיָּשֶׁת: setzen; stellen; legen	
7×	שַׁיִת	Dorngestrüpp (?)	Jes 7,23
212×	שכב ⊛	Qal (198×) שָׁכַב, יִשְׁכַּב: sich legen; liegen	
9×	שִׁכְבָה (שכב)	(f.) was sich hinlegt ♦ שִׁכְבַת הַטַּל Taubelag • שִׁכְבַת־זֶרַע Samenerguss	Lev 15,16

6×	שַׁכּוּל (שכל)	der Kinder beraubt; der Jungen entbehrend Jer 18,21
13×	שִׁכּוֹר (שָׁכַר)	betrunken 1Sam 25,36
102×	שכח ⊛	Qal (86×) שָׁכַח, יִשְׁכַּח: vergessen Nif'al (13×) נִשְׁכַּח, יִשָּׁכַח: in Vergessenheit geraten
24×	שכל	Pi'el (18×) שִׁכֵּל, יְשַׁכֵּל: der Kinder berauben; eine Fehlgeburt haben
65×	שכם ⊛ (שְׁכֶם₁)	Hif'il (65×) הִשְׁכִּים, יַשְׁכִּים, וַיַּשְׁכֵּם: früh tun; früh aufstehen; sich früh aufmachen; eifrig tun
22×	שְׁכֶם₁	Nacken; Schulter; Rücken ◆ שְׁכְמ׳
45×	שְׁכֶם₂	Sichem (EN Ort)
15×	שְׁכֶם₃	Sichem (EN Person) Gen 34
129×	שכן ⊛	Qal (111×) שָׁכַן, יִשְׁכֹּן: sich niederlassen; wohnen
18×	שָׁכֵן (שכן)	Bewohner; Nachbar ◆ שְׁכֵנ׳ Ps 31,12
23×	שֵׁכָר	berauschendes Getränk; Bier
20×	שֶׁלֶג	Schnee
8×	שְׁלֵו	ungestört; sorglos Ijob 16,12
8×	שַׁלְוָה (שְׁלֵו)	(f.) Sorglosigkeit; Ruhe Ps 122,7
237×	שָׁלוֹם (שלם) ⊛	Gedeihen; Unversehrtheit; Wohlergehen; Frieden; Freundlichkeit; Heil ◆ בְּשָׁלוֹם wohlbehalten
27×	שַׁלּוּם	Schallum (EN)
847×	שלח ⊛	Qal (564×) שָׁלַח, יִשְׁלַח: ausstrecken; schicken; senden Pi'el (267×) שִׁלַּח, יְשַׁלַּח: freien Lauf lassen; loslassen; entlassen
5×	שֶׁלַח₁ (שלח)	eine Waffe (?) Neh 4,11
71×	שֻׁלְחָן ⊛	Tisch; Esstisch; Kulttisch

7×	שֶׁלֶט	Köcher; Bogenkasten (?) 2Sam 8,7
17×	שָׁלִישׁ₃ (שׁלשׁ)	dritter Mann; Adjutant; Streitwagenkämpfer 2Kön 7,2
105×	שְׁלִישִׁי (שׁלשׁ) ⊛	dritter ◆ שְׁלִישִׁית Drittel
125×	שׁלך ⊛	Hif'il (112×) הִשְׁלִיךְ, יַשְׁלִיךְ: werfen Hof'al (13×) הֻשְׁלַךְ, יֻשְׁלַךְ: geworfen werden
73×	שָׁלָל ⊛	Beute; Plünderungsgut
116×	שׁלם ⊛	Pi'el (89×) שִׁלַּם, יְשַׁלֵּם: unversehrt machen; vollständig machen; Ersatz leisten; vergelten; ersetzen ◆ שִׁלַּם נֶדֶר ein Gelübde erfüllen Hif'il (13×) הִשְׁלִים, יַשְׁלִים: vollenden; Frieden machen
87×	שֶׁלֶם (שׁלם) ⊛	⇒ שְׁלָמִים: Heilsopfer (?)
28×	שָׁלֵם₁ (שׁלם)	unversehrt; vollständig; ganz ◆ שׁלמ'
293×	שְׁלֹמֹה ⊛	Salomo (EN)
25×	שׁלף	Qal (25×) שָׁלַף, יִשְׁלֹף: (her)ausziehen; zücken
602×	שָׁלֹשׁ ⊛	drei ◆ שׁלשׁ ◆ שְׁלֹשִׁים dreißig
5×	שִׁלֵּשׁ (שׁלשׁ)	⇒ שִׁלֵּשִׁים: Nachkommen der dritten Generation; Enkel Ex 20,5
24×	שִׁלְשׁוֹם (שׁלשׁ+יוֹם)	vor drei Tagen; vorgestern
834×	שָׁם ⊛	dort; da; dann ◆ שָׁמָּה dorthin; dort
864×	שֵׁם₁ ⊛	Name; Ansehen ◆ שׁמ' · שְׁמִ'
17×	שֵׁם₂	Sem (EN) Gen 5-11
90×	שׁמד ⊛	Nif'al (21×) נִשְׁמַד, יִשָּׁמֵד: ausgerottet werden Hif'il (69×) הִשְׁמִיד, יַשְׁמִיד: ausrotten
39×	שַׁמָּה₁ (שׁמם)	(f.) Schauerliches; Entsetzliches
140×	שְׁמוּאֵל ⊛	Samuel (EN)
27×	שְׁמוּעָה (שׁמע)	(f.) Nachricht; Kunde

5×	שְׁמִטָּה	(f.) Schulderlass	Dtn 15,1
421×	שָׁמַיִם ⊛	Himmel; Himmelsdecke; Luftraum	
31×	שְׁמִינִי (שְׁמֹנֶה) ⊛	achter	
8×	שָׁמִיר₁	Dorngestrüpp (?)	Jes 7,23
91×	שמם ⊛	Qal (36×) שָׁמֵם, יֵשֹׁם: menschenleer sein; verödet sein; schaudern; sich entsetzen	
		Nifʿal (25×) נָשַׁם: menschenleer gemacht werden; veröden	
		Hifʿil (17×) הֵשַׁם, יָשֵׁם: menschenleer machen; verödet machen	
56×	שְׁמָמָה (שמם) ⊛	(f.) menschenleeres, Schauder erregendes Gebiet; unheimliche Öde	
10×	שָׁמֵן	fett	Num 13,20
193×	שֶׁמֶן ⊛	(Oliven-)Öl ♦ שַׁמְנִי' ♦ שִׁמְנִי	
147×	שְׁמֹנֶה ⊛	acht ♦ שְׁמֹנִים achtzig	
1159×	שמע ⊛	Qal (1051×) שָׁמַע, יִשְׁמַע: hören; anhören; erhören; gehorchen; verstehen	
		Nifʿal (43×) נִשְׁמַע, יִשָּׁמַע: gehört werden	
		Hifʿil (63×) הִשְׁמִיעַ, יַשְׁמִיעַ: hören lassen; verkündigen	
17×	שֵׁמַע (שמע)	Nachricht; Kunde	1Kön 10,1
44×	שִׁמְעוֹן	Simeon (EN)	
43×	שִׁמְעִי₁	Schimi (EN)	
41×	שְׁמַעְיָהוּ / שְׁמַעְיָה: Schemaja (EN)		
468×	שמר ⊛	Qal (427×) שָׁמַר, יִשְׁמֹר: hüten; bewachen; bewahren; sorgfältig tun; halten	
		Nifʿal (37×) נִשְׁמַר, יִשָּׁמֵר: sich hüten	
5×	שֶׁמֶר₁	Weinhefe; alter Wein	Ps 75,9
109×	שֹׁמְרוֹן ⊛	Samaria (EN)	
135×	שֶׁמֶשׁ ⊛	(f./m.) Sonne	

38×	שִׁמְשׁוֹן	Simson *(EN)*
55×	שֵׁן₁ ⊛	*(f.)* Zahn; Elfenbein ♦ שִׁנַּיִם Zähne
876×	שָׁנָה ⊛	*(f.)* Jahr ♦ שְׁנָתַיִם
23×	שֵׁנָה (ישׁן₁)	*(f.)* Schlaf
156×	שֵׁנִי (שְׁנַיִם) ⊛	zweiter ♦ שֵׁנִית zum zweiten Mal
42×	שָׁנִי	karmesinrot
768×	שְׁנַיִם ⊛	zwei ♦ שְׁתֵּי • שְׁתַּיִם • שְׁנֵי
8×	שִׁנְעָר	Babylonien *(EN)* Gen 11,2
22×	שׁען	*Nifʿal* (22×) נִשְׁעַן, יִשָּׁעֵן: sich stützen; sich verlassen
372×	שַׁעַר₁ ⊛	Tor; Torbau ♦ שְׁעָרִים Ort; Ortschaften
9×	שַׁעֲשֻׁעִים	Lust; Wonne Ps 119,24
63×	שִׁפְחָה ⊛	*(f.)* Sklavin; Magd ♦ שְׁפָחוֹת
202×	שׁפט ⊛	*Qal* (184×) שָׁפַט, יִשְׁפֹּט: richten; Recht schaffen; herrschen ♦ שֹׁפֵט Richter
		Nifʿal (17×) נִשְׁפַּט, יִשָּׁפֵט: sich vor Gericht stellen; ins Gericht gehen
16×	שֶׁפֶט (שׁפט)	⇒ שְׁפָטִים: Strafgerichte Ez 5,10
9×	שְׁפִי₁	baumlose, höher gelegene Fläche (?) Jer 3,2
115×	שׁפך ⊛	*Qal* (101×) שָׁפַךְ, יִשְׁפֹּךְ: gießen; schütten; ausgießen
30×	שׁפל	*Qal* (11×) שָׁפֵל, יִשְׁפַּל: niedrig sein; sich senken
		Hifʿil (19×) הִשְׁפִּיל, יַשְׁפִּיל: herunterbringen; erniedrigen; demütigen
17×	שָׁפָל (שׁפל)	tief gelegen; gering; demütig Ez 17,6
20×	שְׁפֵלָה (שׁפל)	*(f.)* Niederland
30×	שָׁפָן₂	Schafan *(EN)*
6×	שִׁפְעָה	*(f.)* Schar; Schwall; Menge 2Kön 9,17

61×	שָׁקָה ✡	Hif'il (60×) הִשְׁקָה, יַשְׁקְ, וַיַּשְׁקְ: zu trinken geben; bewässern
28×	שִׁקּוּץ (שֶׁקֶץ)	Abscheu; Greuel; Scheusal
41×	שָׁקַט	Qal (31×) שָׁקַט, יִשְׁקֹט: Ruhe haben; ruhig sein
22×	שָׁקַל	Qal (19×) שָׁקַל, יִשְׁקֹל: wiegen; wägen
88×	שֶׁקֶל (שקל)	Gewicht; Schekel (Gewichtseinheit: $1/_{60}$ מָנֶה, ca. 11,5 g) ◆ שְׁקָלִים
7×	שִׁקְמָה	(f.) Maulbeerfeigenbaum Am 7,14
22×	שָׁקַף	Nif'al (10×) נִשְׁקַף: herunterblicken Hif'il (12×) הִשְׁקִיף, יַשְׁקִיף: herunterblicken
11×	שֶׁקֶץ	(kultisch) Abscheuliches Lev 11,10
113×	שֶׁקֶר ✡	Treubruch; Lüge
8×	שִׁרְיוֹן	Schuppenpanzer; Panzerhemd 1Sam 17,5
14×	שָׁרַץ	Qal (14×) שָׁרַץ, יִשְׁרֹץ: kriechen; sich bewegen; wimmeln Gen 1,20
15×	שֶׁרֶץ (שרץ)	Gewimmel; kleines Getier; Reptil (koll.) Lev 11,10
7×	שְׁרֵקָה	(f.) Pfeifen; Zischen Jer 25,9
10×	שְׁרִרוּת	(f.) Verhärtung (des Herzens); Verstocktheit Jer 3,17
33×	שֹׁרֶשׁ ✡	Wurzel ◆ שָׁרְשׁ׳
8×	שַׁרְשֶׁרֶת	(f.) Kette; Kettchen Ex 28,14
97×	שָׁרַת ✡	Pi'el (97×) שֵׁרֵת, יְשָׁרֵת: dienen; im Dienst stehen ◆ מְשָׁרֵת Diener
274×	שֵׁשׁ$_1$ ✡	sechs ◆ שִׁשִּׁים sechzig
38×	שֵׁשׁ$_3$	Leinen
28×	שִׁשִּׁי (שֵׁשׁ$_1$) ✡	sechster ◆ שִׁשִּׁית Sechstel
217×	שָׁתָה ✡	Qal (216×) שָׁתָה, יִשְׁתֶּה, וַיֵּשְׁתְּ: trinken
9×	שְׁתִי$_1$	Gewebe (?) Lev 13,48

ת

13×	תָּא	Nische	Ez 40,7
21×	תַּאֲוָה (אוה)	(f.) Verlangen; Wunsch; Begehren	
39×	תְּאֵנָה ⊛	(f.) Feigenbaum; Feige	
15×	תֹּאַר	Erscheinung; Gestalt	Est 2,7
28×	תֵּבָה	(f.) Kasten; Kästchen; (in der Vulgata: arca >) Arche	
42×	תְּבוּאָה (בוא)	(f.) Erzeugnis; Ertrag	
42×	תְּבוּנָה (בין)	(f.) Einsicht; Klugheit; Geschick	
10×	תָּבוֹר	Tabor (EN)	Ri 4
36×	תֵּבֵל ⊛	(f.) Festland	
17×	תֶּבֶן ⊛	zerdroschene Halme; Stroh; Häcksel	Ex 5,7
20×	תַּבְנִית (בנה)	(f.) Gebilde; Gestalt	
20×	תֹּהוּ	Wüste; Öde; Nichts	
36×	תְּהוֹם ⊛	(f./m.) Urflut; Wasserflut; Tiefe	
57×	תְּהִלָּה (הלל₂) ⊛	(f.) Ruhm; Lobpreis	
10×	תַּהְפּוּכָה (הפך)	⇒ תַּהְפֻּכוֹת: (f.) Verkehrtheit; Verkehrtes Spr 2,12	
6×	תּוֹאֲמִם	Zwillinge	Gen 25,24
32×	תּוֹדָה (ידה₂) ⊛	(f.) Dankopfer; Lobopfer; Danklied; Loblied	
6×	תּוֹחֶלֶת (יחל)	Erwartung; Hoffnung	Spr 13,12
418×	תָּוֶךְ ⊛	Mitte ♦ תּוֹךְ ♦ בְּתוֹךְ in; inmitten	
24×	תּוֹכַחַת (יכח)	(f.) Zurechtweisung; Züchtigung; Rüge	
39×	תּוֹלְדָה (ילד)	⇒ תּוֹלְדוֹת: (f.) Nachkommen; Geschlechtsgeschichte; Geschlechterfolge	
41×	תּוֹלֵעָה	/ תּוֹלַעַת: (f.) Wurm ♦ תּוֹלַעַת שָׁנִי Karmesin	

117×	תּוֹעֵבָה ⊛	(f.) Abscheu; Greuel ◆ תּוֹעֵבוֹת
23×	תּוֹצָאָה (יצא)	⇒ תּוֹצָאוֹת: (f.) Ausgang; Endpunkt
24×	תּוּר	Qal (22×) יָתוּר, תָּר: auskundschaften; erforschen
5×	תּוֹר₁	Turnus; Gehänge — Est 2,12
14×	תּוֹר₂	(m./f.) Turteltaube — Lev 12,6
220×	תּוֹרָה (ירה₃) ⊛	(f.) Weisung (in der Septuaginta oft: νόμος)
14×	תּוֹשָׁב (ישב)	Beisasse; Metöke — Lev 25,6
12×	תּוּשִׁיָּה	(f.) Gelingen; Erfolg; Umsicht — Spr 3,21
20×	תַּזְנוּת (זנה₁)	(f.) Hurerei
6×	תַּחְבּוּלוֹת (חֶבֶל₂)	(f.) Lenkung; Steuerung — Spr 11,14
5×	תַּחֲלֻאִים (חלה)	Krankheit; Krankheitszustände — Ps 103,3
22×	תְּחִלָּה (חלל₁)	(f.) Anfang
25×	תְּחִנָּה₁ (חנן₁)	(f.) Flehen
18×	תַּחֲנוּנִים (חנן₁)	Flehen — Dan 9,3
14×	תַּחַשׁ₁	Tachasch (Delphin?) — Ex 25,5
505×	תַּחַת₁ ⊛	unter; anstelle; anstatt ◆ תַּחְתּ'
13×	תַּחְתּוֹן (תַּחַת₁)	unten; darunter befindlich — Ez 40,18
19×	תַּחְתִּי (תַּחַת₁)	unterer; unterster ◆ תַּחְתִּי' — Ez 31,14
11×	תִּיכוֹן (תָּוֶךְ)	mittlerer — Ex 26,28
23×	תֵּימָן (יָמִין₁)	(f.) Süden; Südgegend
38×	תִּירוֹשׁ	süßer Wein; Most
5×	תַּכְלִית (כלה)	(f.) Vollendung; Äußerstes; Ende — Ijob 11,7
49×	תְּכֵלֶת	(f.) blaue Purpurwolle
18×	תכן	Nifʿal (10×) יִתָּכֵן, נִתְכַּן: abgemessen sein; in Ordnung sein — Ez 18,25
5×	תֵּל	Schutthügel — Jos 8,28

28×	תלה	Qal (23×) תָּלָה, יִתְלֶה: aufhängen
5×	תֶּלֶם	Ackerfurche — Ps 65,11
8×	תְּלֻנּוֹת (לון)	(f.) das Murren — Ex 16,7
15×	תָּם (תמם)	ganz; vollständig — Ijob 1,1
23×	תֹּם (תמם)	Vollkommenheit; Lauterkeit (koll.)
5×	תֻּמָּה (תֹּם)	(f.) Vollkommenheit; Lauterkeit; Unschuld; Unbescholtenheit (n. unit.) — Ijob 2,3
23×	תְּמוֹל	gestern
10×	תְּמוּנָה (מין)	(f.) Gestalt; Erscheinung — Dtn 4,12
6×	תְּמוּרָה (מור)	(f.) Tausch — Lev 27,10
104×	תָּמִיד ⊛	beständig; immer; regelmäßig
91×	תָּמִים ⊛ (תמם)	vollständig; fehlerfrei; untadelig ♦ תְּמִימ׳
5×	תֻּמִּים	⇒ אוּרִים וְתֻמִּים: Urim und Tummim (?) — Ex 28,30
21×	תמך	Qal (20×) תָּמַךְ, יִתְמֹךְ: ergreifen; halten
64×	תמם ⊛	Qal (54×) תַּם, יִתֹּם: vollendet sein; fertig werden; aufgezehrt werden
12×	תָּמָר $_1$	Dattelpalme — Ex 15,27
22×	תָּמָר $_2$	(f.) Tamar (EN)
19×	תִּמֹרָה (תָּמָר$_1$)	(f.) Palmenornament — Ex 40,16
14×	תַּן	(m./f.) Schakal ♦ תַּנִּים — Jer 9,10
5×	תְּנוּבָה	(f.) Ertrag; Erträgnisse — Ri 9,11
8×	תְּנוּךְ	⇒ תְּנוּךְ אֹזֶן: Ohrläppchen — Lev 14,14
5×	תְּנוּמָה	(f.) Schlummer — Spr 6,4
30×	תְּנוּפָה (נוף$_1$)	(f.) Weihegabe
15×	תַּנּוּר	Backofen — Hos 7,4
5×	תַּנְחוּם (נחם)	Trost; Tröstungen — Jes 66,11

14×	תַּנִּין	Seeungeheuer; Drache; Schlange ♦ תַּנִּינִים Ps 74,13
22×	תעב (תּוֹעֵבָה)	Pi'el (15×) יְתָעֵב ,תִּעֵב: verabscheuen
50×	תעה	Qal (27×) תָּעָה ,יִתְעֶה: umherirren; taumeln Hif'il (21×) הִתְעָה ,יַתְעֶה: irreführen; zum Taumeln bringen
9×	תְּעָלָה₁	(f.) Wassergraben; künstliche Wasserleitung; Kanal 1Kön 18,32
5×	תַּעֲנוּג	Wohlleben; Wonne; Behagen Spr 19,10
13×	תַּעַר	(m./f.) Messer; (Schwert-)Scheide Ez 21,8
17×	תֹּף	Handpauke; Tamburin ♦ תֻּפִּים Ex 15,20
51×	תִּפְאָרָה ⊛ / תִּפְאֶרֶת: (f.) Schmuck; Pracht; Ehre; Stolz	
6×	תַּפּוּחַ₁	Apfel; Apfelbaum Spr 25,11
5×	תָּפֵל₂	Lehmanstrich; Tünche Ez 13,10
77×	תְּפִלָּה ⊛ (פלל)	(f.) Gebet
65×	תפש ⊛	Qal (49×) תָּפַשׂ ,יִתְפֹּשׂ: packen; ergreifen; erobern; gebrauchen Nif'al (15×) נִתְפַּשׂ ,יִתָּפֵשׂ: gefangen werden; eingenommen werden
32×	תִּקְוָה₂ ⊛ (קוה₁)	(f.) Hoffnung
67×	תקע	Qal (64×) תָּקַע ,יִתְקַע: einschlagen; schlagen; stoßen
6×	תַּרְבִּית (רבה₁)	(f.) Aufgeld; Zuschlag; Wucherzins Ez 18,8
7×	תַּרְדֵּמָה	(f.) Tiefschlaf; Betäubung Gen 2,21
76×	תְּרוּמָה (רום)	(f.) Abgabe; Weihegabe
36×	תְּרוּעָה (רוע)	(f.) Lärm; Kriegsgeschrei; Signal; Jubel
11×	תֶּרַח	Terach (EN) Gen 11
5×	תַּרְמִית (רְמִיָּה)	(f.) Trug; Betrug Jer 23,26
15×	תְּרָפִים	Idol; Statuette; Kultmaske; Hausgötter Gen 31,19

26×	תַּרְשִׁישׁ₁	Tarschisch *(EN)*	
7×	תַּרְשִׁישׁ₂	Topas	*Ez 1,16*
5×	תִּרְשָׁתָא	Exzellenz (?)	*Neh 7,65*
8×	תְּשׁוּבָה (שׁוב)	*(f.)* Rückkehr; Erwiderung	*2Sam 11,1*
34×	תְּשׁוּעָה (ישׁע)	*(f.)* Hilfe; Rettung; Sieg	
18×	תְּשִׁיעִי (תֵּשַׁע) ✻	neunter ♦ תְּשִׁיעִית Neuntel	*2Kön 25,1*
78×	תֵּשַׁע ✻	neun ♦ תֵּשַׁע ♦ תִּשְׁעִים neunzig	

# 2. Teil: Thematisch geordneter Wortschatz

1. Personen aus der Tora

9×	אָדָם₃	Adam *(EN)*	Gen 3
2×	חַוָּה₂	*(f.)* Eva *(EN)*	Gen 3,20
16×	קַיִן₂	Kain *(EN)*	Gen 4
8×	הֶבֶל₂	Abel *(EN)*	Gen 4
15×	חֲנוֹךְ₁	Henoch *(EN)*	Gen 4-5
46×	נֹחַ	Noach *(EN)*	
17×	שֵׁם₂	Sem *(EN)*	Gen 5-11
16×	חָם₃	Ham *(EN)*	Gen 5-10
11×	יֶפֶת	Jafet *(EN)*	Gen 5-10
11×	תֶּרַח	Terach *(EN)*	Gen 11
61×	אַבְרָם	Abram *(EN)*	
175×	אַבְרָהָם ⊛	Abraham *(EN)*	
17×	שָׂרַי	*(f.)* Sarai *(EN)*	Gen 17,15
38×	שָׂרָה₂	*(f.)* Sara *(EN)*	
33×	לוֹט₂	Lot *(EN)*	
48×	יִשְׁמָעֵאל	Ismael *(EN)*	
108×	יִצְחָק ⊛	Isaak *(EN)*	
30×	רִבְקָה	*(f.)* Rebekka *(EN)*	
54×	לָבָן₂	Laban *(EN)*	
97×	עֵשָׂו	Esau *(EN)*	
349×	יַעֲקֹב ⊛	Jakob *(EN)*	
2506×	יִשְׂרָאֵל ⊛	Israel *(EN)*	
34×	לֵאָה	*(f.)* Lea *(EN)*	
47×	רָחֵל₂	*(f.)* Rahel *(EN)*	

A. Eigennamen

15×	שְׁכֶם₃	Sichem *(EN Person)*	Gen 34
21×	זֶ֫רַח₂	Serach *(EN)*	
766×	מֹשֶׁה ⊛	Mose *(EN)*	
3×	צִפֹּרָה	*(f.)* Zippora *(EN)*	Ex 2,21
347×	אַהֲרֹן ⊛	Aaron *(EN)*	
15×	מִרְיָם	*(f.)* Mirjam *(EN)*	Num 12
35×	כָּלֵב	Kaleb *(EN)*	
37×	קֹ֫רַח	Korach *(EN)*	
43×	בָּלָק	Balak *(EN)*	
60×	בִּלְעָם₁	Bileam *(EN)*	
25×	פִּינְחָס	Pinhas *(EN)*	
22×	מָכִיר	Machir *(EN)*	

2. Personen aus den Nevi'im (siehe Seite 8)

218×	יְהוֹשֻׁעַ ⊛ / יְהוֹשֻׁעַ:	Josua; Joschua; Jeschua *(in der Septuaginta: Ἰησοῦς) (EN)*	
5×	רָחָב₂	*(f.)* Rahab *(EN)*	Jos 2,1
7×	עָתְנִיאֵל	Otniël *(EN)*	Ri 3
9×	אֵהוּד	Ehud *(EN)*	Ri 3
10×	דְּבוֹרָה₂	*(f.)* Debora *(EN)*	Ri 4-5
21×	סִיסְרָא	Sisera *(EN)*	
39×	גִּדְעוֹן	Gideon *(EN)*	
67×	אֲבִימֶ֫לֶךְ	Abimelech *(EN)*	
29×	יִפְתָּח₂	Jiftach *(EN)*	
38×	שִׁמְשׁוֹן	Simson *(EN)*	
33×	מִיכָה	Micha *(EN)*	

21×	אֶלְקָנָה	Elkana (EN)	
13×	חַנָּה	(f.) Hanna (EN)	1Sam 1-2
140×	שְׁמוּאֵל ⊛	Samuel (EN)	
33×	עֵלִי	Eli (EN)	
21×	קִישׁ	Kisch (EN)	
41×	יִשַׁי	Isai (EN)	
124×	יְהוֹנָתָן ⊛ / יוֹנָתָן:	Jonatan (EN)	
6×	גָּלְיָת	Goliat (EN)	1Sam 17
17×	אֲחִימֶלֶךְ	Ahimelech (EN)	1Sam 21
22×	נָבָל ₂	Nabal (EN)	
17×	אֲבִיגַיִל	(f.) Abigajil (EN)	1Sam 25
25×	אֲבִישַׁי / אַבְשַׁי:	Abischai (EN)	
145×	יוֹאָב	Joab (EN)	
63×	אַבְנֵר	Abner (EN)	
42×	נָתָן	Natan (EN)	
11×	בַּת־שֶׁבַע	(f.) Batseba (EN)	2Sam 11-12
39×	אוּרִיָּהוּ / אוּרִיָּה:	Urija (EN)	
28×	אַמְנוֹן	Amnon (EN)	
22×	תָּמָר ₂	(f.) Tamar (EN)	
109×	אַבְשָׁלוֹם ⊛	Abschalom (EN)	
20×	אֲחִיתֹפֶל	Ahitofel (EN)	
43×	שִׁמְעִי ₁	Schimi (EN)	
26×	אֲדֹנִיָּהוּ / אֲדֹנִיָּה:	Adonija (EN)	
30×	אֶבְיָתָר	Abjatar (EN)	
53×	צָדוֹק	Zadok (EN)	
42×	בְּנָיָהוּ / בְּנָיָה:	Benaja (EN)	

A. Eigennamen

24×	אֲחִיָּ֫הוּ / אֲחִיָּה:	Ahija (EN)
22×	אִיזֶ֫בֶל	(f.) Isebel (EN)
71×	אֵלִיָּ֫הוּ / אֵלִיָּה:	Elija (EN)
22×	נָבוֹת	Nabot (EN)
21×	מִיכָ֫יְהוּ	Micha (EN)
58×	אֱלִישָׁע	Elischa (EN)
25×	אֲבִיָּ֫הוּ / אֲבִיָּה:	Abija (EN)
93×	אַחְאָב	Ahab (EN)
41×	אָחָז	Ahas (EN)
37×	אֲחַזְיָ֫הוּ / אֲחַזְיָה:	Ahasja (EN)
40×	אֲמַצְיָ֫הוּ / אֲמַצְיָה:	Amazja (EN)
58×	אָסָא	Asa (EN)
28×	בַּעְשָׁא	Bascha (EN)
1075×	דָּוִד ⊛ / דָּוִיד:	David (EN)
16×	הוֹשֵׁעַ	Hosea (EN) — Hos 1
87×	חִזְקִיָּ֫הוּ ⊛ / חִזְקִיָּה:	Hiskija (EN)
53×	יֹאשִׁיָּ֫הוּ / יֹאשִׁיָּה:	Joschija (EN)
58×	יֵהוּא	Jehu (EN)
24×	יְהוֹאָחָז / יוֹאָחָז:	Joahas (EN)
64×	יְהוֹאָשׁ / יוֹאָשׁ:	Joasch (EN)
41×	יְהוֹיָקִים / יוֹיָקִים:	Jojakim (EN)
49×	יְהוֹרָם / יוֹרָם:	Joram (EN)
84×	יְהוֹשָׁפָט₁ / יוֹשָׁפָט:	Joschafat (EN)
24×	יוֹתָם	Jotam (EN)
44×	יְחִזְקִיָּ֫הוּ / יְחִזְקִיָּה:	Hiskija (EN)
104×	יָרָבְעָם ⊛	Jerobeam (EN)

27×	עֻזִּיָּ֫הוּ / עֻזִּיָּה: Usija *(EN)*	
48×	עֲזַרְיָ֫הוּ / עֲזַרְיָה: Asarja *(EN)*	
17×	עֲתַלְיָ֫הוּ *(f.)* / עֲתַלְיָה *(f./m.)*: Atalja *(EN)*	2Chr 22–23
63×	צִדְקִיָּ֫הוּ / צִדְקִיָּה: Zidkija *(EN)*	
50×	רְחַבְעָם Rehabeam *(EN)*	
406×	שָׁאוּל ⊛ Saul *(EN)*	
293×	שְׁלֹמֹה ⊛ Salomo *(EN)*	
22×	חִירָם / חִירוֹם: Hiram *(EN)*	
13×	חוּרָם Hiram *(EN)*	2Chr 2
21×	אָכִישׁ Achisch *(EN)*	
37×	סִיחוֹן Sihon *(EN)*	
22×	עוֹג Og *(EN)*	
21×	הֲדַדְעֶ֫זֶר Hadad-Eser *(EN)*	
23×	חֲזָאֵל Hasaël *(EN)*	
25×	בֶּן־הֲדַד Ben-Hadad *(EN)*	
60×	נְבוּכַדְרֶאצַּר / נְבוּכַדְנֶאצַּר: Nebukadnezzar *(EN)*	
15×	כּ֫וֹרֶשׁ Kyrus *(EN)*	Esra 1
31×	אֲחַשְׁוֵרוֹשׁ Xerxes *(EN)*	
39×	יְשַׁעְיָ֫הוּ / יְשַׁעְיָה: Jesaja; Jeschaja *(EN)*	
147×	יִרְמְיָ֫הוּ ⊛ / יִרְמְיָה: Jeremia *(EN)*	
28×	חֲנַנְיָ֫הוּ / חֲנַנְיָה: Hananja *(EN)*	
33×	יְהוֹחָנָן / יוֹחָנָן: Johanan *(EN)*	
30×	שָׁפָן₂ Schafan *(EN)*	
32×	גְּדַלְיָ֫הוּ / גְּדַלְיָה: Gedalja *(EN)*	
19×	יוֹנָה₂ Jona *(EN)*	Jona 1–4
26×	בָּרוּךְ Baruch *(EN)*	

3. Personen aus den Ketuvim (siehe Seite 8)

58×	אִיּוֹב	Ijob (Hiob) *(EN)*	
15×	אֱלִיפַז	Elifas *(EN)*	Ijob 4
5×	בִּלְדַּד	Bildad *(EN)*	Ijob 8
4×	צוֹפַר	Zofar *(EN)*	Ijob 11,1
11×	אֱלִיהוּא / אֱלִיהוּ: Elihu *(EN)*		Ijob 32
12×	רוּת	(f.) Rut *(EN)*	Rut 1–4
21×	נָעֳמִי	(f.) Noomi *(EN)*	
22×	בֹּעַז₁	Boas *(EN)*	
55×	אֶסְתֵּר	(f.) Ester *(EN)*	
60×	מָרְדֳּכַי	Mordechai *(EN)*	
54×	הָמָן	Haman *(EN)*	
21×	אֱלִיאָב	Eliab *(EN)*	
46×	אָסָף	Asaf *(EN)*	
29×	דָּנִיֵּאל	Daniel *(EN)*	
41×	זְכַרְיָהוּ / זְכַרְיָה: Sacharja *(EN)*		
21×	זְרֻבָּבֶל	Serubbabel *(EN)*	
34×	חִלְקִיָּהוּ / חִלְקִיָּה: Hilkija *(EN)*		
18×	טוֹבִיָּהוּ / טוֹבִיָּה: Tobija *(EN)*		Neh 2–4
56×	יְהוֹיָדָע / יוֹיָדָע: Jojada *(EN)*		
19×	יוֹאֵל	Joel *(EN)*	1Sam 8,2
28×	יֵשׁוּעַ₁	Josua; Joschua; Jeschua (in der Septuaginta: Ἰησοῦς) *(EN)*	
13×	מִיכָאֵל	Michael *(EN)*	Dan 10,13
23×	מַעֲשֵׂיָהוּ / מַעֲשֵׂיָה: Maaseja *(EN)*		
25×	מְשֻׁלָּם	Meschullam *(EN)*	

20×	עֹבֵד אֱדוֹם	Obed-Edom *(EN)*
20×	עֹבַדְיָהוּ	עֹבַדְיָה /: Obadja *(EN)*
22×	עֶזְרָא	Esra *(EN)*
20×	שְׂרָיָהוּ	שְׂרָיָה /: Seraja *(EN)*
27×	שַׁלּוּם	Schallum *(EN)*
41×	שְׁמַעְיָהוּ	שְׁמַעְיָה /: Schemaja *(EN)*

4. Berühmte Kinder und Eltern

32×	קְהָת	Kehat *(EN)*	
40×	מְרָרִי	Merari *(EN)*	
20×	נָדָב	Nadab *(EN)*	
72×	אֶלְעָזָר	Eleasar *(EN)*	
21×	אִיתָמָר	Itamar *(EN)*	
30×	נוּן	Nun *(EN)* ♦	יְהוֹשֻׁעַ בִּן־נוּן
26×	צְרוּיָה	*(f.)* Zeruja *(EN)*	
25×	נְבָט	Nebat *(EN)* ♦	יָרָבְעָם בֶּן־נְבָט
20×	נְתַנְיָהוּ	נְתַנְיָה /: Netanja *(EN)* ♦	יִשְׁמָעֵאל בֶּן־נְתַנְיָה
20×	אֲחִיקָם	Ahikam *(EN)* ♦	גְּדַלְיָהוּ בֶּן־אֲחִיקָם

5. Stämme Israels

70×	רְאוּבֵן	Ruben *(EN)*
44×	שִׁמְעוֹן	Simeon *(EN)*
350×	לֵוִי ✡	Levi; Levit *(EN)*

819×	יְהוּדָה ❋	Juda *(EN)*
69×	דָּן	Dan *(EN)*
51×	נַפְתָּלִי	Naftali *(EN)*
72×	גָּד	Gad *(EN)*
43×	אָשֵׁר	Ascher *(EN)*
43×	יִשָּׂשכָר	Issachar *(EN)*
45×	זְבוּלֻן	Sebulon *(EN)*
213×	יוֹסֵף ❋	Josef *(EN)*
146×	מְנַשֶּׁה ❋	Manasse *(EN)*
180×	אֶפְרַיִם ❋	Efraïm *(EN)*
166×	בִּנְיָמִין ❋ / בִּנְיָמִן:	Benjamin *(EN)*

6. Völker

76×	יְהוּדִי₁	Judäer; Jude; judäisch; jüdisch *(EN)*
34×	עִבְרִי₁	Hebräer *(EN)*
73×	כְּנַעֲנִי	Kanaaniter *(EN)*; Händler
48×	חִתִּי	Hetiter *(EN)*
87×	אֱמֹרִי	Amoriter *(EN)*
23×	פְּרִזִּי	Perisiter *(EN)*
25×	חִוִּי	Hiwiter *(EN)*
41×	יְבוּסִי	Jebusiter *(EN)*
288×	פְּלִשְׁתִּי ❋	Philister *(EN)*
12×	אֲרַמִּי	Aramäer *(EN)* ♦ אֲרַמִּים Gen 25,20
39×	עֲמָלֵק	Amalek; Amalekiter *(EN)*

21×	עַמּוֹנִי	Ammoniter (EN)	
30×	מִצְרִי	Ägypter (EN)	
25×	כּוּשִׁי₁	Kuschiter (EN)	
80×	כַּשְׂדִּים	Chaldäer; Chaldäa (EN)	
16×	מָדַי	Medien; Meder (EN)	Est 1,18

7. Gottheiten

6828×	יְהוָה ✻	JHWH (Tetragramm; Jahwe) (EN)	
49×	יָהּ	Jah (EN)	
48×	שַׁדַּי	Schaddai (EN) ♦ אֵל שַׁדַּי	
9×	עַשְׁתֹּרֶת	(f.) Astarte (EN)	1Kön 11,5
40×	אֲשֵׁרָה	(f.) Aschera (EN); Aschere (Kultpfahl)	

8. Orte und Städte

643×	יְרוּשָׁלַ͏ִם ✻	Jerusalem (EN)
154×	צִיּוֹן ✻	Zion (EN)
37×	גִּבְעוֹן	Gibeon (EN)
43×	גִּבְעָה₂	Gibea (EN)
41×	בֵּית לֶחֶם	Betlehem (EN)
62×	חֶבְרוֹן₁	Hebron (EN)
34×	בְּאֵר שֶׁבַע	Beerscheba (EN)
24×	לָכִישׁ	Lachisch (EN)
21×	בֵּית שֶׁמֶשׁ	Bet-Schemesch (EN)
109×	שֹׁמְרוֹן ✻	Samaria (EN)

A. Eigennamen

45×	שְׁכֶם₂	Sichem *(EN Ort)*
37×	רָמָה₂	Rama *(EN)*
25×	רָאמוֹת₂	Ramot *(EN)*
72×	בֵּית־אֵל	Bet-El *(EN)*
38×	עַי	Ai *(EN)*
32×	שִׁילוֹ	שִׁלֹה / : Schilo *(EN)*
56×	יְרִיחוֹ	יְרֵחוֹ / : Jericho *(EN)*
40×	גִּלְגָּל₂	Gilgal *(EN)*
40×	מִצְפָּה	Mizpa *(EN)*
33×	יִזְרְעֶאל₂	Jesreel *(EN)*
12×	מְגִדּוֹ	Megiddo *(EN)* — 2Kön 23,29
39×	סְדֹם	Sodom *(EN)*
19×	עֲמֹרָה	Gomorra *(EN)* — Gen 19
20×	עַזָּה	Gaza *(EN)*
17×	אַשְׁדּוֹד	Aschdod *(EN)* — 1Sam 5
12×	אַשְׁקְלוֹן	Aschkelon *(EN)* — Ri 1,18
22×	עֶקְרוֹן	Ekron *(EN)*
33×	גַּת₂	Gat *(EN)*
21×	יָבֵשׁ₃	Jabesch *(EN)*
262×	בָּבֶל ✡	Babel; Babylon; Babylonien *(EN)*
21×	שׁוּשַׁן	Susa *(EN)*
14×	עֵדֶן₂	Eden *(EN)* ♦ גַּן־עֵדֶן — Gen 2-3
17×	נִינְוֵה	Ninive *(EN)* — Jona 3
35×	דַּמֶּשֶׂק	Damaskus *(EN)*
35×	חֲמָת	Hamat *(EN)*
42×	צֹר₂	Tyrus *(EN)*

22×	צִידוֹן	Sidon *(EN)*
38×	₂חֶשְׁבּוֹן	Heschbon *(EN)*
26×	₁תַּרְשִׁישׁ	Tarschisch *(EN)*

9. Territorien und Nationen

93×	כְּנַעַן	Kanaan *(EN)*	
60×	₁בָּשָׁן	Baschan *(EN)*	
134×	גִּלְעָד ⊛	Gilead *(EN)*	
106×	עַמּוֹן ⊛	Ammon *(EN)*	
180×	מוֹאָב ⊛	Moab *(EN)*	
100×	אֱדוֹם ⊛	Edom *(EN)*	
59×	₂מִדְיָן	Midian *(EN)*	
681×	מִצְרַיִם ⊛	Ägypten; ägyptisch *(EN)*	
29×	₁כּוּשׁ	Kusch *(EN)*	
23×	שְׁבָא	Saba *(EN)*	
8×	שִׁנְעָר	Babylonien *(EN)*	Gen 11,2
28×	עֵילָם	Elam *(EN)*	
28×	פָּרַס	Persien *(EN)*	
151×	אַשּׁוּר ⊛	Assur *(EN)*	
128×	אֲרָם ⊛	Aram *(EN)*	

10. Berge

35×	סִינַי	Sinai (EN)	
17×	חֹרֵב	Horeb (EN)	1Kön 19,8
5×	עֵיבָל ₁	Ebal (EN)	Dtn 11,29
4×	גְּרִזִים	(im Codex Leningradensis: גְּרִזִים) Garizim (EN)	Dtn 11,29
15×	כַּרְמֶל ₃	Karmel (EN)	1Kön 18
10×	תָּבוֹר	Tabor (EN)	Ri 4
71×	לְבָנוֹן	Libanon (EN)	
14×	חֶרְמוֹן	Hermon (EN)	Ps 133,3
38×	שֵׂעִיר ₁	Seïr (EN)	

11. Gewässer

182×	יַרְדֵּן ✡	Jordan (EN)	
6×	קִישׁוֹן	Kischon (EN)	Ri 4,7
7×	יַבֹּק	Jabbok (EN)	Gen 32,23
25×	אַרְנוֹן	Arnon (EN)	
19×	פְּרָת	Eufrat (EN)	Gen 2,14
2×	חִדֶּקֶל	Tigris (EN)	Gen 2,14
65×	יְאֹר ✡	Nil (EN); Strom	

12. Verben des Sagens und Mitteilens (siehe Seite 8)

5307×	אמר₁ ⊛	Qal (5284×) אָמַר, יֹאמַר, וַיֹּאמֶר: sagen; erwähnen; denken; beabsichtigen; befehlen ♦ לֵאמֹר mit den Worten; indem ... sagte • כֹּה אָמַר יְהוָה so spricht JHWH («Botenformel») Nifʿal (21×) נֶאֱמַר, יֵאָמֵר: gesagt werden; man sagt; genannt werden
1133×	דבר₂ ⊛	Qal (41×) דֹּבֵר (Partizip): redend Piʿel (1083×) דִּבֶּר, יְדַבֵּר: sprechen; reden
27×	פתה₁	Piʿel (17×) פִּתָּה, יְפַתֶּה: überreden; zu überreden versuchen
370×	נגד ⊛	Hifʿil (335×) הִגִּיד, יַגִּיד, וַיַּגֵּד: berichten; mitteilen Hofʿal (35×) הֻגַּד, יֻגַּד: mitgeteilt werden
107×	ספר ⊛	Qal (27×) סָפַר, יִסְפֹּר: (auf)zählen Piʿel (67×) סִפֵּר, יְסַפֵּר: aufzählen; bekannt machen; verkünden; berichten; erzählen
24×	בשׂר	Piʿel (23×) בִּשַּׂר, יְבַשֵּׂר: Botschaft bringen; bekannt machen
115×	נבא (נָבִיא) ⊛	Nifʿal (87×) נִבָּא, יִנָּבֵא: in prophetischer Verzückung sein; als Prophet reden Hitpaʿel (28×) הִתְנַבֵּא, יִתְנַבֵּא: sich als Prophet gebärden
20×	קסם	Qal (20×) קָסַם*, יִקְסֹם: wahrsagen ♦ קוֹסֵם Wahrsager; Orakelpriester
316×	ענה₁ ⊛	Qal (310×) עָנָה, יַעֲנֶה, וַיַּעַן: erwidern; antworten; aussagen; erhören
172×	שׁאל ⊛	Qal (163×) שָׁאַל, יִשְׁאַל: fragen; fordern; verlangen; erbitten; wünschen
22×	עתר	Nifʿal (9×) נֶעְתַּר, יֵעָתֵר: sich erbitten lassen Hifʿil (8×) הֶעְתִּיר, יַעְתִּיר: beten; bitten
84×	פלל ⊛	Hitpaʿel (80×) הִתְפַּלֵּל, יִתְפַּלֵּל: fürbittend eintreten; beten

494×	צוה ⊛	Pi'el (485×) צִוָּה, יְצַוֶּה, וַיְצַו: befehlen
59×	יכח ⊛	Hif'il (54×) הוֹכִיחַ, יוֹכִיחַ: zurechtweisen; züchtigen; strafen; entscheiden
41×	יסר₁	Pi'el (30×) יִסַּר, יְיַסֵּר: züchtigen; zurechtweisen; unterweisen
21×	זהר₂	Hif'il (13×) הִזְהִיר: verwarnen; warnen vor
186×	שבע ⊛	Nif'al (154×) נִשְׁבַּע, יִשָּׁבַע: schwören
Hif'il (31×) הִשְׁבִּיעַ, יַשְׁבִּיעַ: schwören lassen
17×	ערב₁	Qal (15×) עָרַב, יַעֲרֹב: Bürgschaft leisten für Gen 43,9
31×	נדר	Qal (31×) נָדַר, יִדֹּר: geloben
87×	שיר ⊛	Qal (49×) שָׁר, יָשִׁיר: singen
Polel (37×) מְשׁוֹרֵר (Partizip): (Tempel-)Sänger ◆ מְשֹׁרְרִים
45×	זמר₁	Pi'el (45×) *זָמַר, יְזַמֵּר: singen; preisen; spielen
146×	הלל₂ ⊛	Pi'el (113×) הִלֵּל, יְהַלֵּל: rühmen; preisen ◆ הַלְלוּ־יָהּ
Hitpa'el (23×) הִתְהַלֵּל, יִתְהַלֵּל: sich rühmen
111×	ידה₂ ⊛	Hif'il (100×) הוֹדָה, יוֹדֶה: preisen; bekennen
327×	ברך₂ ⊛	Qal (71×) בָּרוּךְ (Partizip passiv): gesegnet; gepriesen; gelobt
Pi'el (233×) בֵּרַךְ, יְבָרֵךְ, וַיְבָרֶךְ: segnen; preisen
20×	שיח	Qal (18×) *שָׂח, יָשִׂיחַ: loben; klagen; nachsinnen
732×	קרא₁	Qal (662×) קָרָא, יִקְרָא: rufen; nennen; verkündigen; lesen
Nif'al (63×) נִקְרָא, יִקָּרֵא: gerufen werden; erwähnt werden
53×	רנן	Qal (19×) *רָנַן: laut rufen; jubeln
Pi'el (28×) רִנֵּן, יְרַנֵּן: jauchzen; jubilieren
21×	שוע	Pi'el (21×) שִׁוַּע, יְשַׁוַּע: um Hilfe rufen
73×	זעק ⊛	Qal (60×) זָעַק, יִזְעַק: schreien; um Hilfe rufen; aufbieten

B. Verben

55×	צעק ⊛	Qal (47×) צָעַק, יִצְעַק: schreien; aufschreien
20×	שאג	Qal (20×) שָׁאַג, יִשְׁאַג: brüllen
45×	גיל ⊛	Qal (45×) גָּל, יָגִיל, וַיָּגֶל: ekstatisch schreien; jauchzen
44×	רוע	Hif'il (40×) הֵרִיעַ, יָרִיעַ: schreien; Kriegsgeschrei erheben; jauchzen
22×	כחש	Pi'el (19×) כִּחֵשׁ, יְכַחֵשׁ: leugnen; lügen; verleugnen
16×	כזב ⊛	Pi'el (12×) כִּזֵּב, יְכַזֵּב: lügen Num 23,19
38×	חרף₂ ⊛	Pi'el (34×) חֵרֵף, יְחָרֵף: schmähen
18×	לעג	Qal (12×) לָעַג, יִלְעַג: verspotten Spr 17,5
82×	קלל ⊛	Qal (12×) קַל, קָלַל, יֵקַל: gering sein; schnell sein
		Nif'al (11×) נָקַל: sich als schnell erweisen; sich gering wissen
		Pi'el (40×) קִלֵּל, יְקַלֵּל: als verflucht bezeichnen
		Hif'il (13×) הֵקֵל, יָקֵל: leichter machen; als gering behandeln
63×	ארר ⊛	Qal (54×) אָרַר, יָאֹר: mit einem Fluch belegen ♦ אָרוּר
50×	חרם₁ ⊛	Hif'il (47×) הֶחֱרִים, יַחֲרִים: mit dem Bann belegen; weihen
25×	הגה₁	Qal (23×) הָגָה, יֶהְגֶּה: brummeln
14×	לון	Hif'il (9×) הֵלִין, יָלִין: murren Ex 16,7
47×	חרש₂ ⊛	Hif'il (39×) הֶחֱרִישׁ, יַחֲרִישׁ: sich still verhalten; schweigen
19×	דמם₁	Qal (18×) דָּם, יִדֹּם: still stehen; sich still halten Ps 62,6
46×	סלח ⊛	Qal (33×) סָלַח, יִסְלַח: Nachsicht üben; verzeihen
		Nif'al (13×) נִסְלַח: verziehen werden
31×	נשק₁ ⊛	Qal (26×) נָשַׁק, יִשַּׁק: küssen

223×	כתב ⊛	Qal (204×) כָּתַב, כָּתֹב, יִכְתֹּב: schreiben
		Nif'al (17×) נִכְתַּב, יִכָּתֵב: geschrieben werden; schriftlich angeordnet werden
20×	יחש	Hitpa'el (20×) הִתְיַחֵשׂ: sich in das Geschlechtsregister eintragen lassen ♦ הִתְיַחֵשׂ Registrierung; Stammbaum
19×	חקק	Qal (9×) חָקַק: einritzen; festsetzen
		Po'el (8×) מְחֹקֵק (Partizip): Führer; Führerstab
		Jes 49,16

13. Verben der Gemütsbewegung (siehe Seite 9)

215×	אהב ⊛	Qal (198×) אָהַב, יֶאֱהַב: gern haben; lieben ♦ אֹהֵב Freund
		Pi'el (16×) מְאַהֲבִים (Partizip): Liebhaber
73×	חפץ ₁ ⊛	Qal (73×) חָפֵץ, יַחְפֹּץ: gern haben; wollen; Gefallen haben an; es beliebt
47×	רצה ₁ ⊛	Qal (40×) רָצָה, יִרְצֶה: Gefallen haben an; freundlich gesinnt sein
54×	אבה	Qal (54×) אָבָה, יֹאבֶה: wollen; willig sein
27×	אוה	Pi'el (11×) אִוָּה, יְאַוֶּה: wünschen; begehren
		Hitpa'el (16×) הִתְאַוָּה, יִתְאַוֶּה: gelüsten nach; herbeiwünschen
21×	חמד	Qal (16×) חָמַד, יַחְמֹד: begehren
46×	מאן	Pi'el (46×) מֵאֵן, יְמָאֵן: sich weigern
154×	שמח ⊛	Qal (126×) שָׂמַח, יִשְׂמַח: sich freuen; fröhlich sein
		Pi'el (27×) שִׂמַּח, יְשַׂמַּח: erfreuen; fröhlich machen
27×	שׂושׂ	Qal (27×) שָׂשׂ, יָשִׂישׂ: sich freuen; frohlocken

36×	שׂחק ⊛	Qal (18×) שָׂחַק, יִשְׂחַק: lachen
		Pi'el (17×) שִׂחֵק, יְשַׂחֵק: scherzen; spielen; tanzen
13×	צחק ⊛	Qal (6×) צָחַק, יִצְחַק: lachen
		Pi'el (7×) *צִחֵק, יְצַחֵק: scherzen; kosen
		Gen 18,12
118×	בטח₁ ⊛	Qal (113×) בָּטַח, יִבְטַח: vertrauen; voll Vertrauen sein; arglos sein
96×	אמן₁ ⊛	Nif'al (45×) נֶאֱמַן, יֵאָמֵן: sich als zuverlässig erweisen; Bestand haben
		Hif'il (51×) הֶאֱמִין, יַאֲמִין: glauben; vertrauen
47×	קוה₁ ⊛	Pi'el (41×) קִוָּה, יְקַוּוּ, וַיְקַו: hoffen; harren
76×	חנן₁ ⊛	Qal (54×) חָנַן, יָחֹן, וַיִּחַן: gnädig sein
		Hitpa'el (17×) הִתְחַנֵּן, יִתְחַנַּן: um Gnade flehen
47×	רחם ⊛ (רֶחֶם)	Pi'el (42×) רִחֵם, יְרַחֵם: mit Liebe begegnen; sich erbarmen
41×	חמל	Qal (41×) חָמַל, יַחְמֹל: Mitleid empfinden; schonen
108×	נחם ⊛	Nif'al (48×) נִחַם, יִנָּחֵם, וַיִּנָּחֶם: bereuen; sich trösten
		Pi'el (51×) נִחַם, יְנַחֵם: trösten
317×	ירא ⊛	Qal (267×) יָרֵא, יִירָא: fürchten; sich fürchten
		Nif'al (45×) נוֹרָא (Partizip): fürchtenswert; furchtbar
24×	חוס	Qal (24×) חָס, יָחוּס: betrübt sein; mitleidig blicken
15×	עצב₂	Nif'al (7×) נֶעֱצַב, יֵעָצֵב: bekümmert sein
		Gen 45,5
31×	אבל₁	Qal (10×) אָבַל, יֶאֱבַל: betrauern
		Hitpa'el (19×) הִתְאַבֵּל, יִתְאַבֵּל: die Trauerbräuche beobachten
30×	ספד	Qal (28×) סָפַד, יִסְפֹּד: die Totenklage anstimmen; einen Verstorbenen betrauern; klagen

114×	בכה ⊛	Qal (112×) בָּכָה, יִבְכֶּה, וַיֵּבְךְּ: weinen; beweinen
30×	ילל ⊛	Hif‛il (30×) הֵילִיל, יְיֵלִיל: heulen; wehklagen
39×	בהל	Nif‛al (24×) נִבְהַל, יִבָּהֵל: entsetzt sein; von Sinnen sein
25×	מרד	Qal (25×) מָרַד, יִמְרֹד: sich auflehnen; empören
125×	בוש₁ ⊛	Qal (94×) בּוֹשׁ, יֵבוֹשׁ: sich schämen
		Hif‛il₁ (12×) הֵבִישׁ, יָבִישׁ: zuschanden machen
		Hif‛il₂ (18×) הֹבִישׁ: beschämt dastehen; zuschanden werden
38×	כלם	Nif‛al (26×) נִכְלַם, יִכָּלֵם: sich schämen; zuschanden werden
54×	כעס ⊛	Hif‛il (46×) הִכְעִיס, יַכְעִיס: kränken; zum Zorn reizen
91×	חרה₁ ⊛	Qal (82×) חָרָה, יֶחֱרֶה, וַיִּחַר: heiß werden; zornig werden ♦ חָרָה אַפּוֹ sein Zorn entbrannte
34×	קצף	Qal (28×) קָצַף, יִקְצֹף: zürnen; zornig sein

14. Verben des negativen menschlichen Umgangs
(siehe Seite 9)

96×	רעע₁ ⊛	Qal (26×) רַע, יֵרַע, וַיֵּרַע: schlecht sein ♦ רַע בְּעֵינֵי missfallen
		Hif‛il (68×) הֵרַע, יָרַע: Schlechtes tun; verwerflich handeln ♦ מֵרַע Übeltäter
41×	פשע ⊛	Qal (40×) פָּשַׁע, יִפְשַׁע: brechen mit; verbrecherisch handeln
35×	אשם	Qal (33×) אָשַׁם, יֶאְשַׁם: sich verschulden; Schuld büßen
34×	רשע	Hif‛il (25×) הִרְשִׁיעַ, יַרְשִׁיעַ: sich schuldig machen; für schuldig erklären

238×	חטא ⊛	Qal (182×) חָטָא, יֶחֱטָא: verfehlen; sich verfehlen; sich versündigen; sündigen
		Hif'il (32×) הֶחֱטִיא, יַחֲטִיא: zur Sünde verführen
35×	נקם	Qal (13×) נָקַם, יִקֹּם: sich rächen
		Nif'al (12×) נִקַּם, יִנָּקֵם: gerächt werden; sich rächen
34×	קנא ⊛	Pi'el (30×) קִנֵּא, יְקַנֵּא: beneiden; eifersüchtig sein; eifern
42×	בזה	Qal (32×) בָּזָה, יִבְזֶה: gering schätzen; verachten
22×	תעב (תּוֹעֵבָה)	Pi'el (15×) תִּעֵב, יְתַעֵב: verabscheuen
146×	שנא ⊛	Qal (129×) שָׂנֵא, יִשְׂנָא: hassen; zurücksetzen
		♦ שֹׂנֵא Hasser; Feind
		Pi'el (15×) מְשַׂנֵּא (Partizip): Feind
44×	מרה	Qal (22×) מָרָה: widerspenstig sein
		Hif'il (22×) הִמְרָה, יַמְרֶה: sich widerspenstig benehmen
17×	סרר	Qal (17×) סָרַר: störrisch sein Dtn 21,18
67×	ריב ⊛	Qal (65×) וַיָּרֶב, רָב, יָרִיב: streiten; hadern; einen Rechtsstreit führen
26×	צרר₂	Qal (26×) צַר, יָצַר: anfeinden ♦ צֹרֵר Feind
49×	בגד	Qal (49×) בָּגַד, יִבְגֹּד: treulos handeln
35×	מעל	Qal (35×) מָעַל, יִמְעַל: pflichtwidrig handeln; untreu sein
59×	זנה₁ ⊛	Qal (49×) זָנָה, יִזְנֶה: huren; treulos sein
31×	נאף	Qal (16×) נָאַף*, יִנְאַף: Ehebruch treiben
		Pi'el (15×) נִאֵף, יְנָאֵף: Ehebruch treiben
79×	ענה₂ ⊛	Pi'el (56×) עִנָּה, יְעַנֶּה: bedrücken; demütigen; Gewalt antun
37×	עשק₁	Qal (36×) עָשַׁק, יַעֲשֹׁק: bedrücken; ausbeuten; erpressen

12×	צוק₁	Hif'il (11×) הֵצִיק, יָצִיק: bedrängen; zusetzen Dtn 28,53
74×	מאס₁ ⊛	Qal (71×) מָאַס, יִמְאַס: ablehnen; verwerfen
24×	נאץ ⊛	Pi'el (15×) נִאֵץ, יְנָאֵץ: unehrerbietig behandeln; verwerfen
40×	נטש	Qal (33×) נָטַשׁ, יִטֹּשׁ: sich selber überlassen; aufgeben

15. Verben des Wahrnehmens und Wissens (siehe Seite 9)

1301×	ראה ⊛	Qal (1128×) רָאָה, יִרְאֶה, וַיַּרְא: sehen
Nif'al (101×) נִרְאָה, יֵרָאֶה, וַיֵּרָא: sich sehen lassen; sichtbar werden; erscheinen
Hif'il (62×) הֶרְאָה, יַרְאֶה, וַיַּרְא: sehen lassen; zeigen
55×	חזה ⊛	Qal (55×) חָזָה, יֶחֱזֶה: sehen; erblicken
22×	שקף	Nif'al (10×) נִשְׁקַף: herunterblicken
Hif'il (12×) הִשְׁקִיף, יַשְׁקִיף: herunterblicken
69×	נבט ⊛	Hif'il (68×) הִבִּיט, יַבִּיט, וַיַּבֵּט: blicken; schauen
35×	צפה₁	Qal (26×)* צָפָה, יִצְפֶּה: spähen; Ausschau halten ♦ צֹפֶה Wächter
1159×	שמע ⊛	Qal (1051×) שָׁמַע, יִשְׁמַע: hören; anhören; erhören; gehorchen; verstehen
Nif'al (43×) נִשְׁמַע, יִשָּׁמַע: gehört werden
Hif'il (63×) הִשְׁמִיעַ, יַשְׁמִיעַ: hören lassen; verkündigen
41×	אזן₁ ⊛ (אֹזֶן)	Hif'il (41×) הֶאֱזִין, יַאֲזִין: hinhören; hören auf
46×	קשב ⊛	Hif'il (45×) הִקְשִׁיב, יַקְשִׁיב: aufmerksam hinhören

112×	חשב ⊛	Qal (65×) חָשַׁב, יַחְשֹׁב: halten für; anrechnen; planen; im Sinn haben
		Nif'al (30×) נֶחְשַׁב, יֵחָשֵׁב: gerechnet werden; Wert haben; gelten als
57×	יעץ ⊛	Qal (34×) יָעַץ, יִיעַץ: raten; beraten; planen; beschließen
		Nif'al (22×) נוֹעַץ, יִוָּעֵץ: sich beraten; beschließen
303×	פקד ⊛	Qal (234×) פָּקַד, יִפְקֹד: prüfend sehen nach; mustern; anweisen; zur Verantwortung ziehen ♦ פְּקֻדִים Gemusterte
		Nif'al (21×) נִפְקַד, יִפָּקֵד: vermisst werden; fehlen; heimgesucht werden
		Hif'il (29×) הִפְקִיד, יַפְקִיד: einsetzen über; übergeben
28×	בחן ⊛	Qal (25×) בָּחַן, יִבְחַן: prüfen; auf die Probe stellen
36×	נסה ⊛	Pi'el (36×) נִסָּה, יְנַסֶּה: auf die Probe stellen; versuchen
27×	חקר	Qal (22×) חָקַר, יַחְקֹר: erforschen; auskundschaften
24×	תור	Qal (22×) תָּר, יָתוּר: auskundschaften; erforschen
170×	בין ⊛	Qal (63×) בִּין, יָבִין, וַיָּבֶן: verstehen; einsehen; achten auf
		Nif'al (22×) נָבוֹן (Partizip): einsichtig
		Hitpolel (22×) הִתְבּוֹנֵן, יִתְבּוֹנֵן: sich einsichtig verhalten
		Hif'il (62×) הֵבִין, יָבִין, וַיָּבֶן: Einsicht haben; verstehen; zur Einsicht bringen
60×	שכל₁ ⊛	Hif'il (59×) הִשְׂכִּיל, יַשְׂכִּיל: verstehen; einsehen; Einsicht haben; Erfolg haben

B. Verben

947×	ידע ⊛	Qal (822×) יָדַע, יֵדַע, וַיֵּדַע: merken; erkennen; sich kümmern um; kennen; verstehen; wissen
		Nif'al (41×) נוֹדַע, יִוָּדַע: sich kundtun; bekannt werden; bekannt sein
		Hif'il (71×) הוֹדִיעַ, יוֹדִיעַ: wissen lassen; kundtun; mitteilen
193×	יכל ⊛	Qal (193×) יָכֹל, יוּכַל: können; vermögen; überlegen sein
25×	גבר	Qal (17×) גָּבַר, יִגְבַּר: überlegen sein; zunehmen
49×	נכר ⊛	Hif'il (38×) הִכִּיר, יַכִּיר, וַיַּכֵּר: erkennen; kennen
65×	צלח ⊛	Qal (25×) צָלַח, יִצְלַח: eindringen; gelingen
		Hif'il (40×) הִצְלִיחַ, יַצְלִיחַ: Gelingen haben; gelingen lassen
27×	חכם	Qal (19×) חָכַם, יֶחְכַּם: weise sein; weise werden
222×	זכר ⊛	Qal (171×) זָכַר, יִזְכֹּר: sich erinnern; denken an
		Nif'al (20×) נִזְכַּר*, יִזָּכֵר: genannt werden; gedenken
		Hif'il (31×) הִזְכִּיר, יַזְכִּיר: bekannt machen; bekennen; preisen
86×	למד ⊛	Qal (24×) לָמַד, יִלְמַד: lernen
		Pi'el (57×) לִמֵּד, יְלַמֵּד: lehren
46×	ירה₃ ⊛	Hif'il (46×) הוֹרָה: unterweisen; lehren
102×	שכח ⊛	Qal (86×) שָׁכַח, יִשְׁכַּח: vergessen
		Nif'al (13×) נִשְׁכַּח, יִשָּׁכַח: in Vergessenheit geraten

16. Verben des Gebens und Nehmens (siehe Seite 9)

2009×	נתן ⊛	Qal (1919×) נָתַן, יִתֵּן: geben
		Nifʿal (82×) נִתַּן, יִנָּתֵן: gegeben werden
56×	זרע ⊛	Qal (46×) זָרַע, יִזְרַע: säen
25×	נסך ₁	Hifʿil (14×) הִסִּיךְ, יַסִּיךְ: spenden (Trankopfer)
115×	שפך ⊛	Qal (101×) שָׁפַךְ, יִשְׁפֹּךְ: gießen; schütten; ausgießen
52×	יצק	Qal (41×) יָצַק, יִצֹּק: ausgießen; gießen
65×	פוץ ⊛	Nifʿal (16×) נָפוֹץ: zerstreut werden
		Hifʿil (36×) הֵפִיץ, יָפִיץ, וַיָּפֶץ: zerstreuen
38×	זרה ₁	Piʿel (25×) זֵרָה, יְזָרֶה: zerstreuen
34×	זרק ₁	Qal (32×) זָרַק, יִזְרֹק: streuen; sprengen
51×	נדח ₁ ⊛	Nifʿal (23×) נִדַּח: versprengt werden
		Hifʿil (26×) הִדִּיחַ, יַדִּיחַ: versprengen; auseinanderjagen; verführen
24×	נזה	Hifʿil (20×) הִזָּה, יַזֶּה: sprengen; besprengen
847×	שלח ⊛	Qal (564×) שָׁלַח, יִשְׁלַח: ausstrecken; schicken; senden
		Piʿel (267×) שִׁלַּח, יְשַׁלַּח: freien Lauf lassen; loslassen; entlassen
214×	נטה ⊛	Qal (135×) נָטָה, יִטֶּה, וַיֵּט: ausstrecken; ausspannen; neigen; abbiegen
		Hifʿil (76×) הִטָּה, יַטֶּה, וַיֵּט: ausstrecken; herabneigen; beugen; seitwärts lenken
125×	שלך ⊛	Hifʿil (112×) הִשְׁלִיךְ, יַשְׁלִיךְ: werfen
		Hofʿal (13×) הֻשְׁלַךְ, יֻשְׁלַךְ: geworfen werden
27×	ירה ₁	Qal (13×) יָרָה, יִרֶה: werfen; schießen
		Hifʿil (13×) הוֹרָה, יוֹרֶה: schießen
46×	עצר	Qal (36×) עָצַר, יַעֲצֹר: zurückhalten; festhalten; verhaften; verschließen

B. Verben

29×	מנע	Qal (25×) מָנַע, יִמְנַע: zurückhalten; vorenthalten; verweigern
28×	חשׂך	Qal (26×) חָשַׂךְ, יַחְשֹׂךְ: zurückhalten; schonen; sparen
966×	לקח ⊛	Qal (938×) לָקַח, יִקַּח: nehmen; fassen; ergreifen; holen
		Qal passiv (15×) לֻקַּח, יֻקַּח: genommen werden; geholt werden
65×	תפשׂ ⊛	Qal (49×) תָּפַשׂ, יִתְפֹּשׂ: packen; ergreifen; erobern; gebrauchen
		Nif'al (15×) נִתְפַּשׂ, יִתָּפֵשׂ: gefangen werden; eingenommen werden
63×	אחז ⊛ ₁	Qal (55×) אָחַז, יֹאחֵז/יֶאֱחֹז, וַיֹּאחֶז: packen; fassen; festhalten
21×	תמך	Qal (20×) תָּמַךְ, יִתְמֹךְ: ergreifen; halten
13×	קבל	Pi'el (11×) קִבֵּל, יְקַבֵּל: entgegennehmen; annehmen Ijob 2,10
11×	ארשׂ	Pi'el (6×) אֵרַשׂ, יְאָרֵשׂ: sich (eine Frau) anverloben 2Sam 3,14
43×	הרה	Qal (41×) הָרָה, יַהֲרֶה: empfangen; schwanger sein
25×	שׁלף	Qal (25×) שָׁלַף, יִשְׁלֹף: (her)ausziehen; zücken
146×	נסע ⊛	Qal (136×) נָסַע, יִסַּע: herausreißen; aufbrechen; weiterziehen
40×	גנב	Qal (31×) גָּנַב, יִגְנֹב: entwenden; stehlen
30×	גזל	Qal (29×) גָּזַל, יִגְזֹל: wegnehmen; berauben
24×	שׁכל	Pi'el (18×) שִׁכֵּל, יְשַׁכֵּל: der Kinder berauben; eine Fehlgeburt haben
23×	יעל	Hif'il (23×) הוֹעִיל, יוֹעִיל: helfen; nützen; Nutzen haben
81×	עזר ⊛	Qal (75×) עָזַר, יַעֲזֹר: helfen; beistehen; zu Hilfe kommen

B. Verben

180×	יָשַׁע ⊛	Nifʿal (21×) נוֹשַׁע, יִוָּשַׁע: Hilfe empfangen; siegreich sein
		Hifʿil (159×) הוֹשִׁיעַ, יוֹשִׁיעַ: helfen; retten; zu Hilfe kommen
213×	נצל ⊛	Nifʿal (15×) נִצַּל, יִנָּצֵל: gerettet werden; sich retten
		Hifʿil (191×) הִצִּיל, יַצִּיל: entreißen; herausreißen; retten
94×	מלט₁ ⊛	Nifʿal (63×) נִמְלַט, יִמָּלֵט: sich in Sicherheit bringen
		Piʿel (28×) מִלֵּט, יְמַלֵּט: retten
27×	פלט ⊛	Piʿel (24×) פִּלֵּט, יְפַלֵּט: davonbringen; retten
200×	אסף ⊛	Qal (105×) אָסַף, יֶאֱסֹף: sammeln; aufnehmen; wegnehmen
		Nifʿal (81×) נֶאֱסַף, יֵאָסֵף: versammelt werden; sich versammeln
37×	לקט	Qal (14×) לָקַט, יִלְקֹט: sammeln; auflesen
		Piʿel (21×) לִקֵּט, יְלַקֵּט: sammeln; auflesen
127×	קבץ ⊛	Qal (38×) קָבַץ, יִקְבֹּץ: sammeln
		Nifʿal (31×) נִקְבַּץ, יִקָּבֵץ: sich versammeln; gesammelt werden
		Piʿel (49×) קִבֵּץ, יְקַבֵּץ: sammeln
39×	קהל (קָהָל)	Nifʿal (19×) נִקְהַל, יִקָּהֵל: sich versammeln
		Hifʿil (20×) הִקְהִיל, יַקְהִיל, וַיַּקְהֵל: versammeln; einberufen
29×	יעד	Nifʿal (19×) נוֹעַד, יִוָּעֵד: sich einfinden; sich versammeln
28×	חבר₂	Qal (11×) חָבַר: sich verbünden; verbündet sein
		Piʿel (9×) חִבֵּר, יְחַבֵּר: zusammenfügen
212×	יסף ⊛	Qal (33×) יָסַף: hinzufügen; weiterhin tun
		Hifʿil (173×) הוֹסִיף, יוֹסִיף, וַיֹּסֶף: hinzufügen; steigern; nochmals tun; weiter tun
170×	בחר₂	Qal (163×) בָּחַר, יִבְחַר: auswählen; erwählen

B. Verben

84×	⊛ קנה	Qal (81×) קָנָה, יִקְנֶה, וַיִּקֶן: kaufen; erwerben; schaffen
21×	שבר 2 (שֶׁבֶר 2)	Qal (16×) שָׁבַר*, יִשְׁבֹּר: Getreide einkaufen
103×	⊛ גאל 1	Qal (95×) גָּאַל, יִגְאַל: auslösen; erlösen; lösen ♦ גֹּאֵל Löser; Erlöser
60×	⊛ פדה	Qal (55×) פָּדָה, יִפְדֶּה: loskaufen; auslösen; befreien
34×	קצר 1	Qal (34×) קָצַר, יִקְצֹר: einbringen; ernten
80×	מכר	Qal (57×) מָכַר, יִמְכֹּר: verkaufen; ausliefern; preisgeben Nif'al (19×) נִמְכַּר, יִמָּכֵר: verkauft werden; sich verkaufen
814×	⊛ אכל	Qal (744×) אָכַל, יֹאכַל, וַיֹּאכַל: essen; fressen; verzehren Nif'al (45×) נֶאֱכַל, יֵאָכֵל: gegessen werden Hif'il (20×) הֶאֱכִיל, יַאֲכִיל: zu essen geben
40×	בלע 1	Qal (20×) בָּלַע, יִבְלַע: verschlingen; hinunterschlucken Pi'el (19×) בִּלַּע, יְבַלַּע: verschlingen; vertilgen
97×	⊛ שבע	Qal (78×) שָׂבַע, יִשְׂבַּע: sich satt essen; sich sättigen Hif'il (16×) הִשְׂבִּיעַ, יַשְׂבִּיעַ: satt machen; sättigen
217×	⊛ שתה	Qal (216×) שָׁתָה, יִשְׁתֶּה, וַיֵּשְׁתְּ: trinken
61×	שקה	Hif'il (60×) הִשְׁקָה, יַשְׁקֶה, וַיַּשְׁקְ: zu trinken geben; bewässern
16×	⊛ ינק	Hif'il (9×) הֵינִיק, יֵינִיק: säugen; stillen Ex 2,7
14×	רוה	Pi'el (6×) רִוָּה, יְרַוֶּה: satt tränken Hif'il (5×) הִרְוָה: satt tränken Ps 65,11
37×	גמל	Qal (34×) גָּמַל, יִגְמֹל: entwöhnen; antun; erweisen
21×	צום	Qal (21×) צָם: fasten

96×	לבש ⊛	*Qal* (60×) לָבַשׁ, יִלְבַּשׁ: anziehen; sich bekleiden mit
		Hif'il (32×) הִלְבִּישׁ, יַלְבִּישׁ: bekleiden
44×	חגר	*Qal* (44×) חָגַר, יַחְגֹּר: gürten
44×	חלץ	*Qal* (22×) חָלוּץ (*Partizip passiv*): gegürtet; kampfbereit
		Pi'el (14×) חִלֵּץ, יְחַלֵּץ: herausreißen; retten
656×	נשא ⊛	*Qal* (599×) נָשָׂא, יִשָּׂא: tragen; hochheben; erheben; wegnehmen
		Nif'al (33×) נִשָּׂא, יִנָּשֵׂא: getragen werden; sich erheben
9×	סבל	*Qal* (7×) סָבַל, יִסְבֹּל: tragen *Jes 46,4*
231×	ירש ⊛	*Qal* (160×) יָרַשׁ, יִירַשׁ: in Besitz nehmen; beerben
		Hif'il (66×) הוֹרִישׁ, יוֹרִישׁ: in Besitz nehmen; enteignen; vertreiben
59×	נחל	*Qal* (30×) נָחַל, יִנְחַל: als Besitz erhalten; in Besitz nehmen
		Hif'il (17×) הִנְחִיל, יַנְחִיל: als Erbbesitz geben
16×	בעל	*Qal* (14×) בָּעַל, יִבְעַל: besitzen; beherrschen; heiraten *Jer 31,32*
14×	מור	*Hif'il* (13×) הֵמִיר, יָמִיר: vertauschen *Ps 106,20*

17. Verben des Machens (siehe Seite 9)

2622×	עשׂה₁ ⊛	*Qal* (2522×) עָשָׂה, יַעֲשֶׂה, וַיַּעַשׂ: machen; erschaffen; tun
		Nif'al (99×) נַעֲשָׂה, יֵעָשֶׂה: getan werden; gemacht werden
57×	פעל ⊛	*Qal* (57×) פָּעַל, יִפְעַל: machen; tun
288×	עבד ⊛	*Qal* (270×) עָבַד, יַעֲבֹד: arbeiten; dienen

B. Verben

97×	שרת ⊛	Pi'el (97×) שֵׁרֵת, יְשָׁרֵת: dienen; im Dienst stehen ♦ מְשָׁרֵת Diener
20×	שכר	Qal (17×) שָׂכַר: um Lohn in Dienst nehmen; dingen; mieten
14×	כבש	Qal (7×) כָּבַשׁ, יִכְבֹּשׁ: unterwerfen; dienstbar machen Gen 1,28
23×	כהן (כֹּהֵן)	Pi'el (23×) כִּהֵן, יְכַהֵן: als Priester amten
40×	עוד 2 (עֵד)	Hif'il (39×) הֵעִיד, יָעִיד: als Zeugen anrufen; Zeuge sein; ermahnen; warnen
41×	צדק	Qal (22×) צָדֵק, יִצְדַּק: im Recht sein; Recht haben
		Hif'il (12×) הִצְדִּיק, יַצְדִּיק: Recht schaffen für; für schuldlos erklären
23×	דין	Qal (22×) דָּן, יָדִין: Recht schaffen; Gericht halten
202×	שפט ⊛	Qal (184×) שָׁפַט, יִשְׁפֹּט: richten; Recht schaffen; herrschen ♦ שֹׁפֵט Richter
		Nif'al (17×) נִשְׁפַּט, יִשָּׁפֵט: sich vor Gericht stellen; ins Gericht gehen
347×	מלך 1 ⊛	Qal (297×) מָלַךְ, יִמְלֹךְ: König sein; herrschen
		Hif'il (49×) הִמְלִיךְ, יַמְלִיךְ: als König einsetzen
80×	משל 2 ⊛	Qal (77×) מָשַׁל, יִמְשֹׁל: herrschen ♦ מֹשֵׁל Herrscher
22×	רדה 1	Qal (22×) רָדָה, יִרְדֶּה: herrschen
187×	גלה ⊛	Qal (50×) גָּלָה, יִגְלֶה, וַיִּגֶל: aufdecken; fortgehen; in die Verbannung gehen
		Nif'al (32×) נִגְלָה, יִגָּלֶה: entblößt werden; sich offenbaren
		Pi'el (56×) גִּלָּה, יְגַלֶּה: aufdecken; enthüllen; beschlafen ♦ לְגַלּוֹת עֶרְוָה
		Hif'il (38×) הִגְלָה, יַגְלֶה, וַיֶּגֶל: in die Verbannung führen

20×	פקח	Qal (17×) פָּקַח, יִפְקַח: auftun; öffnen ♦ פָּקַח עֵינַיִם die Augen auftun
135×	⊛ פתח₁	Qal (97×) פָּתַח, יִפְתַּח: auftun; öffnen
		Nif'al (18×) נִפְתַּח, יִפָּתַח: geöffnet werden; befreit werden
		Pi'el (19×) פִּתַּח, יְפַתַּח: losbinden; befreien
44×	נקה	Nif'al (25×) נִקָּה, יִנָּקֶה: frei sein; straflos bleiben
		Pi'el (18×) נִקָּה, יְנַקֶּה: ungestraft lassen; für straffrei erklären
152×	⊛ כסה	Pi'el (131×) כִּסָּה, יְכַסֶּה, וַיְכַס: bedecken; zudecken; verbergen
32×	צפן	Qal (27×) צָפַן, יִצְפֹּן: verbergen; aufbewahren
81×	⊛ סתר	Nif'al (30×) נִסְתַּר, יִסָּתֵר: sich verbergen; verborgen sein
		Hif'il (44×) הִסְתִּיר, יַסְתִּיר: verbergen
32×	כחד	Pi'el (15×) כִּחֵד, יְכַחֵד: verborgen halten; verhüllen
27×	עלם₁	Nif'al (11×) נֶעְלַם: verborgen sein
		Hif'il (9×) הֶעְלִים, יַעְלִים: verbergen; verschließen
31×	טמן	Qal (28×) טָמַן, יִטְמֹן: verbergen; versteckt anbringen
34×	חבא	Nif'al (16×) נֶחְבָּא, יֵחָבֵא: sich verstecken
		Hitpa'el (10×) הִתְחַבֵּא, יִתְחַבֵּא: sich versteckt halten
91×	⊛ סגר	Qal (44×) סָגַר, יִסְגֹּר: schließen
		Hif'il (30×) הִסְגִּיר, יַסְגִּיר: ausliefern; absondern
32×	צור₁	Qal (32×) צָר, יָצוּר: verschnüren; einschließen; belagern
26×	חתם (חוֹתָם₁)	Qal (22×) חָתַם*, יַחְתֹּם: (ver)siegeln
33×	חבש	Qal (29×) חָבַשׁ, יַחֲבֹשׁ: binden; satteln; verbinden

B. Verben

44×	קשר	Qal (36×) קָשַׁר, יִקְשֹׁר: anbinden; verschworen sein
28×	תלה	Qal (23×) תָּלָה, יִתְלֶה: aufhängen
48×	סמך	Qal (41×) סָמַךְ, יִסְמֹךְ: stützen; unterstützen; legen
22×	שען	Nif al (22×) נִשְׁעַן, יִשָּׁעֵן: sich stützen; sich verlassen
75×	ערך ⊛	Qal (69×) עָרַךְ, יַעֲרֹךְ: in Reihen stellen; in Ordnung bringen
27×	חרש₁	Qal (24×) חָרַשׁ, יַחֲרֹשׁ: pflügen; verarbeiten; vorbereiten
23×	חפר₁	Qal (23×) חָפַר, יַחְפֹּר: graben
133×	קבר ⊛	Qal (87×) קָבַר, יִקְבֹּר: begraben Nif al (39×) נִקְבַּר*, יִקָּבֵר: begraben werden
290×	חזק ⊛	Qal (82×) חָזַק, יֶחֱזַק: stark sein; stark werden; überwältigen; Mut haben Piʿel (64×) חִזַּק, יְחַזֵּק: stärken; ausbessern Hitpaʿel (27×) הִתְחַזֵּק, יִתְחַזֵּק: sich mutig erweisen; sich stark erweisen Hif il (117×) הֶחֱזִיק, יַחֲזִיק: ergreifen; packen; festhalten
41×	אמץ	Qal (16×) אָמַץ, יֶאֱמַץ: stark sein Piʿel (19×) אִמֵּץ, יְאַמֵּץ: stärken
54×	דבק ⊛	Qal (39×) דָּבַק, יִדְבַּק: haften; kleben; hangen; festhalten
468×	שמר ⊛	Qal (427×) שָׁמַר, יִשְׁמֹר: hüten; bewachen; bewahren; sorgfältig tun; halten Nif al (37×) נִשְׁמַר, יִשָּׁמֵר: sich hüten
63×	נצר ⊛	Qal (63×) נָצַר, יִצֹּר: bewachen; behüten; bewahren; befolgen

116×	שׁלם ⊛	Pi'el (89×) שִׁלֵּם, יְשַׁלֵּם: unversehrt machen; vollständig machen; Ersatz leisten; vergelten; ersetzen ◆ שִׁלַּם נֶדֶר ein Gelübde erfüllen
		Hif'il (13×) הִשְׁלִים, יַשְׁלִים: vollenden; Frieden machen
171×	קדשׁ ⊛	Pi'el (75×) קִדַּשׁ, יְקַדֵּשׁ: heiligen; weihen
		Hitpa'el (24×) הִתְקַדֵּשׁ, יִתְקַדֵּשׁ: sich in den Stand der Weihe versetzen
		Hif'il (45×) הִקְדִּישׁ, יַקְדִּישׁ: als geheiligt bezeichnen
134×	חלל₁ ⊛	Pi'el (66×) חִלֵּל, יְחַלֵּל: entweihen; in Gebrauch nehmen
		Hif'il (56×) הֵחֵל, יָחֵל: entweihen lassen; anfangen
102×	כפר ⊛	Pi'el (92×) כִּפֶּר, יְכַפֵּר: Sühne schaffen; entsühnen
162×	טמא ⊛	Qal (77×) טָמֵא, יִטְמָא: (kultisch) unrein werden
		Pi'el (50×) טִמֵּא, יְטַמֵּא: entehren; entweihen; (kultisch) verunreinigen
		Hitpa'el (15×)* הִטַּמֵּא, יִטַּמָּא: sich Verunreinigung zuziehen
94×	טהר ⊛	Qal (34×) טָהֵר, יִטְהַר: rein sein
		Pi'el (39×) טִהַר, יְטַהֵר: für rein erklären
		Hitpa'el (20×) הִטַּהֵר, יִטַּהֵר: sich reinigen
51×	כבס ⊛	Pi'el (44×) כִּבֵּס, יְכַבֵּס: walken; reinigen
72×	רחץ ⊛	Qal (69×) רָחַץ, יִרְחַץ: waschen; sich waschen; baden
70×	משׁח ⊛	Qal (65×) מָשַׁח, יִמְשַׁח: bestreichen; salben
116×	יטב ⊛	Qal (43×) יָטַב, יִיטַב*: gut gehen; gefallen
		Hif'il (73×) הֵיטִיב, יֵיטִיב: Gutes erweisen; gut machen; gut handeln
22×	טוב	Qal (18×) טוֹב: gut sein

3561×	היה ⊛	Qal (3540×) הָיָה, יִהְיֶה, וַיְהִי: werden; eintreten; geschehen; sein
		Nifʿal (21×) נִהְיָה: geschehen; sich begeben
284×	חיה ⊛	Qal (205×) חָיָה, יִחְיֶה, וַיְחִי: leben; am Leben bleiben
		Piʿel (56×) חִיָּה, יְחַיֶּה: am Leben erhalten
		Hifʿil (23×) הֶחֱיָה, יְחַיֶּה: am Leben erhalten
30×	דמה ₁	Qal (14×) דָּמָה, יִדְמֶה: gleichen
		Piʿel (14×) דִּמָּה, יְדַמֶּה: vergleichen; gleichstellen

18. Verben des Entstehens und Vergehens (siehe Seite 9)

495×	ילד ⊛	Qal (240×) יָלַד, יֵלֵד: erzeugen; gebären
		Qal passiv (26×) יֻלַּד: geboren werden
		Nifʿal (38×) נוֹלַד, יִוָּלֵד: geboren werden
		Piʿel (10×) מְיַלֶּדֶת (Partizip): Hebamme
		♦ מְיַלְּדֹת
		Hifʿil (176×) הוֹלִיד, יוֹלִיד: erzeugen; gebären lassen
45×	חיל ₁	Qal (27×) חָל, יָחִיל: kreißen; beben
		Polel (7×) *חוֹלֵל, יְחוֹלֵל: (kreißend) hervorbringen
58×	נטע ⊛	Qal (57×) נָטַע, יִטַּע: pflanzen
34×	פרח ₁	Qal (29×) פָּרַח, יִפְרַח: sprossen; treiben; ausbrechen (Krankheit)
33×	צמח	Qal (15×) צָמַח, יִצְמַח: sprossen; wachsen
		Hifʿil (14×) הִצְמִיחַ, יַצְמִיחַ: sprossen lassen; zum Sprießen bringen
29×	פרה	Qal (22×) פָּרָה, יִפְרֶה: Frucht tragen; fruchtbar sein
48×	ברא ₁ ⊛	Qal (38×) בָּרָא, יִבְרָא: (er)schaffen

41×	יסד₁	Qal (20×) יָסַד: gründen
376×	בנה ⊛	Qal (346×) בָּנָה, יִבְנֶה, וַיִּ֫בֶן: bauen; erbauen; aufbauen
		Nif'al (30×) נִבְנָה, יִבָּנֶה: gebaut werden
67×	רפא ⊛	Qal (38×) רָפָא, יִרְפָּא: heilen ♦ רֹפֵא Heilkundiger; Wundarzt
		Nif'al (17×) נִרְפָּא, יֵרָפֵא: geheilt werden; heil werden
44×	יצר ⊛	Qal (41×) יָצַר: formen; bilden; schaffen
16×	חצב₁	Qal (13×) חָצֵב, יַחְצֹב: aushauen; behauen Jes 5,2
26×	יגע	Qal (20×) יָגַע, יִיגַע: müde werden; sich abmühen
19×	לאה	Nif'al (10×) נִלְאָה: sich abmühen; müde sein Jes 1,14
75×	חלה ⊛	Qal (37×) חָלָה, יֶחֱלֶה: schwach werden; krank sein
		Pi'el (17×) חִלָּה, יְחַלֶּה: besänftigen; umschmeicheln
20×	צרע (צָרַ֫עַת)	Pu'al (15×) מְצֹרָע (Partizip): von einer Hautkrankheit betroffen
27×	זקן (זָקֵן)	Qal (25×) זָקֵן, יִזְקַן: alt sein; alt werden
15×	בלה	Qal (11×) בָּלָה, יִבְלֶה: verbraucht sein Dtn 8,4
20×	נבל₁	Qal (20×) נָבֵל, יִבֹּל: welken; abfallen

19. Verben der Gewalt und Zerstörung (siehe Seite 9)

150×	נגע ⊛	Qal (107×) נָגַע, יִגַּע: berühren; schlagen; reichen (bis)
		Hif'il (38×) הִגִּיעַ, יַגִּיעַ: berühren; berühren lassen; erreichen

500×	נכה ⊛	Hif'il (480×) הִכָּה, יַכֶּה, וַיַּךְ: schlagen; erschlagen
		Hof'al (16×) יֻכֶּה, הֻכָּה: geschlagen werden; erschlagen werden
49×	נגף	Qal (25×) יִגֹּף, נָגַף: schlagen
		Nif'al (23×) וַיִּנָּגֶף, יִנָּגֵף, נִגַּף: geschlagen werden
68×	תקע	Qal (65×) תָּקַע, יִתְקַע: einschlagen; schlagen; stoßen
22×	גדע	Pi'el (9×) גִּדַּע, יְגַדַּע: abschlagen; in Stücke schlagen
18×	נפץ₁	Pi'el (15×) נִפֵּץ, יְנַפֵּץ: zerschlagen *Jer 51,20*
18×	דכא	Pi'el (11×) דִּכָּא, יְדַכֵּא: zerschlagen *Ps 89,11*
17×	כתת	Qal (5×) כָּתַת: klein schlagen; zerstoßen
		Pi'el (5×) כִּתֵּת: in Stücke schlagen *Jes 2,4*
19×	נקב	Qal (13×) נָקַב, יִקֹּב: durchbohren; bezeichnen *Jes 62,2*
147×	שבר₁ ⊛	Qal (52×) שָׁבַר, יִשְׁבֹּר: zerbrechen; brechen
		Nif'al (57×) נִשְׁבַּר, יִשָּׁבֵר: zerbrochen werden; zerschlagen sein
		Pi'el (36×) שִׁבֵּר, יְשַׁבֵּר: in Stücke zerschlagen
53×	חתת ⊛	Qal (17×) חַת: zerbrechen; schreckerfüllt sein
		Nif'al (29×) נָחַת, יֵחַת: niedergeschlagen sein
47×	פרר₁ ⊛	Hif'il (44×) הֵפֵר, יָפֵר: brechen; zerstören; aufheben; vereiteln; ungültig machen
51×	בקע ⊛	Qal (16×) בָּקַע, יִבְקַע: spalten
		Nif'al (15×) נִבְקַע, יִבָּקַע: sich spalten
19×	רמס	Qal (18×) רָמַס, יִרְמֹס: zertreten; zerstampfen *2Kön 7,17*
42×	בדל ⊛	Hif'il (32×) הִבְדִּיל, יַבְדִּיל: trennen; unterscheiden von; aussondern
26×	פרד	Nif'al (12×) נִפְרַד, יִפָּרֵד: sich trennen
63×	קרע	Qal (58×) קָרַע, יִקְרַע: in Stücke reißen; wegreißen

55×	חלק‎₂ ⊛	Qal (19×) חָלַק, יַחֲלֹק‎: teilen; verteilen
		Pi'el (25×) חִלֵּק, יְחַלֵּק‎: verteilen; zuteilen
171×	לחם‎₁ ⊛	Nif'al (167×) נִלְחַם, יִלָּחֵם‎: handgemein werden; kämpfen
72×	אסר ⊛	Qal (65×) אָסַר, יֶאְסֹר‎: fesseln; gefangen halten; anbinden
121×	לכד ⊛	Qal (83×) לָכַד, יִלְכֹּד‎: fangen; (ein)nehmen
		Nif'al (36×) נִלְכַּד, יִלָּכֵד‎: gefangen werden; eingenommen werden; (vom Los) getroffen werden
47×	שבה	Qal (39×) שָׁבָה, יִשְׁבֶּה‎: (kriegs-)gefangen fortführen
43×	בזז	Qal (39×) בָּזַז, יָבֹז‎: plündern
45×	פרץ‎₁	Qal (42×) פָּרַץ, יִפְרֹץ‎: einen Riss machen; einreißen; ausbrechen
43×	הרס	Qal (30×) הָרַס, יַהֲרֹס‎: niederreißen; vernichten
42×	נתץ	Qal (31×) נָתַץ, יִתֹּץ‎: niederreißen; abbrechen
25×	טרף	Qal (20×) טָרַף, יִטְרֹף‎: zerreißen
27×	נתק	Nif'al (10×) נִתַּק, יִנָּתֵק‎: entzweigerissen werden
		Pi'el (11×) נִתֵּק, יְנַתֵּק‎: zerreißen
184×	אבד ⊛	Qal (117×) אָבַד, יֹאבַד‎: verloren gehen; umkommen; zugrunde gehen
		Pi'el (41×) אִבֵּד, יְאַבֵּד‎: vernichten
		Hif'il (26×) הֶאֱבִיד, יַאֲבִיד‎: ausrotten
142×	שחת ⊛	Pi'el (39×) שִׁחֵת‎: verderben; vernichten
		Hif'il (95×) הִשְׁחִית, יַשְׁחִית‎: verderben; zerstören; vernichten
34×	מחה‎₁	Qal (22×) מָחָה, יִמְחֶה‎: abwischen; vertilgen
58×	שדד ⊛	Qal (32×) שָׁדַד‎: verheeren; verwüsten; vergewaltigen ♦ שֹׁדֵד‎ Verwüster
		Pu'al (20×) שֻׁדַּד‎: verheert werden

27×	בער₂	Pi'el (25×) בִּעֵר, יְבַעֵר: wegschaffen; ausrotten
90×	שמד ⊛	Nif'al (21×) נִשְׁמַד, יִשָּׁמֵד: ausgerottet werden
		Hif'il (69×) הִשְׁמִיד, יַשְׁמִיד: ausrotten
288×	כרת ⊛	Qal (134×) כָּרַת, יִכְרֹת: abschneiden; abhauen; fällen ◆ כָּרַת בְּרִית eine Vereinbarung treffen
		Nif'al (73×) נִכְרַת, יִכָּרֵת: ausgerottet werden; beseitigt werden; ausgeschlossen werden
		Hif'il (78×) הִכְרִית, יַכְרִית: ausrotten
31×	מול₁	Nif'al (19×) נָמוֹל, יִמּוֹל: sich beschneiden lassen
23×	גלח	Pi'el (18×) גִּלַּח, יְגַלַּח: scheren
15×	גזז	Qal (14×) גָּזַז, יָגֹז: scheren 1Sam 25,2
843×	מות ⊛	Qal (628×) מֵת, יָמוּת, וַיָּמָת: sterben ◆ מֵת tot; Toter
		Hif'il (138×) הֵמִית, יָמִית, וַיָּמֶת: töten; sterben lassen
		Hof'al (68×) הוּמַת, יוּמַת: getötet werden ◆ מוֹת יוּמָת den Tod erleiden
24×	גוע	Qal (24×) גָּוַע, יִגְוַע: verscheiden; umkommen
167×	הרג ⊛	Qal (162×) הָרַג, יַהֲרֹג: töten; erschlagen
47×	רצח ⊛	Qal (40×) רָצַח, יִרְצַח: töten; morden
22×	סקל	Qal (12×) סָקַל, יִסְקֹל: steinigen
134×	זבח ⊛	Qal (112×) זָבַח, יִזְבַּח: schlachten
		Pi'el (22×) זִבַּח, יְזַבֵּחַ: darbringen
79×	שחט₁ ⊛	Qal (76×) שָׁחַט, יִשְׁחַט: schlachten

B. Verben

20. Verben des Bewegens und Bleibens (siehe Seite 10)

2571×	בוא ❋	Qal (1999×) בָּא, יָבוֹא: hineingehen; kommen; sich erfüllen ♦ עַד בֹּאֲךָ bis hin nach
		Hif'il (548×) הֵבִיא, יָבִיא, וַיָּבֵא: hineinbringen; hinbringen
		Hof'al (24×) הוּבָא, יוּבָא: gebracht werden
21×	אתה	Qal (19×) אָתָה, יֶאֱתֶה: kommen
1547×	הלך ❋	Qal (1412×) הָלַךְ, יֵלֵךְ, וַיֵּלֶךְ: gehen; wandeln; sich verhalten; dahingehen ♦ לְכָה / לְכוּ auf!
		Pi'el (25×) הִלֵּךְ, יְהַלֵּךְ: gehen; vergehen
		Hitpa'el (64×) הִתְהַלֵּךְ, יִתְהַלֵּךְ: umherziehen; wandeln
		Hif'il (45×) הוֹלִיךְ, יוֹלִיךְ, וַיּוֹלֶךְ: bringen; gehen lassen; geleiten
26×	חלף ₁	Qal (14×) חָלַף, יַחֲלֹף: vorüberfahren
		Hif'il (10×) הֶחֱלִיף, יַחֲלִיף: ändern; nachfolgen lassen
548×	עבר ₁ ❋	Qal (465×) עָבַר, יַעֲבֹר: einherziehen; vorübergehen; vergehen; hinübergehen
		Hif'il (80×) הֶעֱבִיר, יַעֲבִיר: überschreiten lassen; vorbeigehen lassen; Opfer darbringen; wegnehmen
21×	סחר	Qal (20×) סָחַר, יִסְחַר: (als Hirten) durchziehen ♦ סֹחֵר Händler
25×	רגל (רֶגֶל)	Pi'el (24×) רִגֵּל*, יְרַגֵּל: abwandern; auskundschaften ♦ מְרַגְּלִים Kundschafter
36×	משך	Qal (30×) מָשַׁךְ, יִמְשֹׁךְ: ziehen; schleppen; hinziehen
62×	דרך ❋	Qal (49×) דָּרַךְ, יִדְרֹךְ: treten; (einen Bogen) spannen; keltern

78×	רכב ⊛	Qal (58×) יִרְכַּב ,רָכַב: reiten; besteigen; fahren ◆ רֹכֵב סוּס Reiter
		Hif'il (20×) הִרְכִּיב ,יַרְכִּיב: reiten lassen; besteigen lassen
14×	שׁרץ	Qal (14×) שָׁרַץ ,יִשְׁרֹץ: kriechen; sich bewegen; wimmeln *Gen 1,20*
889×	עלה ⊛	Qal (609×) עָלָה ,יַעֲלֶה ,וַיַּעַל: hinaufsteigen; hinaufgehen
		Nif'al (18×) נַעֲלָה ,יֵעָלֶה: sich erheben; sich entfernen
		Hif'il (258×) הֶעֱלָה ,יַעֲלֶה ,וַיַּעַל: hinaufsteigen lassen; hinaufführen
25×	עוּף₁	Qal (18×) עָף ,יָעוּף: fliegen
380×	ירד ⊛	Qal (307×) יָרַד ,יֵרֵד ,וַיֵּרֶד: hinabgehen; herabkommen
		Hif'il (67×) הוֹרִיד ,יוֹרִיד: hinabbringen; hinabstürzen
434×	נפל ⊛	Qal (367×) נָפַל ,יִפֹּל: fallen; sich fallen lassen; sich hinwerfen
		Hif'il (61×) הִפִּיל ,יַפִּיל: fallen lassen; zu Fall bringen ◆ הִפִּיל גּוֹרָל das Los werfen
62×	כשׁל ⊛	Qal (29×) כָּשַׁל ,יִכְשֹׁל: straucheln; stolpern
		Nif'al (23×) נִכְשַׁל ,יִכָּשֵׁל: straucheln; stolpern
36×	כרע	Qal (30×) כָּרַע ,יִכְרַע: niederknien; zusammenbrechen
170×	חוה₂ ⊛	Hištaf'el (170×) הִשְׁתַּחֲוָה ,יִשְׁתַּחֲוֶה ,וַיִּשְׁתַּחוּ: sich tief beugen; sich verneigen *(in der Septuaginta: προσκυνέω)*
139×	קרא₂ ⊛	Qal (133×) קָרָא ,יִקְרָא: begegnen; treffen; widerfahren ◆ לִקְרַאת entgegen; gegenüber • לִקְרָאתוֹ ihm entgegen
22×	קרה₁	Qal (13×) קָרָה ,יִקְרֶה: begegnen; treffen; widerfahren
26×	קדם	Pi'el (24×) קִדֵּם ,יְקַדֵּם: vorn sein; hintreten vor; begegnen

46×	פָּגַע	Qal (40×) יִפְגַּע, פָּגַע: treffen auf; herfallen über; bittend angehen
455×	מצא ⊛	Qal (307×) יִמְצָא, מָצָא: zufällig treffen; finden; erlangen Nifʿal (141×) יִמָּצֵא, נִמְצָא: gefunden werden; sich finden lassen
280×	קרב ⊛	Qal (94×) יִקְרַב, קָרַב: sich nähern; herantreten Hifʿil (177×) הִקְרִיב, יַקְרִיב, וַיַּקְרֵב: heranbringen; bringen; darbringen; nahebringen
125×	נגשׁ ⊛	Qal (68×) *יִגַּשׁ, נָגַשׁ: herzutreten; sich nähern Hifʿil (37×) הִגִּישׁ, יַגִּישׁ: herbeibringen; darbringen
167×	רעה ₁	Qal (167×) יִרְעֶה, רָעָה: auf die Weide treiben; weiden lassen; hüten ♦ רֹעֶה Hirte ♦ רֹעֵה צֹאן Schafhirte
30×	נהג ₁	Qal (20×) יִנְהַג, נָהַג: treiben; leiten
23×	נגשׂ	Qal (19×) נָגַשׂ, יִגֹּשׂ: treiben; drängen ♦ נֹגֵשׂ Vogt; Gewalthaber
39×	נחה ₁	Hifʿil (28×) הִנְחָה, יַנְחֶה: führen; leiten
1067×	יצא ⊛	Qal (785×) יָצָא, יֵצֵא: herauskommen; hinausgehen; ausziehen Hifʿil (277×) הוֹצִיא, יוֹצִיא: herausgehen lassen; herausführen; hervorbringen
214×	עזב ₁	Qal (203×) יַעֲזֹב, עָזַב: verlassen; zurücklassen
46×	רפה	Qal (14×) יִרְפֶּה, רָפָה: schlaff werden Hifʿil (21×) *הִרְפָּה, יַרְפֶּה: verlassen; im Stich lassen; ablassen
1060×	שׁוב ⊛	Qal (683×) שָׁב, יָשׁוּב, וַיָּשָׁב: zurückkehren; sich abwenden von; wieder tun Hifʿil (360×) הֵשִׁיב, יָשִׁיב, וַיָּשֶׁב: zurückbringen; zurückgeben ♦ הֵשִׁיב דָּבָר antworten

B. Verben

162×	סבב ⊛	Qal (90×) סָבַב, יָסֹב, וַיִּסָּב: sich drehen; sich wenden; herumgehen; umgeben
		Nif'al (20×) נָסַב, יִסַּב: die Richtung ändern
		Hif'il (33×) הֵסֵב, יָסֵב: herumgehen lassen; abwenden; ändern
134×	פנה ⊛	Qal (116×) פָּנָה, יִפְנֶה, וַיִּפֶן: sich wenden; sich umdrehen; weitergehen
94×	הפך ⊛	Qal (55×) הָפַךְ, יַהֲפֹךְ: wenden; umstürzen; verändern
		Nif'al (34×) נֶהְפַּךְ, יֵהָפֵךְ: sich wandeln; verwandelt werden
18×	גלל	Qal (11×) גָּלַל: rollen; wälzen Gen 29,3
298×	סור ⊛	Qal (160×) סָר, יָסוּר, וַיָּסַר: abbiegen; weggehen; weichen; sich fernhalten
		Hif'il (132×) הֵסִיר, יָסִיר, וַיָּסַר: wegschaffen; entfernen
20×	מוש₂	Qal (12×) מָשׁ: von der Stelle weichen
24×	סוג₁	Nif'al (14×) נָסוֹג, יִסּוֹג: zurückweichen; sich davonmachen
45×	גרש₁ ⊛	Pi'el (35×) גֵּרֵשׁ, יְגָרֵשׁ, וַיְגָרֶשׁ: vertreiben
21×	נתש	Qal (16×) נָתַשׁ, יִתּוֹשׁ: ausreißen; austreiben
81×	מהר₁ ⊛	Pi'el (77×) מִהַר, יְמַהֵר: eilen; eilends tun; sich beeilen
17×	חוש₁	Qal (12×) חָשׁ: eilen Ps 22,20
103×	רוץ ⊛	Qal (96×) רָץ, יָרוּץ, וַיָּרָץ: laufen ♦ רָץ Läufer; Bote
63×	ברח₁ ⊛	Qal (59×) בָּרַח, יִבְרַח: entlaufen; fliehen
159×	נוס ⊛	Qal (154×) נָס, יָנוּס, וַיָּנָס: fliehen
28×	נדד	Qal (23×) נָדַד, יִדֹּד: fliehen; flüchten
37×	חסה	Qal (37×) חָסָה, יֶחֱסֶה: Zuflucht suchen

143×	רדף ⊛	Qal (131×) רָדַף, יִרְדֹּף: verfolgen; nachjagen
		♦ רָדַף אַחֲרֵי herhetzen hinter jemandem
		Pi'el (8×) רִדֵּף, יְרַדֵּף: nachjagen; verfolgen
50×	נשׂג ⊛	Hif'il (50×) הִשִּׂיג, יַשִּׂיג: einholen; erreichen; ausreichen
40×	מוט	Qal (15×) מָט, יָמוּט: wanken
		Nif'al (23×) נָמוֹט, יִמּוֹט: ins Wanken gebracht werden
34×	נוף₁	Hif'il (32×) הֵנִיף, יָנִיף: hin und her bewegen; schwingen
21×	שׁגה	Qal (17×) שָׁגָה, יִשְׁגֶּה: taumeln; sich vergehen
50×	תעה	Qal (27×) תָּעָה, יִתְעֶה: umherirren; taumeln
		Hif'il (21×) הִתְעָה, יַתְעֶה: irreführen; zum Taumeln bringen
24×	נוד	Qal (18×) נָד, יָנוּד: heimatlos sein; Teilnahme bekunden (durch Kopfschütteln)
40×	נוע	Qal (24×) נָע, יָנוּעַ: schwanken; ohne Obdach und Heimat umherschweifen
		Hif'il (14×) הֵנִיעַ, יָנִיעַ: unstet machen; schütteln
225×	בקשׁ ⊛	Pi'el (222×) בִּקֵּשׁ, יְבַקֵּשׁ: suchen; fordern; bitten; befragen
164×	דרשׁ ⊛	Qal (155×) דָּרַשׁ, יִדְרֹשׁ: sich kümmern um; fragen nach; suchen; fordern; sich wenden an
23×	חפשׂ	Pi'el (8×) חִפֵּשׂ, יְחַפֵּשׂ: suchen
		Hitpa'el (8×) הִתְחַפֵּשׂ, יִתְחַפֵּשׂ: sich unkenntlich machen
36×	כנע	Nif'al (25×) נִכְנַע, יִכָּנַע: sich ducken müssen; gedemütigt werden; sich demütigen
522×	עמד ⊛	Qal (435×) עָמַד, יַעֲמֹד: hintreten; dastehen; stehen bleiben
		Hif'il (85×) הֶעֱמִיד, יַעֲמִיד: hinstellen; aufstellen

586×	⊛ שִׂים	Qal (581×) שָׂם, יָשִׂים, וַיָּשֶׂם: hinlegen; hinstellen; bestimmen
216×	⊛ כון	Nifʿal (67×) נָכוֹן, יִכּוֹן: fest stehen; Bestand haben; sich hinstellen
		Polel (29×) כּוֹנֵן, יְכוֹנֵן: hinstellen; gründen; zielen
		Hifʿil (108×) הֵכִין, יָכִין, וַיָּכֶן: bereitstellen; errichten; bestimmen; festmachen
48×	⊛ יצב	Hitpaʿel (48×) הִתְיַצֵּב, יִתְיַצֵּב: sich hinstellen; sich einfinden
74×	⊛ נצב₁	Nifʿal (50×) נִצַּב: sich hinstellen; stehen; stehen bleiben
		Hifʿil (21×) הִצִּיב, יַצִּיב, וַיַּצֵּב: hinstellen; aufrichten
1076×	⊛ ישׁב	Qal (1030×) יָשַׁב, יֵשֵׁב, וַיֵּשֶׁב: sich hinsetzen; sitzen; sitzen bleiben; wohnen ♦ יוֹשֵׁב Einwohner; Bewohner
		Hifʿil (35×) הוֹשִׁיב, יוֹשִׁיב: sitzen lassen; setzen; wohnen lassen
83×	⊛ שׁית	Qal (81×) שָׁת, יָשִׁית, וַיָּשֶׁת: setzen; stellen; legen
212×	⊛ שׁכב	Qal (198×) שָׁכַב, יִשְׁכַּב: sich legen; liegen
30×	רבץ	Qal (24×) רָבַץ, יִרְבַּץ: sich niederlegen; lagern; daliegen
143×	⊛ חנה₁	Qal (143×) חָנָה, יַחֲנֶה, וַיִּחַן: Lager beziehen; Kriegslager aufschlagen
83×	⊛ גור₁	Qal (80×) גָּר, יָגוּר, וַיָּגָר: (als Fremder und Schutzbürger) weilen
140×	⊛ נוח₁	Qal (31×) נָח, יָנוּחַ, וַיָּנַח: sich niederlassen; ruhen; ausruhen
		Hifʿil₁ (32×) הֵנִיחַ, יָנִיחַ, וַיָּנַח: sich lagern lassen; Ruhe verschaffen
		Hifʿil₂ (74×) הִנִּיחַ, יַנִּיחַ, וַיַּנַּח: stellen; setzen; legen; belassen

129×	שׁכן ⊛	Qal (111×) שָׁכַן, יִשְׁכֹּן: sich niederlassen; wohnen
16×	ישׁן₁	Qal (15×) יָשֵׁן, יִישַׁן: einschlafen; schlafen *Ps 121,4*
29×	חלם	Qal (27×) חָלַם, יַחֲלֹם: träumen
22×	קיץ₂	Hifil (22×) הֵקִיץ, יָקִיץ: aufwachen
80×	עור₂	Qal (20×)* עָר, יָעוּר: wach sein; sich regen
		Hifil (33×) הֵעִיר, יָעִיר: aufwecken; erregen; in Bewegung bringen
627×	קום ⊛	Qal (459×) קָם, יָקוּם, וַיָּקָם: aufstehen; zustande kommen; Bestand haben
		Hifil (146×) הֵקִים, יָקִים, וַיָּקֶם: aufrichten; hinstellen; ausführen; aufstellen
117×	גדל ⊛	Qal (54×) גָּדַל, יִגְדַּל: heranwachsen; groß werden; groß sein
		Piel (25×) גִּדֵּל, יְגַדֵּל: groß ziehen; wachsen lassen
		Hifil (33×) הִגְדִּיל, יַגְדִּיל: groß machen; sich groß machen

21. Verben der natürlichen Phänomene (siehe Seite 10)

18×	זרח	Qal (18×) זָרַח, יִזְרַח: aufgehen; strahlen *Jona 4,8*
43×	אור ⊛	Hifil (34×) הֵאִיר, יָאִיר, וַיָּאֶר: leuchten; erhellen; hell sein lassen
59×	יבשׁ ⊛	Qal (41×) יָבֵשׁ, יִיבַשׁ: vertrocknen; verdorren
		Hifil (15×) הוֹבִישׁ, יוֹבִישׁ: vertrocknen lassen; verdorren lassen
36×	חרב₁	Qal (17×) חָרַב, יֶחֱרַב: austrocknen; in Trümmern liegen
		Hifil (13×) הֶחֱרִיב, יַחֲרִיב: vertrocknen lassen; in Trümmer legen

B. Verben

22×	חמם	Qal (19×) חַם, יֵחַם: warm sein; warm werden	
26×	יצת	Hifil (17×) הִצִּית, יַצִּית: in Brand stecken; Feuer legen	
60×	בער ⊛ ₁	Qal (38×) בָּעַר, יִבְעַר: brennen; entbrennen Piel (15×) בִּעֵר, יְבַעֵר: anzünden	
117×	שׂרף ⊛ ₁	Qal (102×) שָׂרַף, יִשְׂרֹף: verbrennen Nifal (14×)* נִשְׂרַף, יִשָּׂרֵף: verbrannt werden	
114×	קטר ⊛	Piel (42×) קִטֵּר, יְקַטֵּר: in Rauch aufsteigen lassen Hifil (70×) הִקְטִיר, יַקְטִיר: in Rauch aufgehen lassen	
24×	כבה	Qal (14×) כָּבָה, יִכְבֶּה: erlöschen	
28×	בשׁל	Piel (21×) בִּשֵּׁל, יְבַשֵּׁל: kochen; sieden; braten	
13×	אפה	Qal (10×) אָפָה, יֹאפֶה: backen	
28×	קשׁה	Hifil (21×) הִקְשָׁה, יַקְשֶׁה: verhärten	
43×	בלל	Qal (42×) בָּלַל: anfeuchten; vermengen; verwirren	
33×	צרף	Qal (30×) צָרַף, יִצְרֹף: schmelzen; läutern	
21×	נתך	Nifal (8×) נִתַּךְ: sich ergießen; zum Schmelzen gebracht werden	
22×	מסס	Nifal (19×) נָמֵס, יִמַּס: zerfließen; schwach werden	
18×	נטף	Qal (9×) נָטַף: tropfen; triefen Hifil (9×) הִטִּיף, יַטִּיף: fließen lassen; geifern Hld 4,11	
42×	זוב	Qal (42×)* זָב, יָזוּב: fließen; triefen ♦ אֶרֶץ זָבַת חָלָב וּדְבַשׁ ein Land, das von Milch und Honig fließt	
31×	שׁטף	Qal (28×) שָׁטַף, יִשְׁטֹף: fortschwemmen; fluten	
25×	פחד	Qal (22×) פָּחַד, יִפְחַד: zittern; beben; erschrecken	
41×	רגז	Qal (30×) רָגַז, יִרְגַּז: erbeben; in unruhige Bewegung geraten	

39×	חרד	Qal (23×) חָרַד, יֶחֱרַד: erbeben	
29×	₁רעשׁ	Qal (21×) רָעַשׁ, יִרְעַשׁ: erbeben	
34×	המה	Qal (34×) הָמָה, יֶהֱמֶה: lärmen; brausen; unruhig sein	

22. Verben der Menge und Dimension (siehe Seite 10)

250×	מלא ⊛	Qal (101×) מָלֵא, יִמְלָא: voll sein; anfüllen
		Nif'al (36×) *נִמְלָא, יִמָּלֵא: angefüllt werden
		Pi'el (111×) מִלֵּא, יְמַלֵּא: füllen; erfüllen; ausführen ♦ מִלֵּא יָד als Priester einsetzen; weihen
22×	₁רבב	Qal (21×) רַב, יִרֹב: zahlreich sein; zahlreich werden
175×	₁רבה ⊛	Qal (59×) רָבָה, יִרְבֶּה, וַיִּרֶב: zahlreich werden; sich mehren
		Hif'il (112×) הִרְבָּה, יַרְבֶּה, וַיֶּרֶב: zahlreich machen; groß machen
38×	כול	Pilpel (24×) כִּלְכֵּל, יְכַלְכֵּל: umfassen; in sich aufnehmen; versorgen
		Hif'il (12×) *הֵכִיל, יָכִיל: fassen; aufnehmen; halten
22×	מעט	Hif'il (13×) הִמְעִיט, יַמְעִיט: verringern
22×	חסר ⊛	Qal (18×) חָסֵר, יֶחְסַר: abnehmen; entbehren
133×	שׁאר ⊛	Nif'al (94×) נִשְׁאַר, יִשָּׁאֵר: übrig bleiben; zurückbleiben
		Hif'il (38×) הִשְׁאִיר, יַשְׁאִיר: übrig lassen
106×	יתר ⊛	Nif'al (81×) נוֹתַר, יִוָּתֵר: übrig gelassen werden; übrig bleiben
		Hif'il (25×) הוֹתִיר, יוֹתִיר: übrig lassen; übrig haben

91×	שמם ⊛	Qal (36×) שָׁמֵם, יֵשֹׁם: menschenleer sein; verödet sein; schaudern; sich entsetzen
		Nif'al (25×) נָשַׁם: menschenleer gemacht werden; veröden
		Hif'il (17×) הֵשַׁם, יָשִׁים: menschenleer machen; verödet machen
52×	מדד ⊛	Qal (43×) מָדַד, יָמֹד, וַיָּמָד: abmessen
18×	תכן	Nif'al (10×) נִתְכַּן, יִתָּכֵן: abgemessen sein; in Ordnung sein Ez 18,25
28×	מנה	Qal (12×) מָנָה, יִמְנֶה: zählen
22×	שקל	Qal (19×) שָׁקַל, יִשְׁקֹל: wiegen; wägen
113×	כבד ⊛	Qal (22×) כָּבֵד, יִכְבַּד: schwer lasten; schwer sein
		Nif'al (30×) נִכְבַּד, יִכָּבֵד: geehrt werden; sich in Herrlichkeit zeigen
		Pi'el (38×) כִּבֵּד, יְכַבֵּד: ehren
		Hif'il (17×) הִכְבִּיד, יַכְבִּיד: schwer machen; verstocken
73×	פלא ⊛	Nif'al (57×) נִפְלָא, יִפָּלֵא: zu schwer sein; ungewöhnlich sein; wunderbar sein
		◆ נִפְלָאוֹת Wunder
		Hif'il (12×) הִפְלִיא: wunderbar tun
47×	צפה₂	Pi'el (44×) צִפָּה, יְצַפֶּה: überziehen
67×	פרש ⊛	Qal (57×) פָּרַשׂ, יִפְרֹשׂ: ausbreiten; spannen
43×	פשט	Qal (24×) פָּשַׁט, יִפְשֹׁט: ausbreiten; ausziehen; einen Überfall machen
		Hif'il (15×) הִפְשִׁיט, יַפְשִׁיט: ausziehen; abziehen
22×	פשׂה	Qal (22×) פָּשָׂה, יִפְשֶׂה: sich ausbreiten (Krankheit)
25×	רחב	Hif'il (21×) הִרְחִיב, יַרְחִיב: weit machen; geräumig machen

57×	רחק ⊛	Qal (29×) יִרְחַק, רָחַק: fern sein; sich entfernen
		Hifil (24×) יַרְחִיק, הִרְחִיק: entfernen; sich entfernen
57×	צרר₁ ⊛	Qal₁ (9×) צָרַר: einwickeln; einsperren
		Qal₂ (35×) צַר, יֵצֶר, וַיֵּצֶר: eng sein; beklemmt sein; bekümmert sein
		Hifil (12×) הֵצַר, יָצֵר: bedrängen
25×	ישר	Qal (13×) יָשַׁר, יִישַׁר: gerade sein; recht sein; gefallen
34×	ארך	Hifil (31×) הֶאֱרִיךְ, יַאֲרִיךְ: lang machen; lang sein
21×	גרע₁	Qal (14×) גָּרַע, יִגְרַע: verkürzen; wegnehmen
192×	רום ⊛	Qal (70×) רָם, יָרוּם, וַיָּרָם: hoch sein; erhaben sein; sich erheben
		Polel (25×) רוֹמֵם, יְרוֹמֵם: in die Höhe bringen; erhöhen; preisen
		Hifil (89×) הֵרִים, יָרִים, וַיָּרֶם: in die Höhe bringen; erhöhen; erheben
34×	גבה ⊛	Qal (24×) גָּבַהּ, יִגְבַּהּ: hoch sein; hochfahrend sein
20×	שׂגב	Nifal (10×) נִשְׂגַּב: hoch sein; erhaben sein
30×	שׁפל	Qal (11×) שָׁפֵל, יִשְׁפַּל: niedrig sein; sich senken
		Hifil (19×) הִשְׁפִּיל, יַשְׁפִּיל: herunterbringen; erniedrigen; demütigen
70×	לין	Qal (68×) לָן, יָלִין, וַיָּלֶן: die Nacht verbringen; übernachten; bleiben
65×	שׁכם ⊛ (שְׁכֶם₁)	Hifil (65×) הִשְׁכִּים, יַשְׁכִּים, וַיַּשְׁכֵּם: früh tun; früh aufstehen; sich früh aufmachen; eifrig tun
42×	יחל	Piʿel (25×) יִחֵל, יְיַחֵל: warten
		Hifil (15×) הוֹחִיל, יוֹחִיל: warten
23×	ארב	Qal (20×) אָרַב, יֶאֱרֹב: im Hinterhalt liegen; auflauern

B. Verben

17×	אחר	Pi'el (15×) יְאַחֵר, אֵחַר: säumen; zögern Ps 127,2
208×	כלה ⊛	Qal (65×) יִכְלֶה, כָּלָה: aufhören; fertig werden; vergehen; zugrunde gehen
		Pi'el (141×) יְכַלֶּה, כִּלָּה: vollenden; aufhören; austilgen
54×	₁חדל ⊛	Qal (54×) יֶחְדַּל, חָדַל: aufhören; unterlassen
71×	שבת (שָׁבַת) ⊛	Qal (27×) יִשְׁבֹּת, שָׁבַת: aufhören; ruhen
		Hif'il (40×) יַשְׁבִּית, הִשְׁבִּית: zum Aufhören bringen; beseitigen
41×	שקט	Qal (31×) יִשְׁקֹט, שָׁקַט: Ruhe haben; ruhig sein
64×	תמם ⊛	Qal (54×) יִתֹּם, תַּם: vollendet sein; fertig werden; aufgezehrt werden

23. Art

| 31× | מִין | Art; Spezies |

24. Tierwelt (siehe Seite 10)

190×	בְּהֵמָה ⊛	(f.) Getier; Wild; Vieh (koll.)	
96×	חַיָּה ₁(חיה) ⊛	(f.) Getier; Raubtier; Tier (koll.) ♦ חַיּוֹת	
32×	כֶּלֶב ⊛	Hund ♦ 'כְּלַב	
7×	זְאֵב₁	Wolf	Jes 11,6
7×	שׁוּעָל₁	Fuchs; Schakal	Ri 15,4
14×	תַּן	(m./f.) Schakal	Jer 9,10
12×	דֹּב	Bär; Bärin	1Sam 17,34
35×	אֲרִי ⊛	Löwe ♦ 'אֲרִי	
45×	אַרְיֵה₁ (אֲרִי) ⊛	Löwe	
7×	שַׁחַל	Löwe	Ps 91,13
11×	לָבִיא	(m./f.) Löwin	Gen 49,9
31×	כְּפִיר	Junglöwe	
6×	נָמֵר	Leopard; Panther	Jes 11,6
7×	גּוּר₁	Jungtier	Ez 19,2
11×	אַיָּל (אַיִל₁)	Damhirsch	Ps 42,2
11×	אַיָּלָה (אַיָּל)	(f.) Damhirschkuh; Hinde	Hld 2,7
5×	עֹפֶר	Jungtier ♦ עֹפֶר הָאַיָּלִים Hirschjunges	Hld 4,5
6×	בְּעִיר	Vieh	Num 20,4
8×	מְרִיא	Mastvieh; Rinder	1Kön 1,25
183×	בָּקָר ⊛	(m./f.) Rinderherde; Rinder (koll.) ♦ 'בְּקַר	

C. Natur

8×	אֶלֶף ₁	⇒ אֲלָפִים: Rinder	Dtn 28,4
79×	שׁוֹר ⊛	Rindvieh; Stier (n. unit.)	
133×	פַּר ⊛	Stier ♦ פָּרִים	
		Exkurs Seite 50	
9×	רְאֵם	Wildstier (?)	Num 23,22
35×	עֵגֶל ⊛	Jungrind; Jungstier ♦ עֵגֶל׳	
26×	פָּרָה ₁ ⊛ (פַּר)	(f.) Kuh ♦ פָּרוֹת	
12×	עֶגְלָה ₁ ⊛ (עֵגֶל)	(f.) Färse; Jungkuh	Dtn 21,3
161×	אַיִל ₁ ⊛	Widder; Gewalthaber ♦ אֵיל, אֵיל׳	
27×	יוֹבֵל	Widder ♦ הַיּוֹבֵל das Erlassjahr	
12×	כַּר ₁	Widder	1Sam 15,9
107×	כֶּבֶשׂ ⊛	junger Widder ♦ כִּבְשׂ׳	
13×	כֶּשֶׂב (כֶּבֶשׂ)	junger Widder	Gen 30,32
74×	עֵז ⊛	Ziege; Ziegenhaar ♦ עִזּ׳	
16×	גְּדִי	Zicklein ♦ גְּדִי׳	Ex 23,19
52×	שָׂעִיר ₂ ⊛ (שֵׂעָר)	Ziegenbock ♦ שְׂעִיר׳	
29×	עַתּוּד	⇒ עַתֻּדִים: Ziegenbock; Schafbock	
6×	צָפִיר	Ziegenbock	Dan 8,5
38×	עֵדֶר ₁	Herde ♦ עֶדְר׳	
274×	צֹאן ⊛	(f.) Kleinvieh = Schafe und Ziegen (koll.)	
47×	שֶׂה ⊛	(m./f.) Kleinvieh = Schaf oder Ziege (n. unit.) ♦ שֵׂה	
8×	כִּבְשָׂה ⊛ (כֶּבֶשׂ)	(f.) junges Schaflamm	2Sam 12,3
5×	שֶׁגֶר	(f.) Wurf (der Muttertiere)	Dtn 28,4
12×	צְבִי ₂	Gazelle	Hld 2,9
54×	גָּמָל ⊛	Kamel; Dromedar ♦ גְּמַל׳	
7×	חֲזִיר	Wildschwein	Lev 11,7

137×	⊛ סוּס₁	Pferd	
57×	פָּרָשׁ	Pferd (pl. פָּרָשִׁים); Reiter (pl. פָּרָשִׁים); Streitwagenfahrer	
96×	⊛ חֲמוֹר₁	Esel ♦ חֲמוֹר׳	
34×	⊛ אָתוֹן	(f.) Eselin ♦ אָתֹנ׳	
10×	פֶּרֶא	(m./f.) Wildesel	Gen 16,12
8×	עַיִר	Hengst (männlicher Esel)	Ri 10,4
14×	פֶּרֶד	Maultier	2Sam 18,9
6×	עַכְבָּר	Maus	1Sam 6,4
71×	⊛ עוֹף (עוּף₁)	alles, was fliegt; Flugtiere; Vögel (koll.)	
40×	צִפּוֹר₁	(f./m.) Vögel; Vogel ♦ צִפֳּרִים	
32×	יוֹנָה₁	(f.) Taube	
14×	תּוֹר₂	(m./f.) Turteltaube	Lev 12,6
26×	נֶשֶׁר	Adler; Geier ♦ נְשָׁר׳	
10×	עֹרֵב₁	Rabe ♦ עֹרְב׳	Gen 8,7
8×	יַעֲנָה	(f.) Strauß	Lev 11,16
6×	חֲסִידָה (חָסִיד)	(f.) Storch; Reiher	Ps 104,17
8×	עַיִט	ein Raub- und Stoßvogel (?)	Gen 15,11
5×	קָאַת	(f.) Eule; Dohle (?)	Ps 102,7
109×	⊛ כָּנָף	(f.) Flügel; Zipfel; Rand ♦ כְּנָפ׳ • כְּנָפַיִם	
17×	רֶמֶשׂ	Kriechtiere (koll.)	Gen 1,24
15×	שֶׁרֶץ (שׁרץ)	Gewimmel; kleines Getier; Reptil (koll.)	Lev 11,10
31×	⊛ נָחָשׁ₁	Schlange ♦ נְחָשׁ׳	
6×	פֶּתֶן	Hornviper	Ps 91,13
7×	שָׂרָף₁ (שׂרף₁)	Saraph-Schlange ♦ שְׂרָפִים	Jes 6,2
13×	צְפַרְדֵּעַ	(f.) Frösche ♦ צְפַרְדְּעִים	Ex 8,2

19×	דָּג	Fisch	Jona 2,1
15×	דָּגָה (דָּג)	(f.) Fische; Fisch	Gen 1,26
24×	אַרְבֶּה (רבה₁)	Heuschrecke; Wanderheuschrecke	
9×	יֶלֶק	(Kriech-)Heuschrecke	Joel 1,4
6×	חָסִיל	Heuschrecke	Joel 1,4
5×	חָגָב₁	Heuschrecke	Num 13,33
9×	עָרֹב (עֶרֶב₁)	Ungeziefer; Stechfliege (?)	Ex 8,17
6×	כֵּן₅	Stechmücke	Ex 8,12
6×	עָשׁ₁	Motte	Jes 50,9
7×	רִמָּה	(f.) Made	Ijob 7,5
9×	עַקְרָב	Skorpion	1Kön 12,11
41×	תּוֹלֵעָה	/ תּוֹלַעַת: (f.) Wurm ♦ תּוֹלַעַת שָׁנִי Karmesin	
14×	תַּנִּין	Seeungeheuer; Drache; Schlange ♦ תַּנִּינִים	Ps 74,13
7×	רַהַב	Ungestüm; der Drängende; Rahab (mythisches Ungeheuer)	Ijob 26,12
6×	לִוְיָתָן	Leviatan (Meeresungeheuer)	Ps 104,26
75×	קֶרֶן ⊛	(f.) Horn ♦ קְרָנַיִם	
21×	פַּרְסָה	(f.) Klaue; Huf	
11×	זָנָב	Schwanz	Ri 15,4
5×	אַלְיָה	(f.) Fettschwanz	Lev 3,9
9×	כֶּרַע (כרע)	⇒ כְּרָעַיִם: (f.) Unterschenkel; Wadenbein	Lev 1,9
99×	עוֹר ⊛	Haut; Tierhaut; Leder	
92×	חֵלֶב₁ ⊛	Fett ♦ חֶלְבֵּ׳	
13×	חָזֶה	Brust (des Opfertieres)	Lev 7,30
11×	יֹתֶרֶת (יוֹתֵר)	(f.) Leberlappen	Lev 3,4
5×	יֶתֶר₂	Sehne; Bogensehne; Zeltstrick	Ri 16,7

7×	כֶּ֫סֶל₁	Lende	Lev 3,4
8×	קַשְׂקֶ֫שֶׂת	(f.) Schuppe	Lev 11,9
5×	סְנַפִּיר	Flosse; Flossfeder	Lev 11,9
7×	פֶּ֫רֶשׁ₁	Inhalt der Gedärme; Kot	Num 19,5
6×	דֹּ֫מֶן	Dünger	2Kön 9,37
6×	בֵּיצָה	(f.) Ei	Dtn 22,6
13×	קֵן	(Vogel-)Nest	Dtn 22,6
11×	פֶּ֫טֶר	Erstgeburt	Ex 13,2
5×	מִסְפּוֹא	Futter	Gen 24,25
22×	טֶ֫רֶף (טרף)	Raub (des Raubwildes); Nahrung	
9×	טְרֵפָה (טרף)	(f.) (von Raubwild) zerrissenes Tier	Ez 4,14
8×	מַפֶּ֫לֶת (נפל)	(f.) Aas; Fall; Sturz	Ez 26,15
14×	תַּ֫חַשׁ₁	Tachasch (Delphin?)	Ex 25,5
6×	צִי₂ (צִיָּה)	Wesen in der צִיָּה (?)	Jes 13,21

25. Pflanzenwelt   (siehe Seite 10)

8×	יֶ֫רֶק	Grünes; Pflanzen (koll.)	Gen 9,3
6×	מַטָּע (נטע)	Pflanzung; Plantage	Jes 61,3
73×	אֶ֫רֶז ⊛	Zeder; hochstämmiges Nadelholz ♦ אַרְזִי'	
39×	תְּאֵנָה ⊛	(f.) Feigenbaum; Feige	
7×	שִׁקְמָה	(f.) Maulbeerfeigenbaum	Am 7,14
38×	זַ֫יִת ⊛	Ölbaum; Olive ♦ זֵית'	
32×	רִמּוֹן₁	Granatapfelbaum; Granatapfel	
28×	שִׁטָּה	(f.) Akazie ♦ שִׁטִּים	
20×	בְּרוֹשׁ	Wacholder; Zypresse	

C. Natur

13×	אֵלָה₁ (אַלּוֹן₁)	(f.) großer Baum; Terebinthe	2Sam 18,9
10×	אַלּוֹן₁	(f.) großer Baum; Terebinthe	Gen 18,1
9×	אַלּוֹן₁ (אֵלוֹן₁)	Eiche	Hos 4,13
8×	תָּמָר₁	Dattelpalme	Ex 15,27
5×	עֲרָבָה₁	(f.) Weide (Baum)	Ps 137,2
119×	פְּרִי (פרה) ⊛	Frucht; Nachkommenschaft; Ertrag (koll.) ♦ פְּרִי׳	
17×	בִּכּוּרִים (בכר)	(f.) Frühfrüchte; Erstlinge	Ex 23,16
5×	בֹּסֶר	unreife Früchte	Ez 18,2
19×	עֵנָב ⊛	Weinbeere ♦ עֲנָבִים	Gen 40,10
9×	אֶשְׁכּוֹל₁	Traube	Num 13,23
6×	תַּפּוּחַ₁	Apfel; Apfelbaum	Spr 25,11
14×	צִיץ₁ ⊛	Blume; Blüte ♦ צִצִים	Jes 40,8
13×	שׁוֹשָׁן	Lilie; Seerose; Lotos ♦ שׁוֹשַׁנִּים	Hld 2,16
6×	הֲדַס	Myrte	Sach 1,8
6×	מְשֻׁקָּד	mandelblütenförmig gestaltet	Ex 25,33
33×	עֵשֶׂב ⊛	Kraut; Kräuter	
10×	אֵזוֹב	Ysop	Ps 51,9
8×	לַעֲנָה	(f.) Wermut; bitter; Bitterkeit	Klgl 3,15
16×	סַם	⇒ סַמִּים: Spezereien ♦ קְטֹרֶת הַסַּמִּים wohlriechendes Räucherwerk	Ex 25,6
18×	חָצִיר₁ ⊛	Gras	Jes 40,8
14×	דֶּשֶׁא ⊛	junges, frisches Gras (koll.)	Gen 1,1
28×	סוּף₁	Schilf ♦ יַם־סוּף Schilfmeer	
5×	אַגְמוֹן (אֲגַם)	Schilfrohr	Jes 19,15
62×	קָנֶה ⊛	(Schilf-)Rohr	
9×	אֲגַם	Schilftümpel	Ex 7,19

30×	בֹּשֶׂם	/ בֶּשֶׂם, בָּשָׂם: Balsamstrauch; Balsamöl ◆ בְּשָׂמ׳	
5×	סִירָה (סִיר)	⇒ סִירִים (f./m.): Becherblume; Haken; Angel	Nah 1,10
5×	בָּכָא	Baka-Sträucher (?)	2Sam 5,23
5×	קִיקָיוֹן	Rizinus (?)	Jona 4,6
6×	סְנֶה	Dornstrauch	Ex 3,2
11×	₁חוֹחַ	Dornstrauch; Dorn	2Kön 14,9
12×	₁קוֹץ	Dorngestrüpp; Dornen	Jer 12,13
7×	שַׁיִת	Dorngestrüpp (?)	Jes 7,23
8×	₁שָׁמִיר	Dorngestrüpp (?)	Jes 7,23
14×	בַּר ₃ (בַּר₂)	Getreide	Gen 41,35
9×	שֶׁבֶר ₂ (שבר₁)	Getreide	Gen 42,1
10×	קָמָה (קום)	(f.) (auf dem Halm stehendes) Getreide	Ri 15,5
6×	קָלִי	geröstetes Getreide	1Sam 17,17
11×	עֲרֵמָה	(f.) Getreidehaufen; Haufen	2Chr 31,6
40×	דָּגָן ⊛	Korn; Getreide	
34×	שְׂעֹרָה (שֵׂעָר) ⊛	(f.) Körnerfrucht; Gerste ◆ שְׂעֹרִים	
30×	חִטָּה ⊛	(f.) Weizen ◆ חִטּ׳	
53×	סֹלֶת	(f.) Weizengrieß; Mehl	
5×	אֲלֻמָּה	(f.) Garbe	Gen 37,7
16×	₁שִׁבֹּלֶת	⇒ שִׁבֳּלִים: (f.) Ähren	Gen 41,5
8×	אָבִיב	Ähren ◆ חֹדֶשׁ הָאָבִיב Ährenmonat (März/April)	Ex 13,4
8×	₁עֹמֶר	Häufchen abgeschnittener Ähren	Lev 23,10
17×	תֶּבֶן ⊛	zerdroschene Halme; Stroh; Häcksel	Ex 5,7
16×	קַשׁ	Strohstoppeln	Ex 5,12
8×	מֹץ	Spreu	Ps 1,4

C. Natur

6×	יֵרָקוֹן (יֶרֶק)	Getreidekrankheit (?); (Gesichts-)Blässe	1Kön 8,37
55×	גֶּפֶן ⊛	(f.) Rebe; Weinstock ◆ גִּפְנ׳	
229×	זֶרַע ⊛ (זרע)	Same; Saat; Nachkommenschaft ◆ זְרֹע׳	
11×	צֶאֱצָא (יצא)	⇒ צֶאֱצָאִים: Sprosse	Jes 44,3
12×	צֶמַח (צמח)	Spross	Ez 16,7
6×	יוֹנֶקֶת (יוֹנֵק)	(f.) Schössling	Ez 17,22
6×	פֹּארָה	(f.) Schössling; Zweig	Ez 31,5
5×	קָצִיר ₂	Zweig; Gezweige; Trieb; Schössling	Ijob 14,9
7×	עָנָף	Zweige; Gezweig	Lev 23,40
5×	עָבוֹת ₁	Ast	Ez 19,11
5×	זְמוֹרָה	(f.) Ranke	Num 13,23
17×	פֶּרַח	Knospe; Blüte	Ex 25,31
18×	עָלֶה (עלה)	Laub; Blatt	Gen 3,7
19×	רַעֲנָן	laubreich; üppig; saftig; frisch	Jer 2,20
8×	דָּלִית	⇒ דָּלִיּוֹת: (f.) Laubwerk	Ez 17,6
33×	שֹׁרֶשׁ ⊛	Wurzel ◆ שָׁרְשׁ׳	
6×	דּוּדָאִים	Alraunwurzel	Gen 30,14
5×	צַמֶּרֶת	(f.) Wipfel	Ez 17,3

26. Land und Landschaft (siehe Seite 10)

2504×	אֶרֶץ ⊛	(f.) Erdboden; Gebiet; Land; Erde ◆ אַרְצ׳, אַרְצ׳	
		Exkurs Seite 50	
222×	אֲדָמָה ₁ (אָדָם) ⊛	(f.) Erdboden; Ackerboden; Grundbesitz ◆ אַדְמ׳, אֲדָמ׳	
5×	אָדָם ₄ (אֲדָמָה₁)	Erdboden	Spr 30,14

320×	שָׂדֶה (שָׂדַי) ⊛	Flur; freies Feld; Gebiet	
13×	שָׂדַי	Flur; freies Feld; Acker	Ps 8,8
23×	חֶלְקָה (₂חֵלֶק) ⊛	(f.) Feldstück (n. unit.)	
6×	שְׁדֵמָה	(f.) Terrasse; Feld; Gefilde	2Kön 23,4
36×	תֵּבֵל ⊛	(f.) Festland	
14×	יַבָּשָׁה (יבש)	(f.) trockenes Land; Festland	Ex 14,16
7×	מִרְמָס (רמס)	Zertretung; zertretenes Land	Ez 34,19
36×	₁אִי	Küste; Insel ◆ אִי׳	
7×	חוֹף	Ufer	Dtn 1,7
5×	תֶּלֶם	Ackerfurche	Ps 65,11
114×	מִגְרָשׁ (₁גרש)	Weideland; Stadtrand	
13×	מִרְעֶה (₁רעה)	Weide	Ez 34,14
10×	מַרְעִית (₁רעה)	(f.) Weideplatz	Ps 100,3
32×	נָוֶה ⊛	Weideplatz; Aufenthaltsort; Wohnstätte	
15×	נָוָה (נָוֶה)	(f.) Weideplatz; Wohnstätte	Ps 23,2
41×	גַּן	(m./f.) Garten ◆ גַּנּ׳	
16×	גַּנָּה (גַּן)	(f.) Garten	Jer 29,5
14×	₁כַּרְמֶל	Baumgarten; Baumpflanzung	Jes 32,15
92×	כֶּרֶם ⊛	Weinberg ◆ כַּרְמ׳ ◆ כְּרָמ׳	
240×	גְּבוּל ⊛	Grenze; Gebiet	
10×	גְּבוּלָה (גבול)	(f.) Grenze; Gebiet	Num 34,2
56×	שְׁמָמָה (שמם) ⊛	(f.) menschenleeres, Schauder erregendes Gebiet; unheimliche Öde	
336×	סָבִיב (סבב) ⊛	Umkreis; Umgebung; ringsum ◆ סָבִיב׳ ◆ מִסָּבִיב ringsum; von allen Seiten	
53×	מְדִינָה (דין)	(f.) Provinz; Gau	
8×	₂פֶּלֶךְ	Bezirk	Neh 3,9

C. Natur

5×	גְּלִילָה (גלל)	(f.) Bezirk	Ez 47,8
71×	גִּבְעָה₁ ⊛	(f.) Hügel ♦ גֶּבַע׳	
8×	עֹפֶל₂	Hügel; Ofel (?)	Neh 3,26
9×	שְׁפִי₁	baumlose, höher gelegene Fläche (?)	Jer 3,2
5×	תֵּל	Schutthügel	Jos 8,28
5×	רָמָה₁ (רום)	(f.) Anhöhe; Hochstätte	Ez 16,24
17×	מִשְׂגָּב (שׂגב)	Anhöhe; Zuflucht	Ps 46,8
103×	בָּמָה ⊛	(f.) Bergrücken; Anhöhe; Kulthöhe ♦ בָּמוֹת ♦ כֹּהֲנֵי בָמוֹת Höhenpriester	
54×	מָרוֹם (רום) ⊛	Höhe; hochgelegene Stelle; Himmel ♦ מְרוֹמ׳	
558×	הַר ⊛	Gebirge; Berg ♦ הַר׳ Exkurs Seite 50	
5×	מוֹרָד (ירד)	Berghang; Abhang	Jos 7,5
7×	אָשֵׁד	(Berg-)Hang	Jos 12,3
23×	מִישׁוֹר (ישׁר)	Ebene; Geradheit	
34×	גַּיְא ⊛	(m./f.) Tal ♦ גֵּאי׳	
20×	בִּקְעָה (בקע) ⊛	(f.) Talebene ♦ בְּקַע׳	
20×	שְׁפֵלָה (שׁפל)	(f.) Niederland	
137×	נַחַל₁ ⊛	Bachtal; Wadi; Bach ♦ נְחָל׳ · נְחָלִים	
63×	עֵמֶק (עָמֹק) ⊛	Talgrund; Tiefebene ♦ עֲמָק׳	
12×	מְצוֹלָה	/ מְצוּלָה: (f.) (Meeres-)Tiefe; Tiefen	Mi 7,19
5×	מַעֲמַקִּים (עָמֵק)	Tiefen	Ps 130,1
69×	בּוֹר (בְּאֵר₁) ⊛	Zisterne; Totenwelt	
23×	שַׁחַת	(f.) Fanggrube; Grube; Grab	
5×	שׁוּחָה₁ (שַׁחַת)	(f.) Fanggrube; Schlucht; Abgrund	Spr 22,14
10×	פַּחַת	Grube; Schlucht	Jer 48,43
706×	דֶּרֶךְ (דרך) ⊛	(f./m.) Weg; Reise; Unternehmung; Verhalten ♦ בַּדֶּרֶךְ ♦ דַּרְכִּ׳, דַּרְכְּ׳ unterwegs	

58×	אֹ֫רַח ⊛	Weg; Verhalten ◆ אָרְחֹ'	
5×	מַהֲלָךְ (הלך)	Gangweg; Wegstrecke; Reise	Jona 3,3
5×	נָתִיב	Pfad	Ijob 28,7
21×	נְתִיבָה (נָתִיב)	(f.) Pfad	
13×	מַעְגָּל ₂ (עֲגָלָה)	Wagenspur; Pfad	Ps 23,3
5×	אַתִּיק	Durchgang; Straße	Ez 42,3
27×	מְסִלָּה (סללה)	(f.) Straße	
39×	מְעָרָה ₁	(f.) Höhle	
7×	חֹר ₂	Loch; Höhle	1Sam 14,11
5×	מַקֶּ֫בֶת (נקב)	Höhlung; Hammer	Ri 4,21
16×	צִיָּה	trocken; trockene Gegend	Ps 63,2
8×	חׇרָבָה (חרב₁)	(f.) das trockene Land	Ex 14,21
10×	חָרֵב (חרב₁)	trocken; wüst; verödet	Hag 1,4
270×	מִדְבָּר ₁ ⊛	Trift; Steppe; Wüste	
60×	עֲרָבָה ₃ ⊛	(f.) Wüste; Steppe ◆ יָם הָעֲרָבָה das Tote Meer	
13×	יְשִׁימוֹן	Wüste	Jes 43,19
20×	תֹּ֫הוּ	Wüste; Öde; Nichts	

27. Wasser und Gewässer (siehe Seite 10)

581×	מַ֫יִם ⊛	Wasser ◆ מֵי / מֵימֵי ◆ בְּאֵר מַ֫יִם ein wasserführender Brunnen	
396×	יָם ⊛	See; Meer ◆ יַמִּים Ozean • יָ֫מָּה nach Westen	
36×	תְּהוֹם	(f./m.) Urflut; Wasserflut; Tiefe	
13×	מַבּוּל	Himmelsozean; Sintflut	Gen 6,17
16×	גַּל ₂ (גלל)	Woge	Ps 107,25

C. Natur

5×	מִשְׁבָּר (שׁבר₁)	Brandung; sich überschlagende Wellen	Jona 2,4
23×	מַעְיָן (עִין)	Quelle	
18×	מָקוֹר	Quellort; Quelle	Spr 10,11
119×	נָהָר ⊛	Fluss; Strom ♦ נְהַר׳ · נַהֲרַיִם	
6×	שֶׁטֶף (שׁטף)	Flut	Dan 9,26
5×	נָזַל	⇒ נֹזְלִים: Bäche; Rinnsale	Ps 78,16
18×	אָפִיק₁	Bachrinne; Röhre; Rille	Ps 126,4
8×	מַעְבָּרָה (עבר₁)	(f.) Furt; Schlucht	Ri 12,5
37×	בְּאֵר₁ ⊛	(f.) Wasserstelle; Grundwasserbrunnen; Brunnen	
10×	פֶּלֶג₁	künstlicher Wassergraben; Kanal	Ps 1,3
9×	תְּעָלָה₁	(f.) Wassergraben; künstliche Wasserleitung; Kanal	1Kön 18,32
17×	בְּרֵכָה ⊛	(f.) Teich ♦ בְּרֵ׳, בְּרֵכַת	2Sam 2,13
14×	אֵיתָן₁	immer wasserführend; beständig	Am 5,24
7×	קֶרַח	Eis; Frost; Kristall	Ijob 38,29

28. Himmelskunde und Meteorologie (siehe Seite 10)

121×	אוֹר (אור) ⊛	Tageslicht; Licht	
22×	שַׁחַר₁	Morgendämmerung	
20×	נֹגַהּ₁	(f.) Glanz; heller Schein	
43×	נֵצַח₁ (נצח)	/ נֶצַח: Glanz; Ruhm; Dauer	
53×	צֵל ⊛	Schatten; Schutz ♦ צִלֲ׳ ♦ צִלִּי׳	
12×	נֶשֶׁף	Dämmerung; Dunkel	Ps 119,147
15×	עֲרָפֶל	Wolkendunkel	Ex 20,21

9×	אֹפֶל	Dunkel	Ijob 3,6
10×	אֲפֵלָה (אֹפֶל)	(f.) Dunkel	Ex 10,22
80×	חֹשֶׁךְ ⊛	Finsternis; Verfinsterung	
6×	חֲשֵׁכָה (חֹשֶׁךְ)	(f.) Finsternis	Jes 50,10
18×	צַלְמָוֶת	Finsternis; Stockfinsternis	Ijob 3,5
421×	שָׁמַיִם ⊛	Himmel; Himmelsdecke; Luftraum	
17×	רָקִיעַ	Firmament; festes Himmelsgewölbe	Gen 1,6
134×	שֶׁמֶשׁ ⊛	(f./m.) Sonne	
27×	יָרֵחַ (₁יֵרח) ⊛	Mond	
37×	כּוֹכָב ⊛	Stern	
74×	מִזְרָח (זרח) ⊛	Sonnenaufgang; Osten	
69×	קָדִים (קדם) ⊛	Ostseite; Osten	
26×	קֶדֶם (קדם) ⊛	⇒ קֵדְמָה: nach Osten	
10×	₁קַדְמֹנִי (קדם)	östlich; vormalig; früher	Jes 43,18
140×	₁יָמִין ⊛	(f.) rechte Seite; rechts; Süden	
33×	יְמָנִי (₁יָמִין)	rechts; südlich	
17×	דָּרוֹם	Süden; Südwind	Ez 40,24
23×	₁תֵּימָן (₁יָמִין)	(f.) Süden; Südgegend	
110×	נֶגֶב ⊛	Negeb (EN); Trockenland; Süden ◆ נֶגְבָּה nach Süden	
14×	₂מַעֲרָב (₁עֶרֶב)	Sonnenuntergang; Westen	Ps 103,12
153×	₁צָפוֹן (₁צפה) ⊛	(f.) Norden	
54×	שְׂמֹאל ⊛	(m./f.) linke Seite; links	
9×	שְׂמָאלִי (שְׂמֹאל)	auf der linken Seite befindlich; links	Ez 4,4
13×	תַּחְתּוֹן (₁תַּחַת)	unten; darunter befindlich	Ez 40,18
19×	תַּחְתִּי (₁תַּחַת)	unterer; unterster ◆ תַּחְתִּי׳	Ez 31,14

C. Natur

11×	תִּיכוֹן (תָּוֶךְ)	mittlerer	Ex 26,28
15×	סוּפָה $_1$	(f.) Sturmwind	Jes 66,15
8×	סַעַר (סְעָרָה)	Sturmwind	Jona 1,4
16×	סְעָרָה	(f.) Sturmwind	2Kön 2,11
12×	שׁוֹאָה	(f.) Unwetter; Unheil	Jes 47,11
21×	בָּרָק $_1$	Blitz ♦ בְּרַק׳	
20×	קַיִץ	Sommer; Sommerobst	
10×	חֹם (חמם)	Wärme; Hitze	Gen 8,22
16×	חֹרֶב (חרב $_1$)	Trockenheit; Hitze; Verwüstung (koll.)	Ri 6,37
9×	יָבֵשׁ $_1$ (יבשׁ)	vertrocknet; dürr	Ez 37,2
6×	לַח	noch feucht; noch frisch	Ri 16,7
5×	קָרָה	(f.) Kälte	Spr 25,20
87×	עָנָן $_1$ ⊛	Wolken; Gewölk	
31×	עָב $_2$	Gewölk; Wolke	
21×	שַׁחַק	Wolken ♦ שְׁחָקִים	
38×	מָטָר ⊛	Regen ♦ מְטַר׳	
31×	טַל	Tau; sanfter Regen	
35×	גֶּשֶׁם $_1$	Regenguss; Regen ♦ גְּשַׁמ׳	
6×	רְבִיבִים	Regen; Schauer	Ps 65,11
9×	זֶרֶם	starker Regen; Wolkenbruch	Jes 25,4
8×	מַלְקוֹשׁ	Spätregen (März–April)	Dtn 11,14
29×	בָּרָד	Hagel	
20×	שֶׁלֶג	Schnee	
505×	קוֹל ⊛	Geräusch; Donner; Lärm; Stimme	
83×	הָמוֹן (המה) ⊛	Lärm; Getöse; Menge ♦ הֲמוֹנ׳	
6×	רַעַם	Getöse; Donner	Ps 104,7

7×	שְׁרֵקָה	(f.) Pfeifen; Zischen	Jer 25,9
17×	שָׁאוֹן₂	Lärm; Tosen	Jes 17,12
7×	רֹגֶז (רגז)	Toben; Erregung; Aufregung	Ijob 3,26
17×	רַעַשׁ (רעשׁ₁)	Dröhnen; Erdbeben	1Kön 19,11

29. Materialien (siehe Seite 10)

17×	חֹמֶר₂	Lehm; Ton	Jes 64,7
13×	טִיט	nasse Lehmerde; Schlamm	Jer 38,6
17×	חֶרֶשׂ	gebrannte Tonerde; Tongeschirr; Tonscherbe	Ijob 2,8
5×	תָּפֵל₂	Lehmanstrich; Tünche	Ez 13,10
12×	לְבֵנָה	(f.) Ziegel; Steinplatte	Ex 5,7
330×	עֵץ ✡	Holz; Gehölz; Baum	
57×	יַעַר₁ ✡	Dickicht; Gehölz; Wald ♦ יְעָר׳	
389×	זָהָב ✡	Gold	
9×	כֶּתֶם	Gold	Ijob 31,24
6×	חָרוּץ₁	Gold	Spr 8,10
9×	פַּז	gediegenes Gold; Feingold	Ps 19,11
8×	סָגוּר (סגר)	⇒ זָהָב סָגוּר: lauteres, feines Gold	1Kön 7,49
139×	נְחֹשֶׁת₁ (נחושׁה) ✡	Kupfer; Bronze; Messing ♦ נְחֻשְׁתַּיִם • נְחֻשְׁת׳	
10×	נְחוּשָׁה	(f.) Kupfer; Bronze	Jes 45,2
5×	בְּדִיל	Zinn	Ez 22,18
9×	עֹפֶרֶת	Blei	Sach 5,7
8×	סִיג (סוג₁)	Bleioxid; Bleiglätte	Jes 1,22
403×	כֶּסֶף ✡	Silber; Geld ♦ כַּסְפ׳	

C. Natur

76×	בַּרְזֶל ⊛	Eisen	
7×	גָּפְרִית	(f.) Schwefel	Gen 19,24
5×	חֶלְאָה₁	(f.) Rost	Ez 24,6
5×	צִפּוּי (צפה₂)	(Metall-)Überzug	Ex 38,17
270×	אֶבֶן ⊛	(f.) Stein; Gestein; Edelstein; Gewicht ◆ אַבְנִ׳, אַבְנֵ׳	
73×	צוּר₁ ⊛	Fels; felsige Anhöhe; Berg	
58×	סֶלַע₁ ⊛	Fels; Felsen ◆ סַלְעֵ׳ • סַלְעִ׳	
11×	גָּזִית	(f.) Quader	Ex 20,25
18×	גַּל₁ (גלל)	Haufen; Steinhaufen ◆ גַּלֵּ׳	Gen 31,46
5×	חַלָּמִישׁ	Kiesel; hartes Gestein	Dtn 8,15
11×	שֹׁהַם₁	Karneol	Ex 25,7
11×	סַפִּיר	Lapislazuli; Lasurstein (in der Septuaginta: σάπφειρος)	Ex 24,10
7×	תַּרְשִׁישׁ₂	Topas	Ez 1,16
6×	פְּנִינִים	Korallen(perlen)	Spr 31,10
16×	צֶמֶר	Wolle	Jes 1,18
49×	תְּכֵלֶת	(f.) blaue Purpurwolle	
38×	אַרְגָּמָן	rote Purpurwolle	
7×	גִּזָּה (גזז)	(f.) abgeschorene Wolle; Vlies	Ri 6,37
23×	בַּד₃	Leinen ◆ בַּדֵּ׳	
38×	שֵׁשׁ₃	Leinen	
16×	פֵּשֶׁת	⇒ פִּשְׁתִּים: Flachs; Leinen	Jos 2,6
8×	בּוּץ	Byssus; Leinen	2Chr 3,14
193×	שֶׁמֶן ⊛	(Oliven-)Öl ◆ שַׁמְנֵ׳ • שַׁמְנִ׳	
23×	יִצְהָר₁	Öl; Olivensaft	
21×	לְבֹנָה	(f.) Weihrauch	

12×	מֹר (מר₁)	Myrrhe	Hld 1,13
6×	צֳרִי₁	Balsam; Mastix (?)	Gen 43,11
58×	רֵיחַ	Geruch; Duft	
5×	טוֹב₂ (טוב)	Wohlgeruch	Ps 133,2
60×	קְטֹרֶת (קטר) ⊛	(f.) Räucherwerk	
5×	רָקָב	Morschheit; Fäulnis	Spr 12,4
110×	עָפָר ⊛	Staub; lose Erde ♦ עָפָר׳	
22×	אֵפֶר	Staub; Erde; Asche ♦ שַׂק וָאֵפֶר	
6×	אָבָק	Staub; Ruß	Ex 9,9
22×	חוֹל₁	Schlamm; Sand	
7×	אַשְׁפֹּת	Aschengrube; Mist- und Abfallhaufen	1Sam 2,8
14×	דַּק	dünn; fein ♦ דַּק׳	Gen 41,3
11×	זַךְ	klar; lauter	Ijob 8,6
36×	קָשֶׁה (קשה) ⊛	hart; schwer; streng	
16×	רַךְ	zart; schwach; sanft ♦ רַךְ׳	Gen 33,13
10×	חָלָק₁	glatt; einschmeichelnd ♦ חֵלֶק׳	Spr 5,3
119×	יָשָׁר (ישר) ⊛	eben; richtig; recht; gerecht ♦ יָשָׁר׳	
		♦ יִשְׁרֵי־לֵב die Aufrichtigen	
14×	יֹשֶׁר (ישר)	Geradheit; Redlichkeit; Rechtschaffenheit	1Kön 9,4
19×	מֵישָׁרִים (ישר)	ebene Bahn; Recht; Aufrichtigkeit; Geradheit	Spr 1,3
8×	נֹכַח (נכח)	geradeaus liegend; gerade; recht; das Gerade; das Rechte	Spr 24,26
21×	עָנָו (ענה₂) ⊛	gebeugt; niedergedrückt; demütig; fromm ♦ עָנָו׳	
5×	כָּתִית (כתת)	zerstoßen (im Mörser); lauter (Öl)	Ex 27,20
5×	צָחִיחַ	nackt (Fels); offen (Stelle in Mauer)	Ez 24,7

5×	עֳבִי	Dicke	1Kön 7,26
6×	עָגֹל	rund	1Kön 7,23
6×	מֵיטָב (יטב)	das Beste; der beste Teil	Gen 47,6
36×	יָקָר	kostbar; wertvoll ♦ יָקָר ♦ יְקָרָה אֶבֶן יְקָרָה Edelstein	
17×	יְקָר (יָקַר)	Kostbarkeit; Ehrung	Est 6,3
9×	חֲמָדוֹת	(f.) Kostbarkeiten; Schatz	Dan 9,23
33×	עֵרֶךְ (ערך)	Schätzungswert ♦ עֵרֶךְ לֶחֶם Schicht von Schaubroten	
5×	חֹסֶן	Schatz; Vorräte	Spr 15,6
53×	שָׁוְא ⊛	wertlos; haltlos; Trug; Unheil ♦ לַשָּׁוְא vergeblich; unnütz; missbräuchlich	
27×	בְּלִיַּעַל	Nichtsnutzigkeit; Heillosigkeit	
19×	רֹעַ (₁רעע)	schlechte Beschaffenheit; Verderbtheit; Bosheit	Gen 41,19

30. Farben

9×	אָדֹם	rot; rotbraun ♦ אָדַמ׳	Gen 25,30
6×	אֲדַמְדָּם (אָדֹם)	hellrot; rötlich	Lev 13,19
42×	שָׁנִי	karmesinrot	
6×	שָׁחֹר	schwarz; kohlenschwarz	Sach 6,2
29×	לָבָן ₁ ⊛	weiß ♦ לָבְנ׳	
7×	כֵּהֶה	farblos; lichtlos	Jes 42,3

31. Feuer, Flamme

6×	אוּר ($_1$) (אור)	Feuer; Osten	Jes 44,16
376×	$_1$אֵשׁ ⊛	(f.) Feuer	
13×	שְׂרֵפָה ($_1$שׂרף)	(f.) Brand; Verbrennung	Gen 11,3
5×	שִׁדָּפוֹן	Versengen; Brand	1Kön 8,37
12×	לַהַב	Flamme; Klinge	Ri 3,22
19×	לֶהָבָה (לַהַב)	(f.) Flamme ♦ לָהַב׳	Ps 29,7
7×	$_1$רֶשֶׁף	Flamme; Glut; Seuche	Hab 3,5
25×	$_1$עָשָׁן	Rauch	
6×	חַמָּה (חמם)	(f.) Glut; Sonne	Ps 19,7
6×	חֳרִי ($_1$חרה)	Glut	1Sam 20,34
16×	גַּחַל	⇒ גֶּחָלִים: (f.) Kohlen	Spr 6,28

32. Erscheinung

25×	דְּמוּת (דמה$_1$) ⊛	(f.) Gestalt; Abbild	
15×	תֹּאַר	Erscheinung; Gestalt	Est 2,7
10×	תְּמוּנָה (מִין)	(f.) Gestalt; Erscheinung	Dtn 4,12
103×	מַרְאֶה (ראה) ⊛	Sehen; Aussehen; Erscheinung	
42×	יָפֶה ⊛	schön ◆ יְפִ׳	
19×	יְפִי (יָפֶה)	Schönheit	Est 1,11
10×	נָאוֶה	schön; lieblich; passend	Hld 1,5
6×	חֶמֶד (חמד)	Anmut; Schönheit	Ez 23,6
12×	אַדֶּרֶת (אַדִּיר)	(f.) Pracht; Mantel	2Kön 2,8

33. Menschen, Leute

545×	אָדָם$_1$ ⊛	Menschen; Leute (koll.)
42×	אֱנוֹשׁ$_1$ (אִישׁ) ⊛	Menschen (koll.)
22×	מְתִים	Männer; Leute

34. Anatomie (siehe Seite 11)

270×	בָּשָׂר ⊛	Fleisch; Körper ◆ בְּשָׂר׳ ◆ אָחִינוּ בִשָׂרֵנוּ unser leiblicher Bruder	
16×	שְׁאֵר	Leib; Fleisch; Verwandter	Lev 18,6
13×	גְּוִיָּה	(f.) Leib; Leichnam	1Sam 31,10
126×	עֶצֶם$_1$ ⊛	(f.) Knochen; Gebein; Wesen ◆ עַצְמ׳ • עֶצֶמ׳ ◆ בְּעֶצֶם הַיּוֹם הַזֶּה an ebendiesem Tag	
5×	גֶּרֶם	Knochen	Spr 17,22

7×	גִּיד	Sehne	Gen 32,33
599×	רֹאשׁ ⊛ ₁	Kopf; Haupt; Gipfel; Anfang ◆ רֹאשׁ'	
12×	גֻּלְגֹּלֶת (גלל)	(f.) Schädel	Ri 9,53
11×	קָדְקֹד	Scheitel	2Sam 14,25
5×	רַקָּה (רק₂)	(f.) Schläfe	Ri 4,21
2125×	פָּנִים (פנה) ⊛	(m./f.) Vorderseite; Angesicht; Oberfläche ◆ לְפָנִים früher; ehemals ◆ ⇒ לִפְנֵי: vor (örtlich und zeitlich) ◆ מִלִּפְנֵי fort von ◆ מִפְּנֵי wegen	
13×	מֵצַח	Stirn	1Sam 17,49
891×	עַיִן ⊛	(f./m.) Auge (עֵינַיִם); Quelle (עֵינוֹת, עֲיָנוֹת)	
10×	עַפְעַפִּים	Wimpern; Augen	Ijob 3,9
187×	אֹזֶן ⊛	(f.) Ohr ◆ אָזְנֵי הָעָם ,אָזְנַיִם ◆ אָזְנ' וַיְדַבֵּר בְּאָזְנֵי הָעָם er sprach, so dass es das Volk hören konnte	
8×	תְּנוּךְ	⇒ תְּנוּךְ אֹזֶן: Ohrläppchen	Lev 14,14
277×	אַף₂ ⊛	Nase; Zorn ◆ אַפַּיִם Nasenlöcher; Gesicht; Zorn	
20×	לְחִי₁	Kinnlade; Backe ◆ לְחָיַיִם ◆ לְחִי'	
498×	פֶּה ⊛	Mund; Öffnung; Befehl ◆ ⇒ לְפִי: gemäß; nach ◆ עַל־פִּי gemäß; nach ◆ כְּפִי gemäß; entsprechend	
5×	שָׂפָם (שָׂפָה)	Lippenbart; Schnurrbart	Ez 24,17
19×	זָקָן	Bart	2Sam 10,4
176×	שָׂפָה ⊛	(f.) Lippe; Sprache; Ufer; Rand ◆ שְׂפָתַיִם ◆ שְׂפַת'	
55×	שֵׁן₁	(f.) Zahn; Elfenbein ◆ שִׁנַּיִם Zähne	
117×	לָשׁוֹן	(f./m.) Zunge; Sprache ◆ לְשֹׁנ'	
754×	נֶפֶשׁ ⊛	(f.) Kehle; Atem; Wesen; Mensch; selber; jemand; Leben; Verlangen; Gier (in der Septuaginta oft: ψυχή) ◆ נַפְשׁ' ◆ נֶפֶשׁ' ◆ אֶת־נַפְשׁוֹ sich selbst	

8×	גָּרוֹן	Kehle; Hals	Jes 3,16
18×	חֵךְ	Gaumen	Ps 137,6
13×	טַעַם	Geschmack; Empfindung; Verstand	Spr 11,22
91×	זְרוֹעַ ⊛	(f.) Arm; Unterarm; Gewalt ◆ זְרֹעִים Streitkräfte	
1618×	יָד ⊛	(f.) Vorderarm; Hand; Seite; Gewalt; Denkmal ◆ יָדַיִם • יְדֵי׳ Hände ◆ בְּיַד מֹשֶׁה durch Mose	
193×	כַּף ⊛	(f.) Hand ◆ כַּף׳ • כַּפַּיִם ◆ כַּף רֶגֶל Fußsohle	
6×	חֹפֶן	⇒ חָפְנַיִם: beide hohlen Hände	Koh 4,6
31×	אֶצְבַּע	(f.) Finger; Zehe ◆ אֶצְבַּע׳	
14×	בֹּהֶן	(f.) Daumen; große Zehe	Lev 14,14
247×	רֶגֶל ⊛	(f.) Fuß; Bein ◆ רְגַל׳ ◆ רַגְלַיִם Schamgegend • בְּרַגְלָיו hinter ihm her	
118×	פַּעַם ⊛	(f.) Fuß; Tritt; Mal (beim Zählen) ◆ פַּעֲמ׳ ◆ פַּעֲמַיִם zweimal • הַפַּעַם diesmal; endlich	
14×	עָקֵב	Ferse; Fußspur ◆ עֲקֵב׳	Gen 25,26
34×	יָרֵךְ	(f.) Oberschenkel; Seite ◆ יְרֵכַיִם	
19×	שׁוֹק	(f.) Schenkel; Wadenbein; Keule ◆ שֹׁקַיִם	Lev 7,32
25×	בֶּרֶךְ	(f.) Knie ◆ בִּרְכַּיִם	
5×	יָחֵף	barfuß	Jes 20,2
41×	צַוָּאר	Hals; Nacken	
33×	עֹרֶף ⊛	Nacken; Rücken ◆ קְשֵׁה עֹרֶף hartnäckig; halsstarrig	
22×	שְׁכֶם ₁	Nacken; Schulter; Rücken ◆ שְׁכְמ׳	
67×	כָּתֵף ⊛	(f.) Schulter; Oberarm; Berghang ◆ כֶּתֶף • כִּתְפ׳	
11×	גַּב ₁	(m./f.) Rücken	Ez 10,12

6×	גֵּו֛	Rücken	Spr 26,3
40×	צֵלָע	(f.) Rippe; Seite; Anbau ♦ צְלָעוֹת · צֶלָע׳	
21×	שַׁד	Brust; Mutterbrust ♦ שָׁדַיִם	
72×	בֶּ֛טֶן ⊛	(f.) Bauch; Leib; Inneres ♦ בִטְנ׳	
227×	קֶרֶב ⊛	Eingeweide; Inneres; Mitte ♦ קִרְב׳ ♦ בְּקֶרֶב inmitten	
32×	מֵעִים	Eingeweide; Leib; Inneres	
31×	רֶחֶם	Mutterleib; Mutterschoß	
600×	לֵב (לֵבָב) ⊛	Herz; Sinn; Mut; Wille; Verstand ♦ לֵב · לִבּ׳ ♦ וַיֹּאמֶר בְּלִבּוֹ und er dachte	
252×	לֵבָב ⊛	Herz; Sinn; Mut; Wille; Verstand	
31×	כִּלְיָה ⊛	⇒ כְּלָיוֹת: (f.) Nieren; das Innerste und Geheimste des Menschen	
14×	כָּבֵד ₂ (כבד)	Leber	Lev 3,4
38×	חֵיק	Schoß; Bausch	
47×	מָתְנַיִם	Lenden; Hüften	
10×	חֲלָצַיִם (חלץ)	(f.) Lenden	Gen 35,11
16×	עָרְלָה	(f.) Vorhaut ♦ עָרְל׳	Gen 17,11
35×	עָרֵל (עָרְלָה)	unbeschnitten ♦ עָרֵל׳	
360×	דָּם ⊛	Blut ♦ דְּמ׳	
23×	דִּמְעָה	(f.) Tränen ♦ דִּמְע׳	
13×	זוֹב	Schleimfluss; Blutfluss	Lev 15,2
5×	צֹאָה	(f.) Kot; (ekles) Erbrochenes	Jes 4,4
6×	שִׁין	Qal-t (6×) מַשְׁתִּין (Partizip): urinierend ♦ מַשְׁתִּין בְּקִיר der an die Wand pisst	1Sam 25,22
54×	עֶרְוָה ⊛	(f.) Blöße; Schamgegend	
6×	עֶרְיָה (עֶרְוָה)	(f.) Blöße; Nacktheit	Ez 16,7

D. Mensch

16×	עָרוֹם ⊛	nackt; leicht angezogen ♦ עֲרֹמ'	Jes 20,2
10×	עֵירֹם (עָרוֹם)	nackt; unbekleidet; Blöße	Gen 3,7
28×	שֵׂעָר	Behaarung (koll.)	
7×	שַׂעֲרָה (שֵׂעָר)	(f.) Haar (n. unit.)	1Sam 14,45
19×	שֵׂיבָה	(f.) graues Haar; hohes Alter	Spr 16,31
11×	קׇרְחָה	(f.) Glatze	Jes 3,24
378×	רוּחַ ⊛	(f./m.) Hauch; Atem; Wind; Geist ♦ רוּח'	
73×	הֶבֶל₁	Hauch; Nichtigkeit; Vergänglichkeit ♦ הֲבֵל'	
24×	נְשָׁמָה ⊛	(f.) Atem; Odem ♦ נִשְׁמַת חַיִּים Lebensodem	
29×	נִדָּה (נִד)	(f.) Menstruation; Befleckung	

35. Krankheit und Heilung (siehe Seite 11)

24×	חֳלִי (חלה) ⊛	Krankheit; Leiden ♦ חֳלִי", חֳלִי'	
5×	תַּחֲלֻאִים (חלה)	Krankheit; Krankheitszustände	Ps 103,3
5×	דָּוֶה	krank; menstruierend	Klgl 5,17
35×	צָרַעַת	(f.) Hautkrankheit (in der Septuaginta: λέπρα)	
14×	נֶתֶק (נתק)	Hautkrankheit (in der Septuaginta: θραῦσμα)	Lev 13,30
12×	בַּהֶרֶת	(f.) weißer Hautfleck	Lev 13,2
7×	שְׂאֵת ₂(נשא)	(f.) Hautmal; Hautfleck	Lev 13,2
13×	שְׁחִין	Geschwür; entzündete Stelle	Ex 9,9
8×	טְחוֹרִים	Geschwüre; Hämorrhoiden	1Sam 5,6
8×	פֶּצַע	Wunde	Ex 21,25
7×	חַבּוּרָה	(f.) Wunde; Striemen	Ex 21,25
5×	מִכְוָה	(f.) Brandwunde	Lev 13,24

46×	דֶּ֫בֶר₁	Beulenpest	
26×	עִוֵּר ⊛	blind ♦ עור׳	
9×	חֵרֵשׁ (חרשׁ₂)	taub	Jes 35,5
6×	אִלֵּם	stumm	Spr 31,8
12×	עָקָר	unfruchtbar; ohne Nachkommen	Gen 11,30
14×	פִּסֵּחַ	lahm (an den Beinen)	2Sam 9,13
125×	חֵמָה ⊛	(f.) Gift; Erregung; Zorn	
12×	רֹאשׁ₂	Giftpflanze; Gift	Dtn 29,18
13×	מַרְפֵּא₁ (רפא)	Heilung; Heilmittel	Mal 3,20
6×	אֲרוּכָה	(f.) Heilung; Ausbesserung	Jer 30,17
8×	אָנוּשׁ	unheilbar; unheilvoll	Jer 15,18
26×	מַגֵּפָה (נגף)	(f.) Plage	
20×	מוּם	Flecken; Makel	

36. Müdigkeit und Schlaf

17×	עָיֵף	müde; erschöpft	Gen 25,29
14×	עָצֵל	träg; faul	Spr 6,6
5×	תְּנוּמָה	(f.) Schlummer	Spr 6,4
23×	שֵׁנָה (ישׁן₁)	(f.) Schlaf	
7×	תַּרְדֵּמָה	(f.) Tiefschlaf; Betäubung	Gen 2,21
9×	יָשֵׁן₁ (ישׁן₁)	schlafend; die Entschlafenen	Dan 12,2
65×	חֲלוֹם (חלם) ⊛	Traum ♦ חלמ׳	

37. Emotionen (siehe Seite 11)

32×	אַהֲבָה 1 (אהב) ⊛	(f.) Lieben; Liebe		
13×	נָעִים (נֹעַם)	angenehm lieblich ◆ נְעִימ׳		Ps 133,1
7×	נֹעַם	Freundlichkeit		Ps 90,17
94×	שִׂמְחָה (שׂמח) ⊛	(f.) Freude; Jubel		
22×	שָׂשׂוֹן (שׂושׂ)	Freude; Jubel		
38×	חֵפֶץ (חפץ1) ⊛	Freude; Gefallen; Wunsch; Angelegenheit ◆ חֲפֵצ׳		
21×	שָׂמֵחַ (שׂמח)	von Freude erfüllt; fröhlich ◆ שְׂמֵחַ׳		
15×	מָשׂוֹשׂ 1 (שׂושׂ)	Freude		Jes 65,18
7×	עָלִיז	frohlockend		Zef 2,15
15×	שְׂחוֹק (שׂחק)	Lachen; Vergnügen; Gespött		Koh 2,2
8×	גִּיל 2 (גיל)	Jauchzen		Ps 43,4
10×	שַׁאֲנָן	sorglos; sicher; ungestört		Jes 32,9
8×	שָׁלֵו	ungestört; sorglos		Ijob 16,12
9×	שַׁלְוָה (שָׁלֵו)	(f.) Sorglosigkeit; Ruhe		Ps 122,7
6×	נַחַת 2 (נוח1)	(f.) Ruhe; Gelassenheit		Koh 4,6
21×	מְנוּחָה (מָנוֹחַ1)	(f.) Ruhe; Ruheplatz ◆ מְנֻח׳		
43×	נִיחוֹחַ (נוח1)	Beschwichtigung; Beschwichtigungsgeruch		
42×	בֶּטַח 1 (בטח1) ⊛	Vertrauen; Sicherheit ◆ לָבֶטַח in Sicherheit; sorglos		
15×	מִבְטָח (בטח1)	Vertrauen; Verlass		Ps 40,5
9×	אַלּוּף 1	zutraulich; Vertrauter; Rind		Jer 3,4
6×	כֶּסֶל 2 (כְּסִיל1)	Zuversicht; Dummheit		Ijob 31,24
32×	תִּקְוָה 2 (קוה1) ⊛	(f.) Hoffnung		
5×	מִקְוֶה 1 (קוה1)	Hoffnung		Jer 14,8

6×	תּוֹחֶ֫לֶת (יחל)	Erwartung; Hoffnung	Spr 13,12
56×	רָצוֹן (רצה₁) ⊛	Wohlgefallen; Belieben; Wille	
13×	חֵ֫פֶץ (חפץ₁)	Gefallen; Verlangen; willig	1Kön 21,6
26×	נָדִיב	willig; Edler ♦ נְדִיב׳	
21×	תַּאֲוָה (אוה)	(f.) Verlangen; Wunsch; Begehren	
8×	בַּקָּשָׁה (בקש)	(f.) Verlangen; Begehren	Est 5,3
7×	אַוָּה (אוה)	(f.) Begehren; Verlangen	Dtn 12,15
16×	חֶמְדָּה (חמד)	(f.) Begehrenswertes; Kostbares	Jer 3,19
13×	מַחְמָד (חמד)	Begehrenswertes; Kostbarkeit	Ez 24,16
9×	שַׁעֲשֻׁעִים	Lust; Wonne	Ps 119,24
5×	תַּעֲנוּג	Wohlleben; Wonne; Behagen	Spr 19,10
10×	שְׁרִרוּת	(f.) Verhärtung (des Herzens); Verstocktheit	Jer 3,17
11×	בּוּז₁	Geringschätzung; Verachtung	Ps 123,3
30×	בֹּ֫שֶׁת (בוש₁) ⊛	(f.) Schande; Scham	
17×	קָלוֹן	Schande; Schmach	Spr 11,2
117×	תּוֹעֵבָה ⊛	(f.) Abscheu; Greuel ♦ תּוֹעֲבוֹת	
28×	שִׁקּוּץ (שֶׁקֶץ)	Abscheu; Greuel; Scheusal	
11×	שֶׁ֫קֶץ	(kultisch) Abscheuliches	Lev 11,10
43×	קִנְאָה (קנא) ⊛	(f.) Eifer; Eifersucht ♦ קְנָא׳	
6×	קַנָּא (קנא)	eifersüchtig; eifernd	Ex 20,5
21×	כַּ֫עַס (כעס)	Unmut; Kränkung ♦ כְּעָס׳	
6×	עֶ֫צֶב₂ (עצב₂)	Kränkung; anstrengende Arbeit; Schmerz	Spr 14,23
13×	זֵד	frech; vermessen	Ps 119,21
11×	זָדוֹן (זד)	Vermessenheit; Übermut	Spr 11,2
5×	זַ֫עַף	Wut	Spr 19,12

34×	עֶבְרָה	(f.) Aufwallung; Zorn; Wut	
41×	חָרוֹן (חרה₁) ⊛	Glut; Zorn	
28×	קֶצֶף ₁(קצף)	Unmut; Zorn; Zornesgericht	
6×	חִיל (חיל₁)	Angst und Schmerz	Jer 6,24
6×	חָרֵד (חרד)	ängstlich; bange	Jes 66,2
5×	אַט	gedrückte Stimmung; Sanftheit	2Sam 18,5
44×	יִרְאָה (ירא) ⊛	(f.) Furcht	
63×	יָרֵא (ירא) ⊛	in Furcht vor; furchtsam ♦ יָרֵא'	
11×	מוֹרָא (ירא)	Furcht; Schrecken; Ehrfurcht	Dtn 11,25
8×	מָגוֹר₁	Schreck; Grauen; Schrecknis	Jer 20,10
17×	אֵימָה	(f.) Schrecken	Gen 15,12
11×	מְחִתָּה (חתת)	(f.) Schrecken; Verderben	Spr 10,14
10×	בַּלָּהָה	(f.) jäher Schrecken	Ijob 18,11
8×	חִתִּית (חתת)	Schrecken	Ez 32,23
7×	זְעָוָה	(f.) Zittern; Schrecken	Dtn 28,25
49×	פַּחַד₁ (פחד)	Beben; Schrecken	
9×	חֲרָדָה₁ (חרד)	(f.) Beben; Angst	Spr 29,25
12×	מְהוּמָה	(f.) Bestürzung; Panik	1Sam 5,9
39×	שַׁמָּה₁ (שמם)	(f.) Schauerliches; Entsetzliches	
7×	מְשַׁמָּה (שמם)	(f.) Entsetzen; Grausen; Wüstenei	Ez 33,28
70×	צָרָה₁ ₁(צר) ⊛	(f.) Not; Bedrängung; Angst ♦ צָרוֹת	
20×	מָצוֹר₁ (צור₁)	Bedrängnis; Belagerung	
12×	לַחַץ	Bedrängnis; verkürzte Ration	Ps 42,10
7×	מְצוּקָה (מָצוֹק)	(f.) Bedrängnis	Ps 107,6
6×	מָצוֹק (צוק₁)	Drangsal	Dtn 28,53
16×	מַכְאֹב (כְּאֵב)	Schmerz; Leiden	Koh 1,18

6×	כְּאֵב	Schmerz	Ijob 2,13
5×	עֲצֶבֶת (עצב$_2$)	(f.) Schmerz; Plage; Kummer	Ps 16,4
14×	יָגוֹן	Qual; Kummer	Gen 42,38
5×	צִיר$_3$	Wehen; Krämpfe	Dan 10,16
6×	דְּאָגָה	(f.) Besorgtheit	Spr 12,25
9×	עָמֵל (עמל$_1$)	mühebeladen; sich mühend; Arbeiter	Koh 3,9
14×	שִׂיחַ$_2$ (שיח)	Lob; Klage; Kummer	Ijob 7,13
7×	נְהִי	Wehklage	Jer 31,15
8×	אָבֵל$_1$ (אבל$_1$)	in Trauer	Gen 37,35
30×	בְּכִי (בכה)	Weinen	
5×	תַּנְחוּם (נחם)	Trost; Tröstungen	Jes 66,11

38. Sitte und Moral (siehe Seite 11)

490×	❋ טוֹב$_1$ (טוב)	gut	
67×	❋ טוֹבָה (טוב$_1$)	(f.) Gutes; Glück; Heil	
32×	טוּב (טוב)	das Beste; Besitz; Glück	
245×	❋ חֶסֶד$_2$	Loyalität; Treue; Güte; Solidarität ♦ חַסְדֵּ׳, חַסְדֵ׳	
127×	❋ אֱמֶת (אמן$_1$)	(f.) Zuverlässigkeit; Beständigkeit; Treue; Wahrheit	
		♦ אֲמִתְ׳ ♦ בֶּאֱמֶת wirklich; aufrichtig	
49×	❋ אֱמוּנָה (אמון$_2$)	(f.) Zuverlässigkeit; Treue	
5×	אָמוּן$_2$ (אמן$_1$)	Zuverlässigkeit; Treue	Spr 14,5
32×	חָסִיד (חֶסֶד$_2$)	der Treue; der Fromme ♦ חֲסִיד׳	
70×	❋ חֵן (חנן$_1$)	Gunst; Gnade; Beliebtheit; Anmut	
13×	חַנּוּן (חנן$_1$)	gnädig; freundlich	Ex 34,6
39×	❋ רַחֲמִים (רָחֵם)	liebevolles Empfinden; Erbarmen	

13×	רַחוּם (רחם)	barmherzig	Ex 34,6
15×	אֶרֶךְ (ארך)	langmütig	Ex 34,6
6×	עֲנָוָה (ענה₂)	(f.) Demut	Spr 15,33
119×	צֶדֶק (צדק) ⊛	das Rechte; das Richtige; Gemeinschaftstreue; Heil (koll.) ♦ צֶדֶק'	
157×	צְדָקָה (צדק) ⊛	(f.) Gerechtigkeit; Gemeinschaftstreue (n. unit.) ♦ צְדָקוֹת Gerechtigkeitstaten	
206×	צַדִּיק (צדק) ⊛	recht; schuldlos; im Recht befindlich; gerecht	
43×	נָקִי (נקה)	frei; schuldlos ♦ נָקִי'	
22×	כֵּן (כון₁)	richtig; rechtschaffen; recht ♦ כֵּן'	
8×	כִּפֻּרִים (כפר)	Sühnehandlung; Versöhnung	Ex 29,36
91×	תָּמִים (תמם) ⊛	vollständig; fehlerfrei; untadelig ♦ תָּמִים'	
28×	שָׁלֵם (שלם₁)	unversehrt; vollständig; ganz ♦ שָׁלֵם'	
23×	תֹּם (תמם)	Vollkommenheit; Lauterkeit (koll.)	
5×	תֻּמָּה (תֹּם)	(f.) Vollkommenheit; Lauterkeit; Unschuld; Unbescholtenheit (n. unit.)	Ijob 2,3
95×	טָהוֹר (טהר) ⊛	rein; lauter ♦ טָהוֹר'	
6×	בַּר₂	lauter ♦ בַּר'	Ps 24,4
357×	רַע (רעע₁) ⊛	schlecht; böse; Böses ♦ רַע'	
309×	רָעָה (רע) ⊛	(f.) Böses; Bosheit; Unheil ♦ רָעוֹת	
33×	עַוְלָה (עָוֶל) ⊛	(f.) Schlechtigkeit; Bosheit; Unrecht	
30×	רֶשַׁע (רשע)	Unrecht; Schuld (koll.)	
15×	רִשְׁעָה (רֶשַׁע)	(f.) Schuld (n. unit.)	Ez 18,20
19×	אַשְׁמָה (אשם)	(f.) Verschuldung; Schuld ♦ אֲשָׁמ'	Esra 9,6
93×	פֶּשַׁע (פשע) ⊛	Verbrechen; Verfehlung; Frevel; Unrechtstat ♦ פֶּשַׁע' · פְּשָׁע'	
78×	אָוֶן ⊛	Unheil; Frevel; Unrecht; Trug; Nichts ♦ און ♦ פֹּעֲלֵי אָוֶן Übeltäter	
5×	עָוֶל (עָוֶל)	Übeltäter; Frevler	Ijob 31,3

263×	רֶ֫שַׁע (רשע) ⊛	schuldig; Frevler; Gottloser ♦ רְשָׁעִים	
13×	חָנֵף	gottlos ♦ 'חֲנֵף	Ijob 8,13
231×	עָוֹן ⊛	Vergehen; Sünde; Schuld; Strafe ♦ 'עֲוֹן	
33×	חֵטְא (חטא)	Verfehlung; Sünde; Schuld (koll.) ♦ 'חֶטְא	
19×	שְׁגָגָה	(f.) unwissentliche, unbeabsichtigte Sünde	Num 15,24
19×	חַטָּא (חטא)	sündig; Sünder ♦ 'חַטָּא	Ps 1,1
61×	רִיב (ריב)	Streit; Rechtsstreit	
11×	מָדוֹן $_1$ (דין)	Streit; Zank	Spr 15,18
10×	מִדְיָן $_1$ (דין)	⇒ מִדְיָנִים: Streitigkeiten	Spr 27,15
23×	מְרִי (מרה)	Widerspenstigkeit	
7×	סָרָה $_2$ (סרר)	(f.) Widerspenstigkeit; Falschheit	Dtn 13,6
15×	גְּעָרָה	(f.) Drohung	Spr 13,1
27×	נְקָמָה (נקם)	(f.) Rache; Vergeltung ♦ 'נְקָמ	
17×	נָקָם (נקם)	Rache; Vergeltung	Jes 34,8
19×	גְּמוּל (גמל)	Tun; Vergeltung; Wohltat	Ps 103,2
39×	מִרְמָה $_1$ (רמיה)	(f.) Hinterlist; Trug	
5×	תַּרְמִית (רמיה)	(f.) Trug; Betrug	Jer 23,26
6×	כַּ֫חַשׁ (כחש)	Lüge; Trug	Hos 12,1
113×	שֶׁ֫קֶר ⊛	Treubruch; Lüge	
31×	כָּזָב (כזב) ⊛	Lüge ♦ 'כְּזָב	
29×	מַ֫עַל $_1$ (מעל)	Pflichtwidrigkeit; Untreue	
21×	עָ֫וֶל ⊛	Verkehrtheit; Unrecht; Unredlichkeit	
11×	עִקֵּשׁ $_1$	verdreht; falsch	Spr 2,15
10×	תַּהְפּוּכָה (הפך)	⇒ תַּהְפֻּכוֹת: (f.) Verkehrtheit; Verkehrtes	Spr 2,12
8×	גֵּאֶה (גאון)	hochmütig	Spr 15,25

39. Kleid, Kleidungsstück, Sandale

215×	בֶּֽגֶד ⊛ $_2$	Kleid; Gewand ◆ בְּגָדִ׳, בִּגְדֵ׳	
32×	לְבוּשׁ (לבש)	Kleid	
11×	מַד (מדד)	Gewand	1Sam 17,38
8×	מַלְבּוּשׁ (לבש)	Gewand	1Kön 10,5
8×	כְּסוּת (כסה)	(f.) Bedeckung; Kleidung	Ex 22,26
15×	לָבוּשׁ (לבש)	bekleidet mit	Ez 9,2
28×	מְעִיל	Obergewand	
29×	שִׂמְלָה	(f.) Obergewand; Mantel; Kleidung ◆ שְׂמָלוֹת	
16×	שַׂלְמָה $_1$ (שִׂמְלָה)	(f.) Mantel; Gewänder; Kleider	1Kön 11,29
29×	כֻּתֹּנֶת	(f.) hemdartiger Leibrock ◆ כְּתָנ׳, כֻּתֳּנֹת׳	
5×	מִכְנָסַיִם	Hüfthüllen (Beinkleid)	Ex 28,42
23×	עֲטָרָה $_1$	(f.) Kranz; Krone; Diadem	
12×	מִצְנֶפֶת (צָנִיף)	(f.) turbanähnlicher Kopfbund	Ex 28,4
5×	צָנִיף	Kopfbund	Jes 3,23
7×	פְּאֵר	Kopfbinde; Turban	Ez 24,17
9×	אַבְנֵט	Schärpe	Ex 28,4
11×	פָּתִיל	Faden	Gen 38,18
7×	חוּט	Faden	Jos 2,18
11×	שׁוּל	Saum	Ex 28,33
14×	אֵזוֹר	Hüftschurz	Jer 13,1
5×	חֲגוֹרָה (חגר)	(f.) Gürtel; Schurz	Gen 3,7
8×	חֵשֶׁב	Bund; Gurt	Ex 28,8
22×	נַעַל	(f.) Sandale ◆ נַעֲלֵ׳	

40. Schmuck, Schmuckstück

51×	תִּפְאָרָה ⊛ / תִּפְאֶרֶת:	(f.) Schmuck; Pracht; Ehre; Stolz	
30×	הָדָר	Schmuck; Pracht; Erhabenheit	
5×	הֲדָרָה (הֲדַר)	(f.) Schmuck; Erhabenheit	Ps 96,9
14×	עֲדִי	Schmuck	Ex 33,4
19×	₁צְבִי	Zierde; Herrlichkeit	Dan 11,16
25×	חֹשֶׁן	Brustschild; Brusttasche	
49×	טַבַּעַת	(f.) Ring; Siegelring ♦ טָבַע′	
17×	נֶזֶם	Ring	Ex 32,2
6×	₁צָמִיד (צָמֵד)	Armspange	Gen 24,22
8×	שַׁרְשֶׁרֶת	(f.) Kette; Kettchen	Ex 28,14

41. Familie und Leben (siehe Seite 11)

1211×	אָב ֍	Vater; Stammvater ◆ אֲב׳, אָבוֹת	
220×	אֵם ֍	(f.) Mutter ◆ אִמ׳, אִמּוֹת	
4932×	$_1$בֵּן (בנה) ֍	Sohn ◆ בְּנ׳, בְּנֵ׳, בְּנֵי ◆ בְּנֵי יִשְׂרָאֵל die Israeliten • בֶּן־שָׁנָה einjährig	
		wird auch verwendet zur Bildung von Nomina unitatis aus Kollektivbegriffen: בֶּן־אָדָם (einzelner) Mensch	
13×	יָלִיד (ילד)	Sohn; Sklave	Gen 17,12
587×	$_1$בַּת ($_1$בֵּן) ֍	(f.) Tochter ◆ בָּנוֹת	
629×	$_2$אָח ֍	Bruder; Blutsverwandter; Gefährte; Volksgenosse ◆ אַחִים ◆ אִישׁ אֶל־אָחִיו einer zum anderen	
114×	אָחוֹת ($_2$אָח) ֍	(f.) Schwester; Verwandte; Geliebte	
6×	תּוֹאֲמִם	Zwillinge	Gen 25,24
21×	חֹתֵן	Schwiegervater	
4×	$_1$חָם	Schwiegervater	Gen 38,13
11×	חָמוֹת ($_1$חָם)	(f.) Schwiegermutter	Rut 1,14
20×	חָתָן (חתן)	Schwiegersohn; Bräutigam ◆ חֲתָנ׳	
34×	כַּלָּה	(f.) Braut; Schwiegertochter	
1867×	עַם ֍	Onkel (väterlicherseits); Verwandtschaft; Sippe; Volk *(koll.)* ◆ עַמּ׳	
		Exkurs Seite 50	
303×	מִשְׁפָּחָה ֍	(f.) Großfamilie; Sippe ◆ מִשְׁפָּחוֹת Arten	
13×	$_3$אֶלֶף ($_2$אֶלֶף)	Sippe; Gau; Stamm ◆ אַלְפ׳	Ri 6,15
41×	$_1$טַף	Angehörige; Abhängige; Kinder *(koll.)*	
42×	מַחֲלֹקֶת ($_2$חלק)	(f.) Abteilung ◆ מַחְלְק׳	
2186×	אִישׁ ֍	Mann; Ehemann; Mensch; jemand; man; ein jeder ◆ אֲנָשׁ׳, אֱנוֹשׁ׳	

66×	גֶּ֫בֶר ₁ (גבר)	⊛ Mann ♦ גְּבַר׳	
82×	זָכָר	⊛ männlich; Mann; Widder ♦ זְכָר׳	
781×	אִשָּׁה	⊛ (f.) Frau; Ehefrau; eine jede ♦ נָשִׁים	
15×	גְּבִירָה (גבר)	(f.) Herrin; Königinmutter	Gen 16,4
22×	נְקֵבָה (נקב)	⊛ (f.) Weib; weiblich	
7×	עַלְמָה	(f.) junge Frau ♦ עֲלָמוֹת	Jes 7,14
50×	בְּתוּלָה	⊛ (f.) Jungfrau ♦ בְּתוּל׳	
10×	בְּתוּלִים (בְּתוּלָה)	(f.) Jungfrauschaft; Jungfräulichkeit	Dtn 22,14
37×	פִּלֶ֫גֶשׁ	(f.) Nebenfrau ♦ פִּלַגְשׁ׳	
122×	בְּכֹר	⊛ erstgeboren; Erstgeburt	
10×	בְּכֹרָה (בְּכֹר)	(f.) Stellung als Erstgeborener	Gen 25,31
11×	עוֹלֵל	Kind ♦ עוֹלֵל׳	Ps 8,3
9×	עוֹלָל (עוֹלֵל)	Kind	Klgl 2,19
89×	יֶ֫לֶד (ילד)	⊛ Knabe; Kind ♦ יַלְד׳ ・ יְלָד׳	
240×	נַ֫עַר	⊛ Knabe; junger Mann; Knecht ♦ נַעֲר׳ ♦ מִנַּ֫עַר וְעַד־זָקֵן jung und alt	
44×	בָּחוּר	Jüngling; junger Mann ♦ בְּחוּר׳	
63×	נַעֲרָה ₁ (נַ֫עַר)	⊛ / נַעֲר׃ (f.) (lediges) Mädchen; Dienerin ♦ נַעֲר׳	
6×	שַׁכּוּל (שׁכל)	der Kinder beraubt; der Jungen entbehrend	Jer 18,21
42×	יָתוֹם	Waise ♦ יְתוֹמ׳	
178×	זָקֵן (זָקֵן)	⊛ alt; Ältester ♦ זְקֵנ׳	
55×	אַלְמָנָה	⊛ (f.) Witwe ♦ אַלְמְנ׳	
5×	יְבָמָה	(f.) Witwe des Bruders; Witwe des Schwagers	Dtn 25,7
166×	דּוֹר ₂	⊛ Generation; Geschlecht	
39×	תּוֹלָדָה (ילד)	⇒ תּוֹלְדוֹת: (f.) Nachkommen; Geschlechtsgeschichte; Geschlechterfolge	

5×	שָׁלֵשׁ (שׁלשׁ)	Nachkomme der dritten Generation; Enkel	Ex 20,5
22×	מוֹלֶדֶת (ילד)	(f.) Nachkommenschaft; Verwandtschaft	
149×	עֵדָה₁ (יעד) ⊛	(f.) Versammlung; Gemeinde	
123×	קָהָל ⊛	Aufgebot; Versammlung; Gemeinde	
23×	מִקְרָא (קרא₁)	Einberufung; Versammlung; Lesung	
7×	קֹהֶלֶת (קהל)	Versammlungsleiter; Versammlungsredner; Kohelet (in der Septuaginta: Ἐκκλησιαστής)	Koh 1,1
7×	חֶ֫בֶר₁ (חבר₂)	Gemeinschaft; Bannspruch; Beschwörung	Spr 21,9
12×	חָבֵר (חבר₂)	Gefährte	Koh 4,10
6×	רְעוּת₁ (רֵעַ₂)	(f.) Gefährtin; Nachbarin	Ex 11,2
9×	רַעְיָה (רֵעַ₂)	(f.) Gefährtin; Freundin; Geliebte	Hld 1,15
61×	דּוֹד (ידד)	Geliebter; Vatersbruder; Liebe	
8×	יָדִיד	Liebling; lieblich	Jes 5,1
187×	רֵעַ₂ ⊛	Freund; Nächster; anderer ♦ רֵעַ ♦ אִישׁ אֶל־רֵעֵהוּ einer zum anderen	
8×	מֵרֵעַ	Busenfreund	Ri 14,20
34×	זֹנָה (זנה₁) ⊛	(f.) Dirne; Hure	
12×	זְנוּנִים (זנה₁)	Prostitution; Hurerei	Hos 1,2
9×	זְנוּת (זנה₁)	Prostitution; Untreue	Jer 3,2
20×	תַּזְנוּת (זנה₁)	(f.) Hurerei	
12×	אוֹן₁	Zeugungskraft; Körperkraft; Reichtum	Dtn 21,17
16×	הָרָה (הרה)	⇒ הָרָה: schwanger	2Sam 11,5
8×	חֵ֫בֶל	Geburtsschmerzen; Wehen	Jes 66,7
5×	יִלּוֹד (ילד)	geboren	Ex 1,22
6×	בְּכִיר (בכר)	⇒ בְּכִירָה: (f.) die Erstgeborene; die Ältere	Gen 19,31

12×	יוֹנֵק (ינק)	Säugling; Kind	Ps 8,3
6×	מֵינֶקֶת (ינק)	(f.) Stillende; Amme	Gen 24,59
148×	חַיִּים (חיה) ⊛	Leben; Lebenszeit	
236×	₁חַי (חיה) ⊛	Leben; lebendig; lebend ◆ חַי־אָנִי so wahr ich lebe! («Beteuerungsformel»)	
12×	₂חַיָּה (חַי₁)	(f.) Leben; Gier	Ijob 33,18
5×	חֶלֶד	Lebensdauer; Welt	Ps 39,6
46×	נְעוּרִים (נַעַר) ⊛	Jugendzeit	
7×	חֹרֶף	Jugend; Winter	Gen 8,22
8×	מִחְיָה (חיה)	(f.) Erhaltung des Lebens	Gen 45,5
6×	זִקְנָה (זקן)	(f.) das Altern	Ps 71,9
5×	בָּלֶה (בלה)	abgebraucht; alt	Jos 9,4

42. Ernährung (siehe Seite 12)

39×	אֹכֶל (אכל) ⊛	Speise (koll.)	
30×	מַאֲכָל (אכל)	Speise; Nahrung	
18×	אָכְלָה (אֹכֶל) ⊛	(f.) Essen (n. unit.)	Gen 9,3
6×	פַּת־בַּג	Speise; Verpflegung	Dan 1,5
6×	אֲרֻחָה	(f.) Wegzehrung; Verpflegung	2Kön 25,30
9×	צֵידָה (צַיִד₂)	(f.) Reisekost (n. unit.)	Ex 12,39
5×	₂צַיִד	Reisekost; Speise; Futter (koll.)	Jos 9,5
6×	נָזִיד (זד)	gekochtes Gericht	Gen 25,29
11×	₁גֵּרָה (גָּרוֹן)	(f.) Gekautes	Lev 11,3
297×	לֶחֶם ⊛	Brot; Speise; Nahrung ◆ לַחְמִי	
53×	₁מַצָּה	(f.) ungesäuertes Brot ◆ מַצּוֹת	

F. Leben und Gesellschaft

11×	חָמֵץ	Gesäuertes	Ex 12,15
13×	מָן₁	Manna	Ex 16,31
14×	חַלָּה (חָלָל)	(f.) Ringbrot	Lev 7,12
8×	רָקִיק (רק₂)	Fladen; dünnes Brot	Ex 29,2
7×	עֻגָה	(f.) Brotfladen	1Kön 19,6
14×	קֶמַח	Mehl	1Kön 17,12
5×	בָּצֵק	Mehlteig	Ex 12,34
5×	שְׂאֹר	Sauerteig	Ex 12,15
23×	מֶלַח₂	Salz ◆ יָם הַמֶּלַח das Tote Meer	
10×	חֶמְאָה	(f.) Dickmilch; Butter; Rahm	Jes 7,15
54×	דְּבַשׁ ⊛	Honig ◆ דְּבַשׁ׳	
5×	נֹפֶת	Honigseim	Ps 19,11
5×	דְּבֵלָה	(f.) Feigenkuchen	2Kön 20,7
8×	מַטְעָם (טעם)	Leckerbissen	Gen 27,4
141×	יַיִן ⊛	Wein ◆ יֵין	
38×	תִּירוֹשׁ	süßer Wein; Most	
5×	שֶׁמֶר₁	Weinhefe; alter Wein	Ps 75,9
23×	שֵׁכָר (שֵׁכָר)	berauschendes Getränk; Bier	
44×	חָלָב ⊛	Milch	
5×	עָסִיס	Traubensaft	Joel 1,5
6×	חֹמֶץ (חָמֵץ)	Essig	Rut 2,14
46×	מִשְׁתֶּה (שתה) ⊛	Getränk; Gastmahl ◆ מִשְׁתֵּה יַיִן Weingelage	
19×	מַשְׁקֶה (שקה) ⊛	Mundschenk; Getränk	Gen 40,1
13×	שִׁכּוֹר	betrunken	1Sam 25,36
15×	דֶּשֶׁן	Fett; Fettasche	Lev 1,16
14×	בָּרִיא	fett	Gen 41,2

10×	שָׁמֵן	fett	Num 13,20
39×	מַר₁	bitter; Bitterkeit ♦ מַר׳	
12×	מָתוֹק	süß ♦ מָתוֹק׳	Ri 14,14
101×	רָעָב ⊛	Hunger; Hungersnot	
20×	רָעֵב (רעב)	hungrig	
17×	צָמָא (צמא)	Durst	Ex 17,3
9×	צָמֵא	durstig; wasserarm	Jes 55,1
10×	שָׂבֵעַ (שבע) ⊛	satt; gesättigt ♦ שְׂבֵעַ׳	Gen 25,8
8×	שָׂבָע (שבע)	Sättigung; Genüge	Gen 41,29
8×	שֹׂבַע (שבע)	Sättigung	Lev 26,5
6×	שִׂבְעָה (שבע)	(f.) Sättigung	Jes 55,2
26×	צוֹם (צום)	Fasten; Fastenzeit	

43. Haben und Nichthaben (siehe Seite 12)

37×	עֹשֶׁר	Reichtum	
23×	עָשִׁיר (עֹשֶׁר)	begütert; reich ♦ עָשִׁיר׳	
39×	דַּי	das Ausreichende; der Bedarf; genug ♦ כְּדֵי entsprechend • מִדֵּי so oft	
75×	עָנִי (ענה₂) ⊛	ohne Grundbesitz; arm; elend; in Not befindlich ♦ עָנִי׳	
61×	אֶבְיוֹן ⊛	bedürftig; arm	
48×	דַּל₂	gering; hilflos; arm ♦ דַּל׳	
5×	דַּלָּה₂ (דַּל₂)	(f.) die Geringen; die Armen (koll.)	Jer 52,15
24×	רוש	Qal (23×) רָשׁ (Partizip): arm	
7×	רֵישׁ (רוש)	Armut	Spr 30,8
13×	מַחְסוֹר (חסר)	Mangel	Spr 14,23

F. Leben und Gesellschaft

36×	עֳנִי (ענה₂) ⊛	Elend; gedrückte Lage	
76×	מִקְנֶה (קנה) ⊛	Erwerb; Besitz; Viehbesitz (koll.)	
15×	מִקְנָה (קנה)	(f.) Erwerb (n. unit.)	Gen 17,12
9×	מוֹרָשָׁה (ירש)	(f.) Erwerb; Besitz	Ez 11,15
222×	נַחֲלָה₁ (נחל) ⊛	(f.) (unveräußerlicher) Erbbesitz	
28×	רְכוּשׁ	Besitz; Habe	
10×	קִנְיָן (קנה)	Besitz; Habe	Ez 38,12
14×	יְרֻשָּׁה (ירש)	(f.) Besitz	Dtn 2,5
66×	חֵלֶק₂ (חלק₂) ⊛	Besitzanteil (koll.) ◆ חֶלְקִ׳	
26×	הוֹן	Vermögen; Besitz	
5×	נְכָסִים	Vermögen	2Chr 1,11
66×	אֲחֻזָּה (אחז₁) ⊛	(f.) Grundeigentum; Eigentum	
8×	סְגֻלָּה	(f.) Eigentum	Ex 19,5
79×	אוֹצָר ⊛	Vorrat; Schatz	
5×	מַטְמוֹן (טמן)	(verborgener) Schatz	Gen 43,23
7×	מִסְכְּנוֹת	(f.) Depot; Vorräte	Ex 1,11
5×	עָתִיד (עתוד)	bereit; Vorräte; Künftiges	Est 3,14
167×	מְלָאכָה (מלאך) ⊛	(f.) Geschäft; Werk; Arbeit; Sache; Dienst ◆ מְלַאכְתּ׳ • מְלֶאכֶת	
8×	עִנְיָן	Geschäft; Sache	Koh 1,13
10×	מִמְכָּר (מכר)	Verkauftes; Verkauf	Lev 25,14
14×	גְּאֻלָּה (גאל₁)	(f.) Rückkauf	Lev 25,24
12×	חֲלִיפָה (חלף₁)	(f.) Ersatz; Wechsel	Ri 14,12
6×	תְּמוּרָה (מור)	(f.) Tausch	Lev 27,10
9×	מַעֲרָב₁ (ערב₁)	Tauschhandel	Ez 27,9
7×	עִזָּבוֹן (עזב₁)	Handelsware	Ez 27,12

17×	רֹכֵל	Qal (17×) רוֹכֵל (Partizip): Händler; Verkäufer; Kleinhändler ♦ רֹכְלֵ׳	Ez 27,3
5×	שְׁמִטָּה	(f.) Schuldenerlass	Dtn 15,1
12×	נֶשֶׁךְ	Abzug; Zins	Dtn 23,20
6×	תַּרְבִּית (רבה1)	(f.) Aufgeld; Zuschlag; Wucherzins	Ez 18,8
15×	מַשְׂאֵת (נשׂא)	(f.) Erhebung; Abgabe; Spende	Gen 43,34
15×	מְחִיר1	Kaufpreis; Geld; Lohn	1Kön 21,2
13×	כֹּפֶר4 (כפר)	Bestechungsgeld; Lösegeld	Spr 6,35
23×	בֶּצַע	(unrechtmäßiger) Gewinn	
7×	סַחַר (סחר)	Handelsgewinn	Spr 31,18
211×	מִנְחָה ⊛	(f.) Gabe; Geschenk; Huldigung; Tribut; Huldigungsopfer; Speiseopfer ♦ מִנְח׳	
5×	מַתָּן1 (נתן)	Gabe; Geschenk	Spr 18,16
17×	מַתָּנָה1 (מַתָּן1)	(f.) Geschenk; Gabe	Num 18,6
6×	מַתַּת (נתן)	(f.) Gabe	Koh 3,13
23×	שֹׁחַד	Geschenk; Bestechung	
11×	אֶתְנַן1 (נתן)	Geschenk	Ez 16,31
17×	גַּנָּב	Dieb	Ex 22,1
6×	פָּרִיץ (פרץ1)	räuberisch; gewalttätig; Räuber	Jer 7,11
6×	גְּזֵלָה (גזל)	(f.) Raub; Raubgut	Ez 18,7

44. Ergehen

237×	שָׁלוֹם (שלם) ⊛	Gedeihen; Unversehrtheit; Wohlergehen; Frieden; Freundlichkeit; Heil ♦ בְּשָׁלוֹם wohlbehalten	
12×	תּוּשִׁיָּה	(f.) Gelingen; Erfolg; Umsicht	Spr 3,21

31×	שְׁבוּת (שוב)	/ שְׁבִית: (f.) Geschick; Wendung; Wiederherstellung	
77×	גּוֹרָל ⊛	Los; das durch das Los Zugefallene; Losteil; Geschick	
8×	פּוּר	Los ♦ פּוּרִים Purimfest	Est 9,24
10×	מִקְרֶה (₁קרה)	Zufall; Geschick; Ergehen	Koh 2,14
24×	אֵיד	Unglück	
5×	אָסוֹן	tödlicher Unfall	Gen 42,4

45. Heimat und Fremde

554×	גּוֹי ⊛	Volk; Nation; «Heiden»; Leute ♦ גּוֹי׳	
35×	לְאֹם	Volk ♦ לְאֻמִּ׳	
5×	עֶרֶב ₂ (₁עֶרֶב)	Nichtisraeliten; Völkergemisch	Ex 12,38
17×	אֶזְרָח	Einheimischer; Vollbürger	Ex 12,49
12×	עָמִית	Gemeinschaft; Mitbürger	Lev 19,11
92×	גֵּר (₁גור) ⊛	Schutzbürger; Fremdling	
70×	זָר ⊛	fremd; Fremder	
36×	נֵכָר (נכר)	Fremde; Ausland ♦ בֶּן־נֵכָר Ausländer	
45×	נָכְרִי (נֵכָר) ⊛	ausländisch; Ausländer; fremd	

46. Bewegung (siehe Seite 12)

19×	מַעֲלֶה (עלה)	Aufstieg; Aufgang *(koll.)*	Jos 10,10
8×	גֵּאוּת (גָּאוֹן)	*(f.)* Aufsteigen; Erhabenheit	Ps 93,1
6×	שְׂאֵת (נשׂא₁)	*(f.)* Erhebung; Hoheit	Ps 62,5
47×	מַעֲלָה (עלה)	*(f.)* Hinaufzug; Stufe *(n. unit.)*	
12×	מְשׁוּבָה (שׁוב)	*(f.)* Abfall; Abtrünnigkeit	Jer 3,22
9×	שִׁכְבָה (שׁכב)	*(f.)* was sich hinlegt ♦ שִׁכְבַת הַטַּל Taubelag • שִׁכְבַת־זֶרַע Samenerguss	Lev 15,16
6×	הֲלִיכָה (הלך)	*(f.)* Gehen; Weg; Karawane	Spr 31,27
12×	קָרֵב (קרב) ✺	der sich nähert	Num 1,51
12×	רַגְלִי (רֶגֶל)	Fußgänger	Ex 12,37
6×	תַּחְבֻּלוֹת (חֶבֶל₂)	*(f.)* Lenkung; Steuerung	Spr 11,14
14×	צַעַד	Schritt ♦ צְעָד׳	Spr 16,9
9×	אָשֻׁר	*(f.)* Schritt; Fußspur	Ps 17,5
12×	מַסַּע (נסע)	Aufbrechen; *pl.* Tagesmärsche	Num 10,12
27×	מוֹצָא (יצא₁)	Ausgangsort; Äußerung	
8×	תְּשׁוּבָה (שׁוב)	*(f.)* Rückkehr; Erwiderung	2Sam 11,1
23×	תּוֹצָאָה (יצא)	⇒ תּוֹצָאוֹת: *(f.)* Ausgang; Endpunkt	
14×	מִכְשׁוֹל (כשׁל)	Anstoß; Hindernis	Lev 19,14

47. Bauten (siehe Seite 12)

20×	תַּבְנִית (בנה)	(f.) Gebilde; Gestalt	
2042×	בַּ֫יִת₁ ⊛	Haus; Wohnhaus; Aufenthaltsort; das Innere; Familie ◆ בֵּת׳	
7×	בִּנְיָן (בנה)	Gebäude	Ez 41,12
80×	הֵיכָל ⊛	Palast; Tempel	
32×	אַרְמוֹן	Palast	
75×	מִקְדָּשׁ (קדש) ⊛	Heiligtum	
5×	זְבֻל₂	erhabene Wohnung	1Kön 8,13
30×	גָּג	Flachdach ◆ גַּג׳	
16×	מִכְסֶה (כסה)	Decke; Hülle	Ex 26,14
20×	עֲלִיָּה (עלה)	(f.) Obergemach; Raum im Oberstock	
47×	לִשְׁכָּה	(f.) Halle ◆ לִשְׁכ׳	
49×	אֵילָם / אוּלָם: Vorhalle ◆ אֵלַמ׳		
9×	עֲזָרָה	(f.) Sims; Vorhof	Ez 43,14
5×	קוֹרָה	(f.) Gebälk; Balken	2Kön 6,2
38×	חֶ֫דֶר	dunkle Kammer; Innenraum ◆ חֲדַר׳	
31×	חַלּוֹן (חלל)	(m./f.) Fenster(öffnung)	
9×	אֲרֻבָּה	(f.) Luke	Gen 7,11
28×	יְרֵכָה (ירך)	(f.) Hinterseite; Hinterteil ◆ יַרְכְּתַ֫יִם	
16×	דְּבִיר₁	Hinterraum; das Allerheiligste	1Kön 6,5
30×	פִּנָּה	(f.) Ecke; Zinne	
12×	מִקְצ֫וֹעַ	Ecke	Neh 3,19
13×	תָּא	Nische	Ez 40,7
345×	אֹ֫הֶל₁ ⊛	Zelt ◆ אָהֳלִ׳, אָהֳלֵ׳	
54×	יְרִיעָה	(f.) Zeltdecke; Zelt	

24×	יָתֵד	(f.) Pflock ◆ 'יְתֵד
215×	מַחֲנֶה (חנה₁) ⊛	(m./f.) Lagerplatz; Heer
7×	טִירָה (טור)	(f.) Zeltlager; Zinne Ez 25,4
7×	חַוָּה₁	(f.) Zeltlager; Zeltdorf ◆ חַוֹּת יָאִיר die Zeltdörfer Jaïrs Num 32,41
31×	סֻכָּה	(f.) Dickicht; Hütte
164×	פֶּתַח (פתח₁) ⊛	Öffnung; Eingang; Tür ◆ 'פֶּתַח • 'פִּתְחֵי
87×	דֶּלֶת ⊛	(f.) Tür; Türflügel ◆ 'דְּלָתַיִם, דְּלָת
23×	מָבוֹא (בוא) ⊛	Eingang; (Sonnen-)Untergang; Westen ◆ 'מְבוֹא
19×	מְזוּזָה	(f.) Türpfosten Dtn 6,9
373×	שַׁעַר₁ ⊛	Tor; Torbau ◆ שְׁעָרִים Ort; Ortschaften
21×	אַיִל₃	Torpfeiler ◆ 'אֵיל
40×	בְּרִיחַ	Riegel ◆ 'בְּרִיחַ
6×	מַנְעוּל (נעל)	Verschluss; Riegel Neh 3,3
25×	סַף₂	Schwelle ◆ 'סַף • שֹׁמֵר הַסַּף Schwellenhüter
8×	מִפְתָּן	untere Schwelle 1Sam 5,4
15×	תַּנּוּר	Backofen Hos 7,4
9×	כּוּר	Schmelzofen Dtn 4,20
19×	יְסוֹד (יסד₁)	Grundmauer; Sockel Lev 4,7
8×	מוֹסָד (יסד₁)	Grundmauer; Fundament Jes 24,18
5×	מוֹסָדָה (מוֹסָד)	(f.) Grundmauer; Fundament Jes 40,21
8×	קַרְקַע₁	Grund; Boden; Fußboden 1Kön 6,15
7×	רִצְפָּה	(f.) Steinpflaster; Steinplattenbelag Ez 40,17
43×	רְחֹב₁ (רחב)	(f.) freier Platz (einer Stadt)
37×	מִבְצָר₁ (בָּצוּר)	fester Platz; befestigte Stadt
8×	גִּזְרָה	(f.) Vorplatz Ez 41,12

H. Bauten und Mobiliar

7×	מָנוֹחַ (נוח₁)	Rastplatz	Rut 3,1
164×	חוּץ ⊛	Gasse; draußen ◆ מִחוּץ von außen her; außerhalb	
133×	חוֹמָה ⊛	(f.) Stadtmauer; Mauer ◆ חֹמ׳, חוֹמֹתַיִם ◆ עִיר חוֹמָה ummauerte Stadt	
73×	קִיר₁ ⊛	Wand; Mauer	
8×	חֵיל	Vormauer; Vorwerk	Ps 122,7
8×	גְּדֵרָה₁ (גָּדֵר)	(f.) Steinpferch; Mauer (n. unit.)	Num 32,16
14×	גָּדֵר	Steinwall (koll.) ◆ גָּדֵר׳, גֶּדֶר	Num 22,24
6×	דָּיֵק	Belagerungswall	2Kön 25,1
11×	סֹלְלָה	(f.) Sturmrampe	Jes 37,33
6×	נֵד	Damm	Ex 15,8
11×	מְצָד (צַיִד₁)	(f.) Festung	1Sam 23,14
36×	מָעוֹז (עז)	Bergfeste; Zufluchtsstätte ◆ מָעֻז׳	
18×	מְצוּדָה₂ (מְצָד)	(f.) Bergfeste	2Sam 5,7
8×	מְצוּרָה (מָצוֹר₂)	(f.) Befestigung; befestigte Stadt	2Chr 11,10
5×	מָצוֹר₂	Befestigung; befestigte Stadt	2Chr 8,5
18×	בִּירָה	(f.) Zitadelle; Akropolis	Est 1,2
25×	בָּצוּר	unzugänglich; uneinnehmbar	
45×	מִגְדָּל (גדל) ⊛	Turm	
111×	עַמּוּד (עמד) ⊛	Ständer; Säule ◆ עַמּוּד הֶעָנָן • עַמּוּד אֵשׁ	
34×	מַצֵּבָה (נצב₁) ⊛	(f.) Mazzebe; Malstein	
24×	כֹּתֶרֶת	(f.) Säulenkapitell ◆ כֹּתָר׳	
18×	כַּפְתּוֹר₂	Knauf (des Leuchters); Säulenkapitell	Ex 25,31
8×	חָשׁוּק	⇒ חֲשֻׁקִים: Verbindungen (von Säulen)	Ex 27,10
8×	מַחְבֶּרֶת (חבר₂)	(f.) Verbindungsstelle; Verbindungsstück	Ex 26,4

19×	פֶּרֶץ $_1$ (פרץ$_1$)	Riss; Lücke	Neh 6,1
10×	בֶּדֶק	Riss; Leck	2Kön 12,6
401×	מָקוֹם ⊛ (קום)	Ort; Stelle; Stätte ♦ 'מְקוֹם ♦ בְּכָל־מָקוֹם überall	
139×	מִשְׁכָּן ⊛ (שכן)	Wohnstatt	
44×	מוֹשָׁב (ישב)	Sitz; Sitzplatz; Wohnsitz	
11×	מָגוֹר $_2$ (גור$_1$)	⇒ מְגוּרִים: Aufenthaltsort; Schutzbürgerschaft	Gen 17,8
17×	מָכוֹן (כון)	Standort; Stätte ♦ 'מְכוֹנ	1Kön 8,13
10×	מַצָּב (נצב$_1$)	Standort; Posten	1Sam 14,1
9×	עֹמֶד (עמד)	Standort; Platz	Neh 8,7
7×	מַחְשָׁךְ (חֹשֶׁךְ)	finstere Stelle	Klgl 3,6
6×	כֵּן $_4$ (כון)	Stelle; Stellung; Amt	Gen 40,13
1087×	עִיר $_1$ ⊛	(f.) Stadt; Stadtbevölkerung ♦ עָרִים	
29×	קִרְיָה ⊛	(f.) Ortschaft; Stadt	
5×	קֶרֶת (קִרְיָה)	(f.) Stadt	Spr 11,11
191×	חָצֵר ⊛	(f./m.) Siedlung; Gehöft; Hof ♦ 'חֲצֵר	
18×	שָׁכֵן (שכן)	Bewohner; Nachbar ♦ 'שְׁכֵנ	Ps 31,12
14×	תּוֹשָׁב (ישב)	Beisasse; Metöke	Lev 25,6
20×	מַחְסֶה (חסה)	Zufluchtsort; Zuflucht	
8×	מָנוֹס (נוס)	Zufluchtsort	2Sam 22,3
20×	מִקְלָט	Zuflucht; Asyl	
17×	עֹז $_2$	Zuflucht; Schutz	Ps 21,2
35×	סֵתֶר (סתר)	Versteck; Schutz; Heimlichkeit	
10×	מִסְתָּר (סתר)	Versteck	Ps 10,8
9×	מְעֹנָה (מָעוֹז$_2$)	(f.) Versteck; Lagerstatt	Ijob 38,40
17×	מָעוֹז $_2$	verstecktes Lager; Wohnung	Ps 90,1

H. Bauten und Mobiliar

H.

26×	טוּר	Lage; Schicht; Reihe		
19×	מַעֲרָכָה (ערך)	(f.) Reihe; Schicht; Schlachtreihe		1Sam 17,8
10×	מַעֲרֶכֶת (ערך)	(f.) Aufschichtung; Schicht ♦ לֶחֶם הַמַּעֲרָכוֹת Schichtbrote; Schaubrote		Lev 24,6
5×	מִפְקָד (פקד)	Anordnung; Zählung; Musterung		2Sam 24,9

48. Mobiliar (siehe Seite 12)

46×	מִשְׁכָּב (שכב)	Lager; Bett		
29×	מִטָּה (נטה)	(f.) Lager; Bett		
5×	יָצוּעַ₁	Lager; Bett		Ps 63,7
8×	מָלוֹן (לין)	Nachtlager		Gen 42,27
10×	עֶרֶשׂ	(f.) Bettgestell; Ruhelager		Ps 6,7
11×	כֵּן₃	Gestell		Ex 30,18
57×	אֶדֶן	Fußgestell; Sockel ♦ 'אֲדָנ		
25×	מְכוֹנָה (מכון)	(f.) Stelle; Stätte; Fahrgestell ♦ 'מָכוֹנ		
40×	בַּד₂	Tragstange ♦ 'בַּד		
71×	שֻׁלְחָן ⊛	Tisch; Esstisch; Kulttisch		
135×	כִּסֵּא ⊛	Sessel; Stuhl; Thron ♦ 'כִּסֵא		
6×	הֲדֹם	⇒ הֲדֹם רַגְלַיִם: Fußschemel		Ps 110,1
25×	פָּרֹכֶת (פֶּרֶךְ)	(f.) Vorhang		
16×	קֶלַע₂	Vorhang		Ex 27,9
25×	מָסָךְ	Decke; Vorhang ♦ 'מָסַכ		
44×	נֵר₁	Leuchte		
5×	נִיר₁ (נֵר₁)	Leuchte; Lampe		1Kön 11,36
19×	מָאוֹר (אור)	Leuchte; Leuchter		Gen 1,14
42×	מְנוֹרָה (נֵר₁)	(f.) Lampenständer; Leuchter		
13×	לַפִּיד	Fackel; Blitz		Ri 15,4

49. Arbeit und Arbeiter (siehe Seite 12)

235×	מַעֲשֶׂה (עשׂה$_1$) ⊛	Tun; Arbeit; Werk	
145×	עֲבֹדָה (עבד) ⊛	(f.) Arbeit; Dienst; Gottesdienst	
37×	פֹּעַל (פעל)	Tat; Tun; Wirken; Walten	
14×	פְּעֻלָּה (פעל)	(f.) Arbeit; Tat; Lohn	Jes 61,8
41×	מַעֲלָל (עֲלִילָה)	⇒ מַעֲלָלִים: Taten	
24×	עֲלִילָה	(f.) Handlung; Tat	
7×	מִשְׁלָח (שׁלח)	Unternehmung	Dtn 12,7
55×	עָמָל$_1$ ⊛	Mühsal; Bemühung; Not; Unheil	
16×	יְגִיעַ (יגע)	Mühe; Arbeit; Erwerb	Ps 128,2
6×	סִבְלוֹת (סבל)	das Lasttragen; das Fronarbeiten	Ex 1,11
49×	קָצִיר$_1$ (קצר$_1$) ⊛	Getreideernte; Ernteertrag	
42×	תְּבוּאָה (בוא)	(f.) Erzeugnis; Ertrag	
5×	תְּנוּבָה	(f.) Ertrag; Erträgnisse	Ri 9,11
12×	מֶגֶד	Ertrag an Früchten; pl. מְגָדֲנוֹת kostbare Geschenke	Dtn 33,13
13×	יְבוּל	(Boden-)Ertrag	Lev 26,4
15×	עֵקֶב (עָקֵב)	Ergebnis; Lohn; weil	Num 14,24
10×	יִתְרוֹן (יתר)	Ergebnis; Gewinn	Koh 1,3
28×	שָׂכָר$_1$ (שׂכר)	(Arbeits-)Lohn	
7×	בָּצִיר$_1$	Weinlese	Lev 26,5
6×	עֹלֵלוֹת (עֲלִילָה)	(f.) Nachlese	Jes 17,6
36×	חָרָשׁ (חרשׁ$_1$)	Handwerker	
18×	שָׂכִיר (שׂכר)	Lohnarbeiter; Tagelöhner	Lev 19,13
18×	יוֹצֵר (יצר) ⊛	Töpfer	Jer 18,2
8×	חֹצֵב (חצב$_1$)	Steinhauer	1Kön 5,29

I. Arbeit und Werkzeuge

7×	אִכָּר	Landarbeiter	Jer 14,4
5×	כֹּרֵם (כֶּרֶם)	Weinbauer	Jer 52,16
12×	אֹפֶה (אפה)	Bäcker	Gen 40,1
5×	סַבָּל (סבל)	Lastträger	1Kön 5,29
5×	חֹבֵל (₂חֶבֶל)	Matrose	Jona 1,6
15×	רְמִיָּה	schlaff; lässig; Trug	Ps 32,2
5×	חָרוּץ₆	fleißig	Spr 10,4

50. Geräte und Werkzeuge (siehe Seite 12)

7×	מַזְלֵג	Fleischgabel	Ex 27,3
6×	מֶלְקָחַיִם (לקח)	Zange; Dochtschere	Ex 25,38
5×	מְזַמֶּרֶת	(f.) Dochtschere	1Kön 7,50
15×	מֹאזְנַיִם	Waage	Spr 11,1
43×	לוּחַ	Tafel; Brett ♦ לַח'	
51×	קֶרֶשׁ	Brett; Bretter ♦ קְרֵשׁ'	
27×	כַּפֹּרֶת (כפר)	(f.) Deckplatte	
5×	מַחֲבַת	(f.) Platte; Blech; Plattengebäck	Lev 2,5
8×	שׁוֹט₁	Peitsche	1Kön 12,11
48×	חֶבֶל₂	Strick; Seillänge; Stück Feld; Landstrich ♦ חֲבֹל'	
19×	עֲבֹת	(m./f.) Strick; Schnur	Ri 15,13
9×	מֵיתָר	Bogensehne; Zeltstrick	Ex 35,18
13×	קָו₁	Schnur	Ez 47,3
13×	לוּלָאָה	⇒ לֻלָאֹת: (f.) Schlingen; Schleifen	Ex 26,4
5×	מֶתֶג	Zaum	2Kön 19,28

I. Arbeit und Werkzeuge

6×	נֹאד	Schlauch	Jos 9,4
252×	מַטֶּה ⊛	Stab; Stock; Stamm (eines Volkes)	
190×	שֵׁבֶט ⊛	Stock; Stab; Stamm (eines Volkes) ◆ שֵׁבֶט׳ • שׁבט׳	
18×	מַקֵּל	(f.) Zweig; Stab ◆ מַקֵּל׳	Gen 30,37
11×	מִשְׁעֶנֶת (שען)	(f.) Stütze; Stab	2Kön 4,29
14×	חוֹתָם₁	Siegel	Gen 38,18
13×	וָו	Nagel	Ex 26,32
10×	קֶרֶס	Haken	Ex 26,6
7×	חָח(חוֹחַ₁)	Dorn; Haken; Gewandnadel	Ez 19,4
9×	יָע	⇒ יָעִים: (Feuer-)Schaufeln	1Kön 7,40
13×	תַּעַר	(m./f.) Messer; (Schwert-)Scheide	Ez 21,8
5×	רֵחַיִם	Handmühle	Num 11,8
9×	כִּידוֹן	Sichel	1Sam 17,6
5×	קַרְדֹּם	Axt; Dechsel	1Sam 13,20
5×	אֵת₃	Pflugschar	Jes 2,4
12×	מוֹטָה (מוֹט)	(f.) Joch; Tragstange (n. unit.)	Jer 28,10
40×	עֹל	Joch	
15×	צֶמֶד	Gespann	Ijob 1,3
32×	גֹּרֶן	(f.) Dreschplatz; Tenne ◆ גָּרְנ׳	
5×	גַּת₁	(f.) Kelter	Ri 6,11
15×	יֶקֶב	Kelteranlage (für Wein und Öl)	Jes 5,2
14×	צַיִד₁	Jagd; Jagdbeute	Gen 27,7
27×	מוֹקֵשׁ ⊛	Falle ◆ מוֹקֵשׁ׳	
25×	פַּח₁	Klappnetz	
22×	רֶשֶׁת	(f.) Fangnetz	
9×	חֵרֶם₂	Schleppnetz	Hab 1,15

16×	שְׂבָכָה	(f.) Netz; Gitter	1Kön 7,17
119×	רֶ֫כֶב (רכב) ⊛	Fahrgerät; Wagen ♦ רכב׳	
25×	עֲגָלָה	(f.) Wagen; Lastkarren ♦ עֲגָל׳	
44×	מֶרְכָּבָה (רכב) ⊛	(f.) Streitwagen; Prunkwagen; Reisewagen ♦ מַרְכְּב׳	
35×	אוֹפָן	Rad ♦ אוֹפַנ׳	
9×	גַּלְגַּל₁ (גלל)	Rad	Ez 10,2
7×	אֳנִי	Schiffe; Flotte (koll.)	1Kön 9,26
31×	אֳנִיָּה (אֳנִי)	(f.) Schiff (n. unit.) ♦ אֱנִי׳	

51. Behältnisse (siehe Seite 12)

48×	שַׂק	Sack; Trauerschurz; Decke ♦ שַׂקִּים	
15×	אַמְתַּ֫חַת	(f.) Sack	Gen 42,27
7×	צְרוֹר₁ (צרר₁)	Säckchen; Beutel	Gen 42,35
5×	כִּיס	Beutel	Dtn 25,13
325×	כְּלִי ⊛	Gefäß; Gerät; Werkzeug; Waffe ♦ כְּל׳ · כֶּל׳	
31×	כּוֹס₁	(f.) (Trink-)Becher	
18×	כַּד	(f./m.) großer Krug ♦ כַּד׳	Gen 24,14
11×	נֵ֫בֶל₁	Krug	Jer 13,12
7×	צַפַּ֫חַת	(f.) Krug	1Kön 17,12
23×	כִּיוֹר	Waschbecken	
15×	גֻּלָּה (גלל)	(f.) Becken; Schale	Jos 15,19
32×	מִזְרָק (זרק₁)	Sprengschale	
7×	סַף₁	(kultische) Schale	1Kön 7,50
9×	כְּפוֹר₁ (כפר)	(metallene) Schale	1Chr 28,17

14×	גָּבִיעַ	Schale; Kelch	Gen 44,2
17×	קְעָרָה	(f.) Schüssel; Schale	Num 7,13
29×	סִיר	(m./f.) Kochtopf; Wanne	
22×	מַחְתָּה	(f.) Eimer; Kohlenpfanne	
15×	סַל	Korb	Gen 40,16
8×	דּוּד	Kochtopf; Korb	Jer 24,1
202×	אָרוֹן ⊛	Kasten; Sarg; Geldlade; Bundeslade ♦ אֲרוֹן בְּרִית יְהוָה die Bundeslade JHWHs *Exkurs Seite 50*	
28×	תֵּבָה	(f.) Kasten; Kästchen; *(in der Vulgata: arca >)* Arche	

I.

52. Gewalt und Zerstörung (siehe Seite 13)

76×	עֹז (עז) ⊛	Stärke; Kraft; befestigt; stark	
23×	עַז	stark ♦ עז׳	
57×	חָזָק (חזק) ⊛	fest; stark; heftig ♦ חָזָק׳	
5×	עֵזֶר₃	Stärke; Kraft	Ps 115,9
6×	אַמִּיץ (אמץ)	stark	Jes 40,26
10×	כַּבִּיר	stark; gewaltig	Ijob 36,5
17×	אַבִּיר	stark; gewaltig	Ps 22,13
6×	אֲבִיר	stark; gewaltig ♦ אֲבִיר יַעֲקֹב	Ps 132,2
5×	חֹזֶק (חזק)	Stärke; Gewalt	Ex 13,14
5×	חָזְקָה (חֹזֶק)	(f.) Stärke; Gewalt	Jona 3,8
245×	חַיִל ⊛	Fähigkeit; Kraft; Vermögen; Heer ♦ חַיִל, חֵיל׳	
159×	גִּבּוֹר (גבר) ⊛	mannhaft; kraftvoll; Held	
125×	כֹּחַ₁ ⊛	Kraft; Fähigkeit; Stärke	
61×	גְּבוּרָה (גבר) ⊛	(f.) Kraft ♦ גְּבוּרוֹת (Gottes) kraftvolle Taten	
5×	אֵל₄	Kraft; Macht	Gen 31,29
31×	עָצוּם	mächtig ♦ עָצוּמ׳	
27×	אַדִּיר	gewaltig; prächtig	
20×	עָרִיץ	gewaltig; gewalttätig; Gewalthaber; Tyrann	
60×	חָמָס ⊛	Gewalttat; Unrecht ♦ חָמָס׳	
6×	פֶּרֶךְ	Gewalttätigkeit; Schinderei	Ex 1,13
25×	שֹׁד₂ (שדד)	Gewalttätigkeit; Bedrückung; Verheerung	
15×	עֹשֶׁק (עשק₁)	Bedrückung; Gewalttätigkeit; Erpressung	Ps 62,11
8×	אַכְזָרִי	grausam	Spr 11,17

21×	כָּלָה (כלה)	(f.) Vernichtung	
20×	מַשְׁחִית (שחת)	Verderber; Verderben	
13×	הַוָּה₂	(f.) Verderben	Ps 52,4
5×	הֶרֶג (הרג)	Töten; Morden	Est 9,5
5×	הֲרֵגָה (הרג)	(f.) Töten; Schlachtung	Sach 11,4
12×	טֶבַח₁	Schlachtung; Abschlachtung	Ez 21,15
78×	נֶגַע (נגע)	Berührung; Plage; Schlag; Gewalttat	
48×	מַכָּה (נכה) ⊛	(f.) Schlag; Wunde; Plage; Niederlage	
94×	חָלָל ⊛	durchbohrt; erschlagen ◆ חָלָל׳	
7×	נֶגֶף (נגף)	Anstoß; Stoß; Heimsuchung	Ex 12,13
44×	שֶׁבֶר₁ (שבר₁)	Brechen; Bruch; Zusammenbruch	
6×	מַהְפֵּכָה (הפך)	(f.) Umstürzung	Jer 49,18

53. Krieg und Militär (siehe Seite 13)

413×	חֶרֶב ⊛	(f.) Dolch; Schwert ◆ חַרְבִ׳, חַרְבֵ׳, חַרְבּ׳	
76×	קֶשֶׁת ⊛	(f.) Bogen; Waffe ◆ קַשְׁתִ׳	
47×	חֲנִית	(f.) Speer	
53×	חֵץ ⊛	Pfeil ◆ חִצִ׳	
7×	שֶׁלֶט	Köcher; Bogenkasten (?)	2Sam 8,7
6×	אַשְׁפָּה	(f.) Köcher	Ps 127,5
15×	רֹמַח	Lanze	Num 25,7
6×	קֶלַע₁	Schleuder	1Sam 17,40
5×	שֶׁלַח₁ (שלח)	eine Waffe (?)	Neh 4,11
8×	מוֹסֵרָה₁ (אסר)	⇒ מוֹסֵרוֹת: (f.) Fesseln	Ps 2,3
60×	מָגֵן₁ (גנן)	Schild; Schutz ◆ מָגִנּ׳	

J. Gewalt und Herrschaft

20×	צִנָּה $_2$	(f.) Schild	
8×	נֶשֶׁק $_1$	Rüstzeug; Waffen; Schlacht	Ez 39,9
6×	כּוֹבַע	Helm	1Sam 17,5
8×	שִׁרְיוֹן	Schuppenpanzer; Panzerhemd	1Sam 17,5
21×	נֵס	Signalstange; Feldzeichen	
14×	דֶּגֶל	Feldzeichen; Stammesabteilung ◆ דָּגַל׳	
			Num 1,52
5×	מַאֲרָב (ארב)	Hinterhalt	Jos 8,9
18×	אֹרֶב (ארב)	(Schar im) Hinterhalt	Jos 8,2
9×	קְרָב (קרב)	feindliche Annäherung; Kampf	Ps 55,22
7×	קְרִי (קרה $_1$)	(feindliche) Begegnung	Lev 26,21
319×	מִלְחָמָה (לחם $_1$) ✡	(f.) Handgemenge; Kampf; Krieg	
36×	תְּרוּעָה (רוע)	(f.) Lärm; Kriegsgeschrei; Signal; Jubel	
42×	חָרְבָּה (חרב $_1$) ✡	(f.) Trümmerstätte (n. unit.) ◆ חָרֵב׳	
5×	עִי (עוז)	Trümmerhaufen	Ps 79,1
485×	צָבָא ✡	Heeresdienst; Kriegsleute; Heer ◆ צְבָאוֹת Heerscharen ◆ יְהוָה צְבָאוֹת	
31×	גְּדוּד $_2$	Streifschar; Raubzug; Kriegsschar	
17×	שָׁלִישׁ $_3$ (שָׁלֹשׁ)	dritter Mann; Adjutant; Streitwagenkämpfer	
			2Kön 7,2
282×	אֹיֵב ✡	Feind ◆ אֹיֵב׳	
70×	צַר $_2$ (צרר $_2$) ✡	Feind ◆ צַר׳	
5×	שׁוֹרֵר	Feind	Ps 5,9
27×	שָׂטָן	Widersacher; Gegner	
5×	אֵיבָה (אֹיֵב)	(f.) Feindschaft	Gen 3,15
17×	שִׂנְאָה (שׂנא) ✡	(f.) Hass; Feindschaft	Spr 10,12
12×	אָסִיר (אסר)	Gefangener	Gen 39,20
49×	שְׁבִי (שבה)	Kriegsgefangene; Gefangenschaft	

9×	שְׁבִיָה (שבה)	(f.) Gefangenschaft; Gefangene	2Chr 28,5
42×	גּוֹלָה (גלה) ⊛	(f.) Exulanten; Wegführung; Verbannung (koll.)	
15×	גָּלוּת (גלה) ⊛	(f.) Wegführung; Weggeführte	Jer 52,31
10×	כֶּלֶא	Haft; Gefängnis	2Kön 25,27
8×	סֹהַר	⇒ בֵּית הַסֹּהַר: Gefängnis	Gen 39,20
17×	מַסְגֵּרֶת (סגר)	(f.) Gefängnis; Leiste	1Kön 7,28
6×	מְשִׁסָּה	(f.) Plünderung	Jes 42,22
25×	בַּז (בזז)	Plünderung; Plünderungsgut	
10×	בִּזָּה (בזז)	(f.) Plünderung; Plünderungsgut	Est 9,10
73×	שָׁלָל ⊛	Beute; Plünderungsgut	
7×	מַלְקוֹחַ (לקח)	Kriegsbeute	Num 31,11
78×	מִשְׁמֶרֶת (מִשְׁמָר) ⊛	(f.) Bewachung; Verpflichtung; Dienst ◆ מִשְׁמַרְתִּ׳	
22×	מִשְׁמָר (שמר)	Bewachung; Wachtposten	
7×	אַשְׁמוּרָה (שמר)	אַשְׁמֹרֶת /: (f.) Nachtwache	Ps 63,7
16×	מַטָּרָה	(f.) Zielscheibe; Wache	Jer 32,2
26×	עֶזְרָה₁ (עֵזֶר₁) ⊛	(f.) Hilfe; Beistand	
16×	עֵזֶר₁ (עזר) ⊛	Hilfe; Beistand	Gen 2,18
78×	יְשׁוּעָה (ישע) ⊛	(f.) Hilfe; Heil	
36×	יֵשַׁע (ישע)	Hilfe; Befreiung; Heil	
34×	תְּשׁוּעָה (ישע)	(f.) Hilfe; Rettung; Sieg	
25×	מוֹשִׁיעַ (ישע)	Helfer; Retter	
28×	פְּלֵיטָה (פלט)	(f.) Entronnener; Entronnenes; Entrinnen; Rettung	
5×	פָּלִיט (פלט)	⇒ פְּלֵיטִים: Entronnene; Verschonte	Jer 44,14
19×	פָּלִיט (פלט)	Entronnener ◆ פָּלִיט׳	Ez 33,21
28×	שָׂרִיד₁	Entronnener ◆ שָׂרִיד׳	

J.

J. Gewalt und Herrschaft

| 17× | חָפְשִׁי | freigelassen | Ex 21,2 |
| 7× | דְּרוֹר ₃ | Freilassung | Jer 34,8 |

54. Herrschaft und Dienst (siehe Seite 13)

773×	אָדוֹן ⊛	Herr; Gebieter; Gott ♦ אֲדֹנָ' ♦ אֲדֹנָי Gott (Anredeform); der Herr
161×	בַּעַל ₁ ⊛	Besitzer; Herr; Baal (EN) ♦ בְּעָלִים ♦ בַּעַל הַחֲלֹמוֹת Träumer
2526×	מֶלֶךְ ₁ (מלך ₁) ⊛	König ♦ מַלְכּ' • מִלְכּ'
421×	שַׂר ⊛	Vertreter des Königs; Beamter; Vorsteher ♦ שַׂר' ♦ שַׂר הַצָּבָא der Feldhauptmann • שַׂר הַחַיִל der Heerführer • שָׂרֵי הַמְּדִינוֹת die Provinzstatthalter
274×	פַּרְעֹה ⊛	Pharao
35×	מַלְכָּה (מֶלֶךְ₁) ⊛	(f.) Königin ♦ מַלְכּ'
5×	מְלֶכֶת (מַלְכָּה)	(f.) Königin (?)	Jer 44,17
5×	שָׂרָה ₁ (שַׂר)	(f.) vornehme Frau; Fürstin	1Kön 11,3
13×	חֹר ₁	⇒ חֹרִים: Freie; Vornehme	Neh 2,16
130×	נָשִׂיא ₁ (נשא) ⊛	Fürst; Vorsteher ♦ נְשִׂיא'
44×	נָגִיד (נגד)	Fürst; Offizier; Beamter; Führer ♦ נְגִיד'
45×	סָרִיס	hoher Beamter; Eunuch
32×	רַב ₂ (רבב ₁)	hoher Beamter ♦ רַבּ'
12×	קָצִין	Machthaber; Oberhaupt; Vorgesetzter Ri 11,6
21×	סֶרֶן ₂	⇒ סְרָנִים: Stadtfürsten
60×	אַלּוּף ₂	Stammeshäuptling
5×	תִּרְשָׁתָא	Exzellenz (?)	Neh 7,65
6×	רזן	Qal (6×) רֹזְנִים (Partizip): Würdenträger Ri 5,3

J. Gewalt und Herrschaft

28×	פֶּחָה	Statthalter ✦ פַּחוֹת	
17×	סָגָן	⇒ סְגָנִים: Statthalter; Beamter; Vorsteher	Neh 2,16
11×	נְצִיב ($_1$נצב)	Säule; Statthalter; Garnison	Gen 19,26
25×	שׁוֹטֵר	Amtsträger ✦ שׁטר׳	
54×	סֹפֵר (ספר) ⊛	Schreiber; Sekretär ✦ סֹפְר׳	
9×	מַזְכִּיר	Sekretär	2Kön 18,18
13×	פָּקִיד (פקד)	Aufseher; Verwalter ✦ פְּקִידִים	Neh 11,9
32×	טַבָּח ($_1$טבח)	Koch; Leibwächter	
16×	רַב־שָׁקֵה (רב+$_2$שקה)	Obermundschenk	2Kön 18,17
37×	שׁוֹעֵר ($_1$שׁער)	Torhüter ✦ שׁעֲרִים	
117×	מַמְלָכָה ($_1$מלך) ⊛	(f.) Königtum; Königsherrschaft ✦ מַמְלֶכֶת • מַמְלַכְתּ׳ • מַמְלְכ׳	
24×	מְלוּכָה ($_1$מלך)	(f.) Königtum	
91×	מַלְכוּת (מֶלֶךְ$_1$) ⊛	(f.) Königsherrschaft; Regierungszeit; Königreich; königlich ✦ מַלְכִיוֹת	
9×	מַמְלָכוּת ($_1$מלך)	(f.) Königsherrschaft; Königreich	Jos 13,12
17×	מֶמְשָׁלָה ($_2$משׁל)	(f.) Herrschaft; Herrschaftsgebiet	Gen 1,16
800×	עֶבֶד $_1$(עבד) ⊛	Sklave; Knecht; Diener ✦ עֲבָד׳ • עַבְד׳ • עַבְד׳	
63×	שִׁפְחָה ⊛	(f.) Sklavin; Magd ✦ שְׁפָחוֹת	
56×	אָמָה ⊛	(f.) Sklavin; Magd ✦ אֲמָהוֹת	
32×	פְּקֻדָּה (פקד)	(f.) Dienst; Ahndung; Heimsuchung	
23×	מַס	Zwangsleistung; Frondienst ✦ מַס׳	
5×	מַעֲמָד (עמד)	Aufwartung; Posten; Stellung	1Kön 10,5

55. Rechtssache, Zeugnis

422×	מִשְׁפָּט (שפט) ⊛	Schiedsspruch; Rechtssache; Recht	
5×	דִּבְרָה (דָּבָר)	(f.) (Rechts-)Sache; Weise ♦ עַל־דִּבְרַת wegen	Ps 110,4
19×	דִּין (דין)	Rechtsanspruch; Rechtsfall; Rechtsspruch; Streit	Spr 20,8
16×	שֶׁפֶט (שפט)	⇒ שְׁפָטִים: Strafgerichte	Ez 5,10
69×	עֵד ⊛	Zeuge	
83×	עֵדוּת (₂עוד) ⊛	(f.) Zeugnis; Bezeugung ♦ 'עֵדוֹת Gesetze; Gesetzesbestimmungen ♦ אֲרוֹן הָעֵדוּת Gesetzeslade	

56. Feste und Opfer (siehe Seite 13)

469×	קֹ֫דֶשׁ (קדשׁ) ⊛	Heiliges; Heiligkeit; Heiligtum ♦ קֹ֫דֶשׁ׳ ♦ קָדָשִׁים Weihegaben • קֹ֫דֶשׁ הַקֳּדָשִׁים das Allerheiligste	
116×	קָדוֹשׁ (קדשׁ) ⊛	heilig; furchterregend; ausgesondert; geweiht ♦ קָדוֹשׁ׳	
13×	טָהֳרָה (טהר)	(f.) Reinheit; Reinigung	Lev 12,4
5×	בֹּר ($_1$בר) ($_2$)	Reinheit	2Sam 22,21
5×	נִקָּיוֹן (נקה)	Blankheit; Schuldlosigkeit; Reinheit	Ps 26,6
88×	טָמֵא (טמא) ⊛	unrein ♦ טָמֵא׳	
36×	טֻמְאָה (טמא)	(f.) Unreinheit	
287×	עֹלָה (עלה) ⊛	(f.) Ganzopfer; Brandopfer	
162×	זֶ֫בַח $_1$(זבח) ⊛	Schlachtopfer; Gemeinschaftsopfer ♦ זֶ֫בַח׳, זְבַח׳	
87×	שֶׁ֫לֶם (שׁלם)	⇒ שְׁלָמִים: Heilsopfer (?)	
293×	חַטָּאת (חטא) ⊛	(f.) Sünde; Entsündigung; Sündopfer (n. unit.) ♦ חַטַּאת׳, חַטָּא, חַטָּאת	
8×	חֲטָאָה (חטא)	(f.) Sünde; Sündopfer (n. unit.)	Ps 32,1
46×	אָשָׁם (אשׁם)	Verschuldung; Schuldopfer ♦ אֲשַׁם׳	
65×	אִשֶּׁה ($_1$אשׁ)	Feueropfer ♦ אִשׁ׳	
60×	נֶ֫סֶךְ $_1$(נסך)	Trankopfer; Libation ♦ נְסָךְ׳	
32×	תּוֹדָה ($_2$ידה)	(f.) Dankopfer; Lobopfer; Danklied; Loblied	
7×	אַזְכָּרָה (זכר)	(f.) Askara (Gottesanteil des Speiseopfers)	Lev 2,2
80×	קָרְבָּן (קרב) ⊛	Darbringung; Gabe	
76×	תְּרוּמָה (רום)	(f.) Abgabe; Weihegabe	
30×	תְּנוּפָה ($_1$נוף)	(f.) Weihegabe	
6×	מֶ֫כֶס	(kultische) Abgabe	Num 31,28

26×	נְדָבָה (נָדִיב)	(f.) freiwillige Gabe ♦ נְדָב׳	
401×	מִזְבֵּחַ (זבח) ⊛	Altar ♦ מִזְבְּח׳	
8×	חַמָּן (חמם)	Räucheraltar	Ez 6,4
25×	נֵזֶר	Weihe; Kranz; Diadem	
16×	נָזִיר (נֵזֶר)	geweiht; Geweihter; Nasiräer; Fürst ♦ נְזִר׳	Num 6,2
8×	חֲנֻכָּה	(f.) Einweihung	Neh 12,27
15×	מִלֻּאִים (מלא)	Einweihung; Besatz	Ex 29,22
38×	מָשִׁיחַ (משח) ⊛	Gesalbter ♦ מְשִׁיח׳	
21×	מִשְׁחָה (משח)₁	(f.) Salbung	
62×	חַג ⊛	Reigen; Fest ♦ חַג׳ Exkurs Seite 50	
11×	עֲצָרָה (עצר)	(f.) Feiertag; Festversammlung	2Kön 10,20
111×	שַׁבָּת ⊛	Schabbat (Sabbat)	
11×	שַׁבָּתוֹן (שַׁבָּת)	(spezieller) Schabbat	Lev 23,3
49×	פֶּסַח ⊛	Pessach (in der Septuaginta: πάσχα >) Passa	
49×	אֵפֹד₁	Ephod (Priestergewand; Kultgegenstand)	
7×	חֹל (חלל)₁	profan (ohne Ritus zugänglich und brauchbar)	Lev 10,10

57. Gottheiten (siehe Seite 13)

2601×	אֱלֹהִים (אֱלוֹהַּ) ⊛	Götter; Gott; Gottheit	
236×	אֵל₅ ⊛	El (EN); Gott	
57×	אֱלוֹהַּ ⊛	Gott	
20×	אֱלִיל	nichtig; Heidengötter	
48×	גִּלּוּל (גלל)	⇒ גִּלּוּלִים: Götzen; Götzenbilder	

17×	עֶצֶב	Götzenbild; Götzen	Ps 115,4
31×	פֶּסֶל	Gottesbild	
23×	פָּסִיל (פֶּסֶל)	⇒ פְּסִילִים: Gottesbild	
15×	תְּרָפִים	Idol; Statuette; Kultmaske; Hausgötter	Gen 31,19
91×	כְּרוּב₁	Kerub ◆ כְּרוּבִים	

58. Priester- und Tempelpersonal

750×	֍ כֹּהֵן	Priester ◆ ′כֹּהֲנ	
14×	כְּהֻנָּה (כֹּהֵן)	(f.) Priesterstand; Priesteramt	Num 18,1
17×	נָתִין (נתן)	Tempelsklaven	Neh 3,26
6×	קָדֵשׁ₁	Geweihter; Kultprostituierter ◆ ′קְדֵשׁ	1Kön 14,24
5×	קְדֵשָׁה (קָדֵשׁ₁)	(f.) Geweihte; Kultprostituierte	Gen 38,21

59. Totenwesen (siehe Seite 13)

153×	֍ מָוֶת (מות)	Tod; Sterben ◆ ′מוֹת	
48×	נְבֵלָה (נבל₁)	(f.) Leichnam; Aas	
22×	פֶּגֶר	Leichnam ◆ פְּגָרִים • ′פֶּגְר	
18×	קִינָה₁	(f.) Leichenlied; Totenklage	Ez 19,1
24×	אֵבֶל (אבל₁)	Trauerbräuche; Trauerfeier; Trauer	
16×	מִסְפֵּד (ספד)	Trauerfeier; Trauerbräuche	Ps 30,12
67×	֍ קֶבֶר (קבר)	Grab ◆ ′קִבְר • ′קְבָר	
14×	קְבוּרָה (קבר)	(f.) Begräbnis; Grab	Gen 35,20

65×	שְׁאוֹל ⊛	(f.) Öde; Unland; Unterwelt	
5×	אֲבַדּוֹן (אבד)	Totenreich	Ijob 26,6
16×	אוֹב₂	Grube; Totengeist (?)	1Sam 28,3
8×	רְפָאִים₁	Totengeister	Jes 26,14

60. Geheimnis (siehe Seite 13)

11×	יִדְּעֹנִי (ידע)	Wahrsagegeist; Wahrsager	Lev 20,6
11×	חַרְטֹם	Wahrsagepriester ♦ חַרְטֻמּ'	Ex 7,11
11×	קֶסֶם (קסם)	Wahrsagung; Erkundung der Zukunft	Dtn 18,10
7×	אוּרִים	⇒ אוּרִים וְתֻמִּים: Urim und Tummim (?)	Ex 28,30
5×	תֻּמִּים	⇒ אוּרִים וְתֻמִּים: Urim und Tummim (?)	Ex 28,30
6×	כֶּשֶׁף	Zauberei; Zauberkünste	Jes 47,9
7×	לָט	Heimlichkeit; pl. geheime Künste; Zauberei	Ex 7,2
5×	לַחַשׁ	Beschwörung; Amulett	Jes 3,3
13×	פֶּלֶא (פלא)	Ungewöhnliches; Wunder	Ps 88,11
36×	מוֹפֵת ⊛	Wunder; Warnzeichen ♦ מוֹפֵת'	
79×	אוֹת ⊛	(m./f.) Zeichen	

61. Offenbarung und Vision

35×	חָזוֹן (חזה) ⊛	Schauung; Gesicht; Offenbarungswort	
5×	חָזוּת (חזה)	(f.) Offenbarung; Ansehen	Dan 8,5

9×	חִזָּיוֹן (חזה)	Vision; Offenbarung	Joel 3,1
12×	מַרְאָה (ראה)	(f.) Erscheinung; Gesicht	Dan 10,7
16×	חֹזֶה₁ (חזה) ⊛ Seher		Am 7,12
11×	רֹאֶה₁ (ראה) Seher		1Sam 9,9
315×	נָבִיא ⊛ Prophet ♦ נְבִיא׳		
6×	נְבִיאָה (נָבִיא)	(f.) Prophetin	Ri 4,4

62. Sprache und Schrift (siehe Seite 13)

376×	נְאֻם ⊛	Ausspruch	
20×	מַשָּׂא ₂ (נשׂא)	Ausspruch	
6×	אֹמֶר (אמר₁)	Ausspruch; Kunde	Ps 19,3
40×	מָשָׁל ₁	Spruch; Sprichwort; Weisheitsspruch ♦ מְשֹׁל'	
37×	אִמְרָה (אמר₁) ⊛	(f.) Wort; Ausspruch ♦ אָמַר'	
1441×	דָּבָר (דבר₂) ⊛	Wort; Angelegenheit; Sache; etwas ♦ דְּבַר' ♦ וַיְהִי דְבַר־יְהוָה das Wort JHWHs erging («Wortereignisformel») • עֲשֶׂרֶת הַדְּבָרִים die Zehn Gebote	
48×	אָמַר ₁ (אמר₁) ⊛	⇒ אֲמָרִים: Worte	
38×	מִלָּה ⊛	(f.) Wort	
9×	דִּבָּה	(f.) Gerede; Nachrede	Num 13,32
27×	שְׁמוּעָה (שמע)	(f.) Nachricht; Kunde	
17×	שֵׁמַע (שמע)	Nachricht; Kunde	1Kön 10,1
23×	זֵכֶר (זכר)	Erwähnung; Nennung	
24×	זִכָּרוֹן (זכר) ⊛	Erwähnung; Erinnerung; Andenken ♦ זִכְרֹנ'	
6×	בְּשׂרָה (בשׂר)	(f.) Botschaft; Botenlohn	2Sam 18,20
213×	מַלְאָךְ ⊛	Bote; Engel	
6×	צִיר ₂	Bote	Obd 1
13×	שְׁאֵלָה (שׁאל)	(f.) Bitte	Est 5,6
77×	תְּפִלָּה (פלל) ⊛	(f.) Gebet	
25×	תְּחִנָּה ₁ (חנן₁)	(f.) Flehen	
18×	תַּחֲנוּנִים (חנן₁)	Flehen	Dan 9,3
6×	מַעֲנֶה ₁ (ענה₁)	Antwort	Spr 15,1
11×	אֲנָחָה	(f.) Seufzen; Stöhnen	Ijob 3,24

8×	תְּלֻנּוֹת (לון)	(f.) das Murren	Ex 16,7
7×	שְׁאָגָה (שאג)	(f.) Brüllen; Schreien	Ps 22,2
7×	הֵידָד	Jauchzer; Kriegsgeschrei	Jer 48,33
33×	רִנָּה $_1$ (רנן)	(f.) Jubelruf; Klageruf	
18×	⊛ זְעָקָה (זעק)	(f.) Klagegeschrei; Hilferuf	Gen 18,20
5×	יְלָלָה (ילל)	(f.) Geheul; Wehgeschrei	Jes 15,8
21×	⊛ צְעָקָה (צעק)	(f.) Schreien; Hilfsgeschrei	
11×	שַׁוְעָה (שוע)	(f.) Hilferuf; Geschrei um Hilfe	Ex 2,23
60×	⊛ נֶדֶר (נדר) / נֵדֶר׃ Gelübde ♦ נדר׳		
11×	אִסָּר / אֱסָר׃ Enthaltungsgelübde		Num 30,3
30×	שְׁבוּעָה (שבע)	(f.) Eid; Schwur	
69×	⊛ בְּרָכָה $_1$ (ברד $_2$)	(f.) Segen; Segenswunsch; «Segensformel» ♦ בְּרָכַת ,בְּרָכ׳	
34×	אָלָה	(f.) Fluch; Verfluchung; «Fluchformel»	
33×	קְלָלָה (קלל)	(f.) Fluch; Verfluchung; «Fluchformel»	
5×	מְאֵרָה (ארר)	(f.) Verfluchung	Dtn 28,20
22×	זַעַם	Verwünschung	
29×	⊛ חֵרֶם $_1$ (חרם $_1$)	Bann; Gebanntes; Banngut	
73×	⊛ חֶרְפָּה (חרף $_2$)	(f.) Schmähung; Schmach; Schande ♦ חֶרְפ׳	
30×	כְּלִמָּה (כלם)	(f.) Schimpf	
6×	רָכִיל	Verleumdung; Geschwätz	Spr 11,13
7×	לַעַג (לעג)	Gestammel; Verspottung	Jes 28,11
16×	לֵץ	Schwätzer; Spötter	Spr 1,22
864×	⊛ שֵׁם $_1$	Name; Ansehen ♦ שְׁמִ׳ • שֵׁמ׳	
57×	⊛ תְּהִלָּה (הלל $_2$)	(f.) Ruhm; Lobpreis	
185×	⊛ סֵפֶר	Schriftstück; Brief; Buchrolle ♦ סֵפֶר׳ ♦ סִפְר׳	

17×	כְּתָב (כתב)	Schriftstück; Verzeichnis; Schrift	Est 1,22
9×	מִכְתָּב (כתב)	Schrift; Schriftstück	Ex 32,16
21×	מְגִלָּה (גלל)	(f.) Schriftrolle	
10×	אִגֶּרֶת	(f.) Brief	Neh 2,7
9×	צַו	כִּי צַו לָצָו צַו לָצָו קַו לָקָו קַו לָקָו?	Jes 28,10
8×	קַו₃	כִּי צַו לָצָו צַו לָצָו קַו לָקָו קַו לָקָו?	Jes 28,10

63. Wissen (siehe Seite 13)

88×	⊛ דַּעַת₁ (ידע)	(f.) Wissen; Erkenntnis; Einsicht ♦ בִּלְתִּי דַעַת ohne Vorsatz	
5×	דֵּעַ (ידע)	Wissen	Ijob 32,6
38×	⊛ בִּינָה (בין)	(f.) Einsicht ♦ בִּין׳	
16×	שֵׂכֶל (שכל₁)	שֵׂכֶל /: Einsicht; Verstand	Neh 8,8
6×	מַדָּע (ידע)	Verständnis	Dan 1,17
42×	תְּבוּנָה (בין)	(f.) Einsicht; Klugheit; Geschick	
11×	עָרוּם	listig; klug ♦ עָרוּמ׳	Spr 12,16
5×	עָרְמָה (עָרוּם)	(f.) Klugheit; Hinterlist; Tücke	Jos 9,4
149×	⊛ חָכְמָה (חכם)	(f.) Geschick; Erfahrung; Klugheit; Weisheit	
6×	דֵּעָה (ידע)	(f.) Weisheit	Ps 73,11
138×	⊛ חָכָם (חכם)	geschickt; lebenserfahren; Weiser ♦ חֲכָמ׳	
12×	חֵקֶר (חקר)	Forschen	Ijob 36,26
7×	רְעוּת₂	(f.) Streben; Trachten	Koh 1,14
6×	לִמּוּד (למד)	gelehrt; geübt; Schüler	Jes 8,16
9×	לֶקַח (לקח)	Lehre; Lehrgabe; Einsicht	Spr 1,5
17×	חִידָה	(f.) Rätsel(frage) ♦ חִיד׳	Ri 14,12
88×	⊛ עֵצָה₁ (יעץ)	(f.) Rat; Plan; Ratschluss ♦ עֲצַת׳ · עֵצָת׳	

7×	מוֹעֵצָה (יעץ)	(f.) Ratschlag; Plan	Ps 5,11
5×	פִּתָּרוֹן	Deutung	Gen 40,5
23×	יוֹעֵץ (יעץ)	Ratgeber	
56×	מַחֲשָׁבָה (חשב) ✡	(f.) Gedanke; Plan; Erfindung	
29×	זִמָּה₁	(f.) Plan; Schandtat ◆ זמ'	
21×	סוֹד	vertrauliche Besprechung; Plan; Geheimnis; Kreis (von Vertrauten)	
19×	מְזִמָּה (זִמָּה₁)	(f.) Überlegung; Plan; böser Plan; Besonnenheit	Spr 1,4
16×	קֶשֶׁר (קשר)	Verschwörung	2Kön 11,14
12×	מִבְחָר₁ (בחר)	Auslese; Bestes	Ex 15,4
13×	בָּחִיר (בחר)	Erwählter	Jes 42,1
220×	תּוֹרָה (ירה₃) ✡	(f.) Weisung (in der Septuaginta oft: νόμος)	
129×	חֹק (חקק) ✡	Bestimmung; Regel; Vorschrift (koll.) ◆ חָק, חֹק'	
104×	חֻקָּה (חֹק) ✡	(f.) Ordnung; Satzung; Vorschrift (n. unit.) ◆ חֻק'	
24×	פִּקּוּד (פקד)	⇒ פִּקּוּדִים: Ordnungen; Anweisungen	
22×	דָּת	(f.) Anordnung; Gesetz	
181×	מִצְוָה (צוה) ✡	(f.) Auftrag; Gebot; Anrecht ◆ מִצְוֹת'	
284×	בְּרִית ✡	(f.) Vereinbarung; Bund	
50×	מוּסָר (יסר₁) ✡	Züchtigung; Zucht; Mahnung	
24×	תּוֹכַחַת (יכח)	(f.) Zurechtweisung; Züchtigung; Rüge	
25×	אִוֶּלֶת (אֱוִיל₁)	(f.) Torheit	
7×	סִכְלוּת (סָכָל)	(f.) Torheit	Koh 2,13
7×	סָכָל	töricht; Tor ◆ סְכָל'	Koh 2,19
70×	כְּסִיל₁ ✡	töricht; frech	
26×	אֱוִיל₁	töricht; Tor; Dummkopf	

18×	נָבָל₁	Taugenichts; Geizhals; Tor; Gottesleugner	
		◆ נָבָל׳	Ps 14,1
13×	נְבָלָה (נָבָל₁)	(f.) Dummheit; arge Sünde	Ri 19,23
5×	בַּעַר (בְּעִיר)	viehisch; dumm	Spr 12,1
18×	פֶּתִי₁ (פתה₁)	junger, einfältiger Mensch ◆ פְּתִי׳	Spr 1,4

64. Musik und Dichtung (siehe Seite 13)

77×	שִׁיר (שיר) ✡	Lied; Gesang (koll.)	
13×	שִׁירָה (שיר) ✡	(f.) Lied (n. unit.)	Ex 15,1
6×	זָמִיר₁	Gesang	Ps 95,2
57×	מִזְמוֹר (זמר₁) ✡	Psalm	
65×	נצח	Pi'el (64×) מְנַצֵּחַ (Partizip): Chorleiter; Musikmeister (?)	
14×	נְגִינָה	(f.) Saitenspiel; Spottlied	Ps 4,1
14×	מַשְׂכִּיל (שכל₁)	Maskil (?)	Ps 32,1
6×	מִכְתָּם	Epigramm (?)	Ps 16,1
74×	סֶלָה	Sela (?)	
72×	שׁוֹפָר ✡	Horn (als Blasinstrument)	
29×	חֲצֹצְרָה	(f.) Trompete ◆ חֲצֹצְר׳	
6×	חָלִיל₁ (חָלָל)	Flöte	1Sam 10,5
42×	כִּנּוֹר	(Kasten-)Leier	
27×	נֵבֶל₂	Leier ◆ נֵבֶל׳	
17×	תֹּף	Handpauke; Tamburin ◆ תֻּפִּים	Ex 15,20
13×	מְצִלְתַּיִם	Zimbeln	1Chr 15,16
7×	פַּעֲמוֹן	Glöckchen	Ex 28,33
8×	מְחֹלָה (מָחוֹל₁)	(f.) Reigentanz	Ri 11,34
6×	מָחוֹל₁	Reigentanz	Ps 30,12

65. Bildende Kunst (siehe Seite 14)

15×	צֶ֫לֶם ₁ ❋	Bild; Abbild ♦ צַלְמ'	Gen 1,27
26×	מַסֵּכָה ₁ (נסך₁)	(f.) Gussbild	
6×	מַשְׂכִּית	(f.) Bild; Bildwerk; Gebilde; Einbildung	Ez 8,12
5×	סֶ֫מֶל	Götterbild; Bild; Skulptur	Ez 8,3
9×	יֵ֫צֶר ₁ (יצר)	Gebilde; Sinn; Streben	Gen 6,5
9×	שְׁתִי ₁	Gewebe (?)	Lev 13,48
9×	עֵ֫רֶב ₁	Gewebe; Gewirktes (?)	Lev 13,48
12×	רִקְמָה	(f.) Buntwirkerei; bunt Gewirktes	Ez 16,10
12×	חֹשֵׁב (חשב)	Stoffwirker	Ex 26,1
21×	שׁזר	Hof'al (21×) מָשְׁזָר (Partizip): gezwirnt	
7×	עָקֹד	gebändert; gestreift	Gen 30,35
9×	נָקֹד	gesprenkelt	Gen 30,32
8×	טלא	Qal (7×) טָלוּא (Partizip passiv): gefleckt	Gen 30,32
9×	מִשְׁבְּצוֹת	(f.) (gewirkte) Fassungen	Ex 28,11
9×	מִקְשָׁה ₁	(f.) gedrehte, getriebene Arbeit	Ex 25,18
6×	שחט ₂	Qal (6×) שָׁחוּט (Partizip passiv): getrieben; gehämmert	1Kön 10,16
11×	פִּתּוּחַ	eingeritzte Verzierung; Gravierung	Ex 28,11
10×	זֵר	Randleiste	Ex 25,11
5×	פַּס	⇒ כְּתֹ֫נֶת פַּסִּים: ein wertvolles Gewand mit aufgenähten Verzierungen (?)	Gen 37,3
19×	תִּמֹרָה (תִּמָּרָה ₁)	(f.) Palmenornament	Ex 40,16
6×	מִכְבָּר	Gitterwerk	Ex 27,4

66. Menge (siehe Seite 14)

5413×	כֹּל ⊛	Gesamtheit; alle; alles; ganz; insgesamt; jeder ♦ כָּל ּ כֹּל׳	
15×	כָּלִיל (כֹּל)	ganz; vollkommen; Ganzopfer	Klgl 2,15
15×	תָּם (תמם)	ganz; vollständig	Ijob 1,1
5×	מַרְבִּית (רבה₁)	Großteil; Zuwachs	1Sam 2,33
422×	רַב₁ (רבב₁) ⊛	zahlreich; viel; groß; reich an ♦ רַב׳	
152×	רֹב (רבב₁) ⊛	Menge; Fülle ♦ מֵרֹב wegen der Menge	
50×	הַרְבֵּה (רבה₁)	viel; in Menge	
38×	מְלֹא (מלא)	das, was füllt; Fülle; Menge	
6×	שִׁפְעָה	(f.) Schar; Schwall; Menge	2Kön 9,17
7×	אֲגַף	Schar	Ez 38,6
63×	מָלֵא (מלא) ⊛	voll; voll von ♦ מָלֵא׳	
160×	בַּד₁ ⊛	Teil; Stück ♦ בַּד׳ ♦ לְבַד allein ּ לְבַד מִן außer; abgesehen von ּ מִלְּבַד außer	
12×	מָנָה (מנה)	(f.) Anteil; Portion	Est 9,19
9×	מְנָת (מנה)	(f.) Anteil	Neh 12,44
13×	נֵתַח	(Fleisch-)Stück	Lev 1,6
14×	פַּת	(f.) Brocken; Bissen	Gen 18,5
6×	פֶּלַח	(f.) Scheibe; Mühlstein	Ri 9,53
32×	מְאוּמָה (מום)	etwas; irgendetwas	
96×	יֶתֶר₁ (יתר)	Rest; übermäßig ♦ יֶתֶר דִּבְרֵי was sonst noch zu sagen ist von	
66×	שְׁאֵרִית (שאר) ⊛	(f.) Rest; das Übrige; die Letzten	
26×	שְׁאָר (שאר) ⊛	Rest; das Übrige	
9×	יוֹתֵר (יתר)	was übrig bleibt; übermäßig; Vorzug; Vorteil	Koh 2,15

101×	מְעַט ⊛	ein Weniges; wenig ♦ מְעַט' ♦ עוֹד מְעַט noch ein wenig; beinahe ♦ כִּמְעַט fast		
17×	חָסֵר (חסר) ⊛	einer, der zu wenig hat an ♦ חֲסַר־לֵב an Verstand fehlt	dem es Spr 6,32	
6×	מִצְעָר (₁צָעִיר)	gering; wenig	Gen 19,20	
5×	זְעֵיר	ein wenig	Jes 28,10	
12×	יָחִיד (יַחַד)	einzig; einsam ♦ יָחִיד'	Gen 22,2	
11×	בָּדָד (₁בַּד)	Alleinsein; allein	Klgl 1,1	
12×	רִיק ⊛	Leere; leer; nichtig	Lev 26,16	
14×	רֵיק (רִיק) ⊛	leer; nichtig	Gen 37,24	

67. Maßeinheiten und Dimensionen   (siehe Seite 14)

54×	מִדָּה ₁(מדד) ⊛	(f.) Messstrecke; Maß; Abmessung ♦ אִישׁ מִדָּה ein hoch gewachsener Mann	
5×	מַתְכֹּנֶת (תכן)	(f.) Abmessung; Verhältnis	Ex 5,8
248×	אַמָּה₁ ⊛	(f.) Elle (Längenmaß: ca. 50 cm) ♦ אַמ', אַמָּתַיִם	
7×	זֶרֶת	(f.) Spanne (der Hand) (Längenmaß: ¹/₂ אַמָּה, ca. 25 cm)	1Sam 17,4
5×	טֹפַח	Handbreite (Längenmaß: ¹/₆ אַמָּה, ca. 8 cm)	Ez 40,5
13×	חֹמֶר ₃(₁חֲמוֹר)	Homer (Hohlmaß: 10 אֵיפָה, ca. 400 l); Haufen	Ez 45,11
40×	אֵיפָה	(f.) Efa (Hohlmaß: 1 בַּת, ca. 40 l)	
9×	סְאָה	(f.) Sea (Hohlmaß: ¹/₃ אֵיפָה, ca. 13 l)	2Kön 7,1
6×	עֹמֶר ₂(₁עָמַר)	Omer (Hohlmaß: ¹/₁₀ אֵיפָה, ca. 4 l)	Ex 16,16
8×	כֹּר	Kor (Hohlmaß: 10 בַּת, ca. 400 l)	1Kön 5,2
13×	בַּת₂	Bat (Hohlmaß: ca. 40 l)	Ez 45,10

M. Menge und Dimension

22×	הִין	Hin (Hohlmaß: $^1/_6$ בַּת, ca. 6,5 l)	
5×	לֹג	Log (Hohlmaß: $^1/_{72}$ בַּת, ca. 0,5 l)	Lev 14,10
68×	כִּכָּר ⊛	(f.) Rundbrot; Scheibe; Talent (Gewichtseinheit: 60 מָנֶה, ca. 40 kg); Umkreis ♦ כִּכָּרִים	
5×	מָנֶה	Mine (Gewichtseinheit: $^1/_{60}$ כִּכָּר, ca. 685 g)	Neh 7,70
88×	שֶׁקֶל (שקל)	Gewicht; Schekel (Gewichtseinheit: $^1/_{60}$ מָנֶה, ca. 11,5 g) ♦ שְׁקָלִים	
5×	גֵּרָה $_2$	(f.) Gera (Gewichtseinheit: $^1/_{20}$ שֶׁקֶל, ca. 0,6 g)	Ex 30,13
49×	מִשְׁקָל (שקל)	Gewicht	
200×	כָּבוֹד (כבד) ⊛	Schwere; Herrlichkeit; Ehre	
44×	מַשָּׂא $_1$ (נשא)	Traglast; Last	
41×	כָּבֵד $_1$ (כבד) ⊛	schwer; lastend; drückend ♦ כְּבֵד׳	
13×	קַל (קלל)	leicht; behende; schnell	2Sam 2,18
101×	רֹחַב (רחב) ⊛	Breite; Weite ♦ רְחָב׳	
20×	רָחָב $_1$ (רחב)	breit; weit; ausgedehnt	
6×	מֶרְחָב (רחב)	Weite; freier Raum	Ps 31,9
85×	רָחוֹק (רחק) ⊛	entfernt; entlegen; weit fort von; fern ♦ מֶרְחֹק ♦ רָחֹק׳ von fern her	
18×	מֶרְחָק (רחק)	Ferne; Weite ♦ מֶרְחַק׳	Spr 25,25
75×	קָרוֹב $_1$ (קרב) ⊛	nahe befindlich; nächster; nahestehend ♦ קָרֹב׳	
18×	צַר $_1$ (צרר $_1$)	eng; Not	Ijob 7,11
95×	אֹרֶךְ (ארך) ⊛	Länge ♦ אָרְכ׳	
5×	קָצֵר	kurz; verkürzt	Ijob 14,1
525×	גָּדוֹל (גדל) ⊛	groß ♦ גָּדוֹל׳ ♦ הַכֹּהֵן הַגָּדוֹל der Hohepriester ♦ בְּקוֹל גָּדוֹל mit lauter Stimme ♦ רוּחַ גְּדוֹלָה ein starker Wind	
13×	גֹּדֶל (גדל)	Größe	Ez 31,2

12×	גְּדוּלָּה (גדל)	(f.) Größe; Großes	2Sam 7,21
45×	קוֹמָה (קום)	(f.) Höhe; hoher Wuchs	
37×	גָּבֵהַּ (גבה) ⊛	hoch ♦ גבה'	
17×	גֹּבַהּ (גבה)	Höhe	1Sam 17,4
6×	עַל ₁ (עלה)	Höhe	Gen 49,25
6×	רוֹם (רום)	Höhe; hohes Wesen	Spr 25,3
49×	גָּאוֹן	Höhe; Hoheit; Stolz; Anmaßung	
24×	הוֹד ₁	Hoheit; Majestät	
19×	גַּאֲוָה (גאון)	(f.) Hoheit; Hochmut	Ps 10,2
53×	עֶלְיוֹן (עלה) ⊛	oberer; höchster; der Höchste	
54×	קָטֹן (קטן₁) ⊛	klein; jung	
47×	קָטָן ₁ ⊛	klein; jung ♦ קטנ'	
23×	צָעִיר ₁	klein; jung; gering ♦ צעיר'	
17×	עָמֹק	tief; tiefliegend; unergründlich ♦ עמק'	Lev 13,3
17×	שָׁפָל (שפל)	tief gelegen; gering; demütig	Ez 17,6
61×	קֶדֶם (קדם) ⊛	vorn; Osten; früher; Vorzeit; Urzeit ♦ מִקֶּדֶם von je her	
41×	אָחוֹר (אחר)	hinten; Westen; pl. Rückseite ♦ אחר'	
92×	קָצֶה ⊛	Rand; Ende; Äußerstes ♦ מִקְצֵה nach Verlauf von	
7×	רֶבַע ₁ (אַרְבַּע)	Viertel; Seite	Ez 1,8
12×	רבע ₂ (אַרְבַּע)	Qal (9×) רָבוּעַ (Partizip passiv): viereckig	Ex 27,1
35×	קָצָה (קצה)	(f.) Ende; Rand; Ecke; Äußerstes	
7×	קְצָת (קצה)	(f.) Ende; Äußerstes	Dan 1,15
5×	תַּכְלִית (כלה)	(f.) Vollendung; Äußerstes; Ende	Ijob 11,7
67×	קֵץ ⊛	Ende ♦ קצ' ♦ מִקֵּץ am Ende von; nach	

61×	אַחֲרִית (אחר) ⊛	(f.) Ende; Ausgang; Nachkommenschaft	
5×	קָצֶה (קצה)	Ende	Jes 2,7
5×	סוֹף	Ende; Nachhut	Koh 7,2
85×	פֵּאָה ₁ ⊛	(f.) Seite; Rand	
43×	אֶפֶס	Extremität; Ende; Nichts ◆ אֶפֶס׳ ◆ אַפְסֵי־אָרֶץ die Enden der Erde	
33×	צַד	Seite ◆ צַד׳ ◆ מִצַּד zur Seite von; neben	
10×	מְרַאֲשׁוֹת (ראש₁)	(f.) Kopfstütze; zu Häupten von	1Sam 26,7
5×	מַרְגְּלוֹת (רֶגֶל)	Platz zu Füßen; Fußende	Rut 3,4
90×	עֵבֶר ₁ (עבר₁) ⊛	die eine von zwei gegenüberliegenden Seiten; Seite; Rand; Ufer; jenseits	
25×	חִיצוֹן (חוץ)	außen gelegen; äußerer	
418×	תָּוֶךְ ⊛	Mitte ◆ תּוֹכ׳ ◆ בְּתוֹךְ in; inmitten	
125×	חֲצִי ⊛	Hälfte; halbe Höhe; Mitte ◆ חֲצִי׳ ◆ חֲצִי הַלַּיְלָה Mitternacht	
16×	מַחֲצִית (חֲצִי)	(f.) Hälfte; Mitte	Ex 30,13
32×	פְּנִימִי (פָּנִים)	innerer	

68. Zeit (siehe Seite 14)

51×	רֵאשִׁית (ראש₁) ⊛	(f.) Anfang; das Erste und Beste; Erstabgabe; Bestabgabe	
22×	תְּחִלָּה (חלל₁)	(f.) Anfang	
6×	קַדְמָה (קדם)	(f.) Ursprung; früherer Zustand	Ez 16,55
182×	רִאשׁוֹן (ראש₁) ⊛	erster; früherer ◆ בָּרִאשׁוֹנָה früher; vormals	
51×	אַחֲרוֹן (אחר) ⊛	hinten befindlich; später; künftig; letzter	
166×	אַחֵר ₁ (אחר) ⊛	anderer; nachkommend; folgend ◆ אַחֶרֶת (f.)	אַחֵר,

9×	שֶׁבֶת	Aufhören; Thronen	Am 6,3
213×	בֹּ֫קֶר ₂ ⊛	Morgen ♦ בקר׳	
23×	צָהֳרַ֫יִם	Mittagszeit	
134×	עֶ֫רֶב ₁ ⊛	Sonnenuntergang; Abend ♦ עַרְבַּיִם Abenddämmerung	
2301×	יוֹם ₁ ⊛	Tag ♦ יָמִים · יוֹמַ֫יִם ♦ הַיּוֹם heute · יוֹם יוֹם Tag für Tag · אֹ֫רֶךְ יָמִים langes Leben	
227×	לַ֫יְלָה (לַ֫יִל) ⊛	Nacht ♦ לֵילוֹת ♦ יוֹמָם וָלַ֫יְלָה bei Tag und bei Nacht	
6×	לַ֫יִל	Nacht	Ex 12,42
32×	מָחֳרָת (מָחָר) ⊛	(f.) folgender Tag ♦ מִמָּחֳרָת am folgenden Tag	
20×	שָׁבוּעַ (שֶׁ֫בַע ₁)	Woche ♦ שׁבע׳	
283×	חֹ֫דֶשׁ ₁ (חדשׁ) ⊛	Neumond; Monat ♦ חָדָשׁ׳, חדשׁ׳	
12×	יֶ֫רַח ₁	Monat ♦ ירח׳	Ex 2,2
876×	שָׁנָה ⊛	(f.) Jahr ♦ שְׁנָתַ֫יִם	
53×	חָדָשׁ ⊛	neu; frisch ♦ חדשׁ׳	
7×	יָשָׁן	alt; vorjährig	Lev 25,22
296×	עֵת ⊛	(f.) Zeitpunkt; Zeit ♦ עת׳	
223×	מוֹעֵד (יעד) ⊛	Treffpunkt; Versammlung; Termin; Fest; Festzeit ♦ מוֹעֵד׳ ♦ אֹ֫הֶל מוֹעֵד Zelt der Begegnung	
22×	רֶ֫גַע	Weile; Augenblick ♦ רְגָעִים	
7×	פֶּ֫תַע	Augenblick; Nu; augenblicklich; im Nu	Num 6,9
439×	עוֹלָם ⊛	lange Zeit; Dauer; Ewigkeit; zukünftige Zeit ♦ לְעוֹלָם auf immer	
48×	עַד ₁ ⊛	dauerhafte Zukunft; immer ♦ עוֹלָם וָעֶד immer und ewig	

69. Zahlen (siehe Seite 14)

134×	מִסְפָּר ₁ (ספר)	⊛	Zahl; Anzahl ♦ אֵין מִסְפָּר unzählbar	
5×	תּוֹר ₁		Turnus; Gehänge	Est 2,12
35×	מִשְׁנֶה	⊛	Zweiter; Doppeltes; Abschrift	
16×	עָשׂוֹר (עֶשֶׂר)		Zehnzahl	Ps 33,2
10×	רִבּוֹא (רבב₁)		(f.) Unzahl; zehntausend	Jona 4,11
33×	עִשָּׂרוֹן (עֶשֶׂר)		Zehntel ♦ עֶשְׂרֹנִים	
32×	מַעֲשֵׂר (עֶשֶׂר)		zehnter Teil; Zehnt	
970×	אֶחָד	⊛	einer; eine; eines; ein; erster ♦ אֲחָדִים einige; einzelne ♦ הָאֶחָד ... הָאֶחָד der eine ... der andere	
768×	שְׁנַיִם	⊛	zwei ♦ שְׁנֵי׳ • שְׁתַּיִם • שְׁתֵּי	
602×	שָׁלֹשׁ	⊛	drei ♦ שְׁלֹשׁ ♦ שְׁלֹשִׁים dreißig	
454×	אַרְבַּע	⊛	vier ♦ אַרְבָּעִים vierzig	
506×	חָמֵשׁ	⊛	fünf ♦ חָמֵשׁ ♦ חֲמִשִּׁים fünfzig	
274×	שֵׁשׁ ₁	⊛	sechs ♦ שִׁשִּׁים sechzig	
490×	שֶׁבַע ₁	⊛	sieben ♦ שֶׁבַע ♦ שִׁבְעָ׳ ♦ שִׁבְעִים siebzig	
147×	שְׁמֹנֶה	⊛	acht ♦ שְׁמֹנִים achtzig	
78×	תֵּשַׁע	⊛	neun ♦ תֵּשַׁע ♦ תִּשְׁעִים neunzig	
491×	עֶשֶׂר	⊛	zehn ♦ עֶשְׂרִים zwanzig	
337×	עָשָׂר	⊛	-zehn	
19×	עַשְׁתֵּי		⇒ עַשְׁתֵּי עָשָׂר: elf; elfter	Ex 26,7
579×	מֵאָה ₁	⊛	(f.) hundert ♦ מֵאוֹת ♦ מָאתַיִם zweihundert • שְׁלֹשׁ מֵאוֹת dreihundert	
492×	אֶלֶף ₂	⊛	tausend ♦ אֲלָפִ׳ ♦ אֲלָפִים zweitausend • שְׁלֹשֶׁת אֲלָפִים dreitausend	
16×	רְבָבָה (רבב₁)	⊛	(f.) zehntausend; sehr große Menge; Unzahl	1Sam 18,7

156×	שֵׁנִי (שְׁנַיִם) ❊	zweiter	♦	שֵׁנִית zum zweiten Mal	
105×	שְׁלִישִׁי (שָׁלֹשׁ) ❊	dritter	♦	שְׁלִישִׁית Drittel	
56×	רְבִיעִי (אַרְבַּע) ❊	vierter	♦	רְבִיעִית Viertel	
45×	חֲמִישִׁי (חָמֵשׁ) ❊	fünfter	♦	חֲמִישִׁית Fünftel	
28×	שִׁשִּׁי (שֵׁשׁ₁) ❊	sechster	♦	שִׁשִּׁית Sechstel	
98×	שְׁבִיעִי (שֶׁבַע₁) ❊	siebter	♦	שְׁבִיעִית Siebtel	
31×	שְׁמִינִי (שְׁמֹנֶה) ❊	achter			
18×	תְּשִׁיעִי (תֵּשַׁע) ❊	neunter	♦	תְּשִׁיעִית Neuntel	2Kön 25,1
29×	עֲשִׂירִי (עֶשֶׂר) ❊	zehnter	♦	עֲשִׂירִית Zehntel	

70. Artikel und Pronomen (siehe Seite 14)

23884×	ֶ ה׳ ⊛	Artikel (prokl.): der; die; das	

Die Häufigkeitsangabe bezieht sich auf die Formen mit ה; zusätzlich verschmilzt der Artikel etwa 6400-mal mit den Präpositionen בְּ, כְּ und לְ.

874×	אֲנִי ⊛	ich	
359×	אָנֹכִי ⊛	ich	
744×	אַתָּה ⊛	du (2. Person m. sg.)	
60×	אַתְּ ⊛	du (2. Person f. sg.)	
1394×	הוּא ⊛	er	
485×	הִיא ⊛	sie (3. Person f. sg.)	
120×	אֲנַחְנוּ (נַחְנוּ) ⊛	wir	
6×	נַחְנוּ	wir	Ex 16,7
283×	אַתֶּם ⊛	ihr (2. Person m. pl.)	
5×	אַתֵּן ⊛ / אַתֵּנָה: ihr (2. Person f. pl.)		Ez 34,17
553×	הֵם ⊛ / הֵמָּה: sie (3. Person m. pl.)		
53×	לָמוֹ	sie (3. Person m. pl.)	
33×	הֵנָּה₂ ⊛	sie (3. Person f. pl.)	
1781×	זֶה ⊛	(m.) / זֹאת (f.): dieser; diese; dieses ♦ הַבַּיִת הַזֶּה dieses Haus • הָאִשָּׁה הַזֹּאת diese Frau	
746×	אֵלֶּה ⊛	diese (pl.) ♦ הַמְּלָכִים הָאֵלֶּה diese Könige	
11×	זֹה	= זֹאת (f.)	Koh 2,2
9×	אֵל₆ (אֵלֶּה)	diese (pl.)	Gen 19,8
15×	זוּ	(m./f.) = זֶה / זֹאת / אֵלֶּה	Ps 62,12
7×	הַלָּז	der da; die da	Dan 8,16
423×	מִי ⊛	wer? ♦ מִי יִתֵּן wenn doch nur …!	

751×	מָה ⊛ / מֶה, מַה: was?; wie? ⇒ לְמָה / לָמָּה: warum?	
5500×	אֲשֶׁר (אָשֶׁר) ⊛ Relativpronomen: «von welchem gilt»; damit	
	♦ ⇒ כַּאֲשֶׁר: wie; wie wenn; weil	
	• כַּאֲשֶׁר ... כֵּן wie ..., so ...	
139×	שֶׁ' ⊛ (prokl.) Relativpronomen: dass	

71. Partikeln   (siehe Seite 14)

a. Adverbien

82×	פֹּה ⊛	hier; hierher	
46×	הֵנָּה₁	hier; hierher	
12×	הֲלֹם	hierher; hier	Ex 3,5
834×	שָׁם ⊛	dort; da; dann ♦ שָׁמָּה dorthin; dort	
16×	הָלְאָה	dorthin; weiter; fernerhin	1Sam 10,3
140×	מַעַל₂ (עלה) ⊛	oben ♦ מַעְלָה nach oben; darüber hinaus	
		• מִמַּעַל droben; oben	
19×	מַטָּה (נטה)	unten	Dtn 28,13
14×	פְּנִימָה (פָּנִים)	hinein; drinnen	1Kön 6,18
7×	אֲחֹרַנִּית (אָחוֹר)	rückwärts	2Kön 20,10
~	הַיּוֹם (הַ+יוֹם)	heute	
433×	עַתָּה (עֵת) ⊛	jetzt; nun ♦ מֵעַתָּה וְעַד־עוֹלָם von nun an bis in Ewigkeit	
104×	תָּמִיד ⊛	beständig; immer; regelmäßig	
490×	עוֹד ⊛	Dauer; noch; nochmals; wiederum ♦ לֹא עוֹד nicht mehr	
9×	כְּבָר₁	schon; längst	Koh 3,15
5×	אֶמֶשׁ	gestern Abend	Gen 31,29
23×	תְּמוֹל	gestern	

8×	אֶתְמוֹל (תְּמוֹל)	gestern	Ps 90,4
24×	שִׁלְשׁוֹם (שָׁלֹשׁ+יוֹם)	vor drei Tagen; vorgestern	
141×	אָז ⊛	damals; dann ♦ מֵאָז früher; seit; seitdem	
5×	אַחֲרֵיכֵן (אַחַר)	danach	2Chr 20,1
25×	פִּתְאֹם (פֶּתַע)	plötzlich; überraschend	
51×	יוֹמָם (יוֹם₁) ⊛	tagsüber; bei Tag	
52×	מָחָר ⊛	morgen	
577×	כֹּה ⊛	so	
37×	כָּכָה (כֹּה)	so	
543×	כֵּן₂ ⊛	so ♦ ⇒ עַל־כֵּן: darum; daher kommt es, dass	
138×	יֵשׁ ⊛	es ist vorhanden; es gibt ♦ יֵשׁ' ♦ כָּל־אֲשֶׁר יֶשׁ־לוֹ alles, was er hat	
300×	מְאֹד	(Kraft; Vermögen;) sehr	
109×	רַק₂ ⊛	nur; aber; jedoch	
~	לְבַד (לְ+בַד₁)	allein	
45×	אוּלַי₂ ⊛	vielleicht	
32×	חִנָּם (חֵן) ⊛	ohne Entschädigung; vergeblich; ohne Grund; unverdient	
16×	רֵיקָם (רִיק) ⊛	mit leeren Händen; ohne Erfolg	Rut 1,21
19×	אוּלָם₁	hingegen; jedoch	Ijob 1,11
20×	מְהֵרָה (מהר₁)	(Eile;) eilends	
45×	יַחַד ⊛	miteinander; insgesamt	
96×	יַחְדָּו (יַחַד) ⊛	zusammen; miteinander; insgesamt	
747×	הֲ' ⊛	He interrogativum (prokl.; zur Einleitung von Fragesätzen verwendet; es kann auch fehlen)	
~	לָמָּה (לְ+מָה)	לָמָה /: warum?	
72×	מַדּוּעַ (מָה+ידע) ⊛	weswegen?; warum?	

61×	אֵיךְ (אֵיכָה) ⊛	wie?	
17×	אֵיכָה (אֵי+כֹּה)	wie?; was?; wo?	Klgl 1,1
39×	אֵי	wo?; was?; welcher ♦ אֵי־זֶה wo? • אֵי מִזֶּה woher?	
45×	אַיֵּה (אֵי) ⊛	wo? ♦ אַיּ״	
10×	אֵיפֹה (אֵי+פֹּה)	wo?	Ijob 38,4
39×	אָ֫נָה ⊛	wohin?; wann? ♦ עַד אָ֫נָה wie lange? bis wann?	
17×	$_2$אַ֫יִן	⇒ מֵאַ֫יִן: woher?	Jona 1,8
43×	מָתַי ⊛	wann? ♦ עַד־מָתַי bis wann?	
5168×	לֹא ⊛	nicht; un-; ohne; -los ♦ בְּלֹא ohne	
729×	אַל ⊛	nicht doch!; nicht	
69×	בַּל (בְּלִי) ⊛	nicht	
788×	$_1$אַ֫יִן ⊛	Nichtvorhandensein; ⇒ אֵין: nicht; ohne; nichts ♦ אֵינֶ֫נּוּ ♦ אֵין לוֹ er hat nicht • מֵאֵין יוֹשֵׁב ohne Bewohner	
58×	בְּלִי (בלה) ⊛	ohne	
112×	בִּלְתִּי (בַּל) ⊛	außer ♦ ⇒ לְבִלְתִּי: nicht zu; damit ... nicht	
56×	טֶ֫רֶם ⊛	noch nicht; ehe ♦ בְּטֶ֫רֶם vor; bevor	
1060×	הִנֵּה (הֵן) ⊛	siehe; wenn ♦ הִנְנִי hier bin ich	
99×	הֵן	siehe; wenn	
161×	אַךְ ⊛	ja; fürwahr; nur; jedoch	
17×	$_1$אָכֵן	fürwahr; jedoch	1Kön 11,2
11×	אֲבָל (בַּל)	wahrlich; aber; jedoch; nein	Gen 17,19
5×	אָמְנָם (אֻמְנָם)	⇒ הַאֻמְנָם: wirklich?	Gen 18,13
30×	אָמֵן ($_1$אמן) ⊛	gewiss; wahrlich	
9×	אָמְנָם ($_1$אמן) ⊛	gewiss; wahrlich	Rut 3,12

b. Präpositionen

ca. 10965×	אֵת֯1 ⊛ / אֶת־:	Zeichen des Akkusativs
20462×	לְ֯ ⊛	(prokl.) für; hinsichtlich; zu
15536×	בְּ֯ ⊛	(prokl.) in; an ◆ בְּדַבְּרוֹ während er redete
2901×	כְּ֯ ⊛	(prokl.) wie; ungefähr; entsprechend; gemäß ◆ כַּצַּדִּיק כָּרָשָׁע der Gottlose wie der Gerechte ◆ כָּעֵת מָחָר morgen um diese Zeit
4×	לָמוֹ	= לְ֯ Ijob 40,4
9×	בָּמוֹ	= בְּ֯ Ijob 16,4
142×	כְּמוֹ	= כְּ֯
5516×	אֶל ⊛ / אֵלַי:	nach ... hin; auf ... zu
~	לִפְנֵי (לְ+פָּנִים)	vor (örtlich und zeitlich)
1262×	עַד3 ⊛ / עָדַי:	bis; bis zu
5769×	עַל2 ⊛ (עלה) / עָלַי:	auf; über; wegen; gegen
407×	בֵּין ⊛	Zwischenraum; ⇒ בְּ: zwischen ◆ בֵּינִי֯ ◆ בֵּינִי וּבֵינֶיךָ zwischen mir und dir
5×	בַּיִת2 (בֵּין)	zwischen Spr 8,2
709×	אַחַר ⊛ (אחר) / אַחֲרֵי:	hinter; nach; nachdem ◆ אַחֲרַי֯
105×	בַּעַד ⊛	⇒ בְּעַד: Abstand; hinter; durch ... hindurch; um ... herum; zugunsten von; für
505×	תַּחַת1 ⊛	unter; anstelle; anstatt ◆ תַּחְתַּי֯
151×	נֶגֶד (נגד) ⊛	Gegenüber; Entsprechung; vor; gegenüber von ◆ נֶגְדִּי vor mir
36×	מוּל	Vorderseite; gegenüber
25×	נֹכַח	gegenüber
~	לִקְרַאת (לְ+קרא2)	entgegen; gegenüber
61×	אֵצֶל ⊛	zur Seite von; neben ◆ אֶצְלִי֯ neben mir

32×	עֻמָּה	⇒ לְעֻמַּת: dicht an; neben; entsprechend
45×	עִמָּד	⇒ עִמָּדִי: bei mir; neben mir
ca. 900×	⊛ אֵת₂	/ אֶת־: mit; bei ♦ מֵאֵת von ... weg
1048×	⊛ עִם	zusammen; mit
7562×	⊛ מִן	/ מְ׳, מִ׳ (prokl.) / מִנִּי: von ... aus; von ... weg; von; seit; wegen ♦ טוֹב מִן besser als ♦ מִקָּטֹן וְעַד־גָּדוֹל vom Kleinsten bis zum Größten
~	לְפִי (לְ+פֶּה)	gemäß; nach
11×	אֹדוֹת	⇒ עַל־אֹדוֹת: wegen Gen 21,11
10×	גָּלָל₂	⇒ בִּגְלַל: wegen Gen 12,13
17×	בִּלְעֲדֵי (בַּל+עַד₃)	/ בִּלְעֲדֵי: abgesehen von; außer Gen 14,24
16×	זוּלָה	⇒ זוּלָתִי: ausgenommen; außer Jes 45,5

c. Konjunktionen

50273×	⊛ וְ׳	(prokl.) und; auch; sogar; oder
769×	⊛ גַּם	auch; sogar
133×	⊛ אַף₁	auch; sogar
320×	⊛ אוֹ	oder
4483×	⊛ כִּי₂	dass; denn; weil; wenn ♦ ⇒ כִּי אִם־: sondern; außer
1068×	⊛ אִם	wenn (mit verneinendem Schwursatz); ob
22×	⊛ לוּ	wenn doch; o dass doch
133×	⊛ פֶּן	damit ... nicht; dass ... nicht; sonst
99×	⊛ יַעַן	wegen; weil
~	כַּאֲשֶׁר (כְּ+אֲשֶׁר)	wie; weil; wie wenn
14×	⊛ לוּלֵא	/ לוּלֵי: wenn nicht; es sei denn, dass Ps 124,1

200×	לָכֵן (לְ+כֵּן₂) ⊛	darum
~	עַל־כֵּן	darum; daher kommt es, dass
272×	מַעַן ⊛	⇒ לְמַעַן: um ... willen; wegen; um zu; damit
51×	עֲבוּר ⊛	Ertrag; ⇒ בַּעֲבוּר: wegen; um ... willen; damit

d. Interjektionen

12×	הֶאָח	ha! ei! (Ausdruck der Freude oder Schadenfreude)	Ps 35,21
15×	אֲהָהּ ⊛	ach!	Jer 1,6
51×	הוֹי ⊛	ach! wehe!	
24×	אוֹי	o!; wehe!	
7×	הַס	still! Ruhe!	Am 6,10
404×	נָא₁ ⊛	doch; bitte	
13×	אָנָּא	/ אָנָּה: ach ... doch	Ps 118,25
12×	בִּי	⇒ בִּי אֲדֹנִי / בִּי אֲדֹנָי: mit Verlaub	Ri 6,13
15×	אֵפוֹא	denn; also	Gen 27,33
33×	הַב	/ הָבָה: gib!; auf!; wohlan!	
21×	חָלִיל₂ (חלל₁)	⇒ חָלִילָה: fern sei es! ♦ חָלִילָה לִּי fern sei es von mir!	
44×	אַשְׁרֵי ⊛	glücklich, wer ...! Heil dem, der ...!	

Anhang

Die Konsonanten

ʾ	א	אָ֫לֶף	[ˈʔaːlɛf]	1	q	ק	קוֹף	[koːf]	100
b	ב	בֵּית	[beːt]	2	r	ר	רֵישׁ	[reːʃ]	200
g	ג	גִּ֫ימֶל	[ˈgiːmɛl]	3	ś	שׂ	שִׂין	[siːn]	300
d	ד	דָּ֫לֶת	[ˈdaːlɛt]	4	š	שׁ	שִׁין	[ʃiːn]	300
h	ה	הֵא	[heː]	5	t	ת	תָּו	[taːv]	400
w	ו	וָו	[vaːv]	6					

① ② ③ ④ ⑤

① Transliteration
(Umschrift der Buchstaben)

② Hebräischer Konsonant
(in der Quadratschrift)

③ Name

④ Transkription,
phonetische Aussprache
(Umschrift der Laute)

⑤ Zahlwert
Im Bibeltext werden Zahlen stets ausgeschrieben; die Verwendung der Buchstaben als Zahlzeichen ist erst später belegt. Dabei gilt unter anderem:
1000 = א֑, 2000 = ב֑.
Da die beiden Buchstabenfolgen יה und יו an den Gottesnamen יהוה erinnern, gilt zudem:
15 = טו, 16 = טז.

z	ז	זַ֫יִן	[ˈzajin]	7
ḥ	ח	חֵית	[ħeːt]	8
ṭ	ט	טֵית	[teːt]	9
y	י	יוֹד	[joːd]	10
k	כ	כַּף	[kaf]	20
l	ל	לָ֫מֶד	[ˈlaːmɛd]	30
m	מ	מֵם	[meːm]	40
n	נ	נוּן	[nuːn]	50
s	ס	סָ֫מֶךְ	[ˈsaːmɛχ]	60
ʿ	ע	עַ֫יִן	[ˈʕajin]	70
p	פ	פֵּא	[peː]	80
ṣ	צ	צָדֵי	[tsaˈdeː]	90

Als Transliteration von ʾ wird im deutschen Sprachraum neben *y* auch *j* verwendet.

Wissenswertes über die Konsonanten

Fünf Konsonanten haben eine spezielle Form, wenn sie als **Finalbuchstaben** am Wortende stehen:

ך - כ

ם - מ

ן - נ   Merkwort: *kamnapeṣ*

ף - פ

ץ - צ

Sechs Buchstaben werden explosiv oder spirantisch ausgesprochen, je nachdem, ob sie mit oder ohne Dagesch geschrieben sind:

בּ [b] - ב [v]

גּ [g] - ג [ɣ]   Merkwort: **begadkefat**

דּ [d] - ד [ð]   In der «Schulaussprache» (wie auch

כּ [k] - כ [χ]   im heute gesprochenen Iwrit) wird
die spirantische Aussprachevariante

פּ [p] - פ [f]   nur bei ב, כ und פ gepflegt.

תּ [t] - ת [θ]

Drei Konsonanten können jeweils für einen Vokal stehen, nämlich ה, ו, י (Merkwort: *hoy*); ein solcher wird dann **mater lectionis** genannt. Wird er ausgelassen, wo man ihn erwarten würde, spricht man von **scriptio defectiva** (כְּתִיב חָסֵר) im Unterschied zur **scriptio plena** (כְּתִיב מָלֵא).

Laryngale oder **Gutturale** (Kehllaute) sind: א, ה, ח, ע. Sie können nicht verdoppelt werden und treten daher nie mit Dagesch forte auf; dasselbe gilt für ר.

Labiale (Lippenlaute) sind: ב, ו, מ, פ (Merkwort: *bumaf*).

Sibilanten (Zischlaute) sind: ז, ס, צ, שׂ, שׁ.

Emphatische Laute, eine Eigenart semitischer Sprachen, sind: ט, צ, ק.

Die Vokalzeichen

Um die korrekte Aussprache des biblischen Konsonantentextes zu gewährleisten, fügten ihm die Überlieferer Vokalzeichen (und Akzente) bei. Von drei verschiedenen Systemen hat sich schließlich das tiberische System durchgesetzt. Es bezeichnet Vollvokale einerseits sowie einen Murmellaut und «flüchtige» Vokale andererseits. – Im Folgenden steht links jeweils die in der Zeitschrift für die alttestamentliche Wissenschaft (ZAW) verwendete Transliteration.

Vollvokale

A-Klasse				
$\bar{a}$	ָ	[aː]	קָמֶץ רָחָב [ˌkaːmɛts raːˈhaːv]	Qames
a	ַ	[a]	פַּתַח [ˈpatah]	Patach
I-Klasse				
i	ִ	[i, iː]	חִירֶק [ˈhiːrɛk]	Chireq
e	ֵ	[eː]	צֵרִי [tseːˈreː]	Sere
$æ$	ֶ	[ɛ]	סֶגוֹל [səˈgoːl]	Segol
U-Klasse				
u	ֻ	[u, uː]	קֻבּוּץ [qiˈbuːts]	Qibbus
$û$	וּ	[uː]	שׁוּרֶק [ˈʃuːrɛk]	Schureq
o	ֹ	[oː]	חוֹלֶם [ˈhoːlɛm]	Cholem
$å$	ָ	[ɔ]	קָמֶץ חָטוּף [ˌkaːmɛts haːˈtuːf]	Qames chatuph

Das Qames chatuph steht nur in unbetonter geschlossener Silbe.

Die Vokalzeichen

Murmellaut und «flüchtige» Vokale

Mit dem «Murmellaut» ist das Schwa gemeint. Die «flüchtigen» Vokale sind eine Kombination von einem Schwa und einem Vollvokal – daher auch die Bezeichnung Schwa compositum. Sie stehen meistens, das Patach furtivum nur, unter Laryngalen.

ᵉ	ְ	[ə]	שְׁוָא	[ʃəˈvaː]	Schwa mobile
ᵃ	ֲ	[ă]	חֲטֶף פַּתַח	[ˌħaːtɛːf ˈpataħ]	Chateph-Patach
æ	ֱ	[ɛ̆]	חֱטֶף סְגוֹל	[ˌħaːtɛːf səˈgoːl]	Chateph-Segol
ᵅ̆	ֳ	[ɔ̆]	חֳטֶף קָמֶץ	[ˌħaːtɛːf ˈkaːmɛts]	Chateph-Qames
ᵃ	ַ	[ă]			Patach furtivum (nur am Wortende)

Zur Aussprache: In eckigen Klammern ist mit Hilfe des International Phonetic Alphabet (IPA) die Schulaussprache transkribiert, die der masoretisch-tiberischen Tradition entspricht und von sephardischen Juden weitergepflegt wurde. Die sephardische Aussprache wird auch heute in Israel verwendet – außer in Bezug auf die Vokallängen, welche im Iwrit nicht mehr unterschieden werden.

Weitere Zeichen

	ּ	דָּגֵשׁ חָזָק	[ˌdaːgeːʃ haːˈzaːk]	Dagesch forte (entspricht einer «Verdoppelung» des Konsonanten)
	ּ	דָּגֵשׁ קַל	[ˌdaːgeːʃ ˈkal]	Dagesch lene (explosive Aussprache der *begadkefat*)
h	הּ	מַפִּיק	[maˈpiːk]	Mappiq (nur bei ה)

Personalpronomen und Pronominalsuffixe

Das Biblische Hebräisch kennt selbständige und unselbständige Personalpronomen. Letztere werden auch «Pronominalsuffixe» genannt, weil sie an Nomen, Präpositionen und Verben «suffigiert», also angefügt sind. Sie begegnen im Bibeltext auf Schritt und Tritt (insgesamt etwa 45000× – fast zehnmal häufiger als alle selbständigen Personalpronomen zusammen).

Diejenigen Pronominalsuffixe, die bei Verben vorkommen (vor allem am Imperfekt), weisen gut 500× das sogenannte «Nun energicum» auf. Vermutlich soll damit das Suffix phonetisch betont werden; ein Bedeutungsunterschied zu den Verbformen ohne Nun energicum ist allerdings nicht erkennbar. Es erscheint unten im zweiten Kasten, und zwar links vom «.».

Viele der Personalpronomen beider Gruppen sind sprachgeschichtlich miteinander verwandt und werden deshalb hier gemeinsam behandelt, obwohl Pronominalsuffixe nicht als eigentliche Vokabeln gelten.

1. Selbständige Personalpronomen
ich, du, er ...

2. Unselbständige Personalpronomen = Pronominalsuffixe
mein, dein, sein ...; mich, dich, ihn ...

	Singular	Plural
1	אֲנִי/אָנֹכִי[1]	אֲנַחְנוּ/נַחְנוּ
2m	אַתָּה	אַתֶּם
2f	אַתְּ	אַתֵּן/אַתֵּנָה
3m	הוּא	הֵם/הֵמָּה
3f	הִיא/הוּא[2]	הֵנָּה

	Singular	Plural
1	־ִי/־ִי[1]. ־ִנִי־	־נוּ..־נוּ[3]
2m	־ְךָ. ־ֶךָ	־ְכֶם
2f	־ֵךְ	־ְכֶן
3m	־ָם/ ־וֹ/ ־נוּ.. ־הוּ־	־ָם/ ־ֵם/ ־מוֹ[4]
3f	־ָהּ..־ֶנָּה/ ־ָהּ	־ָן/ ־ֶן

[1] Pausalform: אָנִי.
[2] Qere perpetuum in der Tora.

[1] Jeweils am Nomen.
[2] Jeweils am Verb.
[3] «Scheinbares» Nun energicum (nur an Partikeln).
[4] Variante in poetischen Texten der Bibel.

Es folgen diejenigen Präpositionen, die am häufigsten ein Pronominalsuffix aufweisen.

₁אֵת / ־אֶת: Zeichen des Akkusativs
mich, dich, ihn ...

₂אֵת / ־אֶת: mit; bei
mit mir, mit dir, mit ihm ...

	Singular	Plural
1	אֹתִי	אֹתָנוּ
2m	אֹתְךָ / אֹתָךְ	אֶתְכֶם
2f	אֹתָךְ	אֶתְכֶן
3m	אֹתוֹ	אֹתָם
3f	אֹתָהּ	אֹתָהֶן

	Singular	Plural
1	אִתִּי	אִתָּנוּ
2m	אִתְּךָ / אִתָּךְ	אִתְּכֶם
2f	אִתָּךְ	אִתְּכֶן
3m	אִתּוֹ	אִתָּם
3f	אִתָּהּ	אִתָּן

לְ (prokl.): für; hinsichtlich; zu
für mich, für dich, für ihn ...

בְּ (prokl.): in; an
in mir, in dir, in ihm ...

	Singular	Plural
1	לִי	לָנוּ
2m	לְךָ / לָךְ	לָכֶם
2f	לָךְ	לָכֶן
3m	לוֹ	לָהֶם / לָמוֹ¹
3f	לָהּ	לָהֶן / לָהֵנָּה

	Singular	Plural
1	בִּי	בָּנוּ
2m	בְּךָ / בָּךְ	בָּכֶם
2f	בָּךְ	בָּכֶן
3m	בּוֹ	בָּהֶם / בָּם
3f	בָּהּ	בָּהֶן / בָּהֵן

¹ Variante in poetischen Texten der Bibel.

מִן / מִנִּי[1]: von ... aus; von ... weg; von; seit; wegen

עִם: zusammen; mit

	Singular	Plural
1	מִמֶּֽנִּי[2]	מִמֶּֽנּוּ
2m	מִמְּךָ / מִמֶּֽךָּ	מִכֶּם
2f	מִמֵּךְ	מִכֶּן
3m	מִמֶּֽנּוּ	מֵהֶם
3f	מִמֶּֽנָּה	מֵהֶן / מֵהֵֽנָּה

	Singular	Plural
1	עִמִּי	עִמָּֽנוּ
2m	עִמְּךָ / עִמָּךְ	עִמָּכֶם
2f	עִמָּךְ	עִמָּכֶן
3m	עִמּוֹ	עִמָּם / עִמָּהֶם
3f	עִמָּהּ	עִמָּן

[1] Variante in poetischen Texten der Bibel.
[2] Selten auch מְנִי, מֶֽנִּי.

כְּ (prokl.) = כְּמוֹ: wie; ungefähr; entsprechend; gemäß

אַחֲרֵי / אַחַר: hinter; nach; nachdem

	Singular	Plural
1	כָּמֽוֹנִי	כָּמֽוֹנוּ
2m	כָּמֽוֹךָ	כְּמוֹכֶם/כָּכֶם
2f	כָּמוֹךְ	–
3m	כָּמֽוֹהוּ	כְּמוֹהֶם/כָּהֶם
3f	כָּמֽוֹהָ	כָּהֵן / כָּהֵֽנָּה

	Singular	Plural
1	אַחֲרַי	אַחֲרֵֽינוּ
2m	אַחֲרֶֽיךָ	אַחֲרֵיכֶם
2f	אַחֲרַֽיִךְ	אַחֲרֵיכֶן
3m	אַחֲרָיו	אַחֲרֵיהֶם
3f	אַחֲרֶֽיהָ	אַחֲרֵיהֶן

אֶל / [1]אֱלֵי: nach ... hin; auf ... zu

	Singular	Plural
1	אֵלַי	אֵלֵינוּ
2m	אֵלֶיךָ	אֲלֵיכֶם
2f	אֵלַיִךְ	אֲלֵיכֶן
3m	אֵלָיו	אֲלֵיהֶם
3f	אֵלֶיהָ	אֲלֵיהֶן

[1] Variante in poetischen Texten der Bibel.

עַל[2] / [1]עֲלֵי: auf; über; wegen; gegen

	Singular	Plural
1	עָלַי	עָלֵינוּ
2m	עָלֶיךָ	עֲלֵיכֶם
2f	עָלַיִךְ	עֲלֵיכֶן
3m	עָלָיו	עֲלֵיהֶם/עָלֵימוֹ[1]
3f	עָלֶיהָ	עֲלֵיהֶן

[1] Variante in poetischen Texten der Bibel.

Numerale (Zahlwörter)

Kardinalzahlen

maskuline Form

Status absolutus	Status constructus	
אֶחָד	אַחַד	1
שְׁנַיִם	שְׁנֵי	2
שָׁלֹשׁ	שְׁלֹשׁ	3
אַרְבַּע	אַרְבַּע	4
חָמֵשׁ	חֲמֵשׁ	5
שֵׁשׁ	שֵׁשׁ	6
שֶׁבַע	שְׁבַע	7
שְׁמֹנֶה	שְׁמֹנֶה	8
תֵּשַׁע	תְּשַׁע	9
עֶשֶׂר	עֲשֶׂר	10

feminine Form

Status absolutus	Status constructus	
אַחַת	אַחַת	1
שְׁתַּיִם¹	שְׁתֵּי²	2
שְׁלֹשָׁה	שְׁלֹשֶׁת	3
אַרְבָּעָה	אַרְבַּעַת	4
חֲמִשָּׁה	חֲמֵשֶׁת	5
שִׁשָּׁה	שֵׁשֶׁת	6
שִׁבְעָה	שִׁבְעַת	7
שְׁמֹנָה	שְׁמוֹנַת	8
תִּשְׁעָה	תִּשְׁעַת	9
עֲשָׂרָה	עֲשֶׂרֶת	10

¹ ['ʃtajim]   ² ['ʃteː]

Zum Zählen («eins, zwei, drei ...») verwendet man die schattierten Formen.

Die Kardinalzahlen von 3 bis 10 haben jeweils – wie in den meisten älteren semitischen Sprachen – das umgekehrte Genus wie das Gezählte (Inkongruenz). Beispiele: שְׁנֵי בָנִים 2 Söhne (Gen 41,50) und שְׁתֵּי בָנוֹת 2 Töchter (Gen 19,8), aber שְׁלֹשֶׁת יָמִים 3 Tage (Jona 3,3) und שָׁלֹשׁ שָׁנִים 3 Jahre (Ri 9,22).

Die Kardinalzahlen von 11 bis 19 sind zusammengesetzt aus den entsprechenden Einern plus Zehn. Für Letzteres wird eine Nebenform von עֶשֶׂר gebraucht: maskulin עָשָׂר, feminin עֶשְׂרֵה:

Numerale (Zahlwörter)

maskuline Form

אַחַד עָשָׂר[1]	11
שְׁנֵים עָשָׂר	12
שְׁלֹשׁ עֶשְׂרֵה	13
אַרְבַּע עֶשְׂרֵה	14
חֲמֵשׁ עֶשְׂרֵה	15
שֵׁשׁ עֶשְׂרֵה	16
שְׁבַע עֶשְׂרֵה	17
שְׁמֹנֶה עֶשְׂרֵה	18
תְּשַׁע עֶשְׂרֵה	19

feminine Form

אַחַת עֶשְׂרֵה[1]	11
שְׁתֵּים עֶשְׂרֵה	12
שְׁלֹשָׁה עָשָׂר	13
אַרְבָּעָה עָשָׂר	14
חֲמִשָּׁה עָשָׂר	15
שִׁשָּׁה עָשָׂר	16
שִׁבְעָה עָשָׂר	17
שְׁמֹנָה עָשָׂר	18
תִּשְׁעָה עָשָׂר	19

[1] Eine weitere in der Bibel verwendete, aber seltene Form für 11 ist עַשְׁתֵּי עָשָׂר (maskulin) / עַשְׁתֵּי עֶשְׂרֵה (feminin).

Die Zehner von 30 bis 90 sind die Pluralformen der entsprechenden Einer; 20 ist die Pluralform von 10. Die Zahlen 200 und 2000 sind die Dualformen von 100 und 1000. (רְבָבָה kann auch «sehr große Menge; Unzahl» bedeuten.)

עֶשְׂרִים	20
שְׁלֹשִׁים	30
אַרְבָּעִים	40
חֲמִשִּׁים	50
שִׁשִּׁים	60
שִׁבְעִים	70
שְׁמֹנִים	80
תִּשְׁעִים	90

מֵאָה	100
מָאתַיִם	200
שְׁלֹשׁ מֵאוֹת	300
אֶלֶף	1000
אַלְפַּיִם	2000
שְׁלֹשֶׁת אֲלָפִים	3000
רְבָבָה	10 000

In der Regel stehen die Zahlen vor dem Gezählten. Häufig Gezähltes kann dabei auch im Singular stehen: שִׁבְעִים שָׁנָה 70 Jahre (*Jer 29,10*), שִׁבְעִים אִישׁ 70 Männer (*Num 11,16*), אַרְבָּעִים יוֹם 40 Tage (*1Kön 19,8*).

Ordinalzahlen

Ordinalzahlen existieren nur von «zweiter» bis «zehnter» (ab «elfter» müssen die Kardinalzahlen einspringen.) Das Genus ist leicht erkennbar: die maskulinen Formen enden auf ִי, die femininen auf ִית. Die femininen Formen können auch als Bruchzahlen verwendet werden («ein Drittel» ...).

Im Gegensatz zu den Kardinalzahlen findet sich hier keine Inkongruenz, und es gibt auch keine formale Unterscheidung zwischen Status absolutus und Status constructus.

Für «erster» wird רִאשׁוֹן verwendet (abgeleitet von רֹאשׁ₁).

maskuline Form

רִאשׁוֹן	erster
שֵׁנִי	zweiter
שְׁלִישִׁי	dritter
רְבִיעִי	vierter
חֲמִישִׁי	fünfter
שִׁשִּׁי	sechster
שְׁבִיעִי	siebter
שְׁמִינִי	achter
תְּשִׁיעִי	neunter
עֲשִׂירִי	zehnter

feminine Form

רִאשׁוֹנָה	erste
שֵׁנִית	zweite
שְׁלִישִׁית	dritte
רְבִיעִית	vierte
חֲמִישִׁית	fünfte
שִׁשִּׁית	sechste
שְׁבִיעִית	siebte
שְׁמִינִית	achte
תְּשִׁיעִית	neunte
עֲשִׂירִית	zehnte

Die Bücher der Hebräischen Bibel

Die Einteilung und die Namen der einzelnen Bücher unterscheiden sich in der Hebräischen Bibel teilweise von denjenigen im «Alten Testament» christlicher Bibeln. Letzteres ist diesbezüglich von den alten Übersetzungen auf Griechisch (Septuaginta) und Lateinisch (Vulgata) beeinflusst und zählt 39 Bücher. Die Hebräische Bibel hingegen zählt 24 Bücher und weist eine Dreiteilung auf, bestehend aus Tora («Gesetz»), Nevi'im (Propheten) und Ketuvim (Schriften). Die Anfangsbuchstaben dieser Teile ergeben das Kunstwort תַּנַ״ךְ (Tanach) – neben dem traditionellen מִקְרָא (Mikra) eine heute gebräuchliche Bezeichnung für die Hebräische Bibel.

Die Anordnung der einzelnen Bücher innerhalb des zweiten und dritten Teils ist in der Überlieferung teilweise schwankend. – Nachfolgend bezieht sich die Zahl in Klammern jeweils auf die Anzahl der Kapitel.

Der erste Teil: תּוֹרָה (Tora)

בְּרֵאשִׁית	Genesis	(50)	Gen	Γένεσις	«Ursprung»
שְׁמוֹת	Exodus	(40)	Ex	Ἔξοδος	«Auszug»
וַיִּקְרָא	Levitikus	(27)	Lev	Λευιτικόν	«das levitische (Gesetzbuch)»
בְּמִדְבַּר	Numeri	(36)	Num	Ἀριθμοί	«Zahlen, Zählungen»
דְּבָרִים	Deuteronomium (34)		Dtn	Δευτερονόμιον	«das zweite Gesetz»

Die hebräischen Titel stammen aus dem jeweils ersten Vers des betreffenden Buches. Diese «Fünf Bücher Mose» werden auch als «Pentateuch» bezeichnet, von ἡ πεντάτευχος βίβλος («das fünfteilige Buch»), auf Hebräisch חוּמָשׁ (Chumasch, von חָמֵשׁ). Die Septuaginta hat – indirekt über die Vulgata – die heute bekannten Namen geliefert.

Der zweite Teil: נְבִיאִים (Propheten)

«Die vorderen Propheten» (נְבִיאִים רִאשׁוֹנִים):

יְהוֹשֻׁעַ	Josua	(24)	Jos
שֹׁפְטִים	Richter	(21)	Ri
שְׁמוּאֵל	1 und 2 Samuel	(31+24)	1Sam, 2Sam
מְלָכִים	1 und 2 Könige	(22+25)	1Kön, 2Kön

«Die hinteren Propheten» (נְבִיאִים אַחֲרוֹנִים):

יְשַׁעְיָה	Jesaja	(66)	Jes
יִרְמְיָה	Jeremia	(52)	Jer
יְחֶזְקֵאל	Ezechiel (Hesekiel)	(48)	Ez
[תְּרֵי עֲשַׂר	Zwölfprophetenbuch]		
הוֹשֵׁעַ	Hosea	(14)	Hos
יוֹאֵל	Joel	(4)	Joel
עָמוֹס	Amos	(9)	Am
עֹבַדְיָה	Obadja	(1)	Obd
יוֹנָה	Jona	(4)	Jona
מִיכָה	Micha	(7)	Mi
נַחוּם	Nahum	(3)	Nah
חֲבַקּוּק	Habakuk	(3)	Hab
צְפַנְיָה	Zefanja	(3)	Zef
חַגַּי	Haggai	(2)	Hag
זְכַרְיָה	Sacharja	(14)	Sach
מַלְאָכִי	Maleachi	(3)	Mal

Die Septuaginta nennt die Bücher von Hosea bis Maleachi Δωδεκαπρόφητον «Zwölfpropheten(buch)», was dem aramäischen תְּרֵי עֲשַׂר «zwölf» entspricht.

Der dritte Teil: כְּתוּבִים (Schriften)

תְּהִלִּים	Psalmen	(150)	Ps
אִיּוֹב	Ijob (Hiob)	(42)	Ijob
מִשְׁלֵי	Sprichwörter (Sprüche, Proverbien)	(31)	Spr
«Die fünf Rollen» (חָמֵשׁ מְגִלּוֹת):			
רוּת	Rut	(4)	Rut
שִׁיר הַשִּׁירִים	Hohelied	(8)	Hld
קֹהֶלֶת	Kohelet (Prediger)	(12)	Koh
אֵיכָה	Klagelieder	(5)	Klgl
אֶסְתֵּר	Ester	(10)	Est
דָּנִיֵּאל	Daniel	(12)	Dan
עֶזְרָא נְחֶמְיָה	Esra und Nehemia	(10+13)	Esra, Neh
דִּבְרֵי הַיָּמִים	1 und 2 Chronik	(29+36)	1Chr, 2Chr

אֵיכָה ist zugleich auch das erste Wort im hebräischen Text der Klagelieder. Die drei Bücher Psalmen, Ijob und Sprichwörter (Merkwort ʾemet, aus den drei Anfangsbuchstaben: אֱמֶת) haben ein eigenes Akzentsystem.

«Die fünf Rollen» werden heute anlässlich bestimmter Feiertage in der Synagoge gelesen:

Rut	שָׁבֻעוֹת	Wochenfest
Hohelied	פֶּסַח	Pessach
Kohelet	סֻכּוֹת	Laubhüttenfest
Klagelieder	תִּשְׁעָה בְּאָב	9. Aw (Gedenktag der Tempelzerstörung)
Ester	פּוּרִים	Purim

Die Ordnungen und Traktate der Mischna

Hebräisch blieb auch nach der Abfassung der biblischen Schriften eine gesprochene Sprache. Zeugnis dafür ist die *Mischna*[1] (מִשְׁנָה «Wiederholung»), die erste autoritative Gesetzessammlung des nachbiblischen Judentums. Dieser systematisch angeordnete Kommentar zur Tora wurde um 200 redigiert und später von der *Gemara* («Vollendung; Lernen») kommentiert. Mischna und Gemara bilden zusammen den *Talmud* (תַּלְמוּד «Lehre», von לָמַד), die bis heute maßgebende Schrift des Judentums neben der Hebräischen Bibel. Es gibt zwei Formen: den (kürzeren) *Jerusalemer Talmud*, der im 5. Jahrhundert in Palästina fertiggestellt wurde, und den (umfangreicheren) *Babylonischen Talmud*, der im 6. Jahrhundert im Zweistromland fertiggestellt wurde und sich letztlich als autoritativ durchgesetzt hat.

Die rabbinische Auslegung wird *Midrasch* (מִדְרָשׁ «Forschung; Auslegung», von דָּרַשׁ) genannt. *Halachische* Midraschim (הֲלָכָה, von הָלַךְ) haben einen rechtlichen Charakter, *(h)aggadische* Midraschim (von נָגַד) einen erzählenden.

Das Hebräisch der Mischna hat mit dem Biblischen Hebräisch Gemeinsamkeiten und Unterschiede, vor allem in Bezug auf Wortschatz und Grammatik.[2] Obwohl als Muttersprache das Hebräische vermutlich seit etwa 200 durch das Aramäische verdrängt worden war, wurde es auch danach weiterhin für liturgische und andere Zwecke benutzt, so dass sich das Vokabular im Laufe der Jahrhunderte erweitern konnte. – Ende des 19. Jahrhunderts begann unter Eliezer Ben Jehuda die Erneuerung des Hebräischen als Muttersprache. In Israel nennt sich heute sowohl das Biblische wie auch das Moderne Hebräisch עִבְרִית «Iwrit» (von עִבְרִי 1).

Die Mischna hat 6 Ordnungen (סְדָרִים, Plural von סֵדֶר) und 63 Traktate (מַסֶּכְתּוֹת, Plural von מַסֶּכֶת).[3] Die Traktate sind unterteilt in Kapitel (פְּרָקִים, Plural von פֶּרֶק),[4] die Kapitel in einzelne Lehrsätze (מִשְׁנָיוֹת, Plural von מִשְׁנָה).

---

[1] Auch genannt שִׁשָּׁה סְדָרִים (sechs Ordnungen); das Akronym hierfür lautet שַ"ס.

[2] Die Mischna enthält relativ wenige aramäische Sätze. Die Titel von vier Traktaten sind aramäisch: בָּבָא בַתְרָא, בָּבָא מְצִיעָא, בָּבָא קַמָּא, יוֹמָא.

[3] Aramäisch מַסֶּכְתָּא. In Bezug auf die Reihenfolge der Traktate gibt es leicht unterschiedliche Traditionen; dasselbe gilt für ihre Schreibweise.

[4] Die Anzahl Kapitel ist in der folgenden Auflistung in Klammern angegeben.

I	זְרָעִים	Samen	
1.	בְּרָכוֹת	Segenssprüche	(9)
2.	פֵּאָה	Ecke (des Ackers)	(8)
3.	דְּמַי	Zweifelhaftes	(7)
4.	כִּלְאַיִם	Zweierlei	(9)
5.	שְׁבִיעִית	Siebtes (Jahr)	(10)
6.	תְּרוּמוֹת	Abgaben (der Priester)	(11)
7.	מַעֲשְׂרוֹת	Zehnte	(5)
8.	מַעֲשֵׂר שֵׁנִי	Der zweite Zehnte	(5)
9.	חַלָּה	Teig(abgabe)	(4)
10.	עָרְלָה	Vorfrucht	(3)
11.	בִּכּוּרִים	Erstlinge	(3)

II	מוֹעֵד	Feste	
1.	שַׁבָּת	Schabbat	(24)
2.	עֵרוּבִין	Vermischungen	(10)
3.	פְּסָחִים	Pessachfeiern	(10)
4.	שְׁקָלִים	Schekelsteuer	(8)
5.	יוֹמָא	Der Tag (der Versöhnung)	(8)
6.	סֻכָּה	Laubhütte	(5)
7.	בֵּיצָה	Ei	(5)
8.	רֹאשׁ הַשָּׁנָה	Neujahr	(4)
9.	תַּעֲנִית	Fastentage	(4)
10.	מְגִלָּה	Buchrolle	(4)
11.	מוֹעֵד קָטָן	Halbfeiertage	(3)
12.	חֲגִיגָה	Festopfer	(3)

III	נָשִׁים	Frauen	
1.	יְבָמוֹת	Schwägerinnen	(16)
2.	כְּתֻבּוֹת	Hochzeitsverschreibungen	(13)
3.	נְדָרִים	Gelübde	(11)
4.	נָזִיר	Geweihter	(9)
5.	סוֹטָה	Die des Ehebruchs Verdächtige	(9)
6.	גִּטִּין	Scheidebriefe	(9)
7.	קִדּוּשִׁין	Verlobungen	(4)

IV	נְזִיקִין	Beschädigungen	
1.	בָּבָא קַמָּא	Erste Pforte	(10)
2.	בָּבָא מְצִיעָא	Mittlere Pforte	(10)
3.	בָּבָא בָתְרָא	Letzte Pforte	(10)
4.	סַנְהֶדְרִין	Gerichtshof	(10)
5.	מַכּוֹת	Schläge	(4)
6.	שְׁבוּעוֹת	Eide	(8)
7.	עֵדֻיּוֹת	Zeugnisse	(8)
8.	עֲבוֹדָה זָרָה	Götzendienst	(5)
9.	אָבוֹת	(Sprüche der) Väter	(5)
10.	הוֹרָיוֹת	Entscheidungen	(3)

V	קָדָשִׁים	Heiliges	
1.	זְבָחִים	Schlachtopfer	(14)
2.	מְנָחוֹת	Speiseopfer	(13)
3.	חֻלִּין	Profanes	(12)
4.	בְּכוֹרוֹת	Erstgeburten	(9)
5.	עֲרָכִין	Schätzungen	(9)
6.	תְּמוּרָה	Vertauschung	(7)
7.	כְּרִיתוֹת	Ausrottungen	(6)
8.	מְעִילָה	Veruntreuung	(6)
9.	תָּמִיד	Tägliches (Brandopfer)	(6/7)
10.	מִדּוֹת	Maße (des Tempels)	(5)
11.	קִנִּים	Vogelnester	(3)

VI	טָהֳרוֹת	Reinheiten	
1.	כֵּלִים	Gefäße	(30)
2.	אֹהָלוֹת	Zelte	(18)
3.	נְגָעִים	Plagen	(14)
4.	פָּרָה	Kuh	(12)
5.	טָהֳרוֹת	Reinheiten	(10)
6.	מִקְוָאוֹת	Tauchbäder	(10)
7.	נִדָּה	Unreinheit (der Frau)	(10)
8.	מַכְשִׁירִין	Geeignetsein	(6)
9.	זָבִים	Ausflussbehaftete	(5)
10.	טְבוּל יוֹם	Tag des Tauchbads	(4)
11.	יָדַיִם	Hände	(4)
12.	עֳקָצִים	Stiele	(3)

Lehnwörter im Biblischen Hebräisch

Das Biblische Hebräisch hat im Laufe der Zeit einzelne Wörter aus anderen Sprachen in seinen Wortschatz integriert. Einige Beispiele sind hier aufgeführt. (Die Angabe der Herkunftssprache ist nicht selten umstritten und daher mit gewisser Vorsicht zu genießen.)

Aus dem **Sumerischen**, über das Akkadische, stammt הֵיכָל (Palast; Tempel).

Aus dem **Akkadischen** stammen, teilweise über das Aramäische, פֶּחָה (Statthalter), סָרִיס (hoher Beamter; Eunuch), בִּירָה (Zitadelle; Akropolis), פּוּר (Los), תְּכֵלֶת (blaue Purpurwolle).

Aus dem **Ägyptischen** stammen חַרְטֹם (Wahrsagepriester), ₁חוֹתָם (Siegel), möglicherweise auch ₁אִי (Küste; Insel), שׁוֹשָׁן (Lilie; Seerose; Lotos), שִׁטָּה (Akazie), ₃שֵׁשׁ (Leinen), חֲנִית (Speer), תֵּבָה (Kasten; Kästchen; Arche).

Aus dem **Persischen** stammt דָּת (Anordnung; Gesetz).

Einige Wörter werden als **Kulturwörter** (oder **Wanderwörter**) bezeichnet; sie kommen in mehreren Sprachfamilien vor und haben eine ähnliche Gestalt, ohne dass sie mit Sicherheit aus einer bestimmten Sprache herzuleiten sind. Dazu gehören vermutlich בַּרְזֶל (Eisen), ₁סוּס (Pferd), גָּמָל (Kamel; Dromedar), אֳנִי (Schiffe; Flotte), אוֹפָן (Rad), כִּסֵּא (Sessel; Stuhl; Thron).

Als weitere Lehnwörter gelten אוּלָם / אֵילָם (Vorhalle), ₁אֵפֹד (Priestergewand; Kultgegenstand), אַרְגָּמָן (rote Purpurwolle), בְּרִית (Vereinbarung; Bund), מַבּוּל (Himmelsozean; Sintflut), ₂סֶרֶן ⇒ סְרָנִים (Stadtfürsten), פִּלֶגֶשׁ (Nebenfrau).

Verwandte Wörter im Deutschen

Einige Alltagswörter des Deutschen kommen aus dem Semitischen, selten direkt aus dem Hebräischen. Beispiele:

Kamel (גָּמָל) – Stier (שׁוֹר) – Wein (יַיִן) – Beiz (בַּיִת) – Balsam (בֹּשֶׂם) – Kanon, Kanone, Kanal (קָנֶה) – matt (מֵת) – Pleite (פְּלֵיטָה) – Sack (שַׂק) – schächten (שחט) – Schmiere (stehen) (שמר) – Tunika, Kutte (כֻּתֹּנֶת) – Harem (חֵרֶם) – Palästina (פְּלִשְׁתִּי) – makaber (קבר ?).

Speziell zum Arabischen bestehen Beziehungen mit Wörtern wie Islam, Muslim (שלם) – Koran (קרא) – Minarett (מְנוֹרָה) – Emir (אמר) – Kalif (חלף).

Wörter aus dem Bereich des jüdischen Lebens und des Jiddischen: Kabbala (קבל) – Kibbuz (קבץ) – meschugge (מְשֻׁגָּע) – Ganove (גנב) – Mischpoche (מִשְׁפָּחָה) – Maloche (מְלָאכָה).

Aus dem religiösen Bereich: Messias (מָשִׁיחַ) – Saddúzäer (צַדִּיק) – Rabbiner (רב) – Abt (אָב). Dazu kommen die bekannten Formeln:
- הַלְלוּ־יָהּ (beispielsweise in Ps 111,1) preist Jнwн, Halleluja!
- הוֹשִׁיעָה נָּא (Ps 118,25, aufgenommen im Neuen Testament in der Form ὡσαννά) hilf doch! Hosianna!
- אָמֵן Amen!

Register

In diesem Register sind alle deutschen Übersetzungen aufgenommen, die im 1. und 2. Teil des Buches bei den hebräischen Vokabeln aufgeführt sind, sowie einige weitere Begriffe aus Einleitung und Anhang. *Kursive Einträge* gehen über die eigentlichen Vokabeln hinaus.

Bei den Verweisen auf den alphabetisch geordneten Wortschatz (1. Teil) steht anstelle der Seitenzahl das hebräische Lexem in unvokalisierter Form. Dabei ist zu beachten, dass das Hebräische manchmal nicht die eigentliche Übersetzung wiedergibt, sondern auf das Lexem verweist, wo die betreffende Vokabel oder Wendung erwähnt wird. Beispiel: «als Priester einsetzen» heißt nicht מלא, sondern מִלֵּא יָד, das unter מלא zu finden ist.

A

× *(Häufigkeitsangaben)* 15
⊛ *(Lernstoff)* 15
* *(erschlossene Perfektform)* 16
/ *(Nebenform/Variante)* 16
~ *(Doppelnennung)* 18
⇒ *(häufiger belegte Form)* 16
'○ *(weggelassene Endungen)* 16
Ó *(Pänultimabetonung)* 16
Ọ *(Pausalform)* 16
Ọ̣ *(Nebenton)* 16

A

Aaron אהרן, 156
Aas נבלה, מפלת, 207, 265
abbiegen נטה, סור, 177, 194
Abbild דמות, צלם, 222, 273
abbrechen נתץ, 189
Abel הבל, 155
Abend ערב, 279
Abend, gestern אמש, 283
Abenddämmerung ערב, 279
aber רק, אבל, 284, 285
Abfall משובה, 245
abfallen נבל, 187
Abfallhaufen אשפת, 219
Abgabe מכס, משאת, ראשית, תרומה, 243, 263, 278
Abgabe (Mischna) 306
abgebraucht בלה, 239
abgemessen sein תכן, 200
abgeschorene Wolle גזה, 218
abgesehen von בלעדי, בד, 274, 287
Abgrund שוחה, 212
Abhang מורד, 212
Abhängige טף, 236
abhauen כרת, 190
Abigajil אביגיל, 157
Abija אביה, 158
Abimelech אבימלך, 156

Abischai אבישי, 157
Abjatar אביתר, 157
ablassen רפה, 193
ablehnen מאס, 174
abmessen מדד, 200
Abmessung מדה, מתכנת, 275
abmühen, sich יגע, לאה, 187
abnehmen חסר, 199
Abner אבנר, 157
Abraham אברהם, 155
Abram אברם, 155
Abschalom אבשלום, 157
Abscheu תועבה, שקוץ, 229
Abscheuliches שקץ, 229
Abschlachtung טבח, 257
abschlagen גדע, 188
abschneiden כרת, 190
Abschrift משנה, 280
absondern סגר, 183
Abstand בעד, 286
Abt 310
Abteilung מחלקת, 236
Abtrünnigkeit משובה, 245
abwandern רגל, 191
abwenden סבב, 194
abwenden, sich – von שוב, 193
abwischen מחה, 189
abziehen פשט, 200
Abzug נשך, 243
ach! הוי, אהה, 288
ach ... doch אנא, 288
Achisch אכיש, 159
acht שמנה, 280, 299
achten auf בין, 175
achter שמיני, 281, 301
achtzehn 299, 300
achtzig שמנה, 280, 300
Acker שדי, 211
Ackerboden אדמה, 210
Ackerfurche תלם, 211
Adam אדם, 155

Adjutant שליש, 258
Adler נשר, 205
Adonija אדניהו, 157
Adverbien 283–285
Afformativkonjugation 16
Aggada 305
Ägypten מצרים, 165
Ägypter מצרי, 163
ägyptisch מצרים, 165
Ägyptisch, Lehnwörter aus dem –en 309
Ahab אחאב, 158
Ahas אחז, 158
Ahasja אחזיהו, 158
Ahija אחיהו, 158
Ahikam אחיקם, 161
Ahimelech אחימלך, 157
Ahitofel אחיתפל, 157
Ahndung פקדה, 261
Ähren אביב, שבלת, 209
Ähren, Häufchen abgeschnittener עמר, 209
Ährenmonat אביב, 209
Ai עי, 164
Akazie שטה, 207, 309
Akkadisch, Lehnwörter aus dem –en 309
Akkusativzeichen את, 286, 296
A-Klasse (der Vokale) 293
Akropolis בירה, 248, 309
Akzente 293, 304
alle כל, 274
allein בד, לבד, בדד, 274, 275, 284
Alleinsein בדד, 275
das Allerheiligste דביר, קדש, 246, 263
alles כל, 274
alles: –, was er hat יש, 284
Alraunwurzel דודאים, 210
als Besitz erhalten נחל, 181

als Erbbesitz geben

als Erbbesitz geben נחל, 181
als gering behandeln קלל, 169
als König einsetzen מלך, 182
als Priester amten כהן, 182
als Priester einsetzen מלא, 199
als Zeugen anrufen עוד, 182
also אפוא, 288
alt ישׁן, זקן, בלה, 187, 237, 239, 279
Altar מזבח, 264
Altar, Räucher- חמן, 264
Alter שׂיבה, 226
alter Wein שׁמר, 240
die Ältere בכיר, 238
das Altern זקנה, 239
Altes Testament 302
Ältester זקן, 237
Am (Amos) 303
am folgenden Tag מחרת, 279
am Leben bleiben חיה, 186
am Leben erhalten חיה, 186
Amalek/Amalekiter עמלק, 162
Amazja אמציהו, 158
Amen 310
Amme מינקת, 239
Ammon עמון, 165
Ammoniter עמוני, 163
Amnon אמנון, 157
Amoriter אמרי, 162
Amos (Buch) 303
Amt כן, 249
amten, als Priester כהן, 182
Amtsträger שׁוטר, 261
Amulett לחשׁ, 266
an ב, 286, 296
Anbau צלע, 225
anbinden אסר, קשׁר, 184, 189
Andenken זכרון, 268
andere: der eine … der andere אחד, 280
anderer אחר, רע, 238, 278
ändern סבב, חלף, 191, 194
Anfang תחלה, ראשׁית, ראשׁ, 223, 278
anfangen חלל, 185
anfeinden צרר, 173
anfeuchten בלל, 198
anfüllen מלא, 199
Angehörige טף, 236
Angel סירה, 209
Angelegenheit דבר, חפץ, 228, 268
angenehm lieblich נעים, 228

Angesicht פנים, 223
angezogen, leicht ערום, 226
Angst חיל, חרדה, צרה, 230
ängstlich חרד, 230
Anhöhe במה, משׂגב, רמה, 212
Anhöhe, felsige צור, 218
anhören שׁמע, 174
Anmaßung גאון, 277
Anmut חן, חמד, 222, 231
Annäherung קרב, 258
annehmen קבל, 178
anordnen, schriftlich כתב, 170
Anordnung דת, מפקד, 250, 271, 309
anrechnen חשׁב, 175
Anrecht מצוה, 271
anrufen, als Zeugen עוד, 182
Ansehen חזות, שׁם, 266, 269
anstatt/anstelle תחת, 286
Anstoß נגף, מכשׁול, 245, 257
anstrengende Arbeit עצב, 229
Anteil מנת, מנה, 274
antun גמל, 180
Antwort מענה, 268
antworten שׁוב, ענה, 167, 193
anverloben, sich ארשׂ, 178
anweisen פקד, 175
Anweisungen פקוד, 271
Anzahl מספר, 280
Anzahl Vorkommen 15, 295
anziehen לבשׁ, 181
anzünden בער, 198
Apfel/Apfelbaum תפוח, 208
arabische Wörter im Deutschen 310
Aram ארם, 165
Aramäer ארמי, 162
aramäisch 15, 305
Aramäisch, Lehnwörter aus dem –en 309
Arbeit יגיע, מלאכה, מעשׂה, פעלה, עבדה, 242, 251
Arbeit, anstrengende עצב, 229
Arbeit, gedrehte und getriebene מקשׁה, 273
arbeiten עבד, 181
Arbeiter עמל, 231
Arbeiter, Land- אכר, 252
Arbeiter, Lohn- שׂכיר, 251
Arbeitslohn שׂכר, 251
arca (lateinisch) תבה, 255
Arche תבה, 255, 309
arge Sünde נבלה, 272

arglos sein בטח, 171
arm רושׁ, עני, דל, אביון, 241
Arm זרוע, 224
die Armen דלה, 241
Armspange צמיד, 235
Armut רישׁ, 241
Arnon ארנון, 166
Art מין, 203
Arten משׁפחה, 236
Artikel ה, 282
Arzt, Wund- רפא, 187
Asa אסא, 158
Asaf אסף, 160
Asarja עזריהו, 159
Aschdod אשׁדוד, 164
Asche אפר, 219
Aschengrube אשׁפת, 219
Ascher אשׁר, 162
Aschera/Aschere אשׁרה, 163
Aschkelon אשׁקלון, 164
Askara אזכרה, 263
Assur אשׁור, 165
Ast עבות, 210
Astarte עשׁתרת, 163
Asyl מקלט, 249
Atalja עתליהו, 159
Atem נשׁמה, רוח, נפשׁ, 223, 226
auch אף, גם, ו, 287
auf על, 286, 298
auf! הלך, הב, 191, 288
auf die Weide treiben רעה, 193
auf immer עולם, 279
auf … zu אל, 286, 298
aufbauen בנה, 187
aufbewahren צפן, 183
aufbieten זעק, 168
aufbrechen נסע, 178
Aufbrechen מסע, 245
aufdecken גלה, 182
Aufenthaltsort בית, מגור, נוה, 211, 246, 249
Aufgang מעלה, 245
aufgeben נטשׁ, 174
Aufgebot קהל, 238
aufgehen זרח, 197
Aufgeld תרבית, 243
aufgezehrt werden תמם, 202
aufhängen תלה, 184
aufheben פרר, 188
aufhören כלה, חדל, שׁבת, 202
Aufhören שׁבת, 279
Aufhören, zum – bringen שׁבת, 202

auflauern ארב, 201
auflehnen, sich מרד, 172
auflesen לקט, 179
aufmerksam hinhören קשב, 174
aufnehmen כול, אסף, 179, 199
Aufregung רגז, 217
aufrichten קום, נצב, 196, 197
aufrichtig אמת, 231
die Aufrichtigen ישר, 219
Aufrichtigkeit מישרים, 219
Aufschichtung מערכת, 250
aufschreien צעק, 169
Aufseher פקיד, 261
aufstehen קום, שכם, 197, 201
Aufsteigen גאות, 245
aufstellen קום, עמד, 195, 197
Aufstieg מעלה, 245
Auftrag מצוה, 271
auftun פתח, פקח, 183
aufwachen קיץ, 197
Aufwallung עברה, 230
Aufwartung מענה, 261
aufwecken עור, 197
aufzählen ספר, 167
Auge(n) עין, עפעפים, 223
Augenblick רגע, פתע, 279
augenblicklich פתע, 279
ausbessern חזק, 184
Ausbesserung ארוכה, 227
ausbeuten עשק, 173
ausbrechen פרץ, 186, 189
ausbreiten פשט, 200
ausbreiten, sich פשה, 200
auseinanderjagen נדח, 177
Ausflussbehaftete (Mischna) 308
ausführen קום, מלא, 197, 199
Ausgang תוצאה, אחרית, 245, 278
Ausgangsort מוצא, 245
ausgedehnt רחב, 276
ausgenommen זולה, 287
ausgeschlossen werden כרת, 190
ausgesondert קדוש, 263
ausgießen יצק, שפך, 177
aushauen חצב, 187
auskundschaften תור, רגל, חקר, 175, 191
Ausland נכר, 244
Ausländer נכרי, 244
ausländisch נכרי, 244
Auslegung (Midrasch) 305
Auslese מבחר, 271
ausliefern סגר, מכר, 180, 183

auslösen פדה, גאל, 180
ausreichen נשג, 195
Ausreichendes די, 241
ausreißen נתש, 194
ausrotten שמד, כרת, בער, אבד, 189, 190
Ausrottungen (Mischna) 308
ausruhen נוח, 196
aussagen ענה, 167
Ausschau halten צפה, 174
Aussehen מראה, 222
außen gelegen חיצון, 278
außer כי, זולה, בלתי, בלעדי, בד, 274, 285, 287
äußerer חיצון, 278
außerhalb חוץ, 248
Äußerstes קצה, קצת, תכלית, 277
Äußerung מוצא, 245
aussondern בדל, 188
ausspannen נטה, 177
Aussprache 291, 292, 293, 294, 295
Ausspruch משא, אמרה, אמר, נאם, 268
ausstrecken שלח, נטה, 177
austilgen כלה, 202
austreiben נתש, 194
austrocknen חרב, 197
auswählen בחר, 179
ausziehen שלף, פשט, יצא, 178, 193, 200
Auszug (Exodus) 302
Axt קרדם, 253

B

Baal בעל, 260
Babel/Babylon בבל, 164
Babylonien שנער, בבל, 164, 165
Babylonischer Talmud 305
Bach נחל, 212, 214
Bachrinne אפיק, 214
Bachtal נחל, 212
Backe לחי, 223
backen אפה, 198
Bäcker אפה, 252
Backofen תנור, 247
baden רחץ, 185
Bahn, ebene מישרים, 219
Baka-Sträucher בכא, 209
Balak בלק, 156
Balken קורה, 246
Balsam צרי, 219, 310

Balsamöl בשם, 209
Balsamstrauch בשם, 209
bange חרד, 230
Bann חרם, 169, 269
Bann, mit dem – belegen חרם, 169
Banngut חרם, 269
Bannspruch חבר, 238
Bär(in) דב, 203
barfuß יחף, 224
barmherzig רחום, 232
Bart זקן, 223
Baruch ברוך, 159
Bascha בעשא, 158
Baschan בשן, 165
Bat בת, 275
Bauch בטן, 225
bauen בנה, 187
Baum עץ, 217
Baum, großer אלון, אלה, 208
Baumgarten כרמל, 211
baumlose Fläche שפי, 212
Baumpflanzung כרמל, 211
Bausch חיק, 225
beabsichtigen אמר, 167
Beamter שר, סגן, נגיד, 260, 261
Beamter, hoher רב, סריס, 260, 309
beben חיל, פחד, 186, 198
Beben פחד, חרדה, 230
Becher כוס, 254
Becherblume סירה, 209
Becken גלה, 254
Bedarf די, 241
bedecken כסה, 183
Bedeckung כסות, 234
bedrängen צור, צרר, 174, 201
Bedrängnis לחץ, מצוקה, מצור, 230
Bedrängung צרה, 230
bedrücken ענה, עשק, 173
Bedrückung שד, עשק, 256
bedürftig אביון, 241
beeilen, sich מהר, 194
beerben ירש, 181
Befehl פה, 223
befehlen צוה, אמר, 167, 168
befestigt עז, 256
befestigte Stadt מבצר, מצור, מצורה, 247, 248
Befestigung מצורה, מצור, 248
Befleckung נדה, 226
befolgen נצר, 184

befragen בקש, 195
befreien פתח, פדה, 180, 183
Befreiung ישע, 259
begadkefat 292, 294
begeben, sich היה, 186
begegnen קרה, קרא, קדם, 192
Begegnung קרי, 258
Begegnung, Zelt der מועד, 279
begehren חמד, אוה, 170
Begehren תאוה, בקשה, אוה, 229
Begehrenswertes מחמד, חמדה, 229
begraben קבר, 184
Begräbnis קבורה, 265
begütert עשיר, 241
Behaarung שער, 226
Behagen תענוג, 229
Behältnisse 254-255
behandeln, als gering קלל, 169
behauen חצב, 187
behende קל, 276
beherrschen בעל, 181
behüten נצר, 184
bei את, 287, 296
bei mir עמד, 287
bei Tag יומם, 284
bei Tag und bei Nacht לילה, 279
Bein רגל, 224
beinahe מעט, 275
Beinkleid מכנסים, 234
Beisasse תושב, 249
Beistand עזרה, 259
beistehen עזר, 178
Beiz 310
bekannt machen ספר, בשר, 167
bekannt sein ידע, 176
bekennen ידה, זכר, 168, 176
bekleiden לבש, 181
bekleidet mit לבוש, 234
beklemmt sein צרר, 201
bekümmert עצב, צרר, 171, 201
belagern צור, 183
Belagerung מצור, 230
Belagerungswall דיק, 248
belassen נוח, 196
Belieben רצון, 229
beliebt, es חפץ, 170
Beliebtheit חן, 231
Bemühung עמל, 251
Ben Jehuda, Eliezer 305
Benaja בניהו, 157
beneiden קנא, 173

Benjamin בנימין, 162
beraten יעץ, 175
beraten, sich יעץ, 175
berauben גזל, 178
berauben, der Kinder שכל, 178
beraubt שכול, 237
berauschendes Getränk שכר, 240
bereit עתיד, 242
bereitstellen כון, 196
bereuen נחם, 171
Berg הר, צור, 212, 218
Berge 166
Bergfeste מצודה, מעוז, 248
Berghang מורד, כתף, אשד, 212, 224
Bergrücken במה, 212
berichten ספר, נגד, 167
berühren נגע, 187
Berührung נגע, 257
besänftigen חלה, 187
Besatz מלאים, 264
Beschädigungen (Mischna) 307
beschämt בוש, 172
beschlafen גלה, 182
beschließen יעץ, 175
beschneiden, sich – lassen מול, 190
Beschwichtigung ניחוח, 228
Beschwichtigungsgeruch ניחוח, 228
Beschwörung לחש, חבר, 238, 266
beseitigen שבת, 202
beseitigt werden כרת, 190
Besitz הון, טוב, ירשה, מורשה, רכוש, קנין, מקנה, 231, 242
Besitz, als Erb- geben נחל, 181
Besitz, als – erhalten נחל, 181
Besitz, Erb- נחלה, 242
Besitz, Grund- אדמה, 210
Besitz, in – nehmen ירש, נחל, 181
Besitz, ohne Grund- עני, 241
Besitz, unveräußerlicher Erb- נחלה, 242
Besitzanteil חלק, 242
besitzen בעל, 181
Besitzer בעל, 260
Besonnenheit מזמה, 271
Besorgtheit דאגה, 231
Besprechung, vertrauliche סוד, 271
besprengen נזה, 177

Bestabgabe ראשית, 278
Bestand haben קום, כון, אמן, 171, 196, 197
beständig תמיד, איתן, 214, 283
Beständigkeit אמת, 231
das Beste מיטב, טוב, ראשית, 220, 231, 278
Beste, das Erste und ראשית, 278
der beste Teil מיטב, 220
Bestechung שחד, 243
Bestechungsgeld כפר, 243
besteigen רכב, 192
Bestes מבחר, 271
bestimmen שים, כון, 196
Bestimmung חק, 271
bestreichen משח, 185
Bestürzung מהומה, 230
Betäubung תרדמה, 227
beten עתר, פלל, 167
Beteuerungsformel חי, 239
Betonung 16, 295
betrauern אבל, 171
betrauern, einen Verstorbenen ספד, 171
betrübt חוס, 171
Betrug תרמית, 233
betrunken שכור, 240
Bett משכב, מטה, יצוע, 250
Bettgestell ערש, 250
beugen נטה, 177
Beulenpest דבר, 227
Beute שלל, 259
Beute, Jagd- ציד, 253
Beute, Kriegs- מלקוח, 259
Beutel כיס, צרור, 254
Bevölkerung, Stadt- עיר, 249
bevor טרם, 285
bewachen נצר, שמר, 184
Bewachung משמרת, 259
bewahren נצר, שמר, 184
bewässern שקה, 180
bewegen, hin und her נוף, 195
bewegen, sich שרץ, 192
Bewegung 245
Bewegung, in – bringen עור, 197
Bewegung, in unruhige – geraten רגז, 198
beweinen בכה, 172
Bewohner שכן, ישב, 196, 249
Bewohner, ohne אין, 285
bezeichnen נקב, 188
Bezeugung עדות, 262
Bezirk פלך, גליל, 211, 212

BHS (Biblia Hebraica Stuttgar-
   tensia) 15
Bibel, Hebräische 302–304
Bibelstellen 16
Bier שֵׁכָר, 240
Bild צֶלֶם, סֶמֶל, מַשְׂכִּית, 273
Bildad בִּלְדַּד, 160
bilden יָצַר, 187
Bildwerk מַשְׂכִּית, 273
Bileam בִּלְעָם, 156
binden חָבַשׁ, 183
bis עַד, 286
bis hin nach בּוֹא, 191
bis wann? מָתַי, אָנָה, 285
bis zu עַד, 286
Bissen פַּת, 274
bitte נָא, 288
Bitte שְׁאֵלָה, 268
bitten בָּקַשׁ, עָתַר, 167, 195
bittend angehen פָּגַע, 193
bitter מַר, לַעֲנָה, 208, 241
Bitterkeit מַר, לַעֲנָה, 208, 241
Blankheit נִקָּיוֹן, 263
Blasinstrument שׁוֹפָר, 272
Blässe יֵרָקוֹן, 210
Blatt עָלֶה, 210
blaue Purpurwolle תְּכֵלֶת, 218, 309
Blech מַחֲבַת, 252
Blei עֹפֶרֶת, 217
bleiben לִין, 201
bleiben, am Leben חָיָה, 186
Bleiglätte סִיג, 217
Bleioxid סִיג, 217
blicken נָבַט, 174
blind עִוֵּר, 227
Blitz בָּרָק, לַפִּיד, 216, 250
Blöße עֶרְוָה, עֵירֹם, 225, 226
Blume צִיץ, 208
Blut דָּם, 225
Blüte צִיץ, פֶּרַח, 208, 210
Blutfluss זוֹב, 225
Blutsverwandter אָח, 236
Boas בֹּעַז, 160
Boden קַרְקַע, 247
Bodenertrag יְבוּל, 251
Bogen קֶשֶׁת, 257
Bogenkasten שֶׁלֶט, 257
Bogensehne מֵיתָר, יֶתֶר, 206, 252
böse רַע, 232
böser Plan מְזִמָּה, 271
Böses רָעָה, רַע, 232
Bosheit רָעָה, רַע, עַוְלָה, 220, 232

Bote מַלְאָךְ, צִיר, רוּץ, 194, 268
Botenformel אָמַר, 167
Botenlohn בְּשׂוֹרָה, 268
Botschaft בְּשׂוֹרָה, 268
Botschaft bringen בָּשַׂר, 167
Brand שְׂרֵפָה, שָׂדְפוֹן, 221
Brand, in – stecken יָצַת, 198
Brandopfer עֹלָה, 263
Brandopfer, Tägliches (Mischna) 308
Brandung מִשְׁבָּר, 214
Brandwunde מִכְוָה, 226
braten בָּשַׁל, 198
brausen הָמָה, 199
Braut כַּלָּה, 236
Bräutigam חָתָן, 236
brechen פָּרַר, שָׁבַר, 188
Brechen שֶׁבֶר, 257
brechen mit פָּשַׁע, 172
breit רָחָב, 276
Breite רֹחַב, 276
brennen בָּעַר, 198
Brett לוּחַ, קֶרֶשׁ, 252
Brief אִגֶּרֶת, סֵפֶר, 269, 270
bringen קָרַב, הָלַךְ, 191, 193
bringen, sich in Sicherheit מָלַט, 179
bringen, zu Fall נָפַל, 192
Brocken פַּת, 274
Bronze נְחֹשֶׁת, נְחוּשָׁה, 217
Brot לֶחֶם, 239
Brot, dünnes רָקִיק, 240
Brot, Ring- חַלָּה, 240
Brot, Rund- כִּכָּר, 276
Brot, ungesäuertes מַצָּה, 239
Brote, Schau-/Schicht- מַעֲרֶכֶת, 250
Brote, Schicht von Schau-n עָרַךְ, 220
Brotfladen עֻגָה, 240
Bruch שֶׁבֶר, 257
Bruchzahlen 301
Bruder אָח, 236
brüllen שָׁאַג, 169
Brüllen שְׁאָגָה, 269
brummeln הָגָה, 169
Brunnen בְּאֵר, 214
Brust שַׁד, חָזֶה, 206, 225
Brustschild חֹשֶׁן, 235
Brusttasche חֹשֶׁן, 235
Bücher der Hebräischen Bibel 302–304
Buchrolle סֵפֶר, 269

Buchrolle (Mischna) 306
Buchstaben als Zahlzeichen 291
Buchstaben am Wortende 292
bumaf 292
Bund בְּרִית, חֶשֶׁב, 234, 271, 309
Bundeslade אָרוֹן, 255
Buntwirkerei רִקְמָה, 273
Bürgschaft leisten עָרַב, 168
Busenfreund מֵרֵעַ, 238
büßen, Schuld אָשֵׁם, 172
Butter חֶמְאָה, 240
Byssus בּוּץ, 218

C

Chaldäa/Chaldäer כַּשְׂדִּים, 163
Chateph-Vokale 294
Chorleiter נָצַח, 272
1Chr (1. Chronik) 304
2Chr (2. Chronik) 304
1./2. Chronik (Buch) 304
Chumasch 302
Codex Leningradensis 15

D

da שָׁם, 283
da, der הַלָּז, 282
Dach, Flach- גָּג, 246
Dagesch 292, 294
daher: – kommt es, dass כֵּן, 284
dahingehen הָלַךְ, 191
daliegen רָבַץ, 196
damals אָז, 284
Damaskus דַּמֶּשֶׂק, 164
Damhirsch אַיָּל, 203
Damhirschkuh אַיָּלָה, 203
damit עֲבוּר, מַעַן, אֲשֶׁר, 283, 288
damit ... nicht פֶּן, בִּלְתִּי, 285, 287
Damm נֵד, 248
Dämmerung נֶשֶׁף, 214
Dämmerung, Abend- עֶרֶב, 279
Dämmerung, Morgen- שַׁחַר, 214
Dan דָּן, 162
Dan (Daniel) 304
danach אַחֲרֵיכֵן, 284
Daniel דָּנִיֵּאל, 160
Daniel (Buch) 304
Danklied תּוֹדָה, 263
Dankopfer תּוֹדָה, 263
dann אָז, שָׁם, 283, 284
darbringen קָרַב, נָגַשׁ, זֶבַח, 190, 193

Darbringung קרבן, 263
darüber hinaus מעל, 283
darum לכן, כן, 284, 288
darunter befindlich תחתון, 215
das (Artikel) ה, 282
das: –, was füllt מלא, 274
dass כי, ש, 283, 287
dass ... nicht פן, 287
dastehen עמד, 195
Datenbank (Codex Leningradensis) 15
Dattelpalme תמר, 208
Dauer נצח, עוד, עולם, 214, 279, 283
dauerhafte Zukunft עד, 279
Daumen בהן, 224
David דוד, 158
davonbringen פלט, 179
davonmachen, sich סוג–, 194
Debora דבורה, 156
Dechsel קרדם, 253
Decke שק, מסך, מכסה, יריעה, 246, 250, 254
Deckplatte כפרת, 252
Delphin תחש, 207
Demut ענוה, 232
demütig שפל, ענו, 219, 277
demütigen ענה, שפל, 173, 201
demütigen, sich כנע, 195
denken לב, אמר, 167, 225
denken an זכר, 176
Denkmal יד, 224
denn כי, אפוא, 287, 288
Depot מסכנות, 242
der (Artikel) ה, 282
der da הלז, 282
der eine ... der andere אחד, 280
Die des Ehebruchs Verdächtige (Mischna) 307
Deuteronomium (Buch) 302
Deutsch, verwandte Wörter im –en 310
Deutung פתרון, 271
Diadem נזר, עטרה, 234, 264
dich (Akkusativ) 296
dicht an עמה, 287
Dichtung 272
Dicke עבי, 220
Dickicht סכה, יער, 217, 247
Dickmilch חמאה, 240
die (Artikel) ה, 282
die da הלז, 282
die Nacht verbringen לין, 201

die Richtung ändern סבב, 194
die Totenklage anstimmen ספד, 171
Dieb גנב, 243
dienen עבד, שרת, 181, 182
Diener עבד, שרת, 182, 261
Dienerin נערה, 237
Dienst עבדה, משמרת, מלאכה, פקדה, 242, 251, 259, 261
Dienst, im – stehen שרת, 182
Dienst, in – nehmen שכר, 182
dienstbar machen כבש, 182
diese אל, אלה, זה, 282
dieser זה, 282
dieses זה, 282
diesmal פעם, 224
dingen שכר, 182
Dirne זנה, 238
doch נא, 288
Dochtschere מלקחים, מזמרת, 252
Dohle קאת, 205
Dolch חרב, 257
Donner קול, רעם, 216
Doppelnennung 18
Doppeltes משנה, 280
Dorn חח, חוח, 209, 253
Dornen קוץ, 209
Dorngestrüpp שמיר, שית, קוץ, 209
Dornstrauch סנה, חוח, 209
dort שם, 283
dorthin הלאה, שם, 283
Drache תנין, 206
drängen נגש, 193
der Drängende רהב, 206
Drangsal מצוק, 230
draußen חוץ, 248
drehen, sich סבב, 194
drei שלש, 280, 299
drei, vor – Tagen שלשום, 284
dreihundert מאה, 280, 300
dreißig שלש, 280, 300
dreitausend אלף, 280, 300
dreizehn 299, 300
Dreschplatz גרן, 253
drinnen פנימה, 283
Drittel שלישי, 281
dritter שלישי, 281, 301
dritter Mann שלישי, 258
droben מעל, 283
Dröhnen רעש, 217
Drohung גערה, 233

Dromedar גמל, 204, 309
drückend כבד, 276
Dtn (Deuteronomium) 302
du (2. Person f. sg.) את, 282
du (2. Person m. sg.) אתה, 282
ducken, sich – müssen כנע, 195
Duft ריח, 219
dumm בער, 272
Dummheit נבלה, כסל, 228, 272
Dummkopf אויל, 271
Dünger דמן, 207
Dunkel נשף, אפלה, אפל, 214, 215
dunkle Kammer חדר, 246
dünn דק, 219
dünnes Brot רקיק, 240
durch יד, 224
das durch das Los Zugefallene גורל, 244
durch ... hindurch בעד, 286
durchbohren נקב, 188
durchbohrt חלל, 257
Durchgang אתיק, 213
durchziehen סחר, 191
dürr יבש, 216
Durst צמא, 241
durstig צמא, 241

E
Ebal עיבל, 166
eben ישר, 219
ebendieser עצם, 222
Ebene מישור, בקעה, עמק, 212
ebene Bahn מישרים, 219
Ecke קצה, פנה, מקצוע, 246, 277
Ecke (Mischna) 306
Edelstein יקר, אבן, 218, 220
Eden עדן, 164
Edler נדיב, 229
Edom אדום, 165
Efa איפה, 275
Efraïm אפרים, 162
ehe טרם, 285
Ehebruch treiben נאף, 173
Ehefrau אשה, 237
ehemals פנים, 223
Ehemann איש, 236
Ehre תפארה, כבוד, 235, 276
ehren כבד, 200
Ehrfurcht מורא, 230
Ehrung יקר, 220
Ehud אהוד, 156

Ei בֵּיצָה, 207
ei! הָאָח, 288
Ei (Mischna) 306
Eiche אַלּוֹן, 208
Eid שְׁבוּעָה, 269
Eide (Mischna) 307
Eifer קִנְאָה, 229
eifern קָנָא, 173
eifernd קַנָּא, 229
Eifersucht קִנְאָה, 229
eifersüchtig קַנָּא, 173, 229
eifrig tun שָׁכַם, 201
Eigennamen, im Wortschatz aufgenommene 15
Eigennamen, Transkription der 17
Eigentum סְגֻלָּה, אֲחֻזָּה, 242
Eile מְהֵרָה, 284
eilen מָהַר, חוּשׁ, 194
eilends מְהֵרָה, 284
eilends tun מָהַר, 194
Eimer מַחְתָּה, 255
ein אֶחָד, 280
ein jeder אִישׁ, 236
ein wenig זְעֵיר, 275
einberufen קָהַל, 179
Einberufung מִקְרָא, 238
Einbildung מַשְׂכִּית, 273
einbringen קָצַר, 180
eindringen צָלַח, 176
eine אֶחָד, 280
der eine ... der andere אֶחָד, 280
eine jede אִשָּׁה, 237
eine Vereinbarung treffen כָּרַת, 190
einen Riss machen פָּרַץ, 189
einen Überfall machen פָּשַׁט, 200
einen Verstorbenen betrauern סָפַד, 171
einer אֶחָד, 280
einer zum anderen אָח, רֵעַ, 236, 238
eines אֶחָד, 280
einfältiger und junger Mensch פֶּתִי, 272
einfinden, sich יָצַב, יָעַד, 179, 196
Eingang פֶּתַח, מָבוֹא, 247
eingenommen werden תָּפַשׂ, 178
eingeritzte Verzierung פִּתּוּחַ, 273
Eingeweide קֶרֶב, מֵעִים, 225
Einheimischer אֶזְרָח, 244
einherziehen עָבַר, 191
einholen נָשַׂג, 195

einige אֶחָד, 280
einjährig בֵּן, 236
einnehmen לָכַד, 189
einreißen פָּרַץ, 189
einritzen חָקַק, 170
eins 299
einsam יָחִיד, 275
einschlafen יָשֵׁן, 197
einschlagen תָּקַע, 188
einschließen צוּר, 183
einschmeichelnd חָלָק, 219
einsehen בִּין, שָׂכַל, 175
einsetzen, als König מָלַךְ, 182
einsetzen, als Priester מִלֵּא, 199
einsetzen über פָּקַד, 175
Einsicht לֶקַח, דַּעַת, בִּינָה, תְּבוּנָה, שֵׂכֶל, 175, 270
einsperren צָרַר, 201
eintreten הָיָה, 186
Einweihung חֲנֻכָּה, מִלֻּאִים, 264
einwickeln צָרַר, 201
Einwohner יָשַׁב, 196
Einzahl 16
einzelne אֶחָד, 280
einzelner בֵּן, 236
Einzelwort 16
einzig יָחִיד, 275
Eis קֶרַח, 214
Eisen בַּרְזֶל, 218, 309
Ekel צֹאָה, 225
Ekron עֶקְרוֹן, 164
ekstatisch schreien גִּיל, 169
El אֵל, 264
El Schaddai שַׁדַּי, 163
Elam עֵילָם, 165
Eleasar אֶלְעָזָר, 161
elend עָנִי, 241
Elend עֳנִי, 242
elf עַשְׁתֵּי, 280, 299, 300
Elfenbein שֵׁן, 223
elfter עַשְׁתֵּי, 280
Eli עֵלִי, 157
Eliab אֱלִיאָב, 160
Elifas אֱלִיפָז, 160
Elihu אֱלִיהוּא, 160
Elija אֵלִיָּהוּ, 158
Elischa אֱלִישָׁע, 158
Elkana אֶלְקָנָה, 157
Elle אַמָּה, 275
'emet 304
Emir 310
Emotionen 228–231
empfangen הָרָה, 178

Empfinden, liebevolles רַחֲמִים, 231
Empfindung טַעַם, 224
emphatische Laute 292
empören מָרַד, 172
EN (Eigenname) 15
Ende קֵץ, סוֹף, אֶפֶס, אַחֲרִית, תַּכְלִית, קֵצֶה, קֵץ, 277, 278
endlich פַּעַם, 224
Endpunkt תּוֹצָאָה, 245
Endungen, weggelassene 16
eng צַר, צָרַר, 201, 276
Engel מַלְאָךְ, 268
Enkel שִׁלֵּשׁ, 238
entbehren חָסֵר, 199
entbehrend שַׁכּוּל, 237
entblößt werden גָּלָה, 182
entbrennen חָרָה, בָּעַר, 172, 198
entehren טָמֵא, 185
enteignen יָרַשׁ, 181
entfernen רָחַק, סוּר, 194, 201
entfernen, sich עָלָה, 192
entfernt רָחוֹק, 276
entgegen לִקְרַאת, קָרָא, 192, 286
entgegennehmen קִבֵּל, 178
Enthaltungsgelübde אָסַר, 269
enthüllen גָּלָה, 182
entlassen שָׁלַח, 177
entlaufen בָּרַח, 194
entlegen רָחוֹק, 276
entreißen נָצַל, 179
Entrinnen פְּלֵיטָה, 259
Entronnene(r) פָּלִיט, פְּלֵיטָה, שָׂרִיד, 259
Entronnenes פְּלֵיטָה, 259
Entschädigung, ohne חִנָּם, 284
entscheiden יָכַח, 168
Entscheidungen (Mischna) 307
die Entschlafenen יָשֵׁן, 227
Entsetzen מְשַׁמָּה, 230
entsetzen, sich שָׁמֵם, 200
Entsetzliches שַׁמָּה, 230
entsetzt sein בָּהַל, 172
entsprechend דַּי, כְּ, עֻמָּה, פֶּה, 223, 241, 286, 287, 297
Entsprechung נֶגֶד, 286
entsühnen כִּפֶּר, 185
Entsündigung חַטָּאת, 263
entweihen חִלֵּל, טָמֵא, 185
entwenden גָּנַב, 178
entwöhnen גָּמַל, 180
entzündete Stelle שְׁחִין, 226
entzweigerissen werden נָתַק, 189

Ephod אפד, 264
Epigramm מכתם, 272
er הוא, 282
er hat nicht אין, 285
Erbarmen רחמים, 231
erbarmen, sich רחם, 171
erbauen בנה, 187
Erbbesitz, als – geben נחל, 181
Erbbesitz, unveräußerlicher
   נחלה, 242
erbeben חרד, רגז, רעש, 198, 199
erbitten שאל, עתר, 167
erblicken חזה, 174
Erbrochenes צאה, 225
Erdbeben רעש, 217
Erdboden ארץ, אדמה, אדם, 210
Erde אפר, ארץ, 210, 219
Erde, lose עפר, 219
Erfahrung חכמה, 270
Erfindung מחשבה, 271
Erfolg תושיה, שכל, 175, 243
Erfolg, ohne ריקם, 284
erforschen תור, חקר, 175
erfreuen שמח, 170
erfüllen שלם, מלא, 185, 199
erfüllen, sich בוא, 191
erfüllt, von Freude שמח, 228
Ergebnis עקב, יתרון, 251
ergehen דבר, 268
Ergehen מקרה, 244
ergießen, sich נתך, 198
ergreifen חזק, לקח, תמד, תפש,
   178, 184
erhaben רום, שגב, 201
Erhabenheit גאות, הדר, הדרה,
   235, 245
erhalten, als Besitz נחל, 181
erhalten, am Leben חיה, 186
Erhaltung des Lebens מחיה, 239
erheben נשא, רום, 181, 201
erheben, sich עלה, 192
Erhebung משאת, שאת, 243, 245
erhellen אור, 197
erhöhen רום, 201
erhören שמע, 167, 174
erinnern, sich זכר, 176
Erinnerung זכרון, 268
erkennen נכר, ידע, 176
Erkenntnis דעת, 270
erklären, für rein טהר, 185
erklären, für schuldig רשע, 172
erklären, für schuldlos צדק, 182
erklären, für straffrei נקה, 183

Erkundung der Zukunft קסם, 266
erlangen מצא, 193
Erlass, Schuld- שמטה, 243
Erlassjahr יובל, 204
erlöschen כבה, 198
erlösen גאל, 180
Erlöser גאל, 180
ermahnen עוד, 182
erniedrigen שפל, 201
Ernteertrag קציר, 251
ernten קצר, 180
erobern תפש, 178
erpressen עשק, 173
Erpressung עשק, 256
erregen עור, 197
Erregung רגז, חמה, 217, 227
erreichen נשג, נגע, 187, 195
errichten כון, 196
Ersatz חליפה, 242
Ersatz leisten שלם, 185
erschaffen ברא, עשה, 181, 186
erscheinen ראה, 174
Erscheinung מראה, תאר,
   תמונה, 222, 267
erschlagen הרג, חלל, נכה, 188,
   190, 257
erschlossene Perfektform 16
erschöpft עיף, 227
erschrecken פחד, 198
ersetzen שלם, 185
Erstabgabe ראשית, 278
Erste Pforte (Mischna) 307
das Erste und Beste ראשית, 278
erster ראשון, אחד, 278, 280, 301
erstgeboren בכר, 237
die Erstgeborene בכיר, 238
Erstgeborener, Stellung als
   בכרה, 237
Erstgeburt בכר, פטר, 207, 237
Erstgeburten (Mischna) 308
Erstlinge בכורים, 208
Erstlinge (Mischna) 306
Ertrag תבואה, פרי, עבור, יבול,
   תנובה, 208, 251, 288
Ertrag an Früchten מגד, 251
erwählen בחר, 179
Erwählter בחיר, 271
erwähnen אמר, קרא, 167, 168
Erwähnung זכר, זכרון, 268
Erwartung תוחלת, 229
erweisen גמל, 180
Erwerb מקנה, מורשה, יגיע,
   242, 251

erwerben קנה, 180
erwidern ענה, 167
Erwiderung תשובה, 245
erzählen ספר, 167
erzeugen ילד, 186
Erzeugnis תבואה, 251
es gibt יש, 284
es ist vorhanden יש, 284
es: – sei denn, dass לולא, 287
Esau עשו, 155
Esel חמור, עיר, 205
Eselin אתון, 205
Esra עזרא, 161
Esra (Buch) 304
essen אכל, 180
Essen אכלה, 239
Essig חמץ, 240
Esstisch שלחן, 250
Est (Ester) 304
Ester אסתר, 160
Ester (Buch) 304
etwas דבר, מאומה, 268, 274
euch (Akkusativ) 296
Eufrat פרת, 166
Eule קאת, 205
Eunuch סריס, 260, 309
Eva חוה, 155
ewig, immer und עד, 279
Ewigkeit עולם, 279
Ex (Exodus) 302
Exodus (Buch) 302
explosive Aussprache 292, 294
Extremität אפס, 278
Exulanten גולה, 259
Exzellenz תרשתא, 260
Ez (Ezechiel) 303
Ezechiel (Buch) 303

F
f. (feminin) 16
Fackel לפיד, 250
Faden חוט, פתיל, 234
Fähigkeit כח, חיל, 256
fahren רכב, 192
Fahrer פרש, 205
Fahrgerät רכב, 254
Fahrgestell מכונה, 250
Fall מפלת, 207
Fall, zu – bringen נפל, 192
Falle מוקש, 253
fallen נפל, 192
fällen כרת, 190

fallen, sich – lassen נפל, 192
falsch עקש, 233
Falschheit סרה, 233
Familie בית, 246
Familie 236–238
Familie, Groß- משפחה, 236
fangen לכד, 189
Fanggrube שוחה, 212
Fangnetz רשת, 253
farblos כהה, 220
Färse עגלה, 204
fassen כול, לקח, אחז, 178, 199
Fassungen משבצות, 273
fast מעט, 275
fasten צום, 180
Fasten צום, 241
Fastentage (Mischna) 306
Fastenzeit צום, 241
faul עצל, 227
Fäulnis רקב, 219
fehlen פקד, חסר, 175, 275
fehlerfrei תמים, 232
Fehlgeburt שכל, 178
Feiertag עצרה, 264
Feiertage, jüdische 304
Feige/Feigenbaum תאנה, 207
Feigenbaum, Maulbeer- שקמה, 207
Feigenkuchen דבלה, 240
fein דק, 219
Feind איב, צר, צרר, שורר, שנא, 173, 258
feindliche Annäherung קרב, 258
feindliche Begegnung קרי, 258
Feindschaft איבה, שנאה, 258
feines Gold פז, סגור, 217
Feld שדמה, 211
Feld, freies שדי, שדה, 211
Feldhauptmann שר, 260
Feldstück חבל, חלקה, 211, 252
Feldzeichen נס, דגל, 258
Fels צור, סלע, 218
Felsen סלע, 218
felsige Anhöhe צור, 218
feminin 16
Fenster חלון, 246
Fensteröffnung חלון, 246
fern רחוק, 276
fern sei es! חליל, 288
fern sein רחק, 201
Ferne מרחק, 276
fernerhin הלאה, 283
fernhalten, sich סור, 194

Ferse עקב, 224
fertig werden תמם, כלה, 202
fesseln אסר, 189
Fesseln מוסרה, 257
fest חזק, 256
Fest מועד, חג, 264, 279
fest stehen כון, 196
Feste מעוז, 248
Feste (Mischna) 306
fester Platz מבצר, 247
festes Himmelsgewölbe רקיע, 215
festhalten אחז, דבק, חזק, עצר, 177, 178, 184
Festland תבל, יבשה, 211
festmachen כון, 196
Festopfer (Mischna) 306
festsetzen חקק, 170
Festung מצד, 248
Festversammlung עצרה, 264
Festzeit מועד, 279
fett שמן, בריא, 240, 241
Fett חלב, דשן, 206, 240
Fettasche דשן, 240
Fettschwanz אליה, 206
feucht לח, 216
Feuer אש, אור, 221
Feuer legen יצת, 198
Feueropfer אשה, 263
Feuerschaufeln יע, 253
Finalbuchstaben 292
finden מצא, 193
finden, sich – lassen מצא, 193
Finger אצבע, 224
finstere Stelle מחשך, 249
Finsternis צלמות, חשכה, חשך, 215
Firmament רקיע, 215
Fisch דגה, דג, 206
Flachdach גג, 246
Fläche, baumlose und höher gelegene שפי, 212
Flachs פשת, 218
Fladen רקיק, 240
Flamme רשף, להבה, להב, 221
Fleck, Haut- שאת, בהרת, 226
Flecken מום, 227
Flehen תחנונים, תחנה, 268
Fleisch שאר, בשר, 222
Fleischgabel מזלג, 252
Fleischstück נתח, 274
fleißig חרוץ, 252
Fliege, Stech- ערב, 206

fliegen עוף, 192, 205
fliehen ברח, נדד, נוס, 194
fließen זוב, 198
fließen lassen נטף, 198
Flosse/Flossfeder סנפיר, 207
Flöte חליל, 272
Flotte אני, 254, 309
Fluch אלה, ארר, קללה, 169, 269
Fluch, mit einem – belegen ארר, 169
Fluchformel קללה, 269
flüchten נדד, 194
«flüchtige» Vokale 293, 294
Flügel כנף, 205
Flugtiere עוף, 205
Flur שדי, שדה, 211
Fluss נהר, 214
Flut שטף, 214
fluten שטף, 198
folgend אחר, 278
folgender Tag מחרת, 279
fordern דרש, בקש, שאל, 167, 195
Formel, Beteuerungs- חי, 239
Formel, Boten- אמר, 167
Formel, Fluch- קללה, 269
Formel, Segens- ברכה, 269
Formel, Wortereignis- דבר, 268
formen יצר, 187
Forschen חקר, 270
Forschung (Midrasch) 305
fort רחוק, 276
fort von פנים, 223
fortführen, kriegsgefangen שבה, 189
fortgehen גלה, 182
fortschwemmen שטף, 198
fragen שאל, 167
fragen nach דרש, 195
Fragesätze ה, 284
Frau אשה, 237
Frau, Jung- בתולה, 237
Frau, junge עלמה, 237
Frau, Neben- פלגש, 237, 309
Frau, vornehme שרה, 260
Frauen (Mischna) 307
frech זד, כסיל, 229, 271
frei נקי, 232
frei sein נקה, 183
Freie חר, 260
freien Lauf lassen שלח, 177
freier Platz רחב, 247
freier Raum מרחב, 276

F

freies Feld שדי ,שדי, 211
freigelassen חפשי, 260
Freilassung דרור, 260
fremd נכרי ,זר, 244
Fremde נכר, 244
Fremder זר, 244
Fremdling גר, 244
fressen אכל, 180
Freude חפץ ,משוש ,שמחה,
ששון, 228
Freude, Ausdruck der האח, 288
Freude, von – erfüllt שמח, 228
freuen, sich שמח ,שוש, 170
Freund רע ,אהב, 170, 238
Freundin רעיה, 238
freundlich חנון, 231
freundlich gesinnt sein רצה, 170
Freundlichkeit שלום ,נעם, 228, 243
Frevel און ,פשע, 232
Frevler עול ,רשע, 232, 233
Frieden שלום, 243
Frieden machen שלם, 185
frisch חדש ,לח ,רענן, 210, 216, 279
frisches Gras דשא, 208
fröhlich שמח, 170, 228
frohlocken שוש, 170
frohlockend עליז, 228
fromm ענו, 219
der Fromme חסיד, 231
das Fronarbeiten סבלות, 251
Frondienst מס, 261
Frösche צפרדע, 205
Frost קרח, 214
Frucht פרי, 208
Frucht, Körner- שערה, 209
Frucht tragen פרה, 186
fruchtbar sein פרה, 186
Früchte, Ertrag an –n מגד, 251
Früchte, Früh- בכורים, 208
Früchte, unreife בסר, 208
früh aufstehen/tun שכם, 201
früh, sich – aufmachen שכם, 201
früher קדמני ,קדם ,פנים,
ראשון, 215, 223, 277, 278, 284
früherer ראשון, 278
früherer Zustand קדמה, 278
Frühfrüchte בכורים, 208
Fuchs שועל, 203
führen נחה, 193
Führer נגיד ,חקק, 170, 260

Führerstab חקק, 170
Fülle רב ,מלא, 274
füllen מלא, 199
füllt: das, was – מלא, 274
Fundament מוסד ,מוסדה, 247
fünf חמש, 280, 299
Fünf Bücher Mose 302
Fünftel חמישי, 281
fünfter חמישי, 281, 301
fünfzehn 299, 300
fünfzig חמש, 280, 300
für ל ,בעד, 286, 296
für rein erklären טהר, 185
für schuldig erklären רשע, 172
für schuldlos erklären צדק, 182
für straffrei erklären נקה, 183
fürbittend eintreten פלל, 167
Furche, Acker- תלם, 211
Furcht יראה ,ירא ,מורא, 230
furchtbar ירא, 171
fürchten ירא, 171
fürchten, sich ירא, 171
fürchtenswert ירא, 171
furchterregend קדוש, 263
furchtsam ירא, 230
Fürst נגיד ,נזיר ,נשיא, 260, 264
Fürsten, Stadt- סרן, 260, 309
Fürstin שרה, 260
Furt מעברה, 214
fürwahr אכן ,אך, 285
Fuß רגל ,פעם, 224
Fußboden קרקע, 247
Füße, Platz zu –n מרגלות, 278
Fußende מרגלות, 278
Fußgänger רגלי, 245
Fußgestell כן, 250
Fußschemel הדם, 250
Fußsohle כף, 224
Fußspur עקב ,אשר, 224, 245
Futter מספוא ,ציד, 207, 239

G

Gabe מתת ,מתנה ,מתן ,מנחה,
קרבן, 243, 263
Gabe, freiwillige נדבה, 264
Gad גד, 162
Gangweg מהלך, 213
Ganove 310
ganz כל ,כליל ,שלם ,תם, 232, 274
Ganzopfer עלה ,כליל, 263, 274
Garbe אלמה, 209
Garizim גרזים, 166

Garnison נציב, 261
Garten גן ,גנה, 211
Gasse חוץ, 248
Gastmahl משתה, 240
Gat גת, 164
Gau מדינה ,אלף, 211, 236
Gaumen חך, 224
Gaza עזה, 164
Gazelle צבי, 204
Gebäck, Platten- מחבת, 252
Gebälk קורה, 246
gebändert עקד, 273
Gebanntes חרם, 269
gebären ילד, 186
Gebäude בנין, 246
Gebein עצם, 222
geben נתן, 177
geben, als Erbbesitz נחל, 181
Gebet תפלה, 268
gebeugt ענו, 219
Gebiet ארץ ,גבול ,גבולה ,שדה,
210, 211
Gebiet, menschenleeres und Schauder erregendes שממה, 211
Gebieter אדון, 260
Gebilde יצר ,משכית ,תבנית,
246, 273
Gebirge הר, 212
geboren ילוד, 238
Gebot מצוה, 271
Gebot, die Zehn –e דבר, 268
gebracht werden בוא, 191
gebrannte Tonerde חרש, 217
Gebrauch, in – nehmen חלל, 185
gebrauchen תפש, 178
Geburtsschmerzen חבל, 238
Gedalja גדליהו, 159
Gedanke מחשבה, 271
Gedärme, Inhalt der פרש, 207
Gedeihen שלום, 243
gedemütigt werden כנע, 195
gedenken זכר, 176
Gedenktag der Tempelzerstörung 304
gediegenes Gold פז, 217
gedrehte und getriebene Arbeit
מקשה, 273
gedrückte Lage עני, 242
gedrückte Stimmung אט, 230
Geeignetsein (Mischna) 308
Gefährte חבר ,אח, 236, 238
Gefährtin רעות, 238
gefallen יטב ,ישר, 185, 201

Gefallen חפץ, 228, 229
Gefallen haben an חפץ, רצה, 170
gefangen fortführen שבה, 189
gefangen halten אסר, 189
gefangen werden לכד, תפש, 178, 189
Gefangene שביה, 259
Gefangene, Kriegs- שבי, 258
Gefangener אסיר, 258
Gefangenschaft שביה, שבי, 258, 259
Gefängnis סהר, מסגרת, כלא, 259
Gefäß כלי, 254
Gefäß (Mischna) 308
Gefilde שדמה, 211
gefleckt טלא, 273
gegen על, 286, 298
Gegend, trockene ציה, 213
gegenüber נכח, מול, לקראת, קרא, 192, 286
Gegenüber נגד, 286
gegenüber von נגד, 286
gegenüberliegende Seite עבר, 278
Gegner שטן, 258
gegürtet חלץ, 181
gehämmert שחט, 273
Gehänge תור, 280
geheiligt קדש, 185
geheime Künste לט, 266
Geheimnis סוד, 271
Geheimnis 266
das Geheimste (des Menschen) כליה, 225
gehen הלך, 191
Gehen הליכה, 245
Geheul יללה, 269
Gehöft חצר, 249
Gehölz יער, 217
gehorchen שמע, 174
Geier נשר, 205
geifern נטף, 198
Geist רוח, 226
Geister ידעני, אוב, רפאים, 266
Geizhals נבל, 272
Gekaute גרה, 239
gekochtes Gericht נזיד, 239
Gelage משתה, 240
Gelassenheit נחת, 228
Geld כסף, כפר, מחיר, תרבית, 217, 243
Geldlade ארון, 255

gelehrt למוד, 270
geleiten הלך, 191
Geliebte רעיה, אחות, 236, 238
Geliebter דוד, 238
gelingen צלח, 176
Gelingen תושיה, 243
geloben נדר, 168
gelobt ברך, 168
gelten als חשב, 175
Gelübde נדר, 269
Gelübde, Enthaltungs- אסר, 269
Gelübde (Mischna) 307
gelüsten אוה, 170
Gemara 305
gemäß כ, פה, לפי, 223, 286, 287, 297
Gemeinde קהל, עדה, 238
Gemeinschaft חבר, עמית, 238, 244
Gemeinschaftsopfer זבח, 263
Gemeinschaftstreue צדק, צדקה, 232
Gemusterte פקד, 175
Gen (Genesis) 302
genannt werden זכר, 176
Generation דור, 237
Generation, Nachkomme der dritten שלש, 238
Genesis (Buch) 302
genug די, 241
Genüge שבע, 241
Genus 16, 299
gepriesen ברך, 168
Gera גרה, 276
gerade נכח, 219
das Gerade נכח, 219
gerade sein ישר, 201
geradeaus liegend נכח, 219
Geradheit ישר, מישור, מישרים, 212, 219
Gerät כלי, 254
geräumig machen רחב, 200
Geräusch קול, 216
gerecht צדיק, ישר, 219, 232
Gerechtigkeit צדקה, 232
Gerechtigkeitstaten צדקה, 232
Gerede דבה, 268
Gericht, gekochtes נזיד, 239
Gericht halten דין, 182
Gericht, ins - gehen שפט, 182
Gericht, sich vor - stellen שפט, 182
Gerichtshof (Mischna) 307

gering שפל, צעיר, מצער, דל, 241, 275, 277
gering, als - behandeln קלל, 169
gering schätzen בזה, 173
gering sein קלל, 169
gering, sich - wissen קלל, 169
die Geringen דלה, 241
Geringschätzung בוז, 229
gern haben אהב, חפץ, 170
geröstetes Getreide קלי, 209
Gerste שערה, 209
Geruch ריח, 219
Geruch, Beschwichtigungs- ניחוח, 228
Gesalbter משיח, 264
Gesamtheit כל, 274
Gesang זמיר, שיר, 272
gesättigt שבע, 241
Gesäuertes חמץ, 240
Geschäft ענין, מלאכה, 242
geschehen היה, 186
Geschenk מתן, מנחה, אתנן, שחד, מתנה, 243
Geschenke, kostbare מגד, 251
Geschick מקרה, חכמה, גורל, תבונה, שבות, 244, 270
geschickt חכם, 270
Geschlecht דור, 237
Geschlechterfolge תולדה, 237
Geschlechtsgeschichte תולדה, 237
Geschlechtsregister יחש, 170
Geschmack טעם, 224
Geschrei, Kriegs- תרועה, הידד, 258, 269
Geschrei, Kriegs- erheben רוע, 169
Geschrei um Hilfe שועה, 269
Geschwätz רכיל, 269
Geschwür שחין, טחורים, 226
gesegnet ברך, 168
Gesetz דת, 271, 309
Gesetz (Tora) 302
Gesetze עדות, 262
Gesetzesbestimmungen עדות, 262
Gesetzeslade עדות, 262
Gesicht מראה, חזון, אף, 223, 266, 267
Gesichtsblässe ירקון, 210
gesinnt, freundlich - sein רצה, 170
Gespann צמד, 253

Gespött שְׂחוֹק, 228
gesprenkelt נָקֹד, 273
Gestalt תַּבְנִית, תֹּאַר, דְּמוּת, תְּמוּנָה, 222, 246
Gestammel לָעֵג, 269
Gestein אֶבֶן, 218
Gestein, hartes חַלָּמִישׁ, 218
Gestell כֵּן, 250
gestern אֶתְמוֹל, תְּמוֹל, 283, 284
gestern Abend אֶמֶשׁ, 283
gestreift עָקֹד, 273
Gestrüpp קוֹץ, שָׁמִיר, שַׁיִת, 209
Getier שֶׁרֶץ, חַיָּה, בְּהֵמָה, 203, 205
Getöse הָמוֹן, רַעַם, 216
Getränk מִשְׁתֶּה, 240
Getränk, berauschendes שֵׁכָר, 240
Getreide דָּגָן, קָלִי, בַּר, קָמָה, 209
Getreide einkaufen שָׁבַר, 180
Getreideernte קָצִיר, 251
Getreidehaufen עֲרֵמָה, 209
Getreidekrankheit יֵרָקוֹן, 210
getrieben שָׁחַט, 273
getriebene und gedrehte Arbeit מִקְשָׁה, 273
getroffen, vom Los – werden לָכַד, 189
geübt לִמּוּד, 270
Gewalt יָד, חָזְקָה, חֵזֶק, זְרוֹעַ, 224, 256
Gewalt antun עָנָה, 173
Gewalthaber נָגַשׂ, אַיִל, עָרִיץ, 193, 204, 256
gewaltig כַּבִּיר, אַדִּיר, עָרִיץ, 256
Gewalttat נֶגַע, חָמָס, 256, 257
gewalttätig פָּרִיץ, עָרִיץ, 243, 256
Gewalttätigkeit שֹׁד, פֶּרֶךְ, עֹשֶׁק, 256
Gewand פַּס, מַלְבּוּשׁ, מַד, בֶּגֶד, 234, 273
Gewänder שַׂלְמָה, 234
Gewandnadel חָח, 253
Gewässer 166, 213–214
Gewebe שְׁתִי, עֵרֶב, 273
geweiht קָדוֹשׁ, נָזִיר, 263, 264
Geweihte(r) קְדֵשָׁה, קָדֵשׁ, נָזִיר, 264, 265
Geweihter (Mischna) 307
Gewicht שֶׁקֶל, מִשְׁקָל, אֶבֶן, 218, 276
Gewichtseinheit מָנֶה, כִּכָּר, גֵּרָה, שֶׁקֶל, 276
Gewimmel שֶׁרֶץ, 205
Gewinn יִתְרוֹן, 251
Gewinn, Handels- סַחַר, 243
Gewinn, unrechtmäßiger בֶּצַע, 243
Gewirktes רִקְמָה, עֶרֶב, מַשְׁבְּצוֹת, 273
gewiss אָמְנָם, אֻמְנָם, אָמֵן, 285
Gewölk עָב, עָנָן, 216
Gezweig(e) קָצִיר, עָנָף, 210
gezwirnt שָׁזוּר, 273
gib! הַב, 288
Gibea גִּבְעָה, 163
Gibeon גִּבְעוֹן, 163
gibt, es יֵשׁ, 284
Gideon גִּדְעוֹן, 156
Gier נֶפֶשׁ, חַיָּה, 223, 239
gießen יָצַק, שָׁפַךְ, 177
Gift רֹאשׁ, חֵמָה, 227
Giftpflanze רֹאשׁ, 227
Gilead גִּלְעָד, 165
Gilgal גִּלְגָּל, 164
Gipfel רֹאשׁ, 223
Gitter שְׂבָכָה, 254
Gitterwerk מִכְבָּר, 273
Glanz נֹגַהּ, 214
glatt חָלָק, 219
Glatze קָרְחָה, 226
glauben אָמַן, 171
gleichen/gleichstellen דָּמָה, 186
Glöckchen פַּעֲמֹן, 272
Glück טוֹבָה, טוֹב, 231
glücklich: –, wer …! אַשְׁרֵי, 288
Glut רֶשֶׁף, חֲרִי, חָרוֹן, חֵמָה, 221, 230
Gnade חֵן, 231
Gnade, um – flehen חָנַן, 171
gnädig חַנּוּן, 231
gnädig sein חָנַן, 171
Gold כֶּתֶם, חָרוּץ, זָהָב, 217
Gold, gediegenes פָּז, 217
Gold, lauteres und feines סָגוּר, 217
Goliat גָּלְיָת, 157
Gomorra עֲמֹרָה, 164
Gott אֱלוֹהַּ, אֱלֹהִים, אֵל, אָדוֹן, 260, 264
Götter אֱלֹהִים, 264
Götter, Haus- תְּרָפִים, 265
Götter, Heiden- אֱלִיל, 264
Götterbild סֶמֶל, 273
Gottesanteil אַזְכָּרָה, 263
Gottesbild פֶּסֶל, 265
Gottesdienst עֲבֹדָה, 251
Gottesleugner נָבָל, 272
Gottesname (Tetragramm) יהוה, 163, 291
Gottheit אֱלֹהִים, 264
Gottheiten 163
gottlos חָנֵף, 233
Gottloser רָשָׁע, 233
Götzendienst (Mischna) 307
Götzen/Götzenbild(er) גִּלּוּל, עָצָב, 264, 265
Grab קֶבֶר, קְבוּרָה, שַׁחַת, 212, 265
graben חָפַר, 184
Granatapfel רִמּוֹן, 207
Granatapfelbaum רִמּוֹן, 207
Gras חָצִיר, דֶּשֶׁא, 208
Grauen מָגוֹר, 230
grausam אַכְזָרִי, 256
Grausen מְשַׁמָּה, 230
Gravierung פִּתּוּחַ, 273
Grenze גְּבוּלָה, גְּבוּל, 211
Greuel תּוֹעֵבָה, שִׁקּוּץ, 229
Griechisch, Übersetzung auf 302
Grieß סֹלֶת, 209
groß רַב, גָּדֵל, גָּדוֹל, 197, 274, 276
groß machen גָּדַל, רָבָה, 197, 199
groß ziehen גָּדַל, 197
Größe גְּדוּלָה, גֹּדֶל, 276, 277
große Menge רְבָבָה, 280
großer Baum אֵלָה, אַלּוֹן, 208
großer Krug כַּד, 254
Großes גְּדֹלוֹת, 277
Großfamilie מִשְׁפָּחָה, 236
Großteil מַרְבִּית, 274
Grube שַׁחַת, פַּחַת, אוֹב, 212, 266
Grund קַרְקַע, 247
Grund, ohne חִנָּם, 284
Grundbesitz, ohne עָנִי, 241
Grundeigentum אֲחֻזָּה, 242
gründen כּוּן, יָסַד, 187, 196
Grundmauer מוֹסָד, יְסוֹד, מוֹסָדָה, 247
Grundwasserbrunnen בְּאֵר, 214
Grünes יֶרֶק, 207
Gunst חֵן, 231
Gurt חֹשֶׁב, 234
Gürtel חֲגוֹרָה, 234
gürten חָגַר, 181
Gussbild מַסֵּכָה, 273
gut טוֹב, 231
gut gehen/handeln/machen יָטַב, 185
gut sein טוֹב, 185

Güte חסד, 231
Gutes טובה, 231
Gutes erweisen יטב, 185
Gutturale 292

H

ha! האח, 288
Haar שׂיבה, שׂערה, 226
Hab (Habakuk) 303
Habakuk (Buch) 303
Habe קנין, רכוש, 242
Häcksel תבן, 209
Hadad-Eser הדדעזר, 159
hadern ריב, 173
Haft כלא, 259
haften דבק, 184
Hag (Haggai) 303
Hagel ברד, 216
Haggada 305
Haggai (Buch) 303
Haken חח, סירה, קרס, 209, 253
Halacha 305
halbe Höhe חצי, 278
Halbfeiertage (Mischna) 306
Hälfte חצי, מחצית, 278
Halle לשכה, 246
Halleluja הלל, 168, 310
Halme, zerdroschene תבן, 209
Hals צואר, גרון, 224
halsstarrig ערף, 224
halten כל, שמר, תמך, 178, 184, 199
halten für חשב, 175
haltlos שוא, 220
Ham חם, 155
Haman המן, 160
Hamat חמת, 164
Hammer מקבת, 213
Hämorrhoiden טחורים, 226
Hananja חנניהו, 159
Hand יד, כף, 224
Handbreite טפח, 275
Hände חפן, 224
Hände (Mischna) 308
Hände, mit leeren -n ריקם, 284
Handel מערב, 242
Handelsgewinn סחר, 243
Handelsware עזבון, 242
handgemein werden לחם, 189
Handgemenge מלחמה, 258
Händler כנעני, סחר, רכל, 162, 191, 243

Handlung עלילה, 251
Handmühle רחים, 253
Handpauke תף, 272
Handwerker חרשׁ, 251
Hang אשׁד, 212
hangen דבק, 184
Hanna חנה, 157
Hapaxlegomena 15
Harem 310
harren קוה, 171
hart קשה, 219
hartes Gestein חלמישׁ, 218
hartnäckig ערף, 224
Hasaël חזאל, 159
Hass שׂנאה, 258
hassen שׂנא, 173
Hasser שׂנא, 173
Hauch רוח, הבל, 226
Haufen ערמה, חמר, גל, 209, 218, 275
häufiger belegte Form 16
Häufigkeitsangaben 15
Haupt ראשׁ, 223
Häupten, zu – von מראשׁות, 278
Haus בית, 246
Hausgötter תרפים, 265
Haut עור, 206
Hautfleck בהרת, שׂאת, 226
Hautkrankheit נתק, צרע, צרעת, 187, 226
Hautmal שׂאת, 226
He interrogativum ה, 284
Hebamme ילד, 186
Hebräer עברי, 162
Hebräisch (Iwrit) 292, 294, 305
Hebräische Bibel 302–304
hebräische Wörter im Deutschen 310
Hebron חברון, 163
Heer חיל, מחנה, צבא, 247, 256, 258
Heeresdienst צבא, 258
Heerführer שׂר, 260
Heerscharen צבא, 258
heftig חזק, 256
«Heiden» גוי, 244
Heidengötter אליל, 264
Heil צדק, ישׁע, ישׁועה, טובה, שׁלום, 231, 232, 243, 259
Heil: – dem, der …! אשׁרי, 288
heil werden רפא, 187
heilen רפא, 187
heilig קדושׁ, 263

heiligen קדשׁ, 185
Heiliges קדשׁ, 263
Heiliges (Mischna) 308
Heiligkeit קדשׁ, 263
Heiligtum קדשׁ, מקדשׁ, 246, 263
Heilkundiger רפא, 187
Heillosigkeit בליעל, 220
Heilmittel מרפא, 227
Heilopfer שׁלם, 263
Heilung מרפא, ארוכה, 227
Heimat 244
Heimat, ohne Obdach und – umherschweifen נוע, 195
heimatlos sein נוד, 195
Heimlichkeit סתר, לט, 249, 266
heimsuchen פקד, 175
Heimsuchung פקדה, נגף, 257, 261
heiraten בעל, 181
heiß werden חרה, 172
Held גבור, 256
helfen עזר, ישׁע, יעל, 178, 179
Helfer מושׁיע, 259
hell sein lassen אור, 197
heller Schein נגה, 214
hellrot אדמדם, 220
Helm כובע, 258
hemdartiger Leibrock כתנת, 234
Hengst עיר, 205
Henoch חנוך, 155
herabkommen ירד, 192
herabneigen נטה, 177
heranbringen קרב, 193
herantreten קרב, 193
heranwachsen גדל, 197
herausführen יצא, 193
herausgehen lassen יצא, 193
herauskommen יצא, 193
herausreißen חלץ, נסע, נצל, 178, 179, 181
herausziehen שׁלף, 178
herbeibringen נגשׁ, 193
herbeiwünschen אוה, 170
Herde עדר, 204
herfallen über פגע, 193
herhetzen, hinter jemandem רדף, 195
Herkunftssprache 309
Hermon חרמון, 166
Herr בעל, אדון, 260
der Herr אדון, 260
Herrin גבירה, 237
Herrlichkeit כבוד, צבי, 235, 276

Herrlichkeit

Herrlichkeit, sich in – zeigen
  כבד, 200
Herrschaft/Herrschaftsgebiet
  ממשלה, 261
herrschen רדה, משל, מלך,
  שפט, 182
Herrscher משל, 182
herum, um ... בעד, 286
herumgehen סבב, 194
herunterblicken שקף, 174
herunterbringen שפל, 201
hervorbringen חיל, יצא, 186, 193
Herz לבב, לב, 225
herzutreten נגש, 193
Heschbon חשבון, 165
Hesekiel (Buch) 303
Hetiter חתי, 162
heulen ילל, 172
Heuschrecke חסיל, חגב, ארבה,
  ילק, 206
heute היום, יום, 279, 283
hier פה, הנה, הלם, 283
hier bin ich הנה, 285
hierher פה, הנה, הלם, 283
hilf doch! 310
Hilfe עזרה, עזר, ישע, ישועה,
  תשועה, 259
Hilfe empfangen ישע, 179
Hilfe, Geschrei um צעקה, שועה,
  269
Hilfe, um – rufen שוע, 168
Hilfe, zu – kommen ישע, עזר,
  178, 179
Hilferuf שועה, זעקה, 269
hilflos דל, 241
Hilkija חלקיהו, 160
Himmel שמים, מרום, 212, 215
Himmelsdecke שמים, 215
Himmelsgewölbe, festes רקיע,
  215
Himmelsozean מבול, 213, 309
Hin הין, 276
hin und her bewegen נוף, 195
hinabbringen ירד, 192
hinabgehen ירד, 192
hinabstürzen ירד, 192
hinaufführen עלה, 192
hinaufgehen עלה, 192
hinaufsteigen עלה, 192
Hinaufzug מעלה, 245
hinausgehen יצא, 193
hinbringen בוא, 191
Hinde אילה, 203

Hindernis מכשול, 245
hinein פנימה, 283
hineinbringen בוא, 191
hineingehen בוא, 191
hingegen אולם, 284
hinhören אזן, 174
hinhören, aufmerksam קשב, 174
hinlegen שים, 196
hinlegt, was sich שכבה, 245
hinsetzen, sich ישב, 196
hinsichtlich ל, 286, 296
hinstellen נצב, עמד, כון, קום,
  שים, 195, 196, 197
hinstellen, sich נצב, יצב, 196
hinten אחור, 277
hinten befindlich אחרון, 278
hinter בעד, אחר, 286, 297
hinter ... her רגל, 224
hinter jemandem herhetzen
  רדף, 195
Hinterhalt מארב, ארב, 258
Hinterhalt, im – liegen ארב, 201
Hinterlist ערמה, מרמה, 233, 270
Hinterraum דביר, 246
Hinterseite ירכה, 246
Hinterteil ירכה, 246
hintreten עמד, 195
hintreten vor קדם, 192
hinübergehen עבר, 191
hinunterschlucken בלע, 180
hinwerfen, sich נפל, 192
hinziehen משך, 191
hinzufügen יסף, 179
Hiob איוב, 160
Hiob (Buch) 304
Hiram חורם, חירם, 159
Hirschjunges עפר, 203
Hirte רעה, 193
Hiskija יחזקיהו, חזקיהו, 158
Hitze חרב, חם, 216
Hiwiter חוי, 162
Hld (Hohelied) 304
hoch רום, גבה, 201, 277
hoch gewachsen מדה, 275
hoch sein שגב, גבה, 201
hochfahrend sein גבה, 201
hochgelegene Stelle מרום, 212
hochheben נשא, 181
Hochmut גאוה, 277
hochmütig גאה, 233
hochstämmiges Nadelholz ארז,
  207
Hochstätte רמה, 212

der Höchste עליון, 277
höchster עליון, 277
Hochzeitsverschreibungen
  (Mischna) 307
Hof חצר, 249
hoffen קוה, 171
Hoffnung מקוה, תוחלת, תקוה,
  228, 229
Höhe גבה, מרום, גאון, על,
  רום, קומה, 212, 277
Höhe, in die – bringen רום, 201
Hoheit שאת, הוד, גאון, גאוה,
  245, 277
Hohelied (Buch) 304
Höhenpriester במה, 212
Hohepriester גדול, 276
hoher Beamter סריס, רב, 260,
  309
höher gelegene Fläche שפי, 212
hoher Wuchs קומה, 277
hohes Wesen רום, 277
Höhle חר, מערה, 213
Hohlmaß חמר, בת, איפה,
  עמר, סאה, לג, כר, 275, 276
Höhlung מקבת, 213
holen לקח, 178
Holz עץ, 217
Homer חמר, 275
Homonym 16
Honig דבש, 240
Honigseim נפת, 240
Horeb חרב, 166
hören auf אזן, 174
hören/hören lassen שמע, 174
Horn שופר, קרן, 206, 272
Hornviper פתן, 205
Hos (Hosea) 303
Hosea הושע, 158
Hosea (Buch) 303
Hosianna! 310
hoy 292
Huf פרסה, 206
Hüften מתנים, 225
Hüfthüllen מכנסים, 234
Hüftschurz אזור, 234
Hügel גבעה, עפל, 212
Hügel, Schutt- תל, 212
Huldigung מנחה, 243
Huldigungsopfer מנחה, 243
Hülle מכסה, 246
Hund כלב, 203
hundert מאה, 280, 300
Hunger רעב, 241

Hungersnot רָעָב, 241
hungrig רָעֵב, 241
Hure זֹנָה, 238
huren זנה, 173
Hurerei זְנוּנִים, תַזְנוּת, 238
hüten שׁמר, רעה, 184, 193
Hütte סֻכָּה, 247

I

ich אָנֹכִי, אֲנִי, 282
Idol תְּרָפִים, 265
ihn (Akkusativ) 296
ihr (2. Person f. pl.) אַתֵּן, 282
ihr (2. Person m. pl.) אַתֶּם, 282
Ijob אִיּוֹב, 160
Ijob (Buch) 304
I-Klasse (der Vokale) 293
im Dienst stehen שׁרת, 182
im Hinterhalt liegen ארב, 201
im Nu פֶּתַע, 279
im Recht befindlich צַדִּיק, 232
im Recht sein צדק, 182
im Sinn haben חשׁב, 175
im Stich lassen רפה, 193
immer עַד, תָּמִיד, 279, 283
immer, auf עוֹלָם, 279
immer und ewig עַד, 279
immer wasserführend אֵיתָן, 214
Imperfekt (der Verben) 15–16
in בְּ, תּוֹךְ, 278, 286, 296
in Besitz nehmen ירשׁ, נחל, 181
in Bewegung bringen עור, 197
in Brand stecken יצת, 198
in die Höhe bringen רום, 201
in die Verbannung führen/gehen
  גלה, 182
in Dienst nehmen שׂכר, 182
in Gebrauch nehmen חלל, 185
in Menge הַרְבֵּה, 274
in Not befindlich עָנִי, 241
in Ordnung bringen ערך, 184
in Ordnung sein תכן, 200
in Reihen stellen ערך, 184
in Stücke reißen קרע, 188
in Stücke schlagen גדע, כתת, 188
in Stücke zerschlagen שׁבר, 188
in Trauer אָבֵל, 231
in Trümmer legen חרב, 197
in Trümmern liegen חרב, 197
in unruhige Bewegung geraten
  רגז, 198
indem ... sagte אמר, 167

Inhalt der Gedärme פֶּרֶשׁ, 207
Inkongruenz 299
inmitten קֶרֶב, תּוֹךְ, 225, 278
Innenraum חֶדֶר, 246
das Innere בַּיִת, 246
innerer פְּנִימִי, 278
Inneres קֶרֶב, מֵעִים, בֶּטֶן, 225
das Innerste (des Menschen)
  כִּלְיָה, 225
ins Gericht gehen שׁפט, 182
ins Wanken gebracht werden
  מוט, 195
Insekten 206
Insel אִי, 211, 309
insgesamt כֹּל, יַחְדּוֹ, יַחַד, 274, 284
Instrumente 272
Interjektionen 288
International Phonetic Alphabet
  (IPA) 18, 294
interrogativum, He הֲ, 284
irgendetwas מְאוּמָה, 274
irreführen תעה, 195
Isaak יִצְחָק, 155
Isai יִשַׁי, 157
Isebel אִיזֶבֶל, 158
Islam 310
Ismael יִשְׁמָעֵאל, 155
Israel יִשְׂרָאֵל, 155
Israel, Iwrit in 305
Israel, sephardische Aussprache
  in 294
Israel, Stämme –s 161–162
die Israeliten בֶּן, 236
Issachar יִשָּׂשכָר, 162
Itamar אִיתָמָר, 161
Iwrit (Hebräisch) 292, 294, 305

J

ja אַךְ, 285
Jabbok יַבֹּק, 166
Jabesch יָבֵשׁ, 164
Jafet יֶפֶת, 155
Jagd/Jagdbeute צַיִד, 253
Jah יָהּ, 163
jäher Schrecken בֶּהָלָה, 230
Jahr שָׁנָה, 279
Jahr, Erlass- יוֹבֵל, 204
Jahwe יְהוָה, 163
Jakob יַעֲקֹב, 155
jauchzen רנן, רוע, גיל, 168, 169
Jauchzen גִּיל, 228

Jauchzer הֵידָד, 269
je, von – her קֶדֶם, 277
Jebusiter יְבוּסִי, 162
jede(r) אִשָּׁה, אִישׁ, 236, 237
jeder כֹּל, 274
jedoch רַק, אָכֵן, אַךְ, אוּלָם, אֲבָל, 284, 285
Jehu יֵהוּא, 158
jemand נֶפֶשׁ, אִישׁ, 223, 236
Jenni, Ernst (Lehrbuch von) 15
jenseits עֵבֶר, 278
Jer (Jeremia) 303
Jeremia יִרְמְיָהוּ, 159
Jeremia (Buch) 303
Jericho יְרִיחוֹ, 164
Jerobeam יָרָבְעָם, 158
Jerusalem יְרוּשָׁלִַם, 163
Jerusalemer Talmud 305
Jes (Jesaja) 303
Jesaja יְשַׁעְיָהוּ, 159
Jesaja (Buch) 303
Jeschaja יְשַׁעְיָהוּ, 159
Jeschua יְהוֹשֻׁעַ, יֵשׁוּעַ, 156, 160
Jesreel יִזְרְעֶאל, 164
jetzt עַתָּה, 283
JHWH (Gottesname) יהוה, 163, 291
JHWH, preist 310
jiddische Wörter im Deutschen 310
Jiftach יִפְתָּח, 156
Joab יוֹאָב, 157
Joahas יְהוֹאָחָז, 158
Joasch יְהוֹאָשׁ, 158
Joch מוֹטָה, עֹל, 253
Joel יוֹאֵל, 160
Joel (Buch) 303
Johanan יְהוֹחָנָן, 159
Jojada יְהוֹיָדָע, 160
Jojakim יְהוֹיָקִים, 158
Jona יוֹנָה, 159
Jona (Buch) 303
Jonatan יְהוֹנָתָן, 157
Joram יְהוֹרָם, 158
Jordan יַרְדֵּן, 166
Jos (Josua) 303
Joschafat יְהוֹשָׁפָט, 158
Joschija יֹאשִׁיָּהוּ, 158
Joschua יְהוֹשֻׁעַ, יֵשׁוּעַ, 156, 160
Josef יוֹסֵף, 162
Josua יְהוֹשֻׁעַ, יֵשׁוּעַ, 156, 160
Josua (Buch) 303
Jotam יוֹתָם, 158

Jubel תרועה, ששון, שמחה, 228, 258
jubeln רנן, 168
Jubelruf רנה, 269
jubilieren רנן, 168
Juda יהודה, 162
Judäer/Jude יהודי, 162
judäisch יהודי, 162
Juden, sephardische 294
jüdisch יהודי, 162
Jugend חרף, 239
Jugendzeit נעורים, 239
jung צעיר, קטן, 277
junge Frau עלמה, 269
junger Mann נער, בחור, 237
junger und einfältiger Mensch פתי, 272
junger Widder כבש, 204
junges Gras דשא, 208
junges Schaflamm כבשה, 204
Jungfrau בתולה, 237
Jungfräulichkeit/Jungfrauschaft בתולים, 237
Jungkuh עגלה, 204
Jüngling בחור, 237
Junglöwe כפיר, 203
Jungrind/Jungstier עגל, 204
Jungtier גור, עפר, 203

K
Kabbala 310
Kain קין, 155
Kaleb כלב, 156
Kalif 310
Kälte קרה, 216
Kamel גמל, 204, 309, 310
Kammer, dunkle חדר, 246
kamnapeṣ 292
Kampf קרב, מלחמה, 258
kampfbereit חלץ, 181
kämpfen לחם, 189
Kämpfer שליש, 258
Kanaan כנען, 165
Kanaaniter כנעני, 162
Kanal פלג, תעלה, 214
Kanal 310
Kanon 310
Kanone 310
Karawane הליכה, 245
Kardinalzahlen 299–300
Karmel כרמל, 166
Karmesin תולעה, 206

karmesinrot שני, 220
Karneol שהם, 218
Kästchen תבה, 255, 309
Kasten תבה, ארון, 255, 309
Kastenleier כנור, 272
kaufen קנה, 180
Kaufpreis מחיר, 243
Kehat קהת, 161
Kehle גרון, נפש, 223, 224
Kehllaute 292
Kelch גביע, 255
Kelter גת, 253
Kelteranlage יקב, 253
keltern דרך, 191
kennen ידע, נכר, 176
Kerub כרוב, 265
Kettchen/Kette שרשרת, 235
Ketuvim, Personen aus den 160–161
Ketuvim (Schriften) 302
Keule שוק, 224
Kibbuz 310
Kiesel חלמיש, 218
Kind ילד, יונק, עולל, 237, 239
Kinder טף, 236
Kinder, der – berauben שכל, 178
Kinnlade לחי, 223
Kisch קיש, 157
Kischon קישון, 166
Klage שיח, 231
Klagegeschrei זעקה, 269
Klagelieder (Buch) 304
klagen ספד, שיח, 168, 171
Klageruf רנה, 269
Klappnetz פח, 253
klar זך, 219
Klaue פרסה, 206
kleben דבק, 184
Kleid בגד, לבוש, 234
Kleider שלמה, 234
Kleidung כסות, שמלה, 234
klein צעיר, קטן, 277
klein schlagen כתת, 188
kleines Getier שרץ, 205
Kleinhändler רכל, 243
Kleinvieh צאן, שה, 204
Klgl (Klagelieder) 304
Klinge להב, 221
klug ערום, 270
Klugheit חכמה, ערמה, תבונה, 270
Knabe ילד, נער, 237
Knauf כפתור, 248

Knecht עבד, נער, 237, 261
Knie ברך, 224
Knochen גרם, עצם, 222
Knospe פרח, 210
Koch טבח, 261
kochen בשל, 198
Köcher אשפה, שלט, 257
Kochtopf סיר, דוד, 255
Koh (Kohelet) 304
Kohelet קהלת, 238
Kohelet (Buch) 304
Kohlen גחל, 221
Kohlenpfanne מחתה, 255
kohlenschwarz שחר, 220
koll. (Kollektivbegriff) 16
kommen בוא, אתה, 191
Kommentar zur Tora 305
Komparativ מן, 287
1Kön (1. Könige) 303
2Kön (2. Könige) 303
König מלך, 260
König, einsetzen als מלך, 182
König sein מלך, 182
König, Vertreter des –s שר, 260
1./2. Könige (Buch) 303
Königin מלכה, 260
Königinmutter גבירה, 237
königlich מלכות, 261
Königreich מלכות, ממלכות, 261
Königsherrschaft מלכות, ממלכות, ממלכה, 261
Königtum מלוכה, ממלכה, 261
Konjugationen 16
Konjunktionen 287–288
können יכל, 176
Konsonanten 291–292, 294
Kopf ראש, 223
Kopfbinde פאר, 234
Kopfbund מצנפת, צניף, 234
Kopfschütteln נוד, 195
Kopfstütze מראשות, 278
Kor כר, 275
Korach קרח, 156
Korallen/Korallenperlen פנינים, 218
Koran 310
Korb סל, דוד, 255
Korn דגן, 209
Körnerfrucht שערה, 209
Körper בשר, 222
Körperkraft און, 238
kosen צחק, 171
kostbar יקר, 220

kostbare Geschenke מגד, 251
Kostbares חמדה, 229
Kostbarkeit יקר, 220, 229
Kostbarkeiten חמדות, 220
Kot צאה, פרש, 207, 225
Kraft כח, חיל, גבורה, אל, און, עזר, עז, מאד, 238, 256, 284
kraftvoll גבור, 256
kraftvolle Taten גבורה, 256
Krämpfe ציר, 231
krank דוה, 226
krank sein חלה, 187
kränken כעס, 172
Krankheit חלי, תחלאים, 226
Krankheitszustände תחלאים, 226
Kränkung כעס, עצב, 229
Kranz נזר, עטרה, 234, 264
Kraut/Kräuter עשב, 208
Kreis סוד, 271
kreißen חיל, 186
kriechen שרץ, 192
Kriechheuschrecke ילק, 206
Kriechtiere רמש, 205
Krieg מלחמה, 258
Kriegsbeute מלקוח, 259
kriegsgefangen fortführen שבה, 189
Kriegsgefangene שבי, 258
Kriegsgeschrei תרועה, הידד, 258, 269
Kriegsgeschrei erheben רוע, 169
Kriegslager aufschlagen חנה, 196
Kriegsleute צבא, 258
Kriegsschar גדוד, 258
Kristall קרח, 214
Krone עטרה, 234
Krug נבל, צפחת, 254
Krug, großer כד, 254
Kuh פרה, עגלה, 204
Kuh (Mischna) 308
Kultgegenstand אפד, 264, 309
Kulthöhe במה, 212
kultische Abgabe מכס, 263
Kultmaske תרפים, 265
Kultpfahl אשרה, 163
Kultprostituierte(r) קדשה, קדש, 265
Kulttisch שלחן, 250
Kulturwörter 309
Kummer שיח, עצבת, יגון, 231
kümmern, sich – um דרש, ידע, 176, 195

Kunde אמר, שמועה, שמע, 268
Kundschafter רגל, 191
kundtun ידע, 176
künftig אחרון, 278
Künftiges עתיד, 242
Künste, geheime לט, 266
Kupfer נחשת, נחושה, 217
kurz קצר, 276
Kusch כוש, 165
Kuschiter כושי, 163
küssen נשק, 169
Küste אי, 211, 309
Kutte 310
Kyrus כורש, 159

L
Laban לבן, 155
Labiale 292
lachen שחק, צחק, 171
Lachen שחוק, 228
Lachisch לכיש, 163
Lade, Bundes-/Geld- ארון, 255
Lage טור, 250
Lager משכב, מטה, יצוע, 250
Lager beziehen חנה, 196
Lager, verstecktes מעון, 249
lagern רבץ, 196
lagern, sich – lassen נוח, 196
Lagerplatz מחנה, 247
Lagerstatt מענה, 249
lahm פסח, 227
Lamm כבשה, 204
Lampe ניר, 250
Lampenständer מנורה, 250
Land ארץ, 210
Land, Fest- יבשה, תבל, 211
Land, Nieder- שפלה, 212
Land, Trocken- נגב, 215
Land, trockenes יבשה, חרבה, 211, 213
Land, Un- שאול, 266
Land, Weide- מגרש, 211
Land, zertretenes מרמס, 211
Landarbeiter אכר, 252
Landschaft 210–213
Landstrich חבל, 252
lang ארך, 201
Länge ארך, 276
lange Zeit עולם, 279
Längenmaß טפח, זרת, אמה, 275
langes Leben יום, 279
langmütig ארך, 232

längst כבר, 283
Lanze רמח, 257
Lapislazuli ספיר, 218
Lärm תרועה, שאון, קול, המון, 216, 217, 258
lärmen המה, 199
Laryngale 292, 294
lässig רמיה, 252
Last משא, 276
lastend כבד, 276
Lastkarren עגלה, 254
das Lasttragen סבלות, 251
Lastträger סבל, 252
Lasurstein ספיר, 218
Lateinisch, Übersetzung auf 302
Laub עלה, 210
Laubhütte (Mischna) 306
Laubhüttenfest (Feiertage) 304
laubreich רענן, 210
Laubwerk דלית, 210
laufen רוץ, 194
Läufer רוץ, 194
laut גדול, 276
lauter כתית, טהור, זך, בר, 219, 232
lauteres Gold סגור, 217
Lauterkeit תמה, תם, 232
läutern צרף, 198
Lea לאה, 155
leben חיה, 186
Leben חי, חיה, חיים, נפש, 223, 239
Leben, am – bleiben/erhalten חיה, 186
Leben, Erhaltung des –s מחיה, 239
Leben, langes יום, 279
lebend חי, 239
lebendig חי, 239
Lebensdauer חלד, 239
lebenserfahren חכם, 270
Lebensodem נשמה, 226
Lebenszeit חיים, 239
Leber כבד, 225
Leberlappen יתרת, 206
Leck בדק, 249
Leckerbissen מטעם, 240
Leder עור, 206
leer ריק, 275
leer, mit –en Händen ריקם, 284
Leere ריק, 275
legen נוח, סמך, שית, 184, 196
legen, sich שכב, 196

Lehm 328

Lehm חמר, 217
Lehmanstrich תפל, 217
Lehmerde, nasse טיט, 217
Lehnwörter 309
Lehre לקח, 270
Lehre (Talmud) 305
lehren למד, ירה, 176
Lehrgabe לקח, 270
Leib שאר, גויה, מעים, בטן, 222, 225
leiblich בשר, 222
Leibrock, hemdartiger כתנת, 234
Leibwächter טבח, 261
Leichenlied קינה, 265
Leichnam פגר, נבלה, גויה, 222, 265
leicht קל, 276
leicht angezogen ערום, 226
leichter machen קלל, 169
Leiden מכאב, חלי, 226, 230
Leier נבל, כנור, 272
Leinen בד, בוץ, פשת, שש, 218, 309
Leiste מסגרת, 259
Leiste, Rand- זר, 273
leiten נחה, נהג, 193
Lende כסל, 207
Lenden מתנים, חלצים, 225
Leningradensis, Codex 15
lenken, seitwärts נטה, 177
Lenkung תחבולות, 245
Leopard נמר, 203
lernen למד, 176
Lernen (Gemara) 305
Lernstoff 15
lesen קרא, 168
Lesung מקרא, 238
Letzte Pforte (Mischna) 307
die Letzten שארית, 274
letzter אחרון, 278
Leuchte נר, ניר, מאור, 250
leuchten אור, 197
Leuchter מנורה, מאור, כפתור, 248, 250
leugnen כחש, 169
Leute אדם, גוי, מתים, 222, 244
Lev (Levitikus) 302
Levi לוי, 161
Leviatan לויתן, 206
Levit לוי, 161
Levitikus (Buch) 302
das levitische Gesetzbuch (Leviti-
kus) 302

Libanon לבנון, 166
Libation נסך, 263
Licht אור, 214
lichtlos כהה, 220
Liebe אהבה, דוד, רחם, 171, 228, 238
lieben אהב, 170
Lieben אהבה, 228
liebevolles Empfinden רחמים, 231
Liebhaber אהב, 170
lieblich ידיד, נאוה, 222, 238
lieblich, angenehm נעים, 228
Liebling ידיד, 238
Lied שיר, שירה, 272
liegen שכב, 196
Lilie שושן, 208, 309
linke Seite שמאל, 215
links שמאל, שמאלי, 215
Lippe שפה, 223
Lippenbart שפם, 223
Lippenlaute 292
listig ערום, 270
Liturgie 305
Lob שיח, 231
loben שיח, 168
Loblied תודה, 263
Lobopfer תודה, 263
Lobpreis תהלה, 269
Loccumer Richtlinien 17
Loch חר, 213
Log לג, 276
Lohn שכר, פעלה, עקב, מחיר, 243, 251
Lohnarbeiter שכיר, 251
-los לא, 285
Los גורל, פור, 244, 309
Los, das durch das – Zugefallene
גורל, 244
Los, vom – getroffen werden
לכד, 189
losbinden פתח, 183
lose Erde עפר, 219
Lösegeld כפר, 243
lösen גאל, 180
Löser גאל, 180
loskaufen פדה, 180
loslassen שלח, 177
Losteil גורל, 244
Lot לוט, 155
Lotos שושן, 208, 309
Löwe ארי, אריה, כפיר, שחל, 203

Löwin לביא, 203
Loyalität חסד, 231
Lücke פרץ, 249
Luftraum שמים, 215
Lüge כחש, שקר, 233
lügen כזב, כחש, 169
Luke ארבה, 246
Lust שעשעים, 229

M

m. (maskulin) 16
Maaseja מעשיהו, 160
machen עשה, פעל, 181
Machir מכיר, 156
Macht אל, 256
Machthaber קצין, 260
mächtig עצום, 256
Mädchen נערה, 237
Made רמה, 206
Magd שפחה, אמה, 261
Mahnung מוסר, 271
Majestät הוד, 277
makaber 310
Makel מום, 227
Mal פעם, 224
Mal (Maleachi) 303
Mal, zum zweiten שני, 281
Maleachi (Buch) 303
Maloche 310
Malstein מצבה, 248
man איש, 236
Manasse מנשה, 162
mandelblütenförmig gestaltet
משקד, 208
Mangel מחסור, 241
Mann נער, זכר, גבר, בחור, איש, 236, 237
Manna מן, 240
Männer מתים, 222
mannhaft גבור, 256
männlich זכר, 237
Mantel שמלה, שלמה, אדרת, 222, 234
Mappiq 294
Maske, Kult- תרפים, 265
Maskil משכיל, 272
maskulin 16
Masoreten (Überlieferer) 293
*masoretisch-tiberische Ausspra-
chetradition* 294
Maß מדה, 275
Maße (Mischna) 308

Maßeinheiten 18
Mastix צְרִי, 219
Mastvieh מְרִיא, 203
mater lectionis 292
Matrose חֶבֶל, 252
matt 310
Mauer קִיר, חוֹמָה, גְדֵרָה, 248
Maulbeerfeigenbaum שִׁקְמָה, 207
Maultier פֶּרֶד, 205
Maus עַכְבָּר, 205
Mazzebe מַצֵּבָה, 248
Meder מָדַי, 163
Medien מָדַי, 163
Meer יָם, 213
Meer, das Tote עֲרָבָה, מֶלַח, 213, 240
Meerestiefe מְצוּלָה, 212
Meeresungeheuer לִוְיָתָן, 206
Megiddo מְגִדּוֹ, 164
Mehl קֶמַח, סֹלֶת, 209, 240
Mehlteig בָּצֵק, 240
mehren, sich רָבָה, 199
Mehrzahl 16
Menge רְבָבָה, רֹב, מָלֵא, הָמוֹן, שִׁפְעָה, 216, 274, 280, 300
Menge, große רְבָבָה, 280
Menge, in הַרְבֵּה, 274
Mensch אִישׁ, נֶפֶשׁ, 223, 236
Mensch, junger und einfältiger פֶּתִי, 272
Menschen אָדָם, אֱנוֹשׁ, 222
menschenleer שָׁמֵם, 200
menschenleeres Gebiet שְׁמָמָה, 211
Menstruation נִדָּה, 226
menstruierend דָּוֶה, 226
Merari מְרָרִי, 161
merken יָדַע, 176
Merkwörter 292, 304
meschugge 310
Meschullam מְשֻׁלָּם, 160
Messer תַּעַר, 253
Messias 310
Messing נְחֹשֶׁת, 217
Messstrecke מִדָּה, 275
Metallüberzug צִפּוּי, 218
Metöke תּוֹשָׁב, 249
Mi (Micha) 303
mich (Akkusativ) 296
Micha מִיכָה, מִיכָיְהוּ, 156, 158
Micha (Buch) 303
Michael מִיכָאֵל, 160

Midian מִדְיָן, 165
Midrasch 305
mieten שָׂכַר, 182
Mikra 302
Milch חָלָב, חֶמְאָה, 240
Minarett 310
Mine מָנֶה, 276
Mirjam מִרְיָם, 156
Mischna 18, 305–308
Mischpoche 310
missbräuchlich שָׁוְא, 220
missfallen רָעַע, 172
Misthaufen אַשְׁפֹּת, 219
mit אֵת, עִם, 287, 296, 297
mit dem Bann belegen חָרַם, 169
mit den Worten אָמַר, 167
mit einem Fluch belegen אָרַר, 169
mit leeren Händen רֵיקָם, 284
mit Verlaub בִּי, 288
Mitbürger עָמִית, 244
miteinander יַחַד, 284
Mitleid חָמַל, 171
mitleidig חוּס, 171
Mittagszeit צָהֳרַיִם, 279
Mitte תּוֹךְ, קֶרֶב, מַחֲצִית, חֲצִי, 225, 278
mitteilen נָגַד, יָדַע, 167, 176
Mitternacht חֲצִי, 278
Mittlere Pforte (Mischna) 307
mittlerer תִּיכוֹן, 216
Mizpa מִצְפָּה, 164
Moab מוֹאָב, 165
Monat חֹדֶשׁ, יֶרַח, 279
Mond יָרֵחַ, 215
Mordechai מָרְדֳּכַי, 160
morden רָצַח, 190
Morden הֶרֶג, 257
morgen מָחָר, 284
Morgen בֹּקֶר, 279
Morgendämmerung שַׁחַר, 214
Morschheit רָקָב, 219
Mose מֹשֶׁה, 156
Mose, Fünf Bücher 302
Most תִּירוֹשׁ, 240
Motte עָשׁ, 206
Mücke, Stech- כֵּן, 206
müde עָיֵף, 227
müde sein לָאָה, 187
müde werden יָגַע, 187
Mühe יָגִיעַ, 251
mühebeladen עָמָל, 231
mühend, sich עָמָל, 231

Mühle, Hand- רֵחַיִם, 253
Mühlstein פֶּלַח, 274
Mühsal עָמָל, 251
Mund פֶּה, 223
Mundschenk מַשְׁקֶה, 240
Murmellaut 293, 294
murren לוּן, 169
Murren תְּלֻנּוֹת, 269
Musik 272
Musikmeister נִצֵּחַ, 272
Muslim 310
mustern פָּקַד, 175
Musterung מִפְקָד, 250
Mut לֵב, לֵבָב, 225
Mut haben חָזַק, 184
mutig, sich – erweisen חָזַק, 184
Mutter אֵם, 236
Mutterbrust שַׁד, 225
Mutterleib רֶחֶם, 225
Mutterschoß רֶחֶם, 225
Muttersprache, Aramäisch als 305
Muttersprache, Hebräisch als 305
Myrrhe מֹר, 219
Myrte הֲדַס, 208

N

n. unit. (Nomen unitatis) בֶּן, 16, 236
Nabal נָבָל, 157
Nabot נָבוֹת, 158
nach פֶּה, לְפִי, אַחַר, קֵץ, 223, 277, 286, 287, 297
nach … hin אֶל, 286, 298
nach oben מַעַל, 283
nach Osten קֶדֶם, 215
nach Süden נֶגֶב, 215
nach Verlauf von קֵצֶה, 277
nach Westen יָם, 213
Nachbar שָׁכֵן, 249
Nachbarin רְעוּת, 238
nachdem אַחַר, 286, 297
nachfolgen lassen חָלַף, 191
Nachhut סוּף, 278
nachjagen רָדַף, 195
Nachkomme der dritten Generation שִׁלֵּשׁ, 238
Nachkommen תּוֹלֵדָה, 237
Nachkommen, ohne עָקָר, 227
nachkommend אַחַר, 278
Nachkommenschaft זֶרַע, אַחֲרִית, פְּרִי, מוֹלֶדֶת, 208, 210, 238, 278
Nachlese עֹלֵלוֹת, 251

Nachrede דבה, 268
Nachricht שמועה, שמע, 268
Nachsicht üben סלח, 169
nachsinnen שיח, 168
nächster קרוב, 276
Nächster רע, 238
Nacht ליל, לילה, 279
Nacht, bei Tag und bei – לילה, 279
Nacht, die – verbringen לין, 201
Nachtlager מלון, 250
Nachtwache אשמורה, 259
Nacken ערף, צואר, שכם, 224
nackt עירם, ערום, 226
nackt (Fels) צחיח, 219
Nacktheit עריה, 225
Nadab נדב, 161
Nadelholz, hochstämmiges ארז, 207
Naftali נפתלי, 162
Nagel נ, 253
Nah (Nahum) 303
nahe befindlich קרוב, 276
nahebringen קרב, 193
nähern, sich נגש, קרב, 193
nähert, der sich קרב, 245
nahestehend קרוב, 276
Nahrung מאכל, לחם, טרף, 207, 239
Nahum (Buch) 303
Name שם, 269
Nase אף, 223
Nasenlöcher אף, 223
Nasiräer נזיר, 264
nasse Lehmerde טיט, 217
Natan נתן, 157
Nation גוי, 244
Nationen 165
Nebat נבט, 161
neben אצל, עמה, צד, 278, 286, 287
neben mir עמד, 287
Nebenform 16
Nebenfrau פלגש, 237, 309
Nebenton 16
Nebukadnezzar נבוכדראצר, 159
Negeb נגב, 215
Neh (Nehemia) 304
Nehemia (Buch) 304
nehmen לקח, לכד, 178, 189
neigen נטה, 177
nein אבל, 285
nennen קרא, אמר, 167, 168

Nennung זכר, 268
Nest קן, 207
Netanja נתניהו, 161
Netz שבכה, רשת, פח, חרם, 253, 254
neu חדש, 279
Neues Testament 310
Neujahr (Mischna) 306
Neumond חדש, 279
neun תשע, 280, 299
Neuntel תשיעי, 281
neunter תשיעי, 281, 301
9. Aw (Gedenktag der Tempelzerstörung) 304
neunzehn 299, 300
neunzig תשע, 280, 300
Nevi'im, Personen aus den 156–159
Nevi'im (Propheten) 302, 303
nicht אין, בל, אל, לא, 285
nicht mehr עוד, 283
nicht zu בלתי, 285
nichtig ריק, אליל, 264, 275
Nichtigkeit הבל, 226
Nichtisraeliten ערב, 244
nichts אין, 285
Nichts תהו, אפס, און, 213, 232, 278
Nichtsnutzigkeit בליעל, 220
Nichtvorhandensein אין, 285
niedergedrückt ענו, 219
niedergeschlagen sein חתת, 188
niederknien כרע, 192
Niederlage מכה, 257
Niederland שפלה, 212
niederlassen, sich נוח, שכן, 196, 197
niederlegen, sich רבץ, 196
niederreißen נתץ, הרס, 189
niedrig sein שפל, 201
Nieren כליה, 225
Nil יאר, 166
Ninive נינוה, 164
Nische תא, 246
Noach נח, 155
noch עוד, 283
noch nicht טרם, 285
nochmals עוד, 283
nochmals tun יסף, 179
Nomen unitatis 16
Noomi נעמי, 160
Norden צפון, 215
Not צר, עמל, צרה, 230, 251, 276

Not, in – befindlich עני, 241
Nu פתע, 279
Nu, im פתע, 279
Num (Numeri) 302
Numerale 299–301
Numeri (Buch) 302
nun עתה, 283
Nun נון, 161
nun energicum 295
nur רק, אך, 284, 285
nützen יעל, 178

O
o! אוי, 288
o dass doch לו, 287
ob אם, 287
Obadja עבדיהו, 161
Obadja (Buch) 303
Obd (Obadja) 303
Obdach, ohne – und Heimat umherschweifen נוע, 195
oben מעל, 283
Oberarm כתף, 224
oberer עליון, 277
Oberfläche פנים, 223
Obergemach עליה, 246
Obergewand שמלה, מעיל, 234
Oberhaupt קצין, 260
Oberschenkel ירך, 224
Öde תהו, שממה, שאול, 211, 213, 266
Odem נשמה, 226
oder או, ו, 287
Ofel עפל, 212
offen (Stelle in Mauer) צחיח, 219
offenbaren, sich גלה, 182
Offenbarung חזון, חזות, 266, 267
Offenbarungswort חזון, 266
Offizier נגיד, 260
öffnen פתח, פקח, 183
Öffnung פה, פתח, 223, 247
Og עוג, 159
ohne אין, בלי, לא, 285
ohne Entschädigung חנם, 284
ohne Erfolg ריקם, 284
ohne Grund חנם, 284
ohne Grundbesitz עני, 241
ohne Nachkommen עקר, 227
ohne Obdach und Heimat umherschweifen נוע, 195
ohne Vorsatz דעת, 270

Ohr אֹזֶן, 223
Ohrläppchen תְּנוּךְ, 223
Öl שֶׁמֶן, יִצְהָר, בְּשֶׂם, 209, 218
Ölbaum זַיִת, 207
Olive זַיִת, 207
Olivenöl שֶׁמֶן, 218
Olivensaft יִצְהָר, 218
Omer עֹמֶר, 275
Onkel עַם, 236
Opfer 263
Opfer darbringen עָבַר, 191
Orakelpriester קֹסֵם, 167
Ordinalzahlen 301
Ordnung חֻקָּה, 271
Ordnung, in – bringen עָרַךְ, 184
Ordnung, in – sein תָּכַן, 200
Ordnungen פִּקּוּד, 271
Ordnungen (der Mischna) 305–308
Ornament, Palmen- תִּמֹּרָה, 273
Ort מָקוֹם, שַׁעַר, 247, 249
Orte 163–165
Ortschaft קִרְיָה, שַׁעַר, 247, 249
Osten אוֹר, מִזְרָח, קֶדֶם, קָדִים, 215, 221, 277
östlich קַדְמֹנִי, 215
Ostseite קָדִים, 215
Otniël עָתְנִיאֵל, 156
Ozean יָם, 213

P
packen תָּפַשׂ, חָזַק, אָחַז, 178, 184
Palast הֵיכָל, אַרְמוֹן, 246, 309
Palästina 305, 310
Palme תָּמָר, 208
Palmenornament תִּמֹּרָה, 273
Panik מְהוּמָה, 230
Panther נָמֵר, 203
Pänultimabetonung 16
Panzerhemd שִׁרְיוֹן, 258
Partikeln 18, 283–288
Passa פֶּסַח, 264
passend נָאוֶה, 222
Patach furtivum 294
Pauke, Hand- תֹּף, 272
Pausalform 16, 295
Peitsche שׁוֹט, 252
Pentateuch 302
Perfekt (der Verben) 15–16
Perfektform, erschlossene 16
Perisiter פְּרִזִּי, 162
Perlen, Korallen- פְּנִינִים, 218

Persien פָּרַס, 165
Persisch, Lehnwörter aus dem –en 309
Personalpronomen 295–298
Personen aus den Ketuvim 160–161
Personen aus den Nevi'im 156–159
Personen aus der Tora 155–156
Pessach פֶּסַח, 264
Pessach (Feiertage) 304
Pessachfeiern (Mischna) 306
Pest, Beulen- דֶּבֶר, 227
Pfad נְתִיבָה, נָתִיב, מַעְגָּל, 213
Pfahl, Kult- אֲשֵׁרָה, 163
Pfanne מַחֲבַת, 255
Pfeifen שְׁרֵקָה, 217
Pfeil חֵץ, 257
Pferch, Stein- גְּדֵרָה, 248
Pferd סוּס, פָּרָשׁ, 205, 309
pflanzen נָטַע, 186
Pflanzen יָרָק, 207
Pflanzenwelt 207–210
Pflanzung מַטָּע, כַּרְמֶל, 207, 211
pflichtwidrig handeln מָעַל, 173
Pflichtwidrigkeit מַעַל, 233
Pflock יָתֵד, 247
pflügen חָרַשׁ, 184
Pflugschar אֵת, 253
Pforte (Mischna) 307
Pharao פַּרְעֹה, 260
Philister פְּלִשְׁתִּי, 162
phonetische Aussprache 291, 294
Pinhas פִּינְחָס, 156
pissen שִׁין, 225
pl. (Plural) 16
Plage מַגֵּפָה, מַכָּה, נֶגַע, עַצֶּבֶת, 227, 231, 257
Plagen (Mischna) 308
Plan מְזִמָּה, מוֹעֵצָה, זָמָה, עֵצָה, סוֹד, מַחֲשָׁבָה, 270, 271
planen יָעַץ, חָשַׁב, 175
Plantage מַטָּע, 207
Platte מַחֲבַת, 252
Plattengebäck מַחֲבַת, 252
Platz עָמַד, 249
Platz, fester מִבְצָר, 247
Platz, freier רְחֹב, 247
Platz zu Füßen מַרְגְּלוֹת, 278
Pleite 310
plötzlich פִּתְאֹם, 284
plündern בָּזַז, 189
Plünderung בַּז, בִּזָּה, מְשִׁסָּה, 259

Plünderungsgut שָׁלָל, בִּזָּה, בַּז, 259
Plural 16
poetisch, Varianten in –en Texten 295, 296, 297, 298
Portion מָנָה, 274
Posten מַצָּב, מַעֲמָד, 249, 261
Pracht תִּפְאָרָה, הָדָר, אַדֶּרֶת, 222, 235
prächtig אַדִּיר, 256
Präformativkonjugation 16
Präpositionen 286–287
Prediger (Buch) 304
Preis, Kauf- מְחִיר, 243
preisen יָדָה, זָמַר, זָכַר, הָלַל, בָּרַךְ, רוּם, 168, 176, 201
preisgeben מָכַר, 180
preist JHWH 310
Priester כֹּהֵן, 265
Priester, amten als כֹּהֵן, 182
Priester, einsetzen als מָלֵא, 199
Priester, Hohe- גָּדוֹל, 276
Priester, Höhen- בָּמָה, 212
Priester, Orakel- קֹסֵם, 167
Priester, Wahrsage- חַרְטֹם, 266
Priesteramt כְּהֻנָּה, 265
Priestergewand אֵפוֹד, 264, 309
Priesterstand כְּהֻנָּה, 265
Probe נִסָּה, בָּחַן, 175
profan חֹל, 264
Profanes (Mischna) 308
prokl. (proklitisch) 16
Pronomen 18, 282–283, 295–298
Pronominalsuffixe 295–298
Prophet נָבִיא, נָבָא, 167, 267
Propheten (Nevi'im) 302, 303
Prophetin נְבִיאָה, 267
Prostituierte(r), Kult- קָדֵשׁ, קְדֵשָׁה, 265
Prostitution זְנוּנִים, 238
Proverbien (Buch) 304
Provinz מְדִינָה, 211
Provinzstatthalter שַׂר, 260
prüfen פָּקַד, בָּחַן, 175
Prunkwagen מֶרְכָּבָה, 254
Ps (Psalmen) 304
Psalm מִזְמוֹר, 272
Psalmen (Buch) 304
Purim (Feiertage) 304
Purimfest פּוּר, 244
Purpurwolle, blaue תְּכֵלֶת, 218, 309
Purpurwolle, rote אַרְגָּמָן, 218, 309

Q

Qames chatuph 293
qere perpetuum 295
Quader גזית, 218
Quadratschrift 291
Qual יגון, 231
Quelle עין מקור, מעין, 214, 223
Quellort מקור, 214

R

Rabbiner 310
rabbinische Auslegung 305
Rabe ערב, 205
Rache נקמה, נקם, 233
rächen, sich נקם, 173
Rad גלגל, אופן, 254, 309
Rahab (Person) רחב, 156
Rahab (Ungeheuer) רהב, 206
Rahel רחל, 155
Rahm חמאה, 240
Rama רמה, 164
Ramot ראמות, 164
Rampe, Sturm- סללה, 248
Rand קצה, פאה, עבר, כנף, שפה, 205, 223, 277, 278
Randleiste זר, 273
Ranke זמורה, 210
Rastplatz מנוח, 248
raten יעץ, 175
Ratgeber יועץ, 271
Ration חק, 230
Rat/Ratschluss עצה, 270
Ratschlag מועצה, 271
Rätsel/Rätselfrage חידה, 270
Raub טרף, גזלה, 207, 243
Räuber פריץ, 243
räuberisch פריץ, 243
Raubgut גזלה, 243
Raubtier חיה, 203
Raubvogel עיט, 205
Raubzug גדוד, 258
Rauch קטר, עשן, 198, 221
Räucheraltar חמן, 264
Räucherwerk קטרת, 219
Räucherwerk, wohlriechendes סם, 208
Raum, freier מרחב, 276
Raum im Oberstock עליה, 246
Rebe גפן, 210
Rebekka רבקה, 155
recht ישר, נכח, צדיק, 219, 232

Recht משפט, מישרים, 219, 262
Recht haben צדק, 182
Recht, im – befindlich צדיק, 232
Recht, im – sein צדק, 182
Recht schaffen שפט, דין, 182
Recht schaffen für צדק, 182
recht sein ישר, 201
das Rechte צדק, נכח, 219, 232
rechte Seite ימין, 215
rechts ימני, ימין, 215
Rechtsanspruch דין, 262
rechtschaffen כן, 232
Rechtschaffenheit ישר, 219
Rechtsfall דין, 262
Rechtssache דברה, משפט, 262
Rechtsspruch דין, 262
Rechtsstreit ריב, 173, 233
reden דבר, 167
Redlichkeit ישר, 219
Regel חק, 271
regelmäßig תמיד, 283
Regen גשם, מטר, רביבים, 216
Regen, sanfter טל, 216
regen, sich עור, 197
Regen, Spät- מלקוש, 216
Regen, starker זרם, 216
Regenguss גשם, 216
Regierungszeit מלכות, 261
Registrierung יחש, 170
Rehabeam רחבעם, 159
reich עשיר, 241
reich an רב, 274
reichen נגע, 187
Reichtum אן, עשר, 238, 241
Reigen חג, 264
Reigentanz מחול, מחלה, 272
Reihe מערכה, טור, 250
Reihen, in – stellen ערך, 184
Reiher חסידה, 205
rein טהור, 232
rein, für – erklären טהר, 185
rein sein טהר, 185
Reinheit נקיון, טהרה, בר, 263
Reinheiten (Mischna) 308
reinigen כבס, 185
reinigen, sich טהר, 185
Reinigung טהרה, 263
Reise מהלך, דרך, 212, 213
Reisekost צידה, ציד, 239
Reisewagen מרכבה, 254
reiten רכב, 192
Reiter רכב, פרש, 192, 205
reizen כעס, 172

Relativpronomen ש, אשר, 283
religiös, Wörter aus dem –en Bereich 310
Reptil שרץ, 205
Rest שארית, שאר, 274
retten פלט, נצל, מלט, ישע, חלץ, 179, 181
Retter מושיע, 259
Rettung תשועה, פליטה, 259
Ri (Richter) 303
richten שפט, 182
Richter שפט, 182
Richter (Buch) 303
richtig ישר, כן, 219, 232
das Richtige צדק, 232
Richtlinien, Loccumer 17
Richtung, die – ändern סבב, 194
Riegel מנעול, בריח, 247
Rille אפיק, 214
Rind(er) מריא, בקר, אלף, אלוף, עגל, 203, 204, 228
Rinderherde בקר, 203
Rindvieh שור, 204
Ring נזם, טבעת, 235
Ringbrot חלה, 240
ringsum סביב, 211
Rinnsale נזל, 214
Rippe צלע, 225
Riss פרץ, בדק, 249
Riss, einen – machen פרץ, 189
Rizinus קיקיון, 209
Rohr קנה, 208
Röhre אפיק, 214
Rolle, Buch- ספר, 269
Rolle, Schrift- מגלה, 270
rollen גלל, 194
Rollen, Die fünf 304
Rost חלאה, 218
rote Purpurwolle ארגמן, 218, 309
rötlich אדמדם, 220
rot/rotbraun אדם, 220
Ruben ראובן, 161
Rücken שכם, ערף, גו, גב, 224, 225
Rückkauf גאלה, 242
Rückkehr תשובה, 245
Rückseite אחור, 277
rückwärts אחרנית, 283
rufen רנן, קרא, 168
rufen, um Hilfe שוע, 168
Rüge תוכחת, 271
Ruhe שלוה, נחת, מנוחה, 228

Ruhe! הס, 288
Ruhe haben שקט, 202
Ruhe verschaffen נוח, 196
Ruhelager ערש, 250
ruhen נוח שבת, 196, 202
Ruheplatz מנוחה, 228
ruhig sein שקט, 202
Ruhm תהלה נצח, 214, 269
rühmen הלל, 168
rühmen, sich הלל, 168
rund עגל, 280
Rundbrot ככר, 276
Ruß אבק, 219
Rüstzeug נשק, 258
Rut רות, 160
Rut (Buch) 304

S
Saat זרע, 210
Saba שבא, 165
Sabbat שבת שבתון, 264
Sach (Sacharja) 303
Sacharja זכריהו, 160
Sacharja (Buch) 303
Sache ענין, מלאכה, דברה, דבר, 242, 262, 268
Sack שק, אמתחת, 254, 310
Säckchen צרור, 254
Sadduzäer 310
säen זרע, 177
Saft עסיס, יצהר, 218, 240
saftig רענן, 210
sagen אמר, 167
Saitenspiel נגינה, 272
salben משח, 185
Salbung משחה, 264
Salomo שלמה, 159
Salz מלח, 240
1Sam (1. Samuel) 303
2Sam (2. Samuel) 303
Samaria שמרון, 163
Same זרע, 210
Samen (Mischna) 306
Samenerguss שכבה, 245
Sammelbegriff 16
sammeln קבץ, לקט, אסף, 179
Samuel שמואל, 157
1./2. Samuel (Buch) 303
Sand חול, 219
Sandale נעל, 234
sanft רך, 219
sanfter Regen טל, 216

Sanftheit אט, 230
Sänger שיר, 168
Sara שרה, 155
Sarai שרי, 155
Saraph-Schlange שרף, 205
Sarg ארון, 255
satt שבע, 241
satt machen שבע, 180
satt tränken רוה, 180
satteln חבש, 183
sättigen שבע, 180
Sättigung שבעה, 241
Satzung חקה, 271
Sauerteig שאר, 240
säugen ינק, 180
Säugetiere 203-205
Säugling יונק, 239
Saul שאול, 159
Säule עמוד, נציב, 248, 261
Säulenkapitell כתרת, כפתור, 248
Säulenverbindungen חשוק, 248
Saum שול, 234
säumen אחר, 202
Schabbat שבת, שבתון, 264
Schabbat (Mischna) 306
schächten 310
Schaddai שדי, 163
Schädel גלגלת, 223
Schadenfreude, Ausdruck der האח, 288
Schaf שה, 204
Schafan שפן, 159
Schafbock עתוד, 204
Schafe צאן, 204
schaffen קנה, יצר, ברא, 180, 186, 187
Schafhirte רעה, 193
Schaflamm, junges כבשה, 204
Schakal תן שועל, 203
Schale סף, כפור, גביע, גלה, קערה, 254, 255
Schallum שלום, 161
Scham בשת, 229
schämen, sich כלם, בוש, 172
Schamgegend רגל ערוה, 224, 225
Schande קלון, חרפה, בשת, 229, 269
Schandtat זמה, 271
Schar שפעה, אגף, 274
Schärpe אבנט, 234
Schatten צל, 214

Schatz אוצר, חמדות, חסן, מטמון, 220, 242
Schätzungen (Mischna) 308
Schätzungswert ערך, 220
Schaubrote מערכת, 250
Schaubrote, Schicht von –n ערך, 220
Schauder erregendes Gebiet שממה, 211
schaudern שמם, 200
schauen נבט, 174
Schauer רביבים, 216
Schauerliches שמה, 230
Schaufeln יע, 253
Schauung חזון, 266
Scheibe פלח, ככר, 274, 276
Scheide, Schwert- תער, 253
Scheidebriefe (Mischna) 307
Scheitel קדקד, 223
Schekel שקל, 276
Schekelsteuer (Mischna) 306
Schemaja שמעיהו, 161
Schemel, Fuß- הדם, 250
Schenkel שוק, 224
Schere, Docht- מלקחים, מזמרת, 252
scheren גלח, גז, 190
scherzen צחק, שחק, 171
Scheusal שקוץ, 229
Schicht מערכה, טור, 250
Schicht von Schaubroten ערך, 220
Schichtbrote מערכת, 250
schicken שלח, 177
Schiedsspruch משפט, 262
schießen ירה, 177
Schiff אניה, 254
Schiffe אני, 254, 309
Schild צנה, מגן, 257, 258
Schilf/Schilfmeer סוף, 208
Schilfrohr קנה, אגמון, 208
Schilftümpel אגם, 208
Schilo שילו, 164
Schimi שמעי, 157
Schimpf כלמה, 269
Schinderei פרך, 256
Schlacht נשק, 258
schlachten זבח, שחט, 190
Schlachtopfer זבח, 263
Schlachtopfer (Mischna) 308
Schlachtreihe מערכה, 250
Schlachtung טבח, הרגה, 257

Schlaf שנה, תרדמה, 227
Schläfe רקה, 223
schlafen ישן, 197, 227
schlaff רמיה, 252
schlaff werden רפה, 193
Schlag נגע, מכה, 257
Schläge (Mischna) 307
schlagen תקע, נכה, נגף, נגע, 187, 188
Schlamm חול, טיט, 217, 219
Schlange תנין, שרף, נחש, 205, 206
Schlauch נאד, 253
schlecht רע, 232
schlecht sein רעע, 172
schlechte Beschaffenheit רע, 220
Schlechtes tun רעע, 172
Schlechtigkeit עולה, 232
Schleifen לולאה, 252
Schleimfluss זוב, 225
schleppen משך, 191
Schleppnetz חרם, 253
Schleuder קלע, 257
schließen סגר, 183
Schlingen לולאה, 252
Schlucht שוחה, פחת, מעברה, 212, 214
Schlummer תנומה, 227
Schmach קלון, חרפה, 229, 269
schmähen חרף, 169
Schmähung חרפה, 269
schmelzen צרף, 198
Schmelzen, zum – gebracht werden נתך, 198
Schmelzofen כור, 247
Schmerz עצב, מכאב, כאב, חיל, עצבת, 229, 230, 231
Schmiere stehen 310
Schmuck עדי, הדרה, הדר, תפארה, 235
Schnee שלג, 216
schnell קל, 276
schnell sein קלל, 169
Schnur קו, עבת, 252
Schnurrbart שפם, 223
schon כבר, 283
schön נאוה, יפה, 222
schonen חשך, חמל, 171, 178
Schönheit יפי, חמד, 222
Schoß חיק, 225
Schössling קציר, יונקת, פארה, 210
Schreck מגור, 230

Schrecken זעוה, בלהה, אימה, פחד, מחתה, מורא, חתית, 230
schreckerfüllt sein חתת, 188
Schrecknis מגור, 230
schreiben כתב, 170
Schreiber ספר, 261
schreien רוע, צעק, זעק, גיל, 168, 169
Schreien שאגה, צעקה, 269
Schrift מכתב, כתב, 270
Schriften (Ketuvim) 302
schriftlich anordnen כתב, 170
Schriftrolle מגלה, 270
Schriftstück ספר, מכתב, כתב, 269, 270
Schritt אשר, צעד, 245
«Schulaussprache» 292, 294
Schuld רשע, עון, חטא, אשמה, רשעה, 232, 233
Schuld büßen אשם, 172
Schulderlass שמטה, 243
schuldig רשע, 233
schuldig, für – erklären רשע, 172
schuldig, sich – machen רשע, 172
schuldlos נקי, צדיק, 232
schuldlos, für – erklären צדק, 182
Schuldlosigkeit נקיון, 263
Schuldopfer אשם, 263
Schüler למוד, 270
Schulter כתף, שכם, 224
Schuppe קשקשת, 207
Schuppenpanzer שריון, 258
Schurz שק, חגורה, אזור, 234, 254
Schüssel קערה, 255
schütteln נוע, 195
schütten שפך, 177
Schutthügel תל, 212
Schutz צל, עז, סתר, מגן, 214, 249, 257
Schutzbürger גר, 244
Schutzbürgerschaft מגור, 249
Schwa 293
schwach רך, 219
schwach werden מסס, חלה, 187, 198
Schwägerinnen (Mischna) 307
Schwall שפעה, 274
schwanger הרה, 238
schwanger sein הרה, 178
schwanken נוע, 195

Schwanz זנב, 206
schwarz שחר, 220
Schwätzer לץ, 269
Schwefel גפרית, 218
schweigen חרש, 169
Schwelle סף, 247
Schwelle, untere מפתן, 247
Schwellenhüter סף, 247
schwer קשה, פלא, כבד, 200, 219, 276
Schwere כבוד, 276
Schwert חרב, 257
Schwertscheide תער, 253
Schwester אחות, 236
Schwiegermutter חמות, 236
Schwiegersohn חתן, 236
Schwiegertochter כלה, 236
Schwiegervater חם, חתן, 236
schwingen נוף, 195
schwören שבע, 168
Schwur שבועה, 269
Schwursatz אם, 287
scriptio defectiva 292
scriptio plena 292
Sea סאה, 275
Sebulon זבולן, 162
sechs שש, 280, 299
Sechstel ששי, 281
sechster ששי, 281, 301
sechzehn 299, 300
sechzig שש, 280, 300
See ים, 213
Seerose שושן, 208, 309
Seeungeheuer תנין, 206
Segen ברכה, 269
Segensformel ברכה, 269
Segenssprüche (Mischna) 306
Segenswunsch ברכה, 269
segnen ברך, 168
sehen ראה, חזה, 174
Sehen מראה, 222
sehen lassen ראה, 174
sehen, sich – lassen ראה, 174
Seher ראה, חזה, 267
Sehne גיד, יתר, 206, 223
sehr מאד, 284
Seillänge חבל, 252
sein היה, 186
Seïr שעיר, 166
seit מן, אז, 284, 287, 297
seitdem אז, 284
Seite צד, פאה, עבר, ירך, רבע, צלע, 224, 225, 277, 278

Seite, gegenüberliegende עֵבֶר, 278
Seite, linke שְׂמֹאל, 215
Seite, rechte יָמִין, 215
Seite, von allen –n סָבִיב, 211
Seite, zur – von אֵצֶל, 286
seitwärts lenken נָטָה, 177
Sekretär מַזְכִּיר, סֹפֵר, 261
Sela סֶלָה, 272
selber נֶפֶשׁ, 223
selber, sich – überlassen נָטַשׁ, 174
selbst, sich נֶפֶשׁ, 223
selbständige Personalpronomen 295
Sem שֵׁם, 155
semitisch, Eigenschaft der –en Sprachen 292
semitische Wörter im Deutschen 310
senden שָׁלַח, 177
senken, sich שָׁפֵל, 201
sephardische Aussprache 294
sephardische Juden 294
Septuaginta 302
Serach זֶרַח, 156
Seraja שְׂרָיָהוּ, 161
Serubbabel זְרֻבָּבֶל, 160
Sessel כִּסֵּא, 250, 309
setzen יָשַׁב, נוּחַ, שִׁית, 196
Seuche רֶשֶׁף, 221
Seufzen אֲנָחָה, 268
sg. (Singular) 16
Sibilanten 292
sich abmühen לָאָה, יָגַע, 187
sich abwenden von שׁוּב, 193
sich anverloben אָרַשׂ, 178
sich auflehnen מָרַד, 172
sich ausbreiten פָּשָׂה, 200
sich beeilen מָהַר, 194
sich begeben הָיָה, 186
sich beraten יָעַץ, 175
sich beschneiden lassen מוּל, 190
sich bewegen שָׁרַץ, 192
sich davonmachen סוּג, 194
sich demütigen כָּנַע, 195
sich drehen סָבַב, 194
sich ducken müssen כָּנַע, 195
sich einfinden יָצַב, יָעַד, 179, 196
sich entfernen עָלָה, 192
sich entsetzen שָׁמֵם, 200
sich erbarmen רָחַם, 171
sich erfüllen בּוֹא, 191

sich ergießen נָתַךְ, 198
sich erheben עָלָה, 192
sich erinnern זָכַר, 176
sich fallen lassen נָפַל, 192
sich fernhalten סוּר, 194
sich finden lassen מָצָא, 193
sich freuen שׂוּשׂ, שָׂמַח, 170
sich früh aufmachen שָׁכַם, 201
sich fürchten יָרֵא, 171
sich gering wissen קָלַל, 169
sich hinsetzen יָשַׁב, 196
sich hinstellen יָצַב, נָצַב, 196
sich hinwerfen נָפַל, 192
sich in Herrlichkeit zeigen כָּבֵד, 200
sich in Sicherheit bringen מָלַט, 179
sich kümmern um יָדַע, דָּרַשׁ, 176, 195
sich lagern lassen נוּחַ, 196
sich legen שָׁכַב, 196
sich mehren רָבָה, 199
sich mühend עָמֵל, 231
sich mutig erweisen חָזַק, 184
sich nähern קָרַב, נָגַשׁ, 193
sich niederlassen נוּחַ, שָׁכַן, 196, 197
sich niederlegen רָבַץ, 196
sich offenbaren גָּלָה, 182
sich rächen נָקַם, 173
sich regen עוּר, 197
sich reinigen טָהֵר, 185
sich rühmen הָלַל, 168
sich schämen בּוֹשׁ, כָּלַם, 172
sich schuldig machen רָשַׁע, 172
sich sehen lassen רָאָה, 174
sich selber überlassen נָטַשׁ, 174
sich selbst נֶפֶשׁ, 223
sich senken שָׁפֵל, 201
sich spalten בָּקַע, 188
sich stark erweisen חָזַק, 184
sich still halten דָּמַם, 199
sich still verhalten חָרַשׁ, 169
sich stützen שָׁעַן, 184
sich tief beugen חָוָה, 192
sich trennen פָּרַד, 188
sich trösten נָחַם, 171
sich umdrehen פָּנָה, 194
sich unkenntlich machen חָפַשׂ, 195
sich verbünden חָבַר, 179
sich verfehlen חָטָא, 173
sich vergehen שָׁגָה, 195

sich verhalten הָלַךְ, 191
sich verlassen שָׁעַן, 184
sich verneigen חָוָה, 192
sich versammeln קָבַץ, יָעַד, 179
sich verschulden אָשֵׁם, 172
sich verstecken חָבָא, 183
sich versteckt halten חָבָא, 183
sich versündigen חָטָא, 173
sich Verunreinigung zuziehen טָמֵא, 185
sich vor Gericht stellen שָׁפַט, 182
sich wandeln הָפַךְ, 194
sich weigern מָאַן, 170
sich wenden סָבַב, פָּנָה, 194
sich wenden an דָּרַשׁ, 195
Sichel כִּידוֹן, 253
Sichem (Ort) שְׁכֶם, 164
Sichem (Person) שְׁכֶם, 156
sicher שַׁאֲנָן, 228
Sicherheit בֶּטַח, 228
Sicherheit, sich in – bringen מָלַט, 179
sichtbar werden רָאָה, 174
Sidon צִידוֹן, 165
sie (Akkusativ) 296
sie (3. Person f. pl.) הֵנָּה, 282
sie (3. Person f. sg.) הִיא, 282
sie (3. Person m. pl.) לָמוֹ, הֵם, 282
sieben שֶׁבַע, 280, 299
Siebtel שְׁבִיעִי, 281
siebter שְׁבִיעִי, 281, 301
Siebtes Jahr (Mischna) 306
siebzehn 299, 300
siebzig שֶׁבַע, 280, 300
sieden בָּשַׁל, 198
Siedlung חָצֵר, 249
Sieg תְּשׁוּעָה, 259
Siegel חוֹתָם, 253, 309
siegeln חָתַם, 183
Siegelring טַבַּעַת, 235
siegreich sein יָשַׁע, 179
siehe הִנֵּה, הֵן, 285
Signal תְּרוּעָה, 258
Signalstange נֵס, 258
Sihon סִיחוֹן, 159
Silber כֶּסֶף, 217
Simeon שִׁמְעוֹן, 161
Sims עֲזָרָה, 246
Simson שִׁמְשׁוֹן, 156
Sinai סִינַי, 166
singen זָמַר, שִׁיר, 168
Singular 16

Sinn לֵבָב, לֵב, יֵצֶר, 225, 273
Sinn, im – haben חשב, 175
Sinn, von –en sein בהל, 172
Sintflut מַבּוּל, 213, 309
Sippe עָם, מִשְׁפָּחָה, אֶלֶף, 236
Sisera סִיסְרָא, 156
Sitz מוֹשָׁב, 249
sitzen ישב, 196
Sitzplatz מוֹשָׁב, 249
Sklave עֶבֶד, יָלִיד, 236, 261
Sklaven, Tempel- נָתִין, 265
Sklavin שִׁפְחָה, אָמָה, 261
Skorpion עַקְרָב, 206
Skulptur סֶמֶל, 273
so כֵּן, כָּכָה, כֹּה, 284
so oft דַּי, 241
so wahr ich lebe! חַי, 239
Sockel אֶדֶן, יְסוֹד, 247, 250
Sodom סְדֹם, 164
sogar גַּם, אַף, וְ, 287
Sohn יָלִיד, בֵּן, 236
Solidarität חֶסֶד, 231
Sommer/Sommerobst קַיִץ, 216
sondern כִּי, 287
Sonne שֶׁמֶשׁ, חַמָּה, 215, 221
Sonnenaufgang מִזְרָח, 215
Sonnenuntergang מַעֲרָב, מָבוֹא, עֶרֶב, 215, 247, 279
sonst פֶּן, 287
sonst, was – noch יֶתֶר, 274
sorgfältig tun שׁמר, 184
sorglos בטח, שׁאן, שׁלו, 228
Sorglosigkeit שַׁלְוָה, 228
spähen צפה, 174
spalten בקע, 188
Spanne זֶרֶת, 275
spannen פרשׂ, דרך, 191, 200
sparen חשׂך, 178
später אַחֲרוֹן, 278
Spätregen מַלְקוֹשׁ, 216
Speer חֲנִית, 257, 309
Speise צֵיד, מַאֲכָל, לֶחֶם, אֹכֶל, 239
Speiseopfer מִנְחָה, 243
Speiseopfer (Mischna) 308
Spende מַשְׂאֵת, 243
spenden נסך, 177
Spezereien סַם, 208
Spezies מִין, 203
spielen שׂחק, זמר, 168, 171
spirantische Aussprache 292
Spötter לֵץ, 269
Spottlied נְגִינָה, 272

Spr (Sprüche) 304
Sprache שָׂפָה, לָשׁוֹן, 223
Sprachfamilien 309
sprechen דבר, 167
sprengen נזה, זרק, 177
Sprengschale מִזְרָק, 254
Spreu מֹץ, 209
Sprichwort מָשָׁל, 268
Sprichwörter (Buch) 304
Sprießen, zum – bringen צמח, 186
Spross צֶאֱצָא, צֶמַח, 210
sprossen פרח, צמח, 186
sprossen lassen צמח, 186
Spruch מָשָׁל, 268
Sprüche (Buch) 304
Sprüche der Väter (Mischna) 307
Stab מַטֶּה, מַקֵּל, שֵׁבֶט, מִשְׁעֶנֶת, 253
Stadt קֶרֶת, קִרְיָה, עִיר, 249
Stadt, befestigte מָצוֹר, מִבְצָר, מְצוּרָה, 247, 248
Stadt, ummauerte חוֹמָה, 248
Stadtbevölkerung עִיר, 249
Städte 163–165
Stadtfürsten סֶרֶן, 260, 309
Stadtmauer חוֹמָה, 248
Stadtrand מִגְרָשׁ, 211
Stamm שֵׁבֶט, מַטֶּה, אֶלֶף, 236, 253
Stammbaum יַחַשׂ, 170
Stämme Israels 161–162
Stammesabteilung דֶּגֶל, 258
Stammeshäuptling אַלּוּף, 260
Stammformen (der Verben) 15
Stammvater אָב, 236
Ständer עַמּוּד, 248
Standort מַצָּב, מָכוֹן, עָמַד, 249
Stange מוֹטָה, בַּד, 250, 253
stark חָזָק, גָּדוֹל, אַמִּיץ, אַבִּיר, עַז, כַּבִּיר, 256, 276
stark sein חזק, אמץ, 184
stark, sich – erweisen חזק, 184
stark werden חזק, 184
Stärke חֹזֶק, עֹז, כֹּחַ, חֶזְקָה, עֶזְרָה, 256
stärken חזק, אמץ, 184
starker Regen זֶרֶם, 216
Stätte מָקוֹם, מְכוֹנָה, 249, 250
Statthalter פֶּחָה, סְגַן, נָצִיב, 261, 309
Statuette תְּרָפִים, 265

Staub עָפָר, אֵפֶר, אָבָק, 219
Stechfliege עָרֹב, 206
Stechmücke כֵּן, 206
stehen נצב, 196
stehen bleiben עמד, 195
stehlen גנב, 178
steigern יסף, 179
Stein אֶבֶן, 218
Steinhauer חצב, 251
Steinhaufen גַּל, 218
steinigen סקל, 190
Steinpferch גְּדֵרָה, 248
Steinpflaster רִצְפָּה, 247
Steinplatte לְבֵנָה, 217
Steinplattenbelag רִצְפָה, 247
Steinwall גָּדֵר, 248
Stelle כֵּן, מָקוֹם, מְכוֹנָה, 249, 250
Stelle, finstere מַחְשָׁךְ, 249
stellen נוח, שׁית, 196
Stellung כֵּן, מַעֲמָד, 249, 261
Stellung als Erstgeborener בְּכֹרָה, 237
Steppe עֲרָבָה, מִדְבָּר, 213
sterben מות, 190
Sterben מָוֶת, 265
Stern כּוֹכָב, 215
Steuerung תַּחְבֻּלוֹת, 245
Stiele (Mischna) 308
Stier שׁוֹר, פַּר, עֵגֶל, 204, 310
Stiftshütte (Zelt der Begegnung) מוֹעֵד, 279
still! הַס, 288
still, sich – halten דמם, 169
still, sich – verhalten חרשׁ, 169
still stehen דמם, 169
stillen ינק, 180
Stillende מֵינִקֶת, 239
Stimme קוֹל, 216
Stirn מֵצַח, 223
Stock שֵׁבֶט, מַטֶּה, 253
Stockfinsternis צַלְמָוֶת, 215
Stoffwirker חשׁב, 273
Stöhnen אֲנָחָה, 268
stolpern כשׁל, 192
Stolz תִּפְאָרָה, גָּאוֹן, 235, 277
Storch חֲסִידָה, 205
störrisch sein סרר, 173
Stoß נֶגֶף, 257
stoßen תקע, 188
Stoßvogel עַיִט, 205
Strafe עָוֹן, 233
strafen יכח, 168
straffrei, für – erklären נקה, 183

Strafgerichte שפט, 262
straflos bleiben נקה, 183
strahlen זרח, 197
Straße מסלה, אתיק, 213
Strauch בשם, חוח, סנה, 209
straucheln כשל, 192
Strauß יענה, 205
Streben רעות, יצר, 270, 273
Streifschar גדוד, 258
Streit ריב, מדון, דין, 233, 262
streiten ריב, 173
Streitigkeiten מדין, 233
Streitkräfte זרוע, 224
Streitwagen מרכבה, 254
Streitwagenfahrer פרש, 205
Streitwagenkämpfer שליש, 258
streng קשה, 219
streuen זרק, 177
Strick עבת, חבל, 252
Strick, Zelt- מיתר, יתר, 206, 252
Striemen חבורה, 226
Stroh תבן, 209
Strohstoppeln קש, 209
Strom יאר, נהר, 166, 214
Stück בד, נתח, 274
Stück Feld חבל, 252
Stücke, in – reißen קרע, 188
Stücke, in – schlagen גדע, כתת, 188
Stücke, in – zerschlagen שבר, 188
Stufe מעלה, 245
Stuhl כסא, 250, 309
stumm אלם, 227
Sturmrampe סללה, 248
Sturmwind סערה, סער, סופה, 216
Sturz מפלת, 207
Stütze משענת, 253
stützen סמך, 184
stützen, sich שען, 184
suchen בקש, דרש, חפש, 195
Süden תימן, ימין, נגב, דרום, 215
Südgegend תימן, 215
südlich ימני, 215
Südwind דרום, 215
Suffixe 295–298
Sühne schaffen כפר, 185
Sühnehandlung כפרים, 232
Sumerisch, Lehnwörter aus dem –en 309
Sünde חטאת, חטאה, חטא, שגגה, עון, נבלה, 233, 263, 272

Sünde, zur – verführen חטא, 173
Sünder חטא, 233
sündig חטא, 233
sündigen חטא, 173
Sündopfer חטאת, חטאה, 263
Susa שושן, 164
süß מתוק, 241
süßer Wein תירוש, 240
Synagoge, Lesungen in der 304

T
Tabor תבור, 166
Tachasch תחש, 207
Tafel לוח, 252
Tag יום, 279
Tag, am folgenden מחרת, 279
Tag, bei – יומם, 284
Tag, bei – und bei Nacht לילה, 279
Tag der Versöhnung (Mischna) 306
Tag des Tauchbads (Mischna) 308
Tag, folgender מחרת, 279
Tag, vor drei –en שלשום, 284
Tagelöhner שכיר, 251
Tageslicht אור, 214
Tagesmärsche מסע, 245
Tägliches Brandopfer (Mischna) 308
tagsüber יומם, 284
Tal גיא, 212
Talebene בקעה, 212
Talent ככר, 276
Talgrund עמק, 212
Talmud 305
Tamar תמר, 157
Tamburin תף, 272
Tanach 15, 302
Tanz, Reigen- מחלה מחול, 272
tanzen שחק, 171
Tarschisch תרשיש, 165
Tat פעלה, פעל, עלילה, 251
Taten צדקה, מעלל, גבורה, 232, 251, 256
Tau טל, 216
taub חרש, 227
Taube תור, יונה, 205
Taubelag שכבה, 245
Tauchbad, Tag des –s (Mischna) 308
Tauchbäder (Mischna) 308

Taugenichts נבל, 272
taumeln שגה, 195
Tausch תמורה, 242
Tauschhandel מערב, 242
tausend אלף, 280, 300
Teich ברכה, 214
Teig בצק, שאר, 240
Teig (Mischna) 306
Teil בד, 274
Teil, der beste מיטב, 220
teilen חלק, 189
Teilnahme bekunden נוד, 195
Tempel היכל, 246, 309
Tempel, Maße des –s (Mischna) 308
Tempelsänger שיר, 168
Tempelsklaven נתין, 265
Tempelzerstörung, Gedenktag der 304
Tenne גרן, 253
Terach תרח, 155
Terebinthe אלה, אלון, 208
Termin מועד, 279
Terrasse שדמה, 211
Territorien 165
Tetragramm (Gottesname) יהוה, 163, 291
Thron כסא, 250, 309
Thronen שבת, 279
tiberische Aussprachetradition 294
tiberisches System (Vokalzeichen) 293
tief עמק, 277
tief gelegen שפל, 277
tief, sich – beugen חוה, 192
Tiefe תהום, 213
Tiefebene עמק, 212
Tiefen מעמקים, 212
tiefliegend עמק, 277
Tiefschlaf תרדמה, 227
Tier חיה, 203
Tier, zerrissenes טרפה, 207
Tierhaut עור, 206
Tierwelt 203–207
Tigris חדקל, 166
Tisch שלחן, 250
Toben רגז, 217
Tobija טוביהו, 160
Tochter בת, 236
Tod מות, 190, 265
Ton חמר, 217
Tonerde, gebrannte חרש, 217

Tongeschirr/Tonscherbe חרש, 217
Topas תרשיש, 218
Topf, Koch- דוד, סיר, 255
Töpfer יוצר, 251
Tor שער, סכל, נבל, אויל, 247, 271, 272
Tora (Gesetz) 302
Tora, Kommentar zur 305
Tora, Personen aus der 155–156
Tora, qere perpetuum in der 295
Torbau שער, 247
Torheit סכלות, אולת, 271
Torhüter שוער, 261
töricht סכל, כסיל, אויל, 271
Torpfeiler איל, 247
Tosen שאון, 217
tot מות, 190
das Tote Meer ערבה, מלח, 213, 240
töten רצח, מות, הרג, 190
Töten הרגה, הרג, 257
Totengeist(er) רפאים, אוב, 266
Totenklage קינה, 265
Totenklage, die – anstimmen ספד, 171
Totenreich אבדון, 266
Totenwelt בור, 212
Toter מות, 190
Trachten רעות, 270
träg עצל, 227
tragen סבל, נשא, 181
Traglast משא, 276
Tragstange מוטה, בד, 250, 253
Traktate (der Mischna) 305–308
Tränen דמעה, 225
Trankopfer נסך, 263
Transkription 17, 291, 294
Transliteration 291, 293
Traube אשכול, 208
Traubensaft עסיס, 240
Trauer אבל, 265
Trauer, in אבל, 231
Trauerbräuche מספד, אבל, 265
die Trauerbräuche beobachten אבל, 171
Trauerfeier מספד, אבל, 265
Trauerschurz שק, 254
Traum חלום, 227
träumen חלם, 197
Träumer בעל, 260
treffen קרה, 192
treffen auf פגע, 193
treffen, zufällig מצא, 193

Treffpunkt מועד, 279
treiben נהג, נגש, פרח, 186, 193
treiben, auf die Weide רעה, 193
trennen בדל, 188
trennen, sich פרד, 188
treten דרך, 191
Treubruch שקר, 233
Treue חסד, אמת, אמונה, אמן, 231
der Treue חסיד, 231
treulos handeln בגד, 173
treulos sein זנה, 173
Tribut מנחה, 243
Trieb קציר, 210
triefen נטף, זוב, 198
Trift מדבר, 213
Trinkbecher כוס, 254
trinken שתה, 180
trinken, zu – geben שקה, 180
Tritt פעם, 224
trocken ציה, חרב, 213
trockene Gegend ציה, 213
trockenes Land חרבה, יבשה, 211, 213
Trockenheit חרב, 216
Trockenland נגב, 215
Trompete חצצרה, 272
tropfen נטף, 198
Trost תנחום, 231
trösten נחם, 171
Tröstungen תנחום, 231
Trug רמיה, מרמה, כחש, און, תרמית, שוא, 220, 232, 233, 252
Trümmer, in – legen חרב, 197
Trümmer, in –n liegen חרב, 197
Trümmerhaufen עי, 258
Trümmerstätte חרבה, 258
Tücke ערמה, 270
Tummim תמים, אורים, 266
tun פעל, עשה, 181
Tun פעל, מעשה, גמול, 233, 251
Tünche תפל, 217
Tunika 310
Tür פתח, דלת, 247
Turban פאר, מצנפת, 234
Türflügel דלת, 247
Turm מגדל, 248
Turnus תור, 280
Türpfosten מזוזה, 247
Turteltaube תור, 205
Tyrann עריץ, 256
Tyrus צר, 164

U
Übeltäter און, עול, רעע, 172, 232
über על, 286, 298
überall מקום, 249
Überfall, einen – machen פשט, 200
übergeben פקד, 175
überlegen sein יכל, גבר, 176
Überlegung מזמה, 271
Überlieferer (Masoreten) 293
übermäßig יתר, יותר, 274
Übermut זדון, 229
übernachten לין, 201
überraschend פתאם, 284
überreden פתה, 167
überschreiten lassen עבר, 191
überwältigen חזק, 184
überziehen צפה, 200
Überzug צפוי, 218
übrig שאר, יתר, 199
übrig bleiben יותר, 274
das Übrige שאר, שארית, 274
Ufer שפה, עבר, חוף, 211, 223, 278
U-Klasse (der Vokale) 293
um Gnade flehen חנן, 171
um … herum בעד, 286
um … willen עבור, מען, 288
um zu מען, 288
umdrehen, sich פנה, 194
umfassen כול, 199
umgeben סבב, 194
Umgebung סביב, 211
umherirren תעה, 195
umherschweifen, ohne Obdach und Heimat נוע, 195
umherziehen הלך, 191
umkommen גוע, אבד, 189, 190
Umkreis ככר, סביב, 211, 276
ummauerte Stadt חומה, 248
umschmeicheln חלה, 187
Umschrift 18, 291
Umsicht תושיה, 243
umstürzen הפך, 194
Umstürzung מהפכה, 257
un- לא, 285
unbekleidet עירם, 226
unbeschnitten ערל, 225
Unbescholtenheit תמה, 232
und ו, 287
unehrerbietig behandeln נאץ, 174
uneinnehmbar בצור, 248

verkaufen

unergründlich עמק, 277
Unfall אסון, 244
unfruchtbar עקר, 227
ungefähr כ, 286, 297
Ungeheuer תנין, רהב, לויתן, 206
ungesäuertes Brot מצה, 239
ungestört שלו, שאנן, 228
ungestraft lassen נקה, 183
Ungestüm רהב, 206
ungewöhnlich פלא, 200
Ungewöhnliches פלא, 266
Ungeziefer ערב, 206
Unglück איד, 244
ungültig machen פרר, 188
Unheil און, עמל, רעה, שוא, שואה, 216, 220, 232, 251
unheilbar אנוש, 227
unheilvoll אנוש, 227
unheimliche Öde שממה, 211
unkenntlich, sich – machen
  חפש, 195
Unland שאול, 266
Unmut כעס, קצף, 229, 230
unnütz שוא, 220
Unrecht און, חמס, עול, עולה, רשע, 232, 233, 256
unrechtmäßig בצע, 243
Unrechtstat פשע, 232
Unredlichkeit עול, 233
unreife Früchte בסר, 208
unrein טמא, 263
unrein werden טמא, 185
Unreinheit טמאה, 263
Unreinheit (Mischna) 308
unruhig, in –e Bewegung geraten
  רגז, 198
unruhig sein המה, 199
uns (Akkusativ) 296
Unschuld תמה, 232
unselbständige Personalpronomen 295
unstet machen נוע, 195
untadelig תמים, 232
unten מטה, תחתון, 215, 283
unter תחת, 286
Unterarm זרוע, 224
untere Schwelle מפתן, 247
unterer תחתי, 215
Untergang מבוא, 247
unterlassen חדל, 202
Unternehmung משלח דרך, 212, 251
unterscheiden von בדל, 188

Unterschenkel כרע, 206
unterster תחתי, 215
unterstützen סמך, 184
unterwegs דרך, 212
unterweisen ירה, יסר, 168, 176
Unterwelt שאול, 266
unterwerfen כבש, 182
untreu sein מעל, 173
Untreue מעל, זנות, 233, 238
unveräußerlicher Erbbesitz
  נחלה, 242
unverdient חנם, 284
unversehrt שלם, 232
unversehrt machen שלם, 185
Unversehrtheit שלום, 243
Unwetter שואה, 216
Unzahl רבוא, רבבה, 280, 300
unzählbar מספר, 280
unzugänglich בצור, 248
üppig רענן, 210
Urflut תהום, 213
Urija אוריהו, 157
Urim תמים, אורים, 266
urinieren שין, 225
Ursprung קדמה, 278
Ursprung (Genesis) 302
Urzeit קדם, 277
Usija עזיהו, 159

V

Variante 16
Vater אב, 236
Väter, Sprüche der (Mischna) 307
Vatersbruder דוד, 238
verabscheuen תעב, 173
verachten בזה, 173
Verachtung בוז, 229
verändern הפך, 194
Verantwortung, zur – ziehen
  פקד, 175
verarbeiten חרש, 184
Verbannung גולה, 259
Verbannung, in die – führen/gehen גלה, 182
Verben 15–16
verbergen עלם, סתר, כסה, טמן, צפן, 183
verbinden חבש, 183
Verbindungen חשוק, 248
Verbindungsstelle מחברת, 248
Verbindungsstück מחברת, 248
verborgen מטמון, 242

verborgen halten כחד, 183
verborgen sein עלם, סתר, 183
verbrannt werden שרף, 198
verbraucht sein בלה, 187
Verbrechen פשע, 232
verbrecherisch handeln פשע, 172
verbrennen שרף, 198
Verbrennung שרפה, 221
verbünden, sich חבר, 179
verderben שחת, 189
Verderben הוה, מחתה, משחית, 230, 257
Verderber משחית, 257
Verderbtheit רע, 220
Verdoppelung der Konsonanten 292, 294
verdorren יבש, 197
verdreht עקש, 233
Vereinbarung ברית, 271, 309
Vereinbarung, eine – treffen
  כרת, 190
vereiteln פרר, 188
verfehlen חטא, 173
Verfehlung חטא, פשע, 232, 233
Verfinsterung חשך, 215
verfluchen קלל, 169
Verfluchung קללה, מארה, אלה, 269
verfolgen רדף, 195
verführen נדח, 177
Vergänglichkeit הבל, 226
vergeblich חנם, שוא, 220, 284
vergehen עבר, כלה, הלך, 191, 202
Vergehen עון, 233
vergehen, sich שגה, 195
vergelten שלם, 185
Vergeltung נקמה, נקם, גמול, 233
vergessen שכח, 176
vergewaltigen שדד, 189
vergleichen דמה, 186
Vergnügen שחוק, 228
verhaften עצר, 177
Verhalten ארח, דרך, 212, 213
verhalten, sich הלך, 191
Verhältnis מתכנת, 275
verhärten קשה, 198
Verhärtung שררות, 229
verheeren שדד, 189
Verheerung שד, 256
verhüllen כחד, 183
Verkauf ממכר, 242
verkaufen מכר, 180

V

Verkäufer רכל, 243
Verkauftes ממכר, 242
Verkehrtes תהפוכה, 233
Verkehrtheit עול, תהפוכה, 233
verkünden ספר, 167
verkündigen קרא, שמע, 168, 174
verkürzen גרע, 201
verkürzt קצר, 276
verlangen שאל, 167
Verlangen אוה, חפץ, בקשה, תאוה, נפש, 223, 229
Verlass מבטח, 228
verlassen רפה, עזב, 193
verlassen, sich שען, 184
Verlaub, mit בי, 288
Verlauf, nach – von קצה, 277
verleugnen כחש, 169
Verleumdung רכיל, 269
Verlobungen (Mischna) 307
verloren gehen אבד, 189
vermengen בלל, 198
vermessen זד, 229
Vermessenheit זדון, 229
Vermischungen (Mischna) 306
vermissen פקד, 175
vermögen יכל, 176
Vermögen חיל, מאד, הון, נכסים, 242, 256, 284
verneigen, sich חוה, 192
vernichten שחת, הרס, אבד, 189
Vernichtung כלה, 257
veröden שמם, 200
verödet חרב, 213
Verpflegung ארחה, 239
Verpflichtung משמרת, 259
verringern מעט, 199
versammeln קהל, אסף, 179
versammeln, sich קבץ, יעד, 179
Versammlung מקרא, מועד, קהל, עדה, 238, 279
Versammlung, Fest- עצרה, 264
Versammlungsleiter קהלת, 238
Versammlungsredner קהלת, 238
verscheiden גוע, 190
verschließen עלם, עצר, 177, 183
verschlingen בלע, 180
Verschluss מנעול, 247
verschnüren צור, 183
Verschonte פליט, 259
verschulden, sich אשם, 172
Verschuldung אשמה, אשם, 232, 263
verschworen sein קשר, 184

Verschwörung קשר, 271
Versengen שדפון, 221
versiegeln חתם, 183
Versöhnung כפרים, 232
Versöhnung, Tag der (Mischna) 306
versorgen כול, 199
verspotten לעג, 169
Verspottung לעג, 269
versprengen נדח, 177
Verstand שכל, לבב, לב, טעם, 224, 225, 270
Verständnis מדע, 270
Versteck סתר, מענה, מסתר, 249
verstecken, sich חבא, 183
versteckt anbringen טמן, 183
versteckt, sich – halten חבא, 183
verstecktes Lager מעון, 249
verstehen שמע, שכל, ידע, בין, 174, 175, 176
verstocken כבד, 200
Verstocktheit שררות, 229
Verstorbene(r), einen –n betrauern ספד, 171
versuchen נסה, 175
versündigen, sich חטא, 173
vertauschen מור, 181
Vertauschung (Mischna) 308
verteilen חלק, 189
vertilgen מחה, בלע, 180, 189
vertrauen בטח, אמן, 171
Vertrauen מבטח, בטח, 228
vertrauliche Besprechung סוד, 271
Vertraute סוד, 271
Vertrauter אלוף, 228
vertreiben גרש, ירש, 181, 194
Vertreter des Königs שר, 260
vertrocknen יבש, 197
vertrocknen lassen חרב, 197
vertrocknet יבש, 216
verunreinigen טמא, 185
Verunreinigung, sich – zuziehen טמא, 185
Veruntreuung (Mischna) 308
Verwalter פקיד, 261
verwandelt werden הפך, 194
Verwandte אחות, 236
verwandte Wörter im Deutschen 310
Verwandter שאר, 222
Verwandtschaft עם, מולדת, 236, 238

verwarnen זהר, 168
verweigern מנע, 178
verwerfen נאץ, מאס, 174
verwerflich handeln רעע, 172
verwirren בלל, 198
Verwünschung זעם, 269
verwüsten שדד, 189
Verwüster שדד, 189
Verwüstung חרב, 216
verzehren אכל, 180
Verzeichnis כתב, 270
verzeihen סלח, 169
Verzierung, eingeritzte פתוח, 273
Verzierungen פס, 273
Verzückung, prophetische נבא, 167
Vieh בהמה, בעיר, 203
Viehbesitz מקנה, 242
viehisch בער, 272
viel רב, הרבה, 274
vielleicht אולי, 284
vier ארבע, 280, 299
viereckig רבע, 277
Viertel רבע, רביעי, 277, 281
vierter רביעי, 281, 301
vierzehn 299, 300
vierzig ארבע, 280, 300
Viper, Horn- פתן, 205
Vision חזיון, 267
Vlies גזה, 218
Vogelnest קן, 207
Vogelnester (Mischna) 308
Vogel/Vögel עוף, צפור, 205
Vogt נגש, 193
Vokale 292–294
Volk עם, לאם, גוי, 236, 244
Völker 162–163
Völkergemisch ערב, 244
Volksgenosse אח, 236
Volksstamm שבט, מטה, 253
voll מלא, 274
voll sein מלא, 199
Vollbürger אזרח, 244
vollenden כלה, שלם, 185, 202
vollendet sein תמם, 202
Vollendung תכלית, 277
Vollendung (Gemara) 305
vollkommen כליל, 274
Vollkommenheit תם, תמה, 232
vollständig תמים, תם, שלם, 232, 274
vollständig machen שלם, 185

vom Los getroffen werden לכד, 189
von מן, 287, 297
von allen Seiten סביב, 211
von ... aus מן, 287, 297
von außen her חוץ, 248
von der Stelle weichen מוש, 194
von Freude erfüllt שמח, 228
von je her קדם, 277
von Sinnen sein בהל, 172
von ... weg את, מן, 287, 297
von welchem gilt אשר, 283
vor פנים, נגד, לפני, טרם, 223, 285, 286
vor drei Tagen שלשום, 284
vorbeigehen lassen עבר, 191
vorbereiten חרש, 184
Vorderarm יד, 224
Vorderseite פנים, מול, 223, 286
vorenthalten מנע, 178
Vorfrucht (Mischna) 306
Vorgesetzter קצין, 260
vorgestern שלשום, 284
Vorhalle אילם, 246, 309
vorhanden, es ist יש, 284
Vorhang פרכת, מסך, קלע, 250
Vorhaut ערלה, 225
Vorhof עזרה, 246
vorjährig ישן, 279
vormalig קדמני, 215
vormals ראשון, 278
Vormauer חיל, 248
vorn קדם, 277
vorn sein קדם, 192
Vornehme חר, 260
vornehme Frau שרה, 260
Vorplatz גזרה, 247
Vorrat אוצר, 242
Vorräte עתיד, מסכנות, חסן, 220, 242
Vorsatz, ohne דעת, 270
Vorschrift חק, חקה, 271
Vorsteher שר, סגן, נשיא, 260, 261
Vorteil יותר, 274
vorüberfahren חלף, 191
vorübergehen עבר, 191
Vorwerk חיל, 248
Vorzeit קדם, 277
Vorzug יותר, 274
Vulgata 302

W
Waage מאזנים, 252
wach sein עור, 197
Wache מטרה, 259
Wacholder ברוש, 207
wachsen צמח, 186
wachsen lassen גדל, 197
Wächter צפה, 174
Wächter, Leib- טבח, 261
Wachtposten משמר, 259
Wadenbein שוק, כרע, 206, 224
Wadi נחל, 212
Waffe(n) שלח, קשת, נשק, כלי, 254, 257, 258
Wagen רכב, עגלה, 254
wägen שקל, 200
Wagen, Prunk- מרכבה, 254
Wagen, Reise מרכבה, 254
Wagen, Streit- מרכבה, 254
Wagenspur מעגל, 213
wahr, so – ich lebe! חי, 239
während ב, 286
Wahrheit אמת, 231
wahrlich אמנם, אמן, אבל, 285
Wahrsagegeist ידעני, 266
wahrsagen קסם, 167
Wahrsagepriester חרטם, 266, 309
Wahrsager ידעני, 266
Wahrsagung קסם, 266
Waise יתום, 237
Wald יער, 217
walken כבס, 185
Wall, Belagerungs- דיק, 248
Wall, Stein- גדר, 248
Walten פעל, 251
wälzen גלל, 194
Wand קיר, 248
wandeln הלך, 191
wandeln, sich הפך, 194
Wanderheuschrecke ארבה, 206
Wanderwörter 309
wanken מוט, 195
Wanken, ins – gebracht werden מוט, 195
wann? מתי, אנה, 285
Wanne סיר, 255
Ware, Handels- עזבון, 242
warm חמם, 198
Wärme חם, 216
warnen עוד, זהר, 168, 182
Warnzeichen מופת, 266
warten יחל, 201

warum? מה, מדוע, למה, 283, 284
was? מה, איכה, אי, 283, 285
was sich hinlegt שכבה, 245
was sonst noch יתר, 274
Waschbecken כיור, 254
waschen רחץ, 185
Wasser מים, 213
wasserarm צמא, 241
Wasserflut תהום, 213
wasserführend איתן, 214
Wassergraben פלג, תעלה, 214
Wasserleitung תעלה, 214
Wasserstelle באר, 214
Waw-Imperfekt 15–16
Wechsel חליפה, 242
Weg הליכה, דרך, ארח, 212, 213, 245
weg, von ... את, מן, 287, 297
wegen גלל, דברה, יען, מן, פנים, על, עבור, מען, 223, 262, 286, 287, 288, 297, 298
Wegführung גולה, גלות, 259
Weggeführte גלות, 259
weggehen סור, 194
weggelassene Endungen 16
wegnehmen נשא, גרע, גזל, אסף, עבר, 178, 179, 181, 191, 201
wegreißen קרע, 188
wegschaffen סור, בער, 190, 194
Wegstrecke מהלך, 213
Wegzehrung ארחה, 239
wehe! הוי, אוי, 288
Wehen ציר, חבל, 231, 238
Wehgeschrei יללה, 269
Wehklage נהי, 231
wehklagen ילל, 172
Weib נקבה, 237
weiblich נקבה, 237
weichen סור, סוג, 194
weichen, von der Stelle מוש, 194
Weide מרעה, ערבה, 208, 211
Weide, auf die – treiben רעה, 193
Weideland מגרש, 211
weiden lassen רעה, 193
Weideplatz נוה, מרעית, 211
weigern, sich מאן, 170
Weihe נזר, קדש, 185, 264
Weihegabe תרומה, תנופה, קדש, 263
weihen חרם, מלא, קדש, 169, 185, 199

W

Weihrauch לְבֹנָה, 218
weil כִּי, כַּאֲשֶׁר, יַעַן אֲשֶׁר, עֵקֶב, 251, 283, 287
Weile רֶגַע, 279
weilen גּוּר, 196
Wein יַיִן, 240, 310
Wein, alter שֵׁמֶר, 240
Wein, süßer תִּירוֹשׁ, 240
Weinbauer כֶּרֶם, 252
Weinbeere עֵנָב, 208
Weinberg כֶּרֶם, 211
weinen בכה, 172
Weinen בְּכִי, 231
Weingelage מִשְׁתֶּה, 240
Weinhefe שֶׁמֶר, 240
Weinlese בָּצִיר, 251
Weinstock גֶּפֶן, 210
weise חָכָם, 176
Weise דְּבָרָה, 262
Weiser חָכָם, 270
Weisheit חָכְמָה, דֵּעָה, 270
Weisheitsspruch מָשָׁל, 268
weiß לָבָן, 220
Weisung תּוֹרָה, 271
weit רָחָב, 276
weit machen רחב, 200
Weite רֹחַב, מֶרְחָק, מִרְחָב, 276
weiter הָלְאָה, 283
weitergehen פנה, 194
weiterhin tun יסף, 179
weiterziehen נסע, 178
Weizen חִטָּה, 209
Weizengrieß סֹלֶת, 209
welcher אֵי, 285
welken נבל, 187
Wellen מִשְׁבָּר, 214
Welt חֶלֶד, 239
wenden הפך, 194
wenden, sich סבב, פנה, 194
wenden, sich – an דרש, 195
Wendung שְׁבוּת, 244
wenig מְעַט, מִצְעָר, 275
wenig, ein זְעֵיר, 275
wenig haben חסר, 275
wenn כִּי, הֵן, אִם, 285, 287
wenn doch לוּ, 287
wenn doch nur …! מִי, 282
wenn nicht לוּלֵא, 287
wer? מִי, 282
werden היה, 186
werfen שׁלך, נפל, ירה, 177, 192
Werk מְלָאכָה, מַעֲשֶׂה, 242, 251
Werkzeug כְּלִי, 254

Wermut לַעֲנָה, 208
Wert haben חשב, 175
wertlos שָׁוְא, 220
wertvoll יָקָר, 220
Wesen נֶפֶשׁ, עֶצֶם, 222, 223
Wesen in der צִיָּה, 207
Westen מַעֲרָב, מָבוֹא, יָם, אָחוֹר, 213, 215, 247, 277
weswegen? מַדּוּעַ, 284
Widder כַּר, כֶּבֶשׂ, יוֹבֵל, זָכָר, אַיִל, 204, 237
widerfahren קרה, 192
Widersacher שָׂטָן, 258
widerspenstig מרה, 173
Widerspenstigkeit סָרָה, מְרִי, 233
wie כַּאֲשֶׁר, כְּ, 283, 286, 287, 297
wie? אֵיךְ, אֵיכָה, מָה, 283, 285
wie lange? אָנָה, 285
wie: – …, so … אֲשֶׁר, 283
wie wenn כַּאֲשֶׁר, 283, 287
wieder tun שׁוב, 193
Wiederherstellung שְׁבוּת, 244
Wiederholung (Mischna) 305
wiederum עוֹד, 283
wiegen שׁקל, 200
Wild בְּהֵמָה, 203
Wildesel פֶּרֶא, 205
Wildschwein חֲזִיר, 204
Wildstier רְאֵם, 204
Wille רָצוֹן, לֵבָב, לֵב, 225, 229
willen, um … מַעַן, עֲבוּר, 288
willig נָדִיב, חָפֵץ, 229
willig sein אבה, 170
wimmeln שׁרץ, 192
Wimpern עַפְעַפִּים, 223
Wind רוּחַ, 226
Wind, Sturm- סַעַר, סוּפָה, סְעָרָה, 216
Wind, Süd- דָּרוֹם, 215
Winter חֹרֶף, 239
Wipfel צַמֶּרֶת, 210
wir אֲנַחְנוּ, נַחְנוּ, 282
Wirken פֹּעַל, 251
wirklich אֱמֶת, 231
wirklich? אָמְנָם, 285
wissen ידע, 176
Wissen דַּעַת, 270
Witwe אַלְמָנָה, יְבָמָה, 237
wo? אֵיפֹה, אֵיכָה, אֵיָּה, אֵי, 285
Woche שָׁבוּעַ, 279
Wochenfest (Feiertage) 304
Woge גַּל, 213

woher? אֵי, אַיִן, 285
wohin? אָנָה, 285
wohlan! הַב, 288
wohlbehalten שָׁלוֹם, 243
Wohlergehen שָׁלוֹם, 243
Wohlgefallen רָצוֹן, 229
Wohlgeruch טוֹב, 219
Wohlleben תַּעֲנוּג, 229
wohlriechendes Räucherwerk סַם, 208
Wohltat גְּמוּל, 233
wohnen יָשַׁב, שָׁכַן, 196, 197
Wohnhaus בַּיִת, 246
Wohnsitz מוֹשָׁב, 249
Wohnstatt מִשְׁכָּן, 249
Wohnstätte נָוֶה, 211
Wohnung מָעוֹן, 249
Wohnung, erhabene זְבֻל, 246
Wolf זְאֵב, 203
Wolke עָב, 216
Wolken שַׁחַק, עָנָן, 216
Wolkenbruch זֶרֶם, 216
Wolkendunkel עֲרָפֶל, 214
Wolle צֶמֶר, גִּזָּה, 218
wollen אבה, חפץ, 170
Wonne שַׁעֲשֻׁעִים, תַּעֲנוּג, 229
Wort מִלָּה, דָּבָר, אִמְרָה, 268
Worte אֹמֶר, 268
Worte, mit den –n אמר, 167
Wortende, Finalbuchstaben am 292
Wortende, Patach furtivum am 294
Wortereignisformel דָּבָר, 268
Wucherzins תַּרְבִּית, 243
Wuchs, hoher קוֹמָה, 277
Wundarzt רפא, 187
Wunde פֶּצַע, מַכָּה, חַבּוּרָה, 226, 257
Wunder מוֹפֵת, פֶּלֶא, 200, 266
wunderbar פלא, 200
Wunsch תַּאֲוָה, חֵפֶץ, 228, 229
wünschen שׁאל, אוה, 167, 170
Würdenträger רֹזֵן, 260
Wurf שֵׁגֶר, 204
Wurm תּוֹלֵעָה, 206
Wurzel שֹׁרֶשׁ, 210
wüst חָרֵב, 213
Wüste עֲרָבָה, מִדְבָּר, יְשִׁימוֹן, תֹּהוּ, 213
Wüstenei מְשַׁמָּה, 230
Wut עֶבְרָה, זַעַף, 229, 230

X
Xerxes אחשורוש, 159

Y
Ysop אזוב, 208

Z
Zadok צדוק, 157
Zahl מספר, 280
Zahl, tiefgestellte 16
zählen מנה, ספר, 167, 200
Zahlen 280–281, 299–301
Zahlen, Zählungen (Numeri) 302
zahlreich רבב, רבה, 199, 274
Zählung מפקד, 250
Zahlwert der Konsonanten 291
Zahlwörter 299–301
Zahlzeichen, Konsonanten als 291
Zahn שן, 223
Zange מלקחים, 252
Zank מדון, 233
zart רך, 219
Zauberei לט, כשף, 266
Zauberkünste כשף, 266
Zaum מתג, 252
ZAW (Zeitschrift für die alttestamentliche Wissenschaft) 293
Zeder ארז, 207
Zef (Zefanja) 303
Zefanja (Buch) 303
Zehe בהן, אצבע, 224
zehn עשר, 280, 299
-zehn עשר, 280
die Zehn Gebote דבר, 268
Zehnt מעשר, 280
zehntausend רבוא, רבבה, 280, 300
Zehnte (Mischna) 306
Zehntel עשרון, עשירי, 280, 281
zehnter עשירי, 281, 301
zehnter Teil מעשר, 280
Zehnzahl עשור, 280
Zeichen אות, 266
Zeichen des Akkusativs את, 286, 296
zeigen ראה, 174
zeigen, sich in Herrlichkeit כבד, 200
Zeit עת, עולם, 279
Zeitpunkt עת, 279
Zelt אהל, יריעה, 246

Zelt der Begegnung מועד, 279
Zeltdecke יריעה, 246
Zeltdorf חוה, 247
Zelte (Mischna) 308
Zeltlager חוה, טירה, 247
Zeltstrick מיתר, יתר, 206, 252
zerbrechen שבר, חתת, 188
zerbrochen werden שבר, 188
zerdroschene Halme תבן, 209
zerfließen מסס, 198
zerreißen נתק, טרף, 189
zerrissenes Tier טרפה, 207
zerschlagen נפץ, דכא, 188
zerschlagen sein שבר, 188
zerstampfen רמס, 188
zerstören שחת, פרר, 188, 189
zerstoßen כתית, כתת, 188, 219
zerstreuen פוץ, זרה, 177
zertreten רמס, 188
zertretenes Land מרמס, 211
Zertretung מרמס, 211
Zeruja צרויה, 161
Zeuge עד, 262
Zeuge, anrufen als –n עוד, 182
Zeuge sein עוד, 182
Zeugnis עדות, 262
Zeugnisse (Mischna) 307
Zeugungskraft און, 238
Zicklein גדי, 204
Zidkija צדקיהו, 159
Ziege עז, שה, 204
Ziegel לבנה, 217
Ziegen צאן, 204
Ziegenbock שעיר, צפיר, עתוד, 204
Ziegenhaar עז, 204
ziehen משך, 191
zielen כון, 196
Zielscheibe מטרה, 259
Zierde צבי, 235
Zimbeln מצלתים, 272
Zinn בדיל, 217
Zinne פנה, טירה, 246, 247
Zins נשך, 243
Zion ציון, 163
Zipfel כנף, 205
Zippora צפרה, 156
Zischen שרקה, 217
Zischlaute 292
Zisterne בור, 212
Zitadelle בירה, 248, 309
zittern פחד, 198
Zittern זעוה, 230
Zofar צופר, 160

zögern אחר, 202
Zorn כעס, חרון, אף, חמה, קצף, עברה, 172, 223, 227, 230
Zornesgericht קצף, 230
zornig sein קצף, 172
zornig werden חרה, 172
zu ל, 286, 296
zu Fall bringen נפל, 192
zu Hilfe kommen עזר, ישע, 178, 179
zu trinken geben שקה, 180
Zucht מוסר, 271
züchtigen יסר, יכח, 168
Züchtigung תוכחת, מוסר, 271
zücken שלף, 178
zudecken כסה, 183
Zufall מקרה, 244
zufällig treffen מצא, 193
Zuflucht משגב, מקלט, מחסה, עז, 212, 249
Zuflucht suchen חסה, 194
Zufluchtsort מנוס, מחסה, 249
Zufluchtsstätte מעוז, 248
Zugefallene, das durch das Los – גורל, 244
zugrunde gehen כלה, אבד, 189, 202
zugunsten von בעד, 286
Zukunft, dauerhafte עד, 279
Zukunft, Erkundung der קסם, 266
zukünftige Zeit עולם, 279
zum Aufhören bringen שבת, 202
zum Schmelzen gebracht werden נתך, 198
zum Sprießen bringen צמח, 186
zum zweiten Mal שני, 281
zunehmen גבר, 176
Zunge לשון, 223
zur Seite von אצל, 286
zur Sünde verführen חטא, 173
zur Verantwortung ziehen פקד, 175
zurechtweisen יסר, יכח, 168
Zurechtweisung תוכחת, 271
zürnen קצף, 172
zurückbleiben שאר, 199
zurückbringen/zurückgeben שוב, 193
zurückhalten עצר, מנע, חשך, 177, 178
zurückkehren שוב, 193

zurücklassen 344

zurücklassen עזב, 193
zurücksetzen שנא, 173
zurückweichen סוג, 194
zusammen עם, יחדו, 284, 287, 297
zusammenbrechen כרע, 192
Zusammenbruch שבר, 257
zusammenfügen חבר, 179
zuschanden machen בוש, 172
zuschanden werden כלם, בוש, 172
Zuschlag תרבית, 243
zusetzen צוק, 174
zustande kommen קום, 197
zuteilen חלק, 189
zutraulich אלוף, 228
zuverlässig אמן, 171
Zuverlässigkeit אמונה, אמון, אמת, 231
Zuversicht כסל, 228
Zuwachs מרבית, 274
Zwangsleistung מס, 261

zwanzig עשר, 280, 300
zwei שנים, 280, 299
Zweierlei (Mischna) 306
Zweifelhaftes (Mischna) 306
Zweig קציר, פארה, מקל, 210, 253
Zweige ענף, 210
zweihundert מאה, 280, 300
zweimal פעם, 224
Zweistromland 305
zweitausend אלף, 280, 300
das zweite Gesetz (Deuteronomium) 302
zweiter שני, 281, 301
Zweiter משנה, 280
Zwillinge תואמם, 236
zwischen בית, בין, 286
Zwischenraum בין, 286
zwölf 299, 300
zwölf (aramäisch) 303
Zwölfprophetenbuch 303
Zypresse ברוש, 207

Griechische Wörter
Ἀριθμοί 302
Γένεσις 302
Δευτερονόμιον 302
Δωδεκαπρόφητον 303
Ἐκκλησιαστής קהלת, 238
Ἔξοδος 302
θραῦσμα נתק, 226
Ἰησοῦς יהושע, ישוע, 156, 160
λέπρα צרעת, 226
Λευιτικόν 302
νόμος תורה, 271
πάσχα פסח, 264
ἡ πεντάτευχος βίβλος 302
προσκυνέω חוה, 192
σάπφειρος ספיר, 218
ψυχή נפש, 223
ὡσαννά 310